AF628789

Ulrike Staub
Frank Staub

MIT DEM WOHNMOBIL IN DIE SLOWAKEI

Die Anleitung für einen Erlebnisurlaub

DER WOHNMOBIL-VERLAG
D-36452 Kaltennordheim
OT Mittelsdorf

Die Deutsche Bibliothek – CIP-Einheitsaufnahme

Bibliografische Information der Deutschen Bibliothek

Die Deutsche Bibliothek verzeichnet diese Publikation in der Deutschen Nationalbibliografie.
Detaillierte bibliografische Daten sind im Internet über <http://dnb.ddb.de> abrufbar.

Titelbild: Bratislava (Tour 1)
Bild in vorderer Klappe: Štrbské Pleso (Tour 6)

Karten: Frank Staub
Fotos: Bildnachweise Seite 353

Ganz herzlich bedanken wir uns bei Ulrich, Ralf und Florian (Flo) für die Fehlersuche und technische Unterstützung mit Rat und Tat.

1. Auflage – 2021

Druck:
Louis Hofmann Druck- und Verlagshaus GmbH und Co KG, 96242 Sonnefeld

Vertrieb:
GeoCenter GmbH, 70794 Filderstadt

Herausgeber:
WOMO-Verlag, OT Mittelsdorf, 36452 Kaltennordheim
GPS: N 50°36'38.2" E 10°07'55.6"

Fon: 0049 (0) 36946-20691
Fax: 0049 (0) 36946-20692
eMail: verlag@womo.de
Internet: www.womo.de

Autoren-eMail: Staub@womo.de

Alle Rechte vorbehalten.
Alle Angaben ohne Gewähr.

ISBN 978-3-86903-991-6

Jede Tour und jeder Stellplatz sind von uns meist mehrfach überprüft worden, wir können jedoch inhaltliche Fehler nie ganz ausschließen. Bitte achten Sie selbst auf Hochwasser, Brandgefahr, Steinschlag und Erdrutsch!
Verlag und Autoren übernehmen keine Verantwortung für die Legalität der veröffentlichten Stellplätze und aller anderen Angaben. Unsere Haftung ist, soweit ein Schaden nicht an Leben, Körper oder Gesundheit eingetreten ist, ausgeschlossen, es sei denn, unsere Verantwortung beruht auf Vorsatz oder grober Fahrlässigkeit.

EINLADUNG

Wussten Sie, dass das Paradies in der Slowakei liegt? Und wussten Sie, dass das kleine Land zwischen Donau und Tatra das Land mit den zweitgrößten Waldflächen Europas ist? Wussten Sie, dass nach verschiedenen Berechnungen die Mitte Europas in der Slowakei liegt? Und wussten Sie, dass in der Slowakei sprichwörtlich der Bär steppt? Nein? Dann wird es höchste Zeit, dieses kleine, aber feine Land im Herzen Europas zu entdecken.

Tatsächlich trägt hier ein Nationalpark den Namen Slowakisches Paradies. Und tatsächlich hat die Slowakei mit rund 800 Braunbären die höchste Bären-Population Europas. Viele Touristen besuchen – meist nur im Rahmen eines Tagesausflugs – die Hauptstadt Bratislava. Sie steht immer noch ein wenig im Schatten ihrer großen Schwester Wien, hat sich aber in den vergangenen Jahren zu einem richtigen Schmuckstück herausgeputzt.

Um die Slowakei jedoch richtig zu erleben und ihre Vielfalt zu entdecken, sollte man weiter in den Osten fahren.
Hier gibt es nicht nur großartige Natur-Highlights für Wanderfreunde und Outdoor-Enthusiasten, sondern auch unzählige Burgen und Höhlen für große und kleine Entdecker, entspannende Thermalquellen für Erholungssuchende, charmante Städte, alte Holzkirchen und eine traditionelle, bodenständige Küche. Die Menschen sind unglaublich herzlich und gastfreundlich, die Infrastruktur ist gut. Zwischen seinen Nachbarländern Ungarn, Tschechien, Polen und Österreich scheint das kleine Land im Herzen Europas fast ein wenig unterzugehen. Noch hat es sich nicht herumgesprochen, dass das Paradies tatsächlich in der Slowakei liegt. Dabei braucht sich das Land nun wirklich nicht zu verstecken. Uns hat die Slowakei jedenfalls auf ganzer Linie begeistert. Das Land rockt!

Kommen Sie mit und begleiten Sie uns durch die Slowakei!

Vitajte na Slovensku!
Willkommen in der Slowakei!
Ulrike und Frank Staub

Bratislava

Die junge Hauptstadt mit viel Flair. Tradition und Moderne treffen hier aufeinander und machen die Stadt zu einem Geheimtipp im ostmitteleuropäischen Dreiländereck.

Tour 1, Seite 23

Trenčin – Perle im Váh-Tal

Ein lebendiges Städtchen mit mediterranem Charme und einer alles überragenden Burg. In Trenčin hat uns die südländisch-entspannte Atmosphäre begeistert.

Tour 2, Seite 79

Freilichtmuseum Zuberec

Elf Freilichtmuseen gibt es derzeit in der Slowakei. Eines davon ist das liebevoll gestaltete *Skanzen* in Zuberec. Landidylle pur!

Tour 4, Seite 107

Höhlen, Höhlen, Höhlen

Abtauchen in die Unterwelt – unsere Favoriten sind die Freiheitshöhle im Demänová-Tal und die Eishöhle von Dobšiná. Beide ein MUSS!

Touren 5 und 11, Seite 130 und 238

Baumwipfelpfad Belaer Alpen

In schwindelerregender Höhe mit fantastischer Aussicht auf die Bergwelt der Hohen Tatra – das hat was. Lehrreich ist der Besuch des Baumwipfelpfades obendrein.

Tour 6, Seite 153

Floßfahrt auf dem Dunajec

Großartige Naturlandschaft und rasantes Wasservergnügen verbinden sich bei einer Floßfahrt auf dem Dunajec an der Grenze zum Nachbarland Polen .

Tour 7, Seite 163

Der tiefe Osten

Urwälder, Holzkirchen, UNESCO-Denkmäler. Im tiefen Osten der Slowakei fühlt man sich Russland schon ganz nah. Einsam und ein wenig geheimnisvoll – Hinfahren!

Tour 8, Seite 183

Forstmuseum Čierny Balog

Eine dampfende Waldeisenbahn, verwunschene Wege, lehrreiche Spielplätze – das Forstmuseum bei Čierny Balog ist eine Entdeckung wert.

Tour 12, Seite 245

Glück Auf!

Die Bergbaustädte der Mittleren Slowakei haben eine reiche Vergangenheit. Banská Štiavnica und Umgebung haben uns in ihren Bann gezogen.

Tour 13, Seite 277

Slowakische Küche

Bodenständig, deftig, lecker! Von Knoblauchsuppe über Brimsen-Nocken bis Palatschinken – eine Einkehr in einer Koliba oder Salaš dürfen Sie nicht versäumen.

Touren 1 bis 15

Inhaltsverzeichnis

Gebrauchsanleitung

Es war im Jahr der Corona-Pandemie 2020, als wir zu unserer Recherche-Reise in die Slowakei aufgebrochen sind. Das kleine Land war bis dahin nur wenig von diesem Virus betroffen, doch das sollte sich noch im Laufe unseres mehrwöchigen Aufenthaltes leider ändern. Auch dort kam es zu Einschränkungen und Auflagen für Reisende. Diese Pandemie wird uns sicherlich – auch wenn Impfstoffe zur Verfügung stehen – noch sehr lange beschäftigen. Bitte informieren Sie sich deshalb vor Ihrer Reise in die Slowakei zur aktuellen Lage vor Ort und zu den jeweils aktuell gültigen Bestimmungen. Die verlässlichste Informationsquelle ist hier die Seite des Auswärtigen Amtes unter *www.auswaertiges-amt.de*.

Bevor wir Sie nun mitnehmen auf unsere Rundreise durch das Land zwischen Donau und Tatra, möchten wir Sie mit den nachfolgenden Zeilen auf das Reiseland Slowakei einstimmen. Danach erläutern wir Ihnen den Aufbau dieses Buches, damit Sie sich in den Tourenbeschreibungen gut zurechtfinden. Nehmen Sie sich also ein wenig Zeit, diesen Vorspann als Vorbereitung für Ihre Reise zu lesen.

Reisegebiet

Die **Flagge** der Slowakei wird auch slowakische Trikolore genannt. Sie enthält die drei Panslawischen Farben Weiß, Blau und Rot. Außerdem zeigt sie das slowakische Staatswappen mit einem weißen Doppelkreuz, dem Patriarchenkreuz. Es steht auf dem blauen Dreiberg, der die Berge des nördlichen Königreiches Ungarn symbolisiert, nämlich Tatra, Fatra und Mátra. Die ursprüngliche slowakische Flagge, wie sie im Mittelalter genutzt wurde, bestand nur aus zwei horizontalen Streifen in den Farben Weiß und Rot. Der blaue Streifen kam im

Revolutionsjahr 1848 hinzu und wurde der russischen und kroatischen Flagge entnommen. Die Anlehnung geschah, da die Russen als die Schutzmacht der Slawen galten und die Kroaten als das Brudervolk der Slowaken im Königreich Ungarn.

Die **Slowakische Republik** ist ein Binnenstaat in Mitteleuropa, der im Westen an Österreich, im Norden an die tschechische Republik und Polen, im Osten an die Ukraine und im Süden an Ungarn grenzt. Mit einer Fläche von **49.034 km²** ist die Slowakei ungefähr so groß wie das zweitgrößte, deutsche Bundesland Niedersachsen und ein wenig größer als die Schweiz. Die Hauptstadt und gleichzeitig die größte Stadt des Landes ist **Bratislava**. Weitere wichtige Städte sind Košice, Prešov, Žilina, Banská Bystrica und Nitra.

Etwa **5,4 Millionen Einwohner** leben im Land. Am dichtesten besiedelt ist die Region rund um die Hauptstadt Bratislava und mit einem Durchschnittsalter von 36 Jahren gehört die slowakische Gesellschaft zu einer der jüngsten in Europa. Mehrheitlich leben hier Slowaken. Die größte nationale Minderheit stellen die Ungarn. Daneben gehören Sinti und Roma, Tschechen, Ukrainer und Polen zu den Bevölkerungsgruppen.

Religiosität und Brauchtum spielen eine wichtige Rolle im Land

Mehr als die Hälfte der Bevölkerung bekennt sich zur **römisch-katholischen Kirche**. Daneben gibt es evangelische, griechisch-katholische und orthodoxe Glaubensgemeinschaften. Die Anzahl der Muslime wird auf rund 5000 geschätzt, wobei es im ganzen Land keine Moscheen gibt.
Das religiöse Leben und Brauchtum spielen in der Slowakei noch eine wichtige Rolle. Die Gotteshäuser sind an Sonn- und

Feiertagen gut besucht und häufig werden auch noch Pilgermärsche und Wallfahrten unternommen.

Politisch ist die Slowakei eine parlamentarische Demokratie, die seit 2019 mit Zuzana Čaputová das erste weibliche Staatsoberhaupt hat. Seit 2004 ist die Slowakei Mitglied der EU und trat 2007 dem Schengen-Raum bei. Die politische Lage gilt als stabil. Den größten Anteil an der **Wirtschaft** hat der Maschinen- und Fahrzeugbau. Namhafte Automobilhersteller aus aller Welt haben in Werke in der Slowakei investiert. Daneben gewinnt auch der Tourismus mehr und mehr an Bedeutung.

Das heutige Gebiet der Slowakei ist seit ältester Zeit besiedelt. Einen **historischen Überblick** über die wechselvolle Geschichte des Landes finden Sie am Ende des Buches nach unseren Tourenbeschreibungen bei den **Tipps und Infos.**

Sowohl **geographisch** als auch **kulturell** ist die Slowakei ein sehr interessantes Reiseland. Zu zwei Dritteln ist es gebirgig und hat einen beträchtlichen Anteil am **Karpatenbogen**. Er hat ganz im Westen des Landes mit den Kleinen Karpaten seinen Beginn und erstreckt sich über 1.200 Kilometer bis nach Rumänien. Innerhalb dieses Karpatenbogens befinden sich auf dem Gebiet der Slowakei weitere Gebirgsformationen, wie die Weißen Karpaten, die Große und die Kleine Fatra, die Hohe und Niedere Tatra sowie das slowakische Erzgebirge. Die **Hohe Tatra** ganz im Norden des Landes ist mit seinen Gipfeln von bis zu **2.655 Metern** der höchste Teil der Karpaten und gilt als kleinstes Hochgebirge der Welt.

Zwei Drittel davon liegen auf dem Gebiet der Slowakei und ein Drittel auf polnischem Territorium. Die Gebirgsregionen sind gut erschlossen und bieten ganzjährig zahlreiche Freizeitmöglichkeiten. Wanderfreunde kommen ebenso auf ihre Kosten wie Winterurlauber oder abenteuerlustige Mountainbiker. Darüber hinaus gibt es hier eine Vielzahl von Höhlen und Burgen, die nur darauf warten, von großen und kleinen Entdeckern erobert zu werden.

Der **Süden** des Landes ist von Teilen des Wiener Beckens, der **Donautiefebene** und den Ausläufern der Pannonischen Tiefebene geprägt. Hier lassen sich ausgedehnte Radtouren entlang der Donau unternehmen oder historische Wassermühlen bewundern. Unter Wasserwanderern gilt die Theiß zwischen Ungarn und der Slowakei noch als Geheimtipp.

Ganz im **Osten**, im Dreiländereck zur Ukraine und zu Polen, finden sich noch zahlreiche **Holzkirchen**, die teilweise UNECSO-Weltkulturerbestatus besitzen. Darüber hinaus liegt hier der grenzüberschreitende, einsame Nationalpark Poloniny. In den Buchenurwäldern, die einst weite Teile Europas bedeckten, fühlen sich heute Bären, Wisente, Luchse, Wölfe und Steinadler wohl. Überhaupt ist die kleine Slowakei mit einer reichen **Tierwelt** von über 40.000 Tierarten gesegnet.

Die Hohe Tatra – das kleinste Hochgebirge der Welt

Vielerorts sprudeln Thermalquellen

Ein weiterer Reichtum des Landes liegt unter der Erde. Überall sprudeln **Thermalquellen** in unterschiedlichsten Zusammensetzungen. Zwar ist die Slowakei ein Binnenland ohne Meer, doch in zahlreichen Thermalbädern, die teilweise familienfreundlich zu Freizeitbädern ausgebaut wurden, sowie an glasklaren Berg- und Stauseen kommen auch Wasserratten auf ihre Kosten.

Und wer die **Kultur** liebt – auch dafür ist gesorgt. Hätten Sie etwa gedacht, dass sich ganz im Osten das einzige Pop-Art-Museum Europas mit den Werken des Künstlers Andy Warhol versteckt? Beim Besuch charmanter Städte und Klöster mit UNESCO-Weltkulturerbestatus werden nicht nur Kulturbeflissene ins Schwärmen geraten.

In diesem WOMO-Führer haben wir zwar versucht, allen Regionen gerecht zu werden, doch ist es kaum möglich, jeden Winkel des Landes zu erkunden. Wir denken jedoch, dass wir **16 abwechslungsreiche Touren** zusammenstellen konnten, bei denen sowohl Kulturinteressierte als auch Naturfreunde und Familien auf ihre Kosten kommen werden.

Unsere ganz persönliche **Top-Ten-Liste** der bereisten Gebiete finden Sie übrigens auf den Seiten 4 und 5.

Aufbau des Buches

Kommen wir nun zum Aufbau des Buches. Allen Touren vorangestellt ist eine **Tourenkarte**, anhand der Sie sich leicht orientieren können. Sie enthält die durchnummerierten Stell- oder Campingplätze, Sehenswürdigkeiten und geographischen Besonderheiten. In der hinteren Umschlagklappe ist eine **Übersichtskarte** mit allen beschriebenen Touren enthalten. In keinem Fall ersetzen diese Karten eine klassische Landkarte und/oder ein Navigationsgerät.

Die **Kilometerangaben** neben den Tour-Überschriften sind eine erste Orientierung über die Länge der jeweiligen Tour. Ausgehend vom ersten beschriebenen Stell- oder Campingplatz bis zum letzten Platz der Tour soll Ihnen die Entfernungsangabe bei Ihrer individuellen Tages- und Etappenplanung behilflich sein.

Stell- und Campingplätze

Bei unseren Touren beschreiben wir zahlreiche **Camping-, Bade-, Picknick-, Gaststätten- und Wanderplätze**, die Ihnen mehr bieten als eine reine Übernachtungsmöglichkeit.
Um Ihnen eine erste Orientierung über die Plätze zu geben, sind diese in allen Büchern der WOMO-Reihe in einem Kasten farblich hervorgehoben. Außerdem sind die Plätze fortlaufend durchnummeriert.

Übernachtungsplätze mit Bademöglichkeit sind mit hellblauer Farbe unterlegt. Wanderparkplätze sind grün gekennzeichnet. Picknickplätze mit Tischen, Bänken und eventuell sogar einer Feuerstelle erkennen Sie an der violetten Farbe. Auf alle anderen Stellplätze, denen die gerade genannten Merkmale fehlen, weist die Farbe Orangegelb hin. Empfehlenswerte Campingplätze haben olivgrüne Kästchen.

In den jeweiligen Kästen finden Sie neben den **GPS-Koordinaten** im Format Grad/Minuten/Sekunden und einer **Anfahrtsbeschreibung** auch eine kurze Beschreibung der Ausstattung des jeweiligen Übernachtungsplatzes. Wir geben den Zustand zum Zeitpunkt unseres Besuches wieder. Sie erhalten zudem Angaben darüber, ob sich der Platz zentrumsnah in einer Stadt oder eher ruhig und einsam außerorts befindet.

Bewusst haben wir auf eine Preisangabe verzichtet, da diese zum Zeitpunkt Ihrer Reise vielleicht schon nicht mehr aktuell sein könnte. Zudem unterliegen sämtliche beschriebenen Plätze dem Wandel der Zeit. Das Preisgefüge in der Slowakei ist noch günstig, so dass Sie, mit eher moderaten Übernachtungskosten rechnen können. Immer abhängig von den jeweiligen Ausstattungsmerkmalen und der Reisesaison.

Nun noch ein Wort zu den Stellplätzen:
Die Bezeichnung **Offizieller WOMO-Stellplatz** weist auf Parkplätze hin, die mittels eines Schildes für Wohnmobilfahrer zur Nutzung ausgewiesen sind. Diese offiziellen Stellplätze verfügen häufig auch über Ver- oder Entsorgungsmöglichkeiten, welche in der Regel kostenpflichtig sind. Es empfiehlt sich, eine größere Menge Münzgeld (50 Cent und 1 Euro Münzen) bereitzuhalten, um die Gebühren an Parkautomaten oder Entsorgungsstationen zu begleichen.
Solche offiziellen WOMO-Stellplätze, wie Sie in Westeuropa bekannt sind, werden Sie in der Slowakei eher selten bis gar nicht vorfinden.

Freies Campieren ist in der Slowakei offiziell untersagt. Dazu zählt auch das Übernachten und Campen auf Parkplätzen und an Straßen. In der Praxis wird jedoch vielerorts eher locker mit diesem Thema umgegangen und die Behörden sehen von Strafen ab, sofern man sein Fahrzeug auf einem öffentlichen Parkplatz abgestellt hat und sich an ein paar Regeln hält. Dazu zählt, dass man niemanden stört, weder die Natur noch die Bewohner, dass die Naturschutzgebiete respektiert werden, dass man diese Plätze nur mit **autarken Fahrzeugen** aufsucht und dass der Übernachtungsplatz sauber hinterlassen wird.

Auch sollte auf diesen Plätzen **kein campingartiges Verhalten** an den Tag gelegt werden. Will heißen: Markise, Grill, Tisch und Stühle bleiben im Fahrzeug.
Wer sich über längere Zeit mit dem Wohnmobil häuslich einrichten will, ist auf einem Campingplatz immer noch am besten aufgehoben.

Die Einhaltung dieser Regeln versteht sich eigentlich von selbst und sollte keiner besonderen Erwähnung bedürfen. Leider gibt es aber immer wieder schwarze Schafe unter den Wohnmobilisten und die Entsorgung der Campingtoilette im benachbarten Gebüsch zählt bei einigen Zeitgenossen leider immer noch zu den lässlichen Sünden.

Egal wo, Rücksichtnahme ist und bleibt das oberste Gebot. Ansonsten fördern Wohnmobilisten und Vanlife-Enthusiasten mit ihrem Verhalten Verbotsschilder anstatt legaler Übernachtungsmöglichkeiten.

Nicht zuletzt ist die Auswahl der Übernachtungsplätze rein subjektiv und wir erheben keinen Anspruch auf Vollständigkeit. Vielmehr beschreiben wir Ihnen die Plätze, welche von uns persönlich besucht oder die uns verlässlich empfohlen wurden.

Beispiel für einen naturnahen Campingplatz

Zudem soll dieses Buch kein reiner Stellplatzführer sein. Stattdessen der Versuch, Ihnen interessante **Reisewege** vorzustellen, auf denen Sie sowohl die Kultur der faszinierenden Städte als auch die Ruhe und Großartigkeit der Landschaften *erfahren* können.

Am Wegesrand empfehlen wir Ihnen dabei Plätze, die auch mit großen WOMOs anzufahren sind, die strategisch günstig liegen oder landschaftlich reizvoll sind und auf denen wir problemlos übernachten konnten.

Entsorgungsstationen und Wasserversorgung

In der Regel finden Sie auf den meisten slowakischen Campingplätzen die Möglichkeit, **Chemietoiletten** zu entleeren. Entsorgungsstationen für größere WOMOs mit Bodeneinlass für Grauwasser- und Fäkaltanks sind dagegen nicht immer zu finden. Wir haben diese deshalb in die Beschreibung der Campingplätze aufgenommen, sofern sie vorhanden sind.

Wasser kann an allen Campingplätzen, öffentlichen Quellen und Brunnen aufgefüllt werden. Die Qualität ist in der Regel gut bis sehr gut.

Weitere Informationen zum Thema Gas, Wasser und Strom gibt es wieder in der Rubrik **Tipps und Infos**.

Sehenswürdigkeiten und Öffnungszeiten

Innerhalb der Tourenbeschreibungen finden Sie einige Hintergrundinformationen zu den besuchten Städten und Sehenswürdigkeiten. Diese sind in etwas kleinerer Schrift mit einem hellgelben Kasten unterlegt. Wir haben versucht, bei Sehenswürdigkeiten und Museen die jeweiligen Öffnungszeiten und Eintrittspreise anzugeben. Die Angaben sind als grobe Orientierung zu verstehen. Auch hierzu finden Sie weitere Angaben unter der Rubrik **Tipps und Infos**.

Wanderungen und Radtouren

Die Slowakei ist ein ideales Wander- und Trekkinggebiet. Für Bergfreunde ist die Slowakei wieder einmal ein Paradies. Die Schwierigkeitsgrade des ausgedehnten und sehr gut markierten Wanderwegenetzes reichen von einfach bis höchst anspruchsvoll. Es lassen sich sowohl kleine Wanderungen und Spaziergänge als auch ausgedehnte (Mehr-)Tagestouren unternehmen. Die Markierungen folgen einem einheitlichen System und die Wegweiser enthalten Zeit- und Ortsangaben. Wer einen reinen Wanderurlaub verbringen möchte, der sollte an ausreichend Kartenmaterial denken. Hilfreich sind auch die beiden Bergwanderführer aus dem Rother-Bergverlag (siehe unter *Literatur* bei den **Tipps und Infos**). Weitere Auskünfte und Wanderkarten sind auch in den Touristeninformationen der jeweiligen Regionen erhältlich.

Neben dem Wanderwegenetz gibt es in der Slowakei auch ein **Radwegenetz**, welches sich im kontinuierlichen Aufbau befindet. So verläuft ein Teil des Donauradweges durch die Slowakei und entlang von Seen existieren gut markierte Radwege. Die in diesem WOMO-Führer beschriebenen kleineren Wanderungen und Radtouren sind grün hinterlegt. Entsprechende App- und Kartenempfehlungen finden Sie wieder bei den **Tipps und Infos**.

Die slowakische Küche ist bodenständig und deftig

Essen und Trinken

Ein gutes Essen ist bekanntlich Balsam für die Seele. Zu einem gelungenen Urlaub gehört die Erkundung der landestypischen Küche ganz einfach dazu. Neben Restaurantbesuchen tragen die Einkaufsmöglichkeiten auf den regionalen Märkten dazu bei. Wo wir gut gegessen haben und wo wir frische Lebensmittel einkaufen konnten, wurde in den jeweiligen Tourenbeschreibungen und unter dem Stichwort **Einkehr-Tipp** vermerkt.
Mehr zu den slowakischen Spezialitäten finden Sie wieder bei unseren **Tipps und Infos**.

Verständigung

Slowakisch gehört, wie Tschechisch und Polnisch, zu den westslawischen Sprachen. Zur tschechischen Sprache gibt es nur wenig Unterschiede und viele Slowaken sind bis zur Auflösung der Tschechoslowakei im Jahr 1993 zweisprachig aufgewachsen.

In den größeren Städten kommen Sie sehr gut mit Englisch oder Deutsch zurecht. Und wenn gar nichts mehr geht, helfen notfalls Hände und Füße bei der Verständigung weiter. Ein paar Brocken der jeweiligen Landessprache zu beherrschen wirkt aber oft Wunder und öffnet Türen. Unter der Rubrik *Sprache* haben wir bei den **Tipps und Infos** einige gebräuchliche Begriffe und Sätze auf Slowakisch für Sie notiert.

Noch ein Wort zur **Schreibweise** in diesem Buch: die slowakische Sprache verfügt über eine große Vielzahl von Sonderzeichen, die im Deutschen völlig unbekannt sind. Bei der

Schreibweise in diesem Buch nutzen wir immer die lokalen Namen der Orte, wie sie auch auf den Straßenkarten und Verkehrsschildern angegeben sind. Viele Städte und Orte besitzen noch einen deutschen Namen. Da diese im Land jedoch nicht weiterhelfen, haben wir auf die deutschen Bezeichnungen weitgehend verzichtet.

Eine Bitte zum Schluss

Die Slowakei ist ein Land, das sich beständig weiterentwickelt. Veränderungen gibt es insbesondere im Straßenbau oder in der Verbesserung der Infrastruktur. Zudem sind durch die Corona-Pandemie Veränderungen – vorübergehende wie dauerhafte – nicht auszuschließen. Zwar hoffen wir, auf dem aktuellsten Stand zu sein und dass uns, trotz aller Sorgfalt, keine groben Fehler bei der Recherche und beim Schreiben unterlaufen sind. Doch wie alle Reiseführer wird auch dieses Buch an Aktualität verlieren. Hier sind wir auf IHRE Mithilfe als Leserinnen und Leser dieses WOMO-Führers angewiesen. Bitte teilen Sie uns mit, wenn etwas nicht mehr so ist, wie wir es beschrieben haben. Gerne nehmen wir Ihre Anregungen für Orte/Sehenswürdigkeiten auf, die Eingang in Erweiterungsauflagen finden sollen. Und teilen Sie gerne Ihre Erfahrungen mit anderen Leserinnen und Lesern im **Forum des WOMO-Verlages**. Werfen Sie vor Ihrer Slowakei-Reise einen Blick hinein unter *www.forum.womoverlag.de* – vielleicht können Sie bereits von Aktualisierungen profitieren.

Ihre Anregungen und Erfahrungen können Sie entweder direkt an den Verlag richten oder schicken Sie uns eine Mail an **staub@womo.de**

Nun bleibt uns nur noch, Ihnen
príjemnú cestu und **gute Reise** zu wünschen!

Anreise
Deutschland
Polen
Polen
Tschechien
Slowakei
Ukraine
Ungarn
Rumänien
Österreich
Schweiz
Frankfurt
Nürnberg
Stuttgart
München
Leipzig
Dresden
Cottbus
Breslau
Katowice
Krakau
Lwiw
Prag
Brünn
Košice
Bratislava
Wien
Melk
Passau
Salzburg
Innsbruck
Graz
Budapest
Cluj-Napoca
100 km
N
Band 44
Mit dem Wohnmobil
nach
Tschechien
Band 62
Mit dem Wohnmobil
nach Polen
Teil 2: Der Süden
Band 59
Mit dem Wohnmobil
nach Österreich
Teil 1: Der Osten
Band 60
Mit dem Wohnmobil
nach Österreich
Teil 2: Der Westen
Band 34
Mit dem Wohnmobil
nach
Ungarn
A01
WC
A02
A03
A04
A05

Anreise in die Slowakei

Der Weg in die Slowakei ist nicht allzu weit. Durch die Lage des Landes im Herzen Europas ist es über ein sehr gut ausgebautes Fernstraßennetz leicht zu erreichen. Je nach Wohnort haben Sie die Wahl verschiedener Anreise-Varianten und können unterwegs auch noch einige Besichtigungsstopps einlegen.

Von Westen kommend ist das Eintrittstor in die Slowakei die Hauptstadt **Bratislava**, von der aus auch unsere erste Tour startet. Die Autobahnen **A 4** und **A 6** verbinden **Österreich** und die Stadt Wien mit Bratislava. Reisende aus dem süddeutschen Raum, dem Westen Deutschlands und der Schweiz erreichen die Slowakei hier auf dem schnellsten Weg.

Leserinnen und Leser aus dem Norden und Osten Deutschlands werden eher eine Anreise über **Tschechien** wählen. Hier können Sie über Dresden, Prag und Brünn auf der **E 50** und der **E 65** in den Nordwesten der Slowakei einreisen und dort auf unsere Tour 1 stoßen.

Alternativ dazu führt die Autobahn Berlin – Cottbus – Wrocław (Breslau) – Katowice – Bielsko-Biała über **Polen** in die mittlere Slowakei. Sollten Sie zuvor bereits die Länder **Polen** oder **Ungarn** bereist haben, so können Sie uns, aus Richtung Norden oder Süden kommend, ab der Mitte oder dem Osten des Landes auf unseren Touren begleiten.

Wie auch immer Sie Ihren Anreiseweg wählen: es gilt dabei ein paar Grenzen zu überqueren und jedes Land hat seine eigenen Bestimmungen. Aktuelle Auskünfte über die jeweiligen **Mautgebühren und -systeme** sowie Preise für Treibstoff gibt der, auch für Nichtmitglieder kostenlos verfügbare, ADAC-Routenplaner *www.maps.adac.de*. Hier können Sie sich zudem Stell- und Campingplatzempfehlungen entlang Ihrer Reiseroute anzeigen lassen.

Wir haben für dieses Buch den Anreiseweg aus **Süddeutschland** gewählt. Von unserem Wohnort in Baden-Württemberg sind rund 680 Kilometer bis Bratislava zu bewältigen. Da wir auf Reisen eher gemütlich unterwegs sind, planen wir bei solchen Entfernungen gerne eine oder auch mal zwei Übernachtungen ein. Nachfolgend nennen wir Ihnen deshalb unsere Empfehlungen für einen Etappenstopp.

Möchten Sie darüber hinaus etwas mehr Zeit einplanen und unterwegs auch noch die Transitländer ein wenig näher erkunden, so leisten Ihnen die **Bände der WOMO-Reihe** sicherlich gute Dienste. Sie finden die jeweils verfügbaren Bände auf der Anreise-Karte.

Um uns schon einmal ein wenig auf die **Donau** einzustimmen, die uns während unserer Reise immer wieder begegnen wird, nutzen wir nördlich von **Passau** gerne einen sehr angenehmen WOMO-Stellplatz in **Vilshofen an der Donau**. Hier können Sie den Reisetag auch in einer der benachbarten Gaststätten gemütlich ausklingen lassen.

(A01) Offizieller WOMO-Stellplatz: Vilshofen *Yachthafen*

GPS: N 48°38'21" E 13°11'11", Am Bootshafen 1, Tel. +49 171 4534 140, www.vilshofen.de. **Max. WOMOs**: 17.
Öffnungszeit: April bis Ende Oktober.
Ausstattung: Ver-/Entsorgung Chemietoiletten (nicht frei zugänglich), Strom, Dusche im Clubhaus gegen Gebühr, WC, Mülleimer, Getränkeverkauf und Brötchenservice in der Saison, Radweg, Zeltwiese für Paddler und Radfahrer, gute Zufahrt auch für große WOMOs.
Beschreibung: Gebührenpflichtiger, gepflegter Stellplatz am Ortsrand von Vilshofen. Der Platz gehört zu einem Sportboothafen. Geschotterter Untergrund ohne Schatten, Zentrum mit historischer Altstadt und Restaurants zu Fuß erreichbar. **Unser Einkehr-Tipp**: Nur wenige Minuten zu Fuß entfernt lädt das urig-gemütliche Wirtshaus *Zur Wurz'n, www.wurzn.de* zum entspannten Ausklang des Tages ein.
Zufahrt: Die Zufahrt zum Stellplatz ist ab der Bundesstraße B 8 über die Marienbrücke in den Ortsteil Schmalhof ausgeschildert. Nach der Brücke gleich links zum Platz abbiegen.
Hinweis: Durch den benachbarten Sportflugplatz und die am anderen Donauufer vorbeiführende Bundesstraße kann es tagsüber zu Beeinträchtigungen durch Verkehrslärm kommen.

Auf der gegenüberliegenden Seite der Donau direkt an der Bundesstraße B 8 gibt es einen weiteren, kostenlosen und offiziellen Stellplatz an der Donau. Allerdings ist dieser nur bedingt zu empfehlen, da es durch die Nähe zur Bundesstraße und den abendlichen Treffpunkt der Vilshofener Auto-Tuning-Szene doch sehr laut ist. Für eine kurze Rast oder einen Besuch in der Stadt Vilshofen ist der Parkplatz für WOMOs jedoch ganz gut geeignet. Deshalb hier die Koordinaten: [**A02**: GPS N 48°38'19" E 13°10'46"].

Bei der Weiterfahrt durch Österreich möchten wir Ihnen einen Besuch im **Stift Melk** ans Herz legen. Das UNESCO Weltkulturerbe liegt in Sichtweite der Autobahn und wenn Sie erst gegen Spätnachmittag ankommen, können Sie dieses Schmuckstück ohne große Touristenströme und Donau-Kreuzfahrer ganz in Ruhe genießen. Auch das gemütliche Städtchen Melk lohnt eine Visite. Gleich zwei Möglichkeiten bieten sich hier für die Übernachtung an.

(A03) Offizieller WOMO-Stellplatz: Stift Melk

GPS: N 48°13'49" E 15°19'49", Pionierstraße 479/26, Tel. +43 275 252 307, www.melk.gv.at, hauptverwaltung@stadt-melk.at. **Max. WOMOs**: 6.
Öffnungszeit: Ganzjährig.

Ausstattung: Ver-/Entsorgung Chemietoiletten, Strom, WLAN, nachts ist der Platz beleuchtet, ausgeschilderte Radwege in der Nähe.
Beschreibung: Gebührenpflichtiger Stellplatz am Ortsrand von Melk. Der Platz liegt in der Nähe der Donau, ist überwiegend eben und asphaltiert. Teilweise Schatten. Das Zentrum von Melk mit Einkaufsmöglichkeiten und Restaurants sowie das Stift Melk sind zu Fuß erreichbar.
Zufahrt: Ab der Autobahnausfahrt Melk der Bundesstraße B 3a und B 1 nach Melk folgen. Die Zufahrt zum Stellplatz liegt unterhalb des Klosters und ist an der B 1 ausgeschildert.

Wer sich gerne etwas häuslich einrichten und vielleicht eine Radtour entlang der Donau unternehmen möchte, dem sei der Campingplatz *Am Fährhaus* in Melk empfohlen.

(A04) WOMO-Campingplatz: Melk
Fährhaus an der Donau

GPS: N 48°14'01" E 15°19'46", Kolomaniau 3, Tel. +43 275 253 291, www.faehrhaus-melk.at, info@faehrhaus-melk.at.
Öffnungszeit: 1. April bis 30. Oktober.
Ausstattung: Ver-/Entsorgung Chemietoiletten, Strom, Dusche, WC, Restaurant, Kiosk im Fährhaus, ausgeschilderte Radwege in der Nähe.
Beschreibung: Großzügiger, unparzellierter Campingplatz auf einem Wiesengelände, wenig Schatten, teilweise geschotterte Plätze, direkt an der Donau. Die Anmeldung erfolgt im Restaurant *Fährhaus*. Daneben stehen Container, in denen sich die einfachen, aber zweckmäßigen und sauberen Sanitäranlagen befinden. Das Zentrum von Melk mit Einkaufsmöglichkeiten und Restaurants, sowie das Stift Melk, sind zu Fuß erreichbar. Der Platz liegt direkt am Donau-Radweg und der Anlegestelle für Donau-Kreuzfahrtschiffe. **Unser Einkehr-Tipp**: Im Biergarten des *Fährhauses* können Sie traditionelle, österreichische Küche mit Blick auf die Donau genießen. Besondere Empfehlung von uns: der Backhendl-Salat mit einem Viertel Grünen Veltliner.
Zufahrt: Ab der Autobahnausfahrt Melk der Bundesstraße B 3a und B 1 nach Melk folgen. Die Zufahrt zum Campingplatz ist ausgeschildert. Vor der BP-Tankstelle rechts abbiegen und der Beschilderung *Rollfähre* folgen.

Sollten Sie Ihre Slowakeireise mit einem Besuch der österreichischen Hauptstadt **Wien** verbinden, dann eignet sich der Campingplatz in **Klosterneuburg** gut als Ausgangspunkt für eine Stadterkundung.

(A05) WOMO-Campingplatz: Klosterneuburg
Donaupark Camping

GPS: N 48°18'38" E 16°19'38", In der Au 1, Tel. +43 224 325 877, www.campingklosterneuburg.at, campklosterneuburg@oeamtc.at.
Öffnungszeit: Mitte März bis Mitte November.
Ausstattung: Ver-/Entsorgungsstation mit Bodeneinlass, Strom- und TV-Kabelanschluss an den Stellplätzen, saubere und teilweise neue Sanitäranlagen, Restaurant, kleiner Campingshop, Waschmaschine und Trockner, Spielplatz.
Beschreibung: Großer, teilweise schattiger Platz mit parzellierten Stellplätzen auf Wiesenfläche, Freizeitbad *Happyland* in der Nachbarschaft, sehr gute Nahverkehrsanbindung in die Innenstadt von Wien (etwa 30 Minuten), das Zentrum von Klosterneuburg ist in wenigen Minuten zu Fuß erreichbar. Die Vienna-Card ist an der Rezeption erhältlich.
Zufahrt: Der Campingplatz ist in Klosterneuburg ausgeschildert.

TOUR 1

Tschechien
Skalica
Holič
Radošovce
Smrdáky
Senica
Mohyla Štefánikova
Brezová pod Bradlom
Šaštín-Stráže
Kúty
Tschechien
Morava
Baťa-Kanal
Záhorie
Jablonica
Malé Karpaty
Trstín
Smolenický zámok
Smolenice
Plavecký Mikuláš
Plavecký hrad
Österreich
Malacky
Hrad Červený Kameň
Častá
Kuchyňa
Pernek
Trnava
Lozorno
Piesok
Modra
Pezinok
Stupava
Svätý Jur
Slovenský Grob
Kloster Marianká
Senec
Devínska Nová Ves
Záhorská Bystrica
Hrad Devín
Bratislava
(siehe Tour 2)
Dunaj
Donau-Tiefebene
Österreich
Čunovo
(siehe Tour 16)
Šamorín
Ungarn
10 km

Tour 1: Bratislava, die Záhorie und die Weinstraße der Kleinen Karpaten 330 km

Bratislava – Štaštín-Stráže – Holíč – Skalica – Brézova pod Bradlom – Smolenice – Červený Kameň – Piesok Modra – Pezinok – Svätý Jur – Senec

Stellplätze: in Bratislava, Devín, Kuchyňa, Štaštín-Stráže, Skalica, Brézova pod Bradlom, Červený Kameň, Piesok.

Campingplätze: in Bratislava, Kuchyňa, Senec.

Besichtigen: Bratislava, Danubiana Meulensteen Art Museum in Čunovo, Burg Devín, Kloster Mariánka, Wallfahrtskirche Štaštín-Stráže, Wasserschloss in Holič, Skalica, Grabmal Milan Rastislav Štefánik, Schloss Smolenice, Burg Červený Kameň, Weinbaustädte Modra, Pezinok und Svätý Jur.

Ausflüge: Bootstour auf der Donau, Bootstour auf dem Bat'a-Kanal.

Wandern: Aussichtsberg Vel'ka Homola in den Kleinen Karpaten

Radfahren: rund um Skalica

Baden: Badeseen in Bratislava, Čunovo, Karpatská, Kuchyňa, Štaštín-Stráže, Senec, Naturfreibad in Piesok.

Essen: *Café Mayer* und *Schlossrestaurant* in Bratislava, Ausflugsgaststätte *Bufet u Kapra* in Skalica, Gänsebratendorf Slovensky Grob.

Bratislava, die charmante Hauptstadt des Landes gilt als das Eintrittstor in die Slowakei. Sie rühmt sich nicht nur einer reichen Vergangenheit, sondern auch einer interessanten Gegenwart. Hier starten wir unsere erste Tour, die uns, nach einer ausführlichen Stadtbesichtigung, in Richtung Norden und in Teilen entlang der österreichischen und tschechischen Grenze führt. Wir besuchen die Region Záhorie, die auf Deutsch „hinter den Bergen“ heißt. Sie versteckt sich tatsächlich hinter den Kleinen Karpaten, mit denen hier der 1200 Kilometer lange Karpatenbogen beginnt. Bestaunen Sie mit uns barocke Wallfahrtskirchen, gehen Sie mit uns auf Wanderschaft, tauchen Sie ab in erfrischende Badeseen und lernen Sie die erste der insgesamt sechs slowakischen Weinanbauregionen kennen. Sind Sie bereit?

Wenn Sie über die Autobahn aus Wien nach Bratislava fahren, so zeigt sich die Slowakei zunächst von ihrer wenig reizvollen Seite. Trabantenstädte und Industrieansiedlungen zeugen jedoch von einer aufstrebenden, modernen Stadt, die es sich lohnt zu entdecken. Längst hat sie das Image der kleinen

Schwester Wiens, die nur rund 70 Kilometer entfernt liegt, abgestreift und präsentiert sich als junge, weltoffene Stadt. Für den Besuch der Hauptstadt sollten Sie sich ein paar Tage Zeit nehmen. Am besten als Auftakt oder zum Abschluss Ihrer Slowakei-Rundreise. Zunächst geht es jedoch auf Stellplatzsuche. Um Ihr Wohnmobil zentral abzustellen, haben Sie folgende Möglichkeiten. Zunächst einen großen und kostenlosen Parkplatz direkt am Ufer der Donau. Hier sollten Sie allerdings früh anreisen, denn der Platz ist häufig von PKWs belegt.

(001) WOMO-Stellplatz: Bratislava – Am Donauufer

GPS: N 48°08'12" E 17°06'51", Viedenská cesta **Max. WOMOs**: 5.
Ausstattung: Keine.
Beschreibung: Kostenloser, öffentlicher und unbewachter Parkplatz auf einer teilweise asphaltierten Fläche. Die Altstadt ist in 10 Minuten zu Fuß erreichbar. Wunderschöner Blick auf die Donau und die Burg Bratislava. Von hier aus sind Radtouren entlang der Donau zur Burg Devín möglich. Durch die zentrale Lage und einige Restaurant-/Kneipenschiffe an der Donau ist der Platz insbesondere an Wochenenden sehr belebt und damit nicht wirklich ruhig.
Zufahrt: Der Platz liegt am südlichen Donauufer zwischen den beiden Brücken Starý most und Most SNP, der *UFO-Brücke*.

Wenn Sie etwas ruhiger und auch bewacht stehen möchten, dann gibt es im Stadtgebiet zwei Campingplätze. Beide liegen im Bereich von Freizeit- und Sportanlagen und werden gelegentlich für Festivals und Sportveranstaltungen genutzt. Bitte vergewissern Sie sich über die jeweiligen Internet-Seiten, dass zu Ihrem Reisetermin kein Event stattfindet und somit Übernachtungen für Touristen möglich sind.

(002) WOMO-Campingplatz: Bratislava – *Zlaté Piesky*

GPS: N 48°11'18" E 17°11'08", Cesta na Senec 2, Zlaté piesky, Tel. +421 2 444 505 92, www.intercamp.sk, kempi@netax.sk.
Öffnungszeit: 1. Mai bis 15. Oktober.
Ausstattung: Ver-/Entsorgungsstation mit Bodeneinlass, Waschmaschine, WiFi kostenlos im Bereich der Rezeption, Kinderspielplatz, Minigolf, Liegewiese und Strand, Bars und Restaurants, Bootsverleih, Wasserski, Mietunterkünfte, Supermarkt in der Nähe.
Beschreibung: Verkehrsgünstig gelegener, städtischer Campingplatz rund 8 Kilometer nordöstlich von Bratislava. Der Platz befindet sich in einem parkartigen, schattigen Naherholungsgebiet an einem Natursee. Die Sanitäranlagen sind teilweise veraltet, aber sauber und sie versprühen den Charme von Ostalgie. Die Autobahn und ein Flugplatz liegen in Hörweite. Außerdem kann es insbesondere während der Sommerferien und an Wochenenden zu Partylärm kommen. Die Haltestelle der Straßenbahn liegt etwa 200 Meter entfernt. Die Linien 2 und 4 fahren zum Bahnhof und in die Altstadt.
Zufahrt: Von der Autobahn D 1 ist der Campingplatz ausgeschildert.

Ein weiterer Campingplatz liegt etwa 15 Kilometer südlich der Stadt, in der Nähe des Dreiländerecks Österreich-Ungarn-Slowakei, auf einer künstlich angelegten Donau-Halbinsel.

(003) WOMO-Campingplatz: Čunovo – *Divoká Voda*

GPS: N 48°01'53" E 17°13'51", Vodné dielo Čunovo, Tel. +421 2 625 280 02, www.divokavoda.sk, hotel@divokavoda.sk.

Öffnungszeit: Ganzjährig nutzbar, Sanitäranlagen sowie Ver- und Entsorgung im Winter nur eingeschränkt möglich.

Ausstattung: Ver-/Entsorgungsmöglichkeit für Chemietoiletten, WiFi kostenlos im Bereich der Rezeption und des Hotels, Bar und Restaurant, einfache Sanitäranlage mit Dusche und WC, Anmeldung an der Rezeption des Hotels *Divoká Voda*.

Beschreibung: Der Platz befindet sich im Bereich eines Wildwasserstadions mit verschiedenen Strömungskanälen. Hier sind auch Kajak, Rafting und andere Wassersportarten möglich. Die Stellplätze liegen auf einem großen Wiesengelände mit mehreren Stromsäulen und Zugang zu einem kleinen Badestrand. In der Nähe führen verschiedene Radwege vorbei. Direkt vor dem Campingplatz befindet sich die Haltestelle der Buslinie 90, die in rund 35 Minuten ins Zentrum nach Bratislava fährt. Tickets erhalten Sie im *Danubiana Kunstmuseum*.

Zufahrt: Von der Autobahn D 2 die Ausfahrt Nr. 71 nach Jarovce und Rusovce nehmen. Im Ort Čunovo ist die Zufahrt zur Donauinsel und das Danubiana Meulensteen Art Museum ausgeschildert. Der Campingplatz liegt rechts vor der Brücke über einen Donau-Seitenarm.

Wenn Sie sich hier auf dem Campingplatz Nr. 003 häuslich eingerichtet haben und Ihnen der Sinn nach moderner Kunst steht, dann starten Sie Ihren Bratislava-Besuch doch gleich hier, im nur wenige Schritte entfernten **Danubiana Meulensteen Art Museum**. Der moderne, strahlend weiße Bau gleicht dem Rumpf eines Schiffes. Eröffnet wurde es im September 2000 von den beiden Gründern, dem niederländischen Kunstsammler Gerard Meulensteen und dem slowakischen Galeristen Vincent Polakovič. Damit ist es das erste Privatmuseum für moderne Kunst in der Slowakei. Während drinnen hochkarätige Wechselausstellungen präsentiert werden, lässt es sich draußen mit herrlichem Blick auf die Donau durch einen Skulpturenpark flanieren.

Kunst im Danubiana-Museum

Öffnungszeiten: *täglich von 10 bis 18 Uhr, Eintritt 10 Euro, ermäßigt 5 Euro, Familien 20 Euro. www.danubiana.eu .*

Burg Bratislava

Starten wir nun zu unserem Streifzug durch Bratislava. Mit ihren 430.000 Einwohnern wird die Hauptstadt auch gerne als *kleinstes Dorf der Slowakei* bezeichnet und in der Liste der europäischen Hauptstädte belegt Bratislava einen der hinteren Ränge. Die vollständig restaurierte Altstadt versprüht viel Flair und Lokalkolorit, die Sehenswürdigkeiten lassen sich bequem zu Fuß an einem Tag erkunden. Nicht nur das macht die Donaumetropole sehr sympathisch. Und trotzdem: die Stadt im Rahmen dieses Reiseführers angemessen zu beschreiben, ist schier unmöglich. Deshalb wollen wir Ihnen zunächst einige historische Fakten mit auf den Weg geben und Sie anschließend mitnehmen, zu unserem ganz persönlichen Streifzug durch Bratislava.

Bratislava – Pressburg – Prešporek – Pozsony

Bratislava trug im Laufe der Jahrtausende viele Namen. Begonnen hat die Geschichte der Stadt zwischen **400** und **50** vor Christus, als die **Kelten** eine befestigte Siedlung auf dem heutigen Stadtgebiet errichteten. Es folgten **römische Legionen**, die im heutigen Stadtteil **Rusovce** einen von mehreren militärischen Vorposten im Donautiefland begründeten. Nach dem Ab-

zug der Römer Ende des **4. Jahrhunderts** und mit Einsetzen der Völkerwanderung kamen ab dem **6. Jahrhundert** die ersten **slawischen Stämme** in das Karpatenbecken.

In dieser Epoche entstand auf dem Burgberg die erste Festungsanlage. Gemeinsam mit dem Schloss Devín waren dies wichtige Zentren während des **Großmährischen Reiches (833-907)**. Den Untergang der Großmähren besiegelten die Magyaren, Bratislava wurde Teil von **Ungarn** und König Stephan I. wählte **Pozsony**, wie Bratislava auf Ungarisch hieß, als Stammsitz. **1242** bereiteten die Mongolen der aufstrebenden Stadt ein jähes Ende und nur die Festung auf dem Burgberg überstand ihren Angriff. Zum Wiederaufbau des verwüsteten Landes wurden deutsche Siedler angeworben, die der Stadt den Namen **Pressburg** gaben. **1291** erhielt Bratislava das Stadtrecht und **1405** wurde sie freie königliche Stadt. Damit einher ging die Gründung der Universität *Academia Istropolitana*, welche der Stadt zu geistiger und kultureller Blüte verhalf. Schon bald gehörte sie zu den reichsten und angesehensten Städten Ungarns, die ihren Wohlstand vor allem dem Weinhandel verdankte.

Ein Markstein in der Stadtgeschichte war die Niederlage Ungarns gegen osmanische Truppen in der **Schlacht von Mohács 1526**. Die königlichen Amtsgeschäfte wurden nach Bratislava verlegt,

gekrönte Häupter im Martinsdom

mit Ferdinand I. (1503-1564) bestieg der erste Habsburger den ungarischen Königsthron und **1536** begann Bratislavas Epoche als Krönungsstadt. Bis **1830** empfingen elf Herrscher der Habsburger-Dynastie im Martinsdom ihre Königswürden. Adlige zogen in die Stadt und ließen sich hier prachtvolle Paläste erbauen. Architektonische Zeugnisse, die wir später bei unserem Stadtspaziergang bewundern können.

Ein jähes Ende fanden diese glorreichen Jahre, als Kaiser Josef II. (1741-1790) nach dem Sieg über die Osmanen die Regierungsgeschäfte **1784** zurück nach Buda und nach Wien verlagerte. Bratislava blieb zwar noch Krönungsstadt und Sitz des Landtags, versank jedoch mehr und mehr in der Bedeutungslosigkeit.

Erst **Ende des 19. Jahrhunderts** setzte nach dem Bau der Bahnverbindungen nach Wien und Budapest die Entwicklung zur Industrie- und Handelsstadt ein. **1918** wurde sie Teil der **Tschechoslowakei** und **1919** erhielt sie ihren offiziellen Namen **Bratislava**. Im gleichen Jahr wurde die *Univerzita Komenskeho* gegründet und Bratislava zum Schmelztiegel verschiedener Religionen und Kulturen. Das änderte sich jedoch schlagartig unter dem klerikal-faschistischen **Tizo-Regime 1939**. Als slowakischer Vasallen-Staat, der den deutschen Nationalsozialisten hörig war, setzte die Deportation der jüdischen Bevölkerung ein. Mit dem Einmarsch der Roten Armee vertrieb man die verbliebene deutsche Bevölkerung aus der Stadt.

Während der **kommunistischen Ära** wurden rund um Bratislava nicht nur Arbeitsplätze geschaffen, sondern auch die gigantische **Plattenbausiedlung Petržalka** am rechten Donau-Ufer gebaut. Damit förderte die Regierung auch der Zuzug der Landbevölkerung in die Stadt und heute lebt dort mehr als ein Viertel der Einwohner Bratislavas.

Bratislava präsentiert sich heute als junge, aufstrebende und moderne Metropole. Eine Mischung aus Wiener Kaffeehausatmosphäre und mediterran-südländischem Flair geben der Stadt ihr sympathisches Gesicht. Das Gewirr aus kleinen, kopfsteingepflasterten Gassen und Sträßchen innerhalb der Altstadt ist überwiegend den Fußgängern vorbehalten und zu diesen gesellen wir uns nun bei unserer Stadterkundung.

Ausblick auf das historische und das moderne Bratislava

Unsere Tipps für die Stadtbesichtigung

Bevor wir Sie nun mitnehmen auf unseren Stadtspaziergang, möchten wir Sie noch mit einigen Tipps versorgen. Wenn Sie in Bratislava und um Bratislava herum Museen und Sehenswürdigkeiten besuchen möchten, dann empfehlen wir Ihnen den Kauf der **Bratislava-Card**. Sie bietet neben einer kostenlosen Nutzung des öffentlichen Nahverkehrs auch zahlreiche Ermäßigungen bei Eintritten und Stadtführungen. Es gibt die Karten mit einer Gültigkeitsdauer von 24 bis 72 Stunden zum Preis zwischen 20 und 28 Euro pro Person (Stand: 2020). Die Karte können Sie auch online unter *www.visitbratislava.com* bestellen.

Wenn Sie sich gerne einer **Stadtführung** anschließen möchten, dann gibt es verschiedenste Angebote, teilweise auch in deutscher Sprache. Hierzu erhalten Sie nähere Informationen unter der oben genannten Website oder direkt im Tourismusbüro (siehe weiter unten). In den roten Doppeldecker-Sightseeing-Bussen werden Sie per Audio-Guide ebenfalls mit deutschsprachigen Erklärungen versorgt.

Wir haben sehr gute Erfahrungen mit den **free-walking-tours** gemacht. Dort begleiten zumeist junge Einheimische die Touristen zu den Besonderheiten ihrer Stadt, geben Insider-Tipps und empfehlen gute Lokale. Am Ende gibt jeder Teilnehmer einen Obolus, dessen Höhe im eigenen Ermessen und der eigenen Zufriedenheit liegt. Informationen für Bratislava sind unter *www.befreetours.com* erhältlich. Nun kann es aber losgehen mit unserem **Stadtspaziergang.**

Diesen starten wir im Herzen der Altstadt beim **Primatialpalais** *Primaciálny palác* am gleichnamigen Platz. In dem klassizistischen Gebäude mit seiner rosa schimmernden Fassade wurde nicht nur Geschichte geschrieben, gleich hier um die Ecke können Sie sich in der **Touristeninformation** in der *Klobučnícká 2* auch mit Stadtplänen, der Bratislava-Card sowie weiteren Informationen versorgen.
Öffnungszeiten: Montag bis Samstag 9 bis 17 Uhr, Sonntag von 10 bis 16 Uhr. Mittagspause von 12.30 bis 13 Uhr. www.visitbratislava.com.

Das **Primitialpalais** entstand nach den Bauwünschen des Esztergomer Erzbischofs József Batthyány in den Jahren **1776** bis **1781**. Er gilt als eines der beeindruckendsten Gebäude der Stadt und ist heute Sitz der Stadtverwaltung und des Oberbürgermeisters. Im berühmten Spiegelsaal tagen die Stadträte und in der Eingangshalle erinnert eine Inschrift an den **Pressburger Frieden**, der hier nach der **Schlacht von Austerlitz 1805** zwischen dem Kaisertum Österreich unter Franz I. und dem Kaiserreich Frankreich unter Napoléon Bonaparte geschlossen wurde. Ein Teil der Räumlichkeiten wird als Galerie genutzt und ist auch für die Öffentlichkeit zugänglich. Unter anderem werden hier wertvolle Tapisserien aus dem **17. Jahrhundert** gezeigt, die bei Renovierungsarbeiten entdeckt wurden.

Primitialpalais und Altes Rathaus

Der Hauptplatz Hlavné námestie lädt zum Flanieren ein

Gleich neben dem Palastgebäude fällt das **Alte Rathaus** *Stará radnica* mit seinen Renaissance-Arkaden und einem Verteidigungsturm ins Auge. Der älteste Teil des Komplexes stammt aus dem **13. Jahrhundert** und der Sage nach verdankt die Rathausglocke ihren schönen Klang einer tragischen Mesalliance. Demnach entledigte sich der Glockengießer seines Nebenbuhlers, indem er den Liebhaber seiner untreuen Gemahlin in den Schmelzofen stieß. Sie können sich vom Klang der Glocke selbst überzeugen und den Turm über eine enge Treppe bezwingen. Aus 45 Metern Höhe bietet sich eine herrliche Panoramasicht auf die Altstadt.
Im Alten Rathaus hat außerdem das **Stadtmuseum** *Mestské múzeum* mit einer Mittelalterausstellung seinen Sitz und im Südflügel, dem **1761** erbauten **Appónyi-Palais**, dokumentiert ein **Weinbaumuseum** die Winzertradition der Stadt.
Auf östlicher Seite neben dem Tourismusbüro widmet sich im **Hummel-Haus** *Hummelov dom* eine kleine Ausstellung dem Leben und Werk des Komponisten und Klaviervirtuosen Johann Nepomuk Hummel (1778-1837). Er wurde unter anderem von keinem Geringeren als Wolfgang Amadeus Mozart unterrichtet.

Wir bummeln weiter in südwestliche Richtung und gelangen nach wenigen Schritten auf den zentralen Platz der Altstadt, den **Hlavné námestie**. Er ist das mittelalterliche Herz der Stadt, in dessen Mitte die **Maximiliansfontäne** *Maximilianova fonána* sprudelt. Der älteste Brunnen der Stadt stammt aus dem Jahr **1572**.
Man erzählt sich, dass sich die **Skulptur des Ritters Roland**, der auch Schutzpatron der Stadt ist, an Karfreitag um die eigene Achse drehen und dabei sein Zauberschwert in alle Himmelsrichtungen schwenken würde. Gesehen hat das bislang noch

niemand und es heißt, nur wer einen einwandfreien Charakter habe, könne die Bewegung sehen.

Bereits in Sichtweite des Brunnens schwenkt vor einem der ältesten Kaffeehäuser der Stadt, dem *Café Mayer*, der **schöne Náci** seinen Zylinder. Die silbern glänzende Statue verkörpert den jüdischen Bettler Ignatius Lamar (1897-1967). Er soll sich gerne als eleganter Mann mit Frack, Hut, Schal und Stock verkleidet und mit seiner Erscheinung viel Kundschaft angelockt haben. Eine Einkehr in diesem Kaffeehaus lohnt sich, denn schon der kaiserliche Hofkonditor Julius Mayer kreierte hier köstlich süße Verführungen.

Ein beliebtes Fotomotiv ist auch die **Statue Napoleons**, der sich lässig an eine Sitzbank lehnt. Im Gebäude dahinter, dem **Palais Kutscherfeld** *Kutscherfeldov palác*, ist die französische Botschaft ansässig. Und dort, wo sich Touristengruppen für Selfies sammeln, finden Sie schließlich **Čumil, den Unterrockgucker**. In der südlichen Ecke des Platzes an der Kreuzung *Panská* und *Rybárska brána* schaut die Bronzefigur des Kanalarbeiters Čumil aus einem Gullyloch. Da die Figur schon mehrfach von Autofahrern übersehen wurde, erhielt sie ein eigenes Verkehrsschild *Men at work*.

Charakterkopf Napoleon Bonaparte

Wir verlassen den Hauptplatz in nördliche Richtung über die **Franziskanergasse** *Františkánske námestie*, die uns zum ältesten, erhalten Sakralbau, der gotischen **Franziskanerkirche** *Františkánsky kostol* führt. Auf der gegenüberliegenden Seite ist im **Mirbach-Palast** *Mirbachov palác* die Städtische Galerie mit barocken Gemälden und Statuen untergebracht.

Über die **Schlossgasse** *Zámočnicka nám.* stehen wir schon wenig später vor dem **Michaelertor** *Michalská brána*. Es ist das letzte, erhaltene Stadttor aus dem **14. Jahrhundert** und mit seinem Turm ein Wahrzeichen der Stadt. Von der oberen Terrasse kann man aus 51 Metern Höhe die zauberhafte Aussicht auf die Burg von Bratislava und die Altstadt genießen.

Vom Michaelertor lohnt sich ein kurzer Abstecher in nördliche Richtung. Über den Platz *Hurbanovo námestie* und die große Hauptverkehrskreuzung gelangt man zum **Grassalkovič-Palast** *Grassalkovičov palác*. In dem repräsentativen Rokokoschlösschen residiert heute der slowakische Präsident. Der Garten ist auch für die Öffentlichkeit zugänglich.

Wir bummeln wieder zurück zur Altstadt und wählen nun nach dem Michaelertor die *Michalská* in Richtung Süden. Hier pulsiert das touristische und kulinarische Leben. Cafés und Restaurants reihen sich aneinander. Vielleicht ist es jetzt Zeit für eine kleine Verschnaufpause? Schauen Sie einfach, wo ein schönes Plätzchen frei ist. Sehen und gesehen werden lautet hier das Motto.

Weiter geht es in Richtung Süden über die Straße *Vénturska* und vorbei an repräsentativen Gebäuden, wie das **Pálffy-Palais** *Pálffyho palác*, das heute eine Galerie beherbergt, oder die altehrwürdige **Academia Istropolitana**.

Ausblick auf den Martinsdom und die Donau

An der Kreuzung mit der *Panská* halten wir uns rechts und gelangen zum **Martinsdom** *Dom sv. Martina*. Im größten Sakralbau Bratislavas empfingen zwischen **1563** und **1784** elf ungarische Herrscher und acht königliche Gemahlinnen die Königsweihe. Wenn Sie hier einen Blick auf den Boden werfen, werden Sie vielleicht kleine Messingkrönchen entdecken, die ins Pflaster eingelassen wurden. Sie weisen den Weg vom Dom durch die Gassen der Altstadt und zum Krönungshügel an der Donau, den einst die Staatsoberhäupter unter dem Jubel der Bevölkerung und Glockengeläut auf dem **Königsweg** beschritten haben.

Barocker Burggarten

Auf der gegenüberliegenden Seite der vielbefahrenen Straße *Staromestská* geht es nun über die kleine Gasse *Zámocké Schody* und durch das **Sigismundtor** hinauf in Richtung **Burg** *Bratislvaský hrad*. Das kantige Bauwerk mit seinen vier charakteristischen Türmen thront auf einem Felsen hoch über der Altstadt. Sie ist zugleich das Wahrzeichen Bratislavas und beherbergt heute verschiedene Museen. Beeindruckend ist noch heute das barocke Treppenhaus. Im südwestlichen Turm, dem dicken Königsturm, lagerten einst die Königsinsignien.

UFO-Brücke Most SNP

Wir lustwandeln hier ein wenig über das Burggelände und durch den renovierten, barocken Garten hinüber zum **Schlossrestaurant**. Von der Terrasse können wir bei einem Glas Wein den Blick hinüber zum Martinsdom, die Altstadt und die Donau mit der futuristischen **UFO-Brücke** *Most SNP* genießen. Sie stammt aus dem Jahr **1972** und ihre eigenwillige Architektur trug der Brücke Lob und Tadel gleichermaßen ein. Ihrem Bau fiel unter anderem fast das gesamte, historische jüdische Viertel zum Opfer. Heute ist vor allem das **Aussichtscafé UFO** im Brückentor schwer en Vogue.

Nach der Besichtigung des Burghügels, auf dem übrigens auch die slowakische Regierung ihren Sitz im postmodernen Parlamentsgebäude hat, wählen wir für unseren Rückweg die Fußgängerzone entlang der *Hviezdoslavovo nám*. Sie finden den Zugang südlich der **Bibiana**, dem **Haus der Kinderkunst**. Es lässt vor allem junge Herzen höherschlagen, denn die Räume sind bunt und fantasievoll eingerichtet. Zu erkennen ist das Gebäude an den liebevoll gestalteten Fassaden-Malereien.

Farbenfrohes Haus der Kinderkunst

Doch zurück zur *Hviezdoslavovo nám.*, der wir nun, vorbei an der **Dreifaltigkeitssäule** und einem Denkmal für den dänischen Märchenbuchautoren Hans Christian Andersen (1805-1875), bis zum **Slowakisches Nationaltheater** *Slovenské národné divadlo* folgen. Vor dem **1886** eröffneten Theater im Stil der Neorenaissance sprudelt der **Ganymedbrunnen**. Göttervater Zeus in der Figur eines Adlers, der den Jungen Ganymed auf den Olymp bringt, krönt die Spitze des Brunnens.

Vorbei am Nationaltheater sind es nun noch etwa 15 Gehminuten in östlicher Richtung zur **Blauen Elisabethirche** *Modrý kostolík*. Sie liegt etwas abseits der Altstadt in der *Bezručova ul.* und ist in ihrem knalligen Schwimmbad-Blau ein originelles Bauwerk der Jugendstilarchitektur. Erbaut wurde sie zwischen den Jahren **1910** und **1913** und sie zeichnet sich durch ihre detailverliebte Mosaikgestaltung aus.

Elisabeth-Kirche in blauer Jugenstil-Architektur

Hier endet nun unser Stadtspaziergang durch Bratislava. In wenigen Minuten sind Sie in Richtung Nordwesten am Platz **Námestie SNP**. Hier verkehren mehrere Bus- und Straßenbahnlinien, die Sie wieder zurück zu Ihrem Wohnmobil bringen.

Blick auf den Zusammenfluss von Donau und March bei der Burg Devín

Nach unserem Streifzug durch Bratislava führt uns unsere Tour nur etwa zehn Kilometer weiter an eine der Hauptsehenswürdigkeiten der Slowakei – die **Burg Devín** oder **Burg Theben**. Sie markiert die Grenze zwischen Österreich und der Slowakei und bietet eine fantastische Aussicht auf den Zusammenfluss von Donau und March. Genau genommen handelt es sich dabei um eine Burgruine mit wechselvoller Vergangenheit.

Sie erreichen die gut ausgeschilderte Sehenswürdigkeit, indem Sie die Hauptstadt in Richtung Nordwesten oder auf der Autobahn D 2 nach Brünn/Prag verlassen. Je nachdem, wo Sie Ihren Standort für die Erkundung Bratislavas gewählt haben, orientieren Sie sich an den Ausfahrten in Richtung Zoo/Botanischem Garten. Die Straße nach Devín führt durch ein Vorortgebiet mit hübschen Häusern und viel Grün. Durchqueren Sie den Ort auf der Hauptstraße bis fast ans Ende, dann geht es links hinunter zu den in der Hauptsaison gebührenpflichtigen Parkplätzen bei [N 48°10'31" E 16°58'45"].

Wenn Sie unten nicht links zu den offiziellen Besucherparkplätzen abbiegen, sondern sich rechts halten, könnten Sie vor den Friedhofsmauern auch eine ruhige Nacht verbringen.

(004) WOMO-Stellplatz: Devín – Am Friedhof

GPS: N 48°10'43" E 16°58'48", Kremel'ská **Max. WOMOs**: 2-3.

Ausstattung: Keine.

Beschreibung: Kostenloser, öffentlicher und unbewachter Parkplatz am Ortsrand von Devín. Zur Burgruine mit öffentlichen Parkplätzen, WCs, Restaurants und Kiosk sind es rund 500 Meter.

Zufahrt: Der Beschilderung zu den öffentlichen Besucherparkplätzen an der Burgruine folgen, dann an der Gabelung rechts zum Friedhof abbiegen.

Hrad Devín – Burg Theben

Nicht ohne Grund gilt die Burgruine Devín den Slowaken als Sinnbild slawischer Geschichte. Malerisch thront sie auf dem Felssporn eines Kalkstein-Massives hoch über dem Zusammenfluss von Donau und March *Morava*. Erstmals wurde die Festung als *Burg Dowina* **864** in den Fuldaer Annalen erwähnt. Sie spielte damit während des Großmährischen Reiches eine bedeutende Rolle und gilt für viele als die Wiege der slowakischen Nation. Wer hier an diesem strategisch günstigen Ort herrschte, hatte das Sagen im gesamten Karpatenbecken. So ist es nicht verwunderlich, dass die Besitzverhältnisse mehrmals wechselten und man sich teils erbitterte Kämpfe um die Vorherrschaft lieferte. Bereits unter den Römern war die Burg Bestandteil des Grenzverteidigungssystems *Limes Romanus*. Zuletzt waren es die Truppen Napoleons, die **1809** die Burg zerstörten. Die Gründe dafür sind bis heute unklar. Seitdem ist es eine Ruine und die letzten Eigentümer aus dem Geschlecht der Pálffys verkauften die Anlage **1932** für einen symbolischen Preis an den slowakischen Staat.

Burgruine Hrad Devín

Das heute zu besichtigende Areal setzt sich aus verschiedenen Komplexen zusammen. Sowohl von der oberen als auch der mittleren Burg bieten sich eindrucksvolle Ausblicke auf die Donau und die Auenlandschaft des Marchtales. Ausstellungsräume sowie Ausgrabungsstätten dokumentieren die wechselvolle Geschichte der Burg.

Öffnungszeiten: *April bis September von 10 bis 17 Uhr, Oktober bis März von 10 bis 16 Uhr. Montags geschlossen. Eintritt 5,00 Euro, ermäßigt 2,50 Euro, die Bratislava-Card berechtigt zum einmaligen Eintritt. www.muzeum.bratislava.sk (Stand: 2020).*

Mahnmal Eiserner Vorhang

Nach der Besichtigungsrunde lohnt sich noch ein Spaziergang hinunter ans Donau-Ufer. Der Weg führt zum Schiffsanleger. Hier verkehren die Ausflugsschiffe, welche die Burgruine in etwa 40 Minuten mit der Hauptstadt Bratislava verbinden. Vielleicht haben Sie ja Lust und Zeit mitgebracht, um eine romantische Fahrt auf der Donau zu unternehmen.
Außerdem steht am Zusammenfluss von Donau und March ein **Mahnmal**, welches an die Ermordeten des **Eisernen Vorhangs** erinnert. Das große Tor mit symbolischen Einschusslöchern trägt die Namen von 400 Menschen, die bis zum Fall der Grenzanlagen im Herbst **1989** bei Fluchtversuchen erschossen wurden.

Vor der Weiterfahrt können wir uns noch in den Restaurants und Imbissbuden stärken. Dann wenden wir uns auf der Hauptstraße nach links in Richtung Norden. Nur wenige Kilometer sind es, um bei dem Ort **Devínska Nová Ves** den nächsten Stopp einzulegen. An einem Rast- und Picknickplatz rechts der Straße liegt ein Geopark, der den Beginn des Karpatenbogens an einem Kalksteinmassiv markiert. Außerdem führt nur wenige Meter weiter bei [N 48°12'37" E 16°58'22"] eine Fußgänger- und Fahrradbrücke über die March hinüber nach Österreich. Sie trägt den schönen Namen **Brücke der Freiheit**.

(005) WOMO-Picknickplatz: Geopark Devinska Nová Ves

GPS: N 48°12'06" E 16°58'15":
Max. WOMOs: 1-2.
Ausstattung: Picknickbänke überdacht, Mülleimer, Wasserstelle, Infotafeln.
Beschreibung: Kostenloser öffentlicher und unbewachter Parkplatz am Ortsrand neben der Straße.
Zufahrt: Rechts der Straße wie im Text beschrieben.

Für unsere weitere Route bleiben wir nun auf der Westseite der **Kleinen Karpaten**. Unser nächstes Ziel ist das **Kloster Mariánka**. Vorbei am großen VW-Werk der Slowakei folgen Sie der Straße in Richtung **Záhorská Bystrica**. Nach einer Tankstelle zweigt ein Sträßchen links ab nach **Mariánka**. Die Klosteranlage liegt am Ortsende in einem kleinen Talkessel und ist von weitem nicht zu erkennen. Einen schrägen Parkplatz finden Sie oberhalb des Klosters an der Durchgangsstraße bei [N 48°14'54" E 17°03'57"]. Kompaktere Fahrzeuge können auch den kleinen Weg rechts hinunter zum Kloster fahren und dort parken.

Kloster Mariánka

Die Geschichte des ältesten und landesweit meistbesuchten Wallfahrtsortes ist eng verbunden mit einer hölzernen Marienfigur. Zu Beginn des **11. Jahrhunderts** soll sie ein Eremit aus Birnenholz geschnitzt haben. Thronstreitigkeiten nach dem Tod des ersten ungarischen Königs Stefan I. (um 970-1038) wirkten sich auch auf das religiöse Leben aus, weshalb der Eremit die Gegend verließ. Zuvor jedoch versteckte er die Marienstatue in einem hohlen Baumstamm.

Barocke Pracht im Kloster Mariánka

Einer Legende nach soll um **1661** ein Räuber in den Wäldern gehaust haben. Er hatte eine kranke Frau, die behinderte Zwillinge gebar. Dies sah der schwer geprüfte Vater als Strafe Gottes für sein sündiges Leben an. Er tat vor einem Priester Buße und versprach Besserung. In derselben Nacht sei ihm im Traum die Mutter Gottes erschienen, die ihn aufforderte, die Zwillinge in einer nahegelegenen Quelle zu baden. Dabei fand er die hölzerne Marienstatue, stellte sie in eine Kapelle und weihte sich dem Dienst an Gott.

Den Grundstein zur Kirche Jungfrau Maria Geburt legte **1377** König Ludwig I. aus Dankbarkeit über die siegreiche Schlacht gegen die Osmanen. In der Vergangenheit war die Klosteranlage Zentrum der Pauliner. Ab **1927** lebten Mönche des Gethsemani-Ordens hier, bis die kommunistische Regierung **1950** das Kloster auflöste. Erst **1990** kehrten die Mönche zurück und machten Mariánka wieder zu einem Pilgerort.

Ein Spaziergang durch das parkartige, schattige Tal führt vorbei an mehreren kleinen Barockkapellen bis zur Wunderquelle, dem einstigen Fundort der Marienstatue. Rechts am Hang geht es hinauf zu einem Kreuzweg mit 14 lebensgroßen Statuen. Links erinnert ein Bergbau-Stollen an den ehemaligen Abbau von Schiefergestein. Nach vorheriger Anmeldung ist der Stollen für Führungen und Ausstellungen geöffnet. Ein erholsamer, stiller Ort, an dem es sich ein wenig verweilen lässt.

Wir kehren auf gleicher Strecke wieder zurück zur Hauptstraße, der wir nach rechts in Richtung **Stupava** folgen. Der Ort ist übrigens berühmt-berüchtigt wegen seiner alljährlich im September stattfindenden *Stupaver Krauttage*. Dann dreht sich alles rund ums Sauerkraut.

Hinter Stupava biegt die Straße 501 rechts ab. Im Ort **Lozorno** führt eine Stichstraße zu einem kleinen Stausee. Folgen Sie dazu der etwas unscheinbaren Beschilderung zum **Abeland**. Dabei handelt es sich um einen mittelalterlichen Erlebnis-Bauernhof mit Streichelzoo und Mitmachaktionen. Für Familien mit Kindern sicherlich ein lohnendes Ziel, wobei das Abeland während unserer Reise Sommerpause hatte. Informationen zu den Öffnungszeiten und dem Programm gibt es unter *www.abeland.sk*.

Ob mit oder ohne Abeland, der Stausee **Vodná nádrž Lozorno** lädt zu einer Badepause ein.

(006) WOMO-Badeplatz: Stausee Voná nádrž Lozorno

GPS: N 48°19'36" E 17°03'49" **Max. WOMOs**: 5.
Ausstattung: Badestrand, Kiosk, Mülleimer.
Beschreibung: Parkplätze auf dem unbefestigten Seitenstreifen neben der Straße entlang dem See. Je nach Besucheraufkommen tagsüber nicht unbedingt ruhig. Eher für kompakte Fahrzeuge geeignet.
Zufahrt: In Lozorno der Beschilderung zum *Abeland* folgen.

Wer sich etwas häuslicher auf einem ordentlichen Campingplatz einrichten möchte, der hat nur knapp zehn Kilometer weiter in **Kuchyňa** die Möglichkeit dazu. Der Ort liegt ebenfalls an einem Badesee, so dass sich hier auch ein längerer Aufenthalt anbietet.

Kuchyňa ist zudem Ausgangspunkt für Wandertouren in die Kleinen Karpaten. Auf dem Erlebnis- und Event-Campingplatz *Park Karpaty* ist man Ihnen mit entsprechenden Informationen gerne behilflich.

(007) WOMO-Campingplatz: Kuchyňa – *Park Karpaty*

GPS: N 48°23'59" E 17°09'58", Tel. +421 9 034 465 90, www.campingparkkarpaty.sk, info@campingparkkarpaty.sk.

Öffnungszeit: Ganzjährig.

Ausstattung: Ver-/Entsorgungsmöglichkeit mit Bodeneinlass, Stromanschlüsse, ordentliche, moderne Sanitäranlagen, mehrere offene Feuerstellen zum Grillen, Badestrand in der Nähe, Grillbar, Café mit Sonnenterrasse, Kiosk mit Brötchenservice und Grundcampingbedarf, Animations- und Sportprogramm.

Beschreibung: Der Campingplatz liegt außerhalb des Ortes Kuchyňa in einer Waldlichtung mit viel Schattenflächen. Es gibt sowohl befestigte Standflächen auch für größere WOMOs als auch Stellplätze auf Wiesengelände. Regelmäßig finden Themenabende mit Livemusik statt.

Zufahrt: In Kuchyňa der Beschilderung zum Campingplatz folgen. Der letzte Kilometer führt über eine Schotterpiste mit steiler Auffahrt. Vorsicht für Fahrzeuge mit großem Hecküberhang!

Wenn Sie lieber freistehen möchten oder Ihr WOMO den Anstieg zum Campingplatz nicht schafft, können Sie auch unterhalb der Staumauer am Ortsrand eine ruhige Nacht verbringen.

(008) WOMO-Stellplatz: Kuchyňa – An der Staumauer

GPS: N 48°24'10" E 17°09'43" **Max. WOMOs**: 1-2.

Ausstattung: Keine.

Beschreibung: Geschotterte Parkfläche unterhalb der Talsperre am Ortsrand.

Zufahrt: In Kuchyňa der Beschilderung zum Campingplatz Park Karpaty folgen. Der Parkplatz liegt nach dem Abzweig der Schotterpiste links unterhalb der Staumauer.

Und zum Schluss hätten wir auch noch ein feines Badeplätzchen. Fahren Sie dazu bis zum Campingplatz Nr. 007 und biegen Sie nach links ab. Nach wenigen Metern erreichen Sie den Parkplatz am Badesee.

Wassersport-Freuden am Stausee von Kuchyňa

(009) WOMO-Badeplatz: Kuchyňa – Badestrand

GPS: N 48°24'05" E 17°09'56" **Max. WOMOs**: 1-2.
Ausstattung: Keine.
Beschreibung: Geschotterter Parkplatz im Wald am Badestrand der Talsperre.
Zufahrt: In Kuchyňa der Beschilderung zum Campingplatz Park Karpaty folgen. Am Campingplatz links abbiegen, am Ende des Waldweges liegt der Parkplatz.

Wenn Sie in Kuchyňa eine oder auch mehrere erholsame Nächte verbracht haben, kann es nun weitergehen zur nächsten Etappe durch die Záhorie, dem Land hinter den Bergen. Dazu fahren wir weiter auf der Straße 501 durch kleine, ruhige Dörfer. Schon bald können wir rechts die imposante **Burgruine Plavecký Hrad** erkennen. Ab dem Ort **Plavecký Mikuláš** führen Wanderwege hinauf auf die Höhen der Kleinen Karpaten.

Uns zieht es heute jedoch weiter und wir biegen im Ort nach links ab in Richtung **Šaštín-Stráže**. Die Strecke führt nun durch ein militärisches Sperrgebiet. Normalerweise sind die Schranken geöffnet und Sie können problemlos durch die hügelige und waldreiche Landschaft fahren. Nur bei Manövern ist Zivilisten die Durchfahrt verwehrt. Wenn Sie sich hier ein klein wenig wie in der Sahara vorkommen, dann täuscht Sie dieser Eindruck nicht. Die Flugsanddünen sind eine Besonderheit der Záhorie. Während der letzten Eiszeit war diese Region noch nicht bewaldet und der Westwind türmte imposante Dünen aus den Sand- und Kiesbänken der March-Auen auf. Später verbreiteten sich hier Wälder, die teilweise jedoch im Mittelalter gerodet wurden. Mit Wiederaufforstungsprogrammen versucht man, den Wanderdünen Einhalt zu gebieten. Doch auf dem Truppenübungsplatz haben die Ketten der Panzer die dünne Humusschicht aufgerissen und Sie fahren hier tatsächlich durch eine fast schon wüstenhafte Landschaft.

Nach rund 20 Kilometern ist **Šaštín-Stráže** erreicht. Ein weiterer wichtiger Marienwallfahrtsort des Landes. Die mächtige **Basilika der Sieben Schmerzen der Jungfrau Maria** ist bereits von Weitem zu erkennen. Parkplätze gibt es vor der Kirche bei [N 48°38'26" E 17°08'37"].

Basilika Šaštín-Stráže

Die Geschichte der Pilgerfahrten geht hier zurück bis ins **16. Jahrhundert**. Einer Legende zufolge erbat die gottesfürchtige Gräfin

Angelika von der Jungfrau Maria die Liebe und Achtung ihres Ehemannes zurück. Die Bitte wurde erhört und aus Dankbarkeit über das Happy End ließ die Gräfin eine Marienstatue in einer Kapelle aufstellen. Das Ereignis sprach sich schnell herum und lockte bald zahlreiche Pilger an. Schließlich wurde der Statue die Fähigkeit zuerkannt, Bitten zu erfüllen.

Portal der Wallfahrtskirche

Der Bau einer **Wallfahrtskirche** samt Kloster geht auf den **Paulinerorden** zurück. Die Barockkirche mit den beiden Türmen wurde **1764** unter Teilnahme des Kaiserpaares **Maria Theresia (1717-1780)** und **Franz I. von Lothringen (1708-1765)** eingeweiht. Die Marienfigur, der die Kirche geweiht ist, bekam ihren Platz auf dem Hauptaltar aus rotem Marmor. Außerdem befindet sich hier die **1771** erbaute, größte Orgel der Slowakei. Bis zum Zerfall des Habsburger Reiches pilgerten vor allem Gläubige der gesamten Monarchie Österreich-Ungarn nach Maria-Schoßberg, wie der Ort damals hieß.

Die sozialistischen Machthaber nutzten das Kloster ab **1950** als Militärdepot. **1964** erhob **Papst Paul VI.** das barocke Gotteshaus zur ersten **Basilika Minor** der Slowakei und mit dem Aufleben des Marienkultes Anfang der **1980er** Jahre kehrte auch das religiöse Leben ins Kloster zurück. Alljährlich an Pfingsten und Mitte September pilgern die Gläubigen zum Fest der Sieben Schmerzen Mariens nach Šaštín-Stráže.

Von der Wallfahrtskirche ist es nicht weit zu einem Freizeit- und Badezentrum an einem Baggersee südlich des Ortes. Neben Campinghütten, Kinderspielplätzen, Minigolf und verschiedenen Imbiss- und Souvenirbuden gibt es hier auch einen schönen, flach abfallenden Sandstrand.

Ein hier angezeigter Campingplatz war bei unserer Reise weder richtig erkennbar noch in Betrieb.

Badestrand Jazero Šaštín-Stráže

(010) WOMO-Badeplatz: Jazero Šaštín-Stráže

GPS: N 48°37'56" E 17°08'20" **Max. WOMOs**: 10.

Ausstattung: Während der Sommersaison Badestrand, Imbissbuden, öffentliche WCs.

Beschreibung: Asphaltierter Parkplatz am Ortsrand. In der Saison gebührenpflichtig.

Zufahrt: Am südwestlichen Ende von Šaštín-Stráže nach links zu den ausgeschilderten Badeseen Jazero Šaštín-Stráže abbiegen. Der große Parkplatz liegt am Ende der Straße.

Für unsere Weiterfahrt kehren wir zurück bis zur Wallfahrtskirche und nehmen die Straße 590 bis nach **Holič**. Der Ort mit vielen Plattenbauten wirkt auf den ersten Blick eher wenig einladend. Dennoch lohnt sich hier ein Stopp, denn bereits der Habsburger Franz I. von Lothringen fand Gefallen an diesem Grenzstädtchen.

1736 erwarb er eine im 16. Jahrhundert auf den Grundmauern einer mittelalterlichen Wasserburg errichtete Festungsanlage. Diese diente einst der Verteidigung im Kampf gegen die Osmanen. Franz I. ließ die Festung in ein luxuriöses barock-klassizistisches Schloss umbauen, welches der kaiserlichen Familie als Sommerresidenz diente. Vom einstigen Glanz ist heute nur noch wenig zu erahnen. Doch die gesamte Anlage wird derzeit aus dem Dornröschenschlaf geweckt und umfangreich renoviert. Einige Bereiche sind bereits vorzeigbar und ein Restaurant lädt zur Einkehr ein. Eine Vinothek sowie Kunstausstellungen sind in den schon fertiggestellten Seitengebäuden untergebracht. Im Burggraben werden Ruderboote vermietet und Sie können das Schloss zu Wasser aus unterschiedlichen Perspektiven genießen.

Den Habsburgern ist auch die Ansiedlung einer **Majolika-Manufaktur** zu verdanken. Holič gilt damit als slowakische Wiege der Keramikherstellung. In der ehemaligen Manufaktur an der Durchgangsstraße Bernolákova wurde **1992** ein **Keramikmuseum** *Múzeum keramiky* eröffnet, welches die Geschichte der Porzellanherstellung dokumentiert.

Schloss Holič

Ihr Wohnmobil können Sie übrigens direkt an der Hauptstraße oder auf den Parkplätzen beim Wasserschloss bei [N 48°48'31" E 17°09'34"] abstellen.

Und wieder sind es nur wenige Kilometer zu unserem nächsten Etappenstopp in **Skalica**. Die Slowakei ist ein kleines Land und die vielen Sehenswürdigkeiten sind schnell erreicht. Doch Skalica lohnt einen längeren Aufenthalt. Wie heißt es doch in einem Volkslied so treffend: *Skalica je piekne mjesto – Skalica ist eine schöne Stadt!* Tatsächlich kann sich Skalica unter den Städten der Záhoric mit der größten Dichte an historischen Sehenswürdigkeiten rühmen.

Dank ihrer Lage an der Kreuzung verschiedener Handelswege war die Region um **Skalica** schon früh besiedelt. Im **10. Jahrhundert**, nach dem Untergang des Großmährischen Reiches, rückte der Ort an die Grenze zwischen Ungarn und Böhmen. **1372** erhielt Skalica vom ungarischen Regenten Ludwig I. die Privilegien einer freien Königsstadt, um die Verteidigung der Westgrenze zu sichern. Über lange Zeit gehörte sie neben Bratislava, Trnava und Kosice zu den bedeutendsten Städten des Landes. Handel, Handwerk, Landwirtschaft und Weinbau blühten auf und bis heute werden rund um Skalica die besten Rotweine der Slowakei angebaut. Die Stadt erlebte zudem eine kulturelle und geistige Blütezeit, in der unterschiedlichste Glaubensbekenntnisse eine große Rolle spielten. Für wenige Tage war Skalica im Jahr **1918** sogar Sitz der slowakischen Übergangsregierung.

Mittelalterliche Rotunde in Skalica

Heute ist Skalica mit rund 15.000 Einwohnern eine moderne, aufstrebende Kleinstadt, die durch die Lage im Dreiländereck Tschechien, Österreich und Slowakei Firmen aus dem In- und Ausland anzieht. Ihr mittelalterliches Flair konnte sie sich trotzdem bewahren.

Unser Tipp: In der Touristeninformation im *Dom Kultutý* am Markplatz ist für 3,00 Euro eine **Skalica-Card** erhältlich, die den freien Eintritt zu den bedeutendsten Sehenswürdigkeiten

ermöglicht. Diese sind an den Wochenenden für Besucher geöffnet, Studenten erklären den Gästen vor Ort die Besonderheiten der Gebäude.
Wenn Sie dem sympathischen Städtchen nur einen Tagesbesuch abstatten oder zentral übernachten möchten, denn haben Sie hier die Möglichkeit dazu:

(011) WOMO-Stellplatz: Skalica – An der Rotunde

GPS: N 48°50'55" E 17°13'34", Pod Kalváriou, **Max. WOMOs**: 2-3.
Ausstattung: Keine.
Beschreibung: Asphaltierter Parkplatz an der Stadtmauer am Fuße des Kalvarienberges. Ins Zentrum sind es nur wenige Minuten. Dort Restaurants und weitere historische Sehenswürdigkeiten.
Zufahrt: Von der Hauptstraße 426 auf Höhe einer Tankstelle rechts auf die *Nádražná* und dann links in die *Pod Kalváriou* abbiegen. Der Beschilderung *Centrum/Kalvária* folgen. Der Parkplatz liegt rechts an der Stadtmauer.

Eine, wie wir finden schönere, Übernachtungsmöglichkeit liegt etwas außerhalb von Skalica. Auch wenn Sie es auf den ersten Blick nicht vermuten würden, die kleine Stadt besitzt sogar einen Hafen. Der liegt rund drei Kilometer außerhalb des Zentrums direkt an der tschechischen Grenze. Skalica befindet sich am südlichen Ende des **Bat'a-Kanals**, einer Wasserstraße, die in den **1930er** Jahren zur Bewässerung und zum Transport von Braunkohle angelegt wurde. Heute ist dies ein kleiner Freizeithafen, an dem man Elektro- und Hausboote mieten kann, um auf dem Wasserweg hinüber nach Tschechien zu schippern. Außerdem lässt es sich vortrefflich Radfahren, weshalb wir Ihnen unsere Skalica-Erkundung ab hier schildern. Die Zufahrt zum Hafen ist ein wenig holprig und Sie sollten sich **nicht** auf Ihr Navigationsgerät verlassen. Das führt Sie nämlich unweigerlich zu einer Bahnunterführung, die maximal von Fahrzeugen mit weniger als zwei Metern Höhe zu schaffen ist.

Hier also der **Anfahrtsweg zum Hafen Skalica** *prístav Skalica*: Biegen Sie von der Hauptstraße 426 in Höhe des *Vaillant-Protherm-Werkes* links ab und nehmen Sie die nächste Straße *Dr. Georga Schaefflera* rechts. Folgen Sie dabei der etwas unscheinbaren Beschilderung *Bat'ov kanál / prístav Skalica*. Die nächsten Meter sind eine holprige Schotterpiste, die durch ein landwirtschaftlich genutztes Au-

Freizeithafen Skalica

engebiet führt. Der Belag wechselt später bei der Bahnunterführung auf Asphalt. Biegen Sie links ab, die Straße endet am Hafen. Fahren Sie bitte vorsichtig, denn hier sind Radfahrer, Spaziergänger und PKWs unterwegs.

(012) WOMO-Stellplatz: Skalica – Hafen am Bat'a-Kanal

GPS: N 48°52'20" E 17°12'43" **Max. WOMOs**: 2-3.
Ausstattung: Kiosk mit kleinen Gerichten und einem öffentlichem WC.
Beschreibung: Asphaltierter Parkplatz am Freizeithafen. Von hier aus sind Boots- und Fahrradtouren möglich. An Wochenenden und in der Hauptsaison lebhafter Ausflugsbetrieb.
Zufahrt: Wie im Text beschrieben.

Skalica – romantisches Städtchen am Rand der Kleinen Karpaten

Fahrradtour rund um Skalica – 12 Kilometer

Skalica wollen wir mit dem Fahrrad erkunden. Dies ist problemlos möglich, die Radwege sind bestens beschildert und Sie erreichen das Zentrum auf demselben Weg, den Sie mit dem WOMO zum Hafen gekommen sind. An der Bahnunterführung radeln Sie jetzt aber geradeaus, vorbei an Gärten und entlang eines Bachlaufs. Dort, wo eine Brücke den Bach überquert, halten Sie sich rechts. Nun immer geradeaus durch ein Wohngebiet und Sie können schon bald die markante **St. Georgs-Rotunde** und den **Kalvarienberg** erkennen. Um uns einen ersten Überblick über die Stadt zu verschaffen, erklimmen wir zunächst den von drei Kreuzen gekrönten Kalvarienberg. Er ist zugleich auch die höchste Erhebung der Stadt und bietet einen schönen Überblick auf die angrenzende Hügellandschaft mit den Weinbergen. Die **St. Georgs-Rotunde** *Rotunda sv. Juraja* stammt aus dem Mittelalter und war Teil der Befestigungsmauer. In ihrem Inneren sind noch mittelalterliche Wandmalereien mit Szenen aus der Georgslegende zu erkennen. Ihre barocke Haube hat die Rotunde allerdings erst im **17. Jahrhundert** erhalten. Hinter der Rotunde sind Reste eines jüdischen Friedhofs erhalten geblieben.

Wir lassen uns nun über kopfsteingepflasterte Gassen hinunter in die Altstadt rollen. Rund um den zentralen Marktplatz gruppieren sich gleich mehrere historische Baudenkmäler. Die markanteste ist dabei die **Pfarrkirche St. Michael** *Farský kostol sv. Michala Archanjela*. Das ursprünglich gotische Gotteshaus stammt aus dem **14. Jahrhundert**, wurde jedoch durch Feuersbrünste mehrmals zerstört. Zuletzt **1639**, als der größte Stadtbrand wütete. Das Ergebnis des Wiederaufbaus ist der imposante Renaissance-Turm mit den Arkadengängen, von dem aus sich ein schöner Blick über die Stadt bietet.

Direkt neben der Kirche versteckt sich zwischen hohen Bäumen die **St. Anna-Kapelle** *Kaplnka sv. Anny* aus dem **14. Jahrhundert**, die ursprünglich als Beinhaus genutzt wurde.

Gleich gegenüber steht das **Kulturhaus** *Dom Kultury* mit seiner prägnanten Jugendstil-Fassade und Mosaik-Verzierungen aus dem Jahr **1905**. Das Haus diente im Kampf gegen die Magyarisierung slowakischen Intellektuellen als Forum und beherbergt heute die Touristeninformation, Räume für Kulturveranstaltungen sowie das **Záhorie-Museum**.

Kulturhaus Dom Kultury von Skalica

Nur wenig Schritte weiter prägt das **Jesuitenkloster** *Jezuitský kostol a kláštor* mit seiner zweitürmigen Kirchenfassade das Stadtpanorama. Im Kircheninneren ist mit Ausnahme des Hauptaltars und Freskenteilen in den Seitenkapellen nur sehr wenig erhalten geblieben, denn das Kloster war ab dem Ende des 18. Jahrhunderts lange Zeit verlassen. Heute beherbergt es ein Gymnasium. In der Krypta der Kirche sind die Gebeine vermutlich von geistlichen Würdenträgern zu sehen.

Baumkuchen aus Skalica

Ein **Tipp für Genießer** ist schließlich das ehemalige **Franziskanerkloster** mit der Kirche der Jungfrau Maria *Kostol Sedembolestney Panný Márie*. In der Klosterküche wird die Spezialität der Stadt gebacken. Der Baumkuchen *Skalický trdelník*. Zudem können in der dazugehörigen Vinothek die Weine der Stadt verkostet und natürlich gekauft werden.

Wir beenden unseren Rundgang mit einer Kaffeepause auf dem Marktplatz und radeln danach, der Radweg-Bezeichnung **Skalické rybníky** folgend, in Richtung Südwesten. Über die Straße *Čulenova* geht es zunächst durch ein Industriegebiet, dann rechts in Richtung der großen Hauptstraße 426. Diese überqueren wir, ebenso wie die Bahnlinie. Danach folgen wir dem Sträßchen bis zu den Fisch- und Angelteichen *Skalické rybníky*. Hier befindet sich ein Ausflugslokal der besonderen Art. An rustikalen Holztischen direkt am See oder auf einer Wiesenfläche werden Fischspezialitäten wie Welsch, Forelle und Karpfen serviert. Frisch gebacken mit Salat, Brot oder Kartoffeln. Dazu ein frisches Bier – ein einfaches, aber köstliches Mahl.

***Einkehr-Tipp**: Bufet u Kapra, Skalické rybníky, geöffnet Montag 15 bis 20 Uhr, Dienstag bis Freitag 13 bis 20 Uhr, Samstag und Sonntag von 10 bis 20 Uhr.*

Für den Rückweg zum Stellplatz am Hafen fahren Sie nach dem Fischlokal noch ein paar Meter weiter, bis eine Straße rechts abzweigt. Kurz danach wenden Sie sich wieder nach rechts und fahren nun entlang dem *Kopčiansky kanál* auf dem Deichweg wieder zurück bis zum Hafen. Insgesamt ist dies eine Runde von rund **12 Kilometern**. Sie verläuft auf ebenen und überwiegend befestigten Wegen abseits der Hauptstraßen.

Nach einem erholsamen Aufenthalt in dem malerischen Städtchen Skalica geht es nun entlang der Ostseite der Kleinen Karpaten wieder in Richtung Süden. Dafür verlassen wir Skalica auf der Straße 1146, die uns auf hügeliger Strecke und vorbei an den Weinbergen der Stadt in Richtung **Mokrý Háj** und **Radošovce** führt. Nach dem Ort **Oreské** erhebt sich – wie aus dem Nichts – am höchsten Punkt der Strecke das 27 Meter hohe **Milleniumskreuz**.

(013) WOMO-Stellplatz: Milleniumskreuz

GPS: N 48°43'37" E 17°19'05" **Max. WOMOs**: 1-2.
Ausstattung: Keine.
Beschreibung: Asphaltierter Parkplatz, außerorts, neben der Straße in Aussichtslage.
Zufahrt: Links an der Straße 1146.

Das Kreuz wurde im **Jahr 2000** zu Ehren der Geburt Jesu Christi errichtet. Im unteren Teil des 27 Meter hohen Kreuzes ist eine kleine Kapelle eingerichtet, an der sonntags Gottesdienste gefeiert werden. Die Aussicht von hier oben hinunter ins Donautiefland und die Hügelketten der Kleinen Karpaten ist wirklich überwältigend.

Wenige Meter weiter zweigt rechts eine Straße nach **Smrdáky** ab. Wirklich schmeichelnd klingt der vom Wort *smrdiet' – stinken* abgeleitete Name des kleinen Kurortes nicht. Aufgrund des charakteristischen Geruchs der schwefelhaltigen Mineralquellen ist er aber durchaus zutreffend. Der Legende nach entdeckte ein Hirte die Heilwirkung des Wassers, als er seine schmerzenden Füße zur Kühlung in die übelriechende Brühe tauchte. Das mineralhaltige Schwefelwasser und der Schwefelschlamm sind weltweit einmalig, doch vom Glanz des einst noblen Kurbades ist nicht viel übriggeblieben. Die heutigen Kurhotels versprühen den Charme des Sozialismus. Einzig ein Spaziergang durch den malerischen Kurpark mit einem im klassizistischen Stil erbauten Badehaus lohnt einen Stopp.

Uns zieht es weiter. Über die stark von LKW befahrene Straße 51 geht es nach Süden. Fahren Sie hier besonders vorsichtig, denn der Straßenbelag ist durchzogen von tiefen Spurrillen. Sollten Sie Einkäufe tätigen müssen, so eignet sich dafür die Stadt **Senica**. Hier sind alle namhaften Supermarktketten vertreten.

Etwa 12 Kilometer weiter in dem kleinen Ort **Jablonica** lohnt sich ein Abstecher zum Nationalheiligtum der Slowaken, dem **Grabmal für Milan Rastislav Štefánik**.15 Kilometer sind es auf dem kleinen Sträßchen 501, das idyllisch durch eine wald- und wiesenreiche Region nach **Brezová pod Bradlom** führt. Am nördlichen Ortsende führt eine rund drei Kilometer lange, steile Serpentinenstraße auf den Berg **Bradlo** zum **Mohyla gen. M.R. Štefánik**. Vom Parkplatz bei [N 48°40'47" E 17°33'34"] sind es noch wenige Minuten zu Fuß.

Grabmal für Milan Rastislav Štefánik

Milan Rastislav Štefánik (1880-1919)

Kaum eine Groß- oder Kleinstadt in der Slowakei, in der nicht eine M.R. Štefánik-Straße oder ein M.R. Štefánik-Platz zu finden ist. Und das aus gutem Grund, denn der Politiker, Astronom, Diplomat und Militärpilot zählt zu den Gründervätern der ersten Tschechoslowakischen Republik.

Geboren wurde er **1880** als Sohn einer lutherisch-slowakischen Pastorenfamilie im damaligen Königreich Ungarn. Er studierte Astronomie an der Karls-Universität in Prag und lernte dort den tschechischen Politiker Tomáš Garrigue Masaryk kennen. Über ihn fand Štefánik Zugang zur tschechoslowakischen Politik und schloss sich der Studentenbewegung *Detvan* an, die sich für eine Unabhängig von der ungarischen Herrschaft einsetzte. Nach seiner Promotion ging Štefánik **1906** an das Pariser Observatorium und unternahm dort Forschungsreisen nach Südamerika, Neuseeland und zu den Galapagos-Inseln. Dies brachte ihm nicht nur Anerkennung in den akademischen Zirkeln ein, sondern ermöglichte ihm auch den Zugang zur politischen Elite Frankreichs. **1912** nahm Štefánik die französische Staatsbürgerschaft an, meldete sich im Ersten Weltkrieg freiwillig zur Armee und ließ sich zum Piloten ausbilden. Einen seiner Einsatzflüge über serbischem Gebiet überlebte Štefánik nur knapp. Er kehrte der Fliegerei den Rücken und ging zurück nach Paris. Dort be-

Slowakischer Nationalheld

gegnete er erneut Masaryk und lernte zudem Edvard Beneš kennen. Unter dem Einfluss der beiden Tschechoslowakisten widmete sich Štefánik nun ganz der Politik. Mit der Proklamierung der **Ersten Tschechoslowakischen Republik** am **28. Oktober 1918** wurde er zum Kriegsminister ernannt. Nur wenige Monate später starb er am **4. Mai 1919** bei einem bis heute ungeklärten Flugzeugabsturz nahe Bratislava.

1928 wurde sein Grabmal auf dem Berg Bradlo eingeweiht, war jedoch lange Jahre dem Verfall preisgegeben. Erst in den **1990er** Jahren wurde es restauriert und nach den Plänen des Monumental-Architekten **Dušan Jurkovič** im Stil eines ägyptischen Tempels wiedereröffnet. Die landesweit größte Grabstätte aus weißem Kalktuff ruht auf zwei pyramidenartigen Sockeln und einer dreistufigen Pyramide. An allen vier Himmelsrichtungen ragen 12 Meter hohe Obelisken empor.

Der **Berg Bradlo** ist die zugleich höchste Erhebung des **Myjaver Hügellandes** und man kann bis in den Geburtsort Štefániks nach **Košariská** blicken. Dort dokumentiert ein **1990** in der evangelischen Pfarrei eingerichtetes Museum das Leben und Werk Štefániks.

Öffnungszeiten*: Das Grabmal auf dem Berg Bradlo ist ganzjährig frei zugänglich.*

Wenn Sie hier noch eine ruhige Nacht verbringen möchten, so haben Sie direkt unterhalb des Grabmals an der Staumauer eines Trinkwasser-Reservoirs Gelegenheit dazu. Halten Sie einfach von oben Ausschau nach dem kleinen See unten im Tal.

(014) WOMO-Stellplatz: Brezová pod Bradlom

GPS: N 48°39'52" E 17°33'24" **Max. WOMOs**: 1-2.

Ausstattung: Keine.

Beschreibung: Geschotterter Parkplatz vor einem Trinkwasser-Reservoir außerhalb des Ortes.

Zufahrt: An der Straße 499 nach Piešt'any kurz nach dem Ortsausgang von Brezová pod Bradlom rechts auf eine schmale, kleine Feldstraße abbiegen. An den Häusern geht es scharf links bis ans Ende der Straße zum Parkplatz vor der Staumauer.

Zur Fortsetzung unserer Tour 1 kehren Sie von **Brezová pod Bradlom** die 12 Kilometer zurück bis nach **Jablonica** und zur Hauptstraße 51. Alternativ dazu hätten Sie hier auch die Möglichkeit, etwa 30 Kilometer auf der Straße 499 nach **Piešt'any** zu fahren und dort auf die Tour 2 zu stoßen.

Wir kehren jedoch zurück nach **Jablonica** und folgen der Straße 51 wenige Kilometer weiter in Richtung Süden. In **Trstín** zweigt unsere Route nach rechts auf die Straße 502 ab. **Smolenice** ist nun schnell erreicht und wir können unser Ziel bereits von Weitem erkennen. Wie gemalt erhebt sich die mächtige Schlossanlage aus den Wäldern über den Ort. Für den Besuch können Sie ihr WOMO unterhalb der Schlossanlage an der Kirche bei [N 48°30'34" E 17°25'55"] abstellen. Ein Fußweg führt durch einen großzügigen Park mit mächtigen Mammut-Bäumen hinauf zum Schloss. Angeblich soll die Straße durch den englischen Park in nur einer einzigen Nacht angelegt worden sein, da der KPdSU-Chef *Nikita Chruschtschow* auf der Burg nächtigen wollte.

Schloss Smolenice

Die Geschichte von **Schloss Smolenice** *Smolenický zámok* ähnelt dem Werdegang vieler Burgen und Schlösser des Landes. Erbaut wurde es auf den Fundamenten einer älteren Verteidigungsanlage aus dem Mittelalter. Es folgten Besitzerwechsel, Zerstörungen, Brände und erneute Wiederaufbauten. Zuletzt kam Schloss Smolenice **1777** als Ruine in den Besitz der begüterten Adelsfamilie **Pálffy**, die zunächst wenig Interesse an dem verwahrlosten Gebäude zeigte. Erst der letzte Schlossherr aus dem Pálffy-Geschlecht ließ zu **Beginn des 20. Jahrhunderts** eine prunkvolle Residenz im Stil der Romantik errichten. Die beiden Weltkriege und finanzielle Schwierigkeiten unterbrachen die Arbeiten und **1945** ging das Schloss in Staatsbesitz über. Nach Pálffys Originalvorlagen wurden die Renovierungsarbeiten in der **zweiten Hälfte des 20. Jahrhunderts** abgeschlossen und die Anlage befindet sich heute im Besitz der *Slowakischen Akademie der Wissenschaften*. Deshalb kann die Schlossanlage nur während der Sommermonate Juli und August von Besuchern besichtigt werden. Vom Schlossturm aus bietet sich eine einzigartige Aussicht.

Öffnungszeiten*: Juli und August im Rahmen von Führungen, die täglich zu jeder vollen Stunde zwischen 10 und 18 Uhr stattfinden. Eintritt: Erwachsene 1,50 Euro, ermäßigt 0,70 Euro. Der Schlosspark ist ganzjährig frei zugänglich. www.kcsmolenice.sav.sk (Stand: 2020).*

Noch ein kleiner Fakt am Rande: der Ort Smolenice ist der Geburtsort des Erfinders des Fallschirms **Štefan Banič (1870-1941)**, dem im Ort eine Gedenktafel gewidmet ist.

Nur einen Katzensprung von Smolenice entfernt liegt eine weitere Attraktion der Region – die **Tropfsteinhöhle Driny**. Fahren Sie dazu weiter auf der Straße 502 und folgen Sie der Beschilderung **Jaskyňa Driny**. Bekannt ist die einzige Schauhöhle der Westslowakei vor allem für mehr als elf verschiedene Fledermausarten, die sich hier bei Temperaturen von 7,5 Grad wohlfühlen. Ein 400 Meter langer Besichtigungsweg führt vorbei an unterirdischen Hallen und Gängen mit beeindruckenden Sinter-Vorhängen.

Öffnungszeiten: *April bis Oktober täglich außer montags, Führungen zu jeder vollen Stunde zwischen 10 und 17 Uhr. Eintritt: Erwachsene 6,00 Euro, ermäßigt 5,00 Euro, Kinder von 6 bis 15 Jahren 3,00 Euro, Fotoerlaubnis 7,00 Euro. www.ssj.sk (Stand: 2020).*

(015) WOMO-Stellplatz: Driny-Höhle

GPS: N 48°29'38" E 17°24'08" **Max. WOMOs**: 5.
Ausstattung: Mülleimer, öffentliche WCs, Restaurant.
Beschreibung: Asphaltierter, ebener und in der Saison gebührenpflichtiger Besucherparkplatz bei der Driny-Höhle. Teilweise Schatten.
Zufahrt: Wie im Text beschrieben ab der Straße 502 in Smolenice der Beschilderung zur Höhle folgen.

Nach Schloss und Höhle nähern wir uns nun den zentralen Weinanbaugebieten der Kleinen Karpaten. Die erste Möglichkeit, ein paar der Tropfen zu verkosten, haben Sie in dem Weinbauörtchen **Časta** bei [N 48°25'03" E 17°22'57"]. Aber denken Sie an die 0-Promille-Grenze und lassen Sie den Beifahrer entscheiden, welches Fläschchen Sie für den Abend im WOMO einpacken. Wir können Ihnen jedenfalls ein Fläschchen

Bibersburg – Červený kameň

des Blaufränkischen oder einen Grünen Veltliner empfehlen. Den Platz für die Nacht haben Sie nun schnell erreicht, denn auf dem riesigen Besucherparkplatz unseres nächsten Etappenzieles, der Burg **Červený kameň,** können Sie problemlos eine ruhige Nacht verbringen.

(016) WOMO-Stellplatz: Burg Červený kameň

GPS: N 48°23'42" E 17°19'54" **Max. WOMOs**: 10.
Ausstattung: Mülleimer, öffentliche WCs, Restaurant.
Beschreibung: Asphaltierter und ebener Besucherparkplatz an der Burg Červený kameň. Der Platz wird von 20 bis 6 Uhr mit einer Schranke über Nacht geschlossen.
Zufahrt: Ab der Straße 502 in Časta der Beschilderung zur Burg folgen.

Bibersburg – Červený kameň

Die mächtige **Burganlage Červený kameň**, auch bekannt als **Bibersburg**, gehört zu den Besuchermagneten in der Slowakei schlechthin. Insofern sollten auch Sie sich einen Besuch nicht entgehen lassen.

Bereits Ende des **12. Jahrhunderts** thronte auf dem Hügel über den Orten Časta und Píla eine Festung. Zu Beginn des **16. Jahrhunderts** war die Burg im Besitz der **Adelsfamilie Thurzo**, die sie **1535** an die **Augsburger Familie der Fugger** verkaufte. Damals führten die Fugger eines der mächtigsten Handelsunternehmen in Europa und die Burg sollte als geschützter Lager- und Umschlagplatz für das

Gartensaal Sala Terrena

Wappen der Pálffys

in den mittelslowakischen Bergbaustädten geförderte Eisen- und Kupfererz, Gold und Silber dienen. Die neuen Eigentümer ließen die alte, ursprünglich gotische Burg zu einer modernen Renaissancefestung mit mächtigen Kellerräumen umbauen. Nachdem die Handelsgeschäfte der Fugger nicht wie erhofft verliefen, verkauften Sie die Burg **1583** an die **Adelsfamilie Pálffy**, die wiederum die Renaissancefestung in ein Barockschloss umbauen ließ. Červený kameň blieb bis **1945** im Besitz der Pálffys. **1970** wurde die Burg zum **nationalen Kulturdenkmal** ernannt und umfangreich renoviert.

Öffnungszeiten: *Die Innenräume der Burg sind nur im Rahmen einer Führung zu besichtigen, die teilweise auch in englischer Sprache stattfinden. Es gibt auch deutsche Begleittexte zur Führung. Die Führungen finden zwischen 10 und 17 Uhr statt. Die große Tour dauert rund 75 Minuten und beinhaltet auch die Kellerräume. Eintritt: Große Tour 8,00 Euro, kleine Tour ohne Keller 7,00 Euro. www.hradcervenykamen.sk (Stand: 2020).*

Bibliothek von Burg Červený kameň

Nehmen Sie sich Zeit für eine ausgiebige Besichtigung der Anlage. Neben einem Rundgang durch die Innenräume mit der Wohnkultur des Adels, einer Waffensammlung, einer Burgapotheke und der mächtigen, dreistöckigen Kelleranlage gibt es regelmäßig Vorführungen mit Raubvögeln im **Falkenhof**

Astur. Außerdem ist die Burganlage Schauplatz mittelalterlicher Veranstaltungen. Nicht nur für Familien mit Kindern ein lohnendes Ziel.

Für unsere Weiterreise fahren wir zurück auf die Straße 502, der wir in Richtung **Modra** folgen. Etwa vier Kilometer vor Modra weckt der **ELESKO-Weinpark** unsere Neugier. Der moderne Gebäudekomplex befindet sich rechts der Straße am Fuße der Weinberge. Neben einem Restaurant und einer Weinbar lockt das **Zoya-Kunstmuseum** mit Wechselausstellungen und moderner Kunst. Hier begegnen wir erstmals dem Pop-Art-Künstler **Andy Warhol**, dessen Skulptur am Eingang der Weinbar bei einer Tasse Kaffee sitzt. Welche Bewandtnis es mit dem Künstler und der Slowakei hat – darüber erzählen wir Ihnen später in unserer Tour 8 noch mehr.

Zoya-Kunstmuseum und Weinpark

***Öffnungszeiten**: Mittwoch bis Samstag von 11.30 bis 22 Uhr, Sonntag von 11.30 bis 18.30 Uhr. Eintritt: Erwachsene 4,00 Euro, ermäßigt 2,00 Euro, Familien 10,00 Euro. www.zoyamuseum.sk (Stand 2020).*

Am Ortseingang von Modra lohnt sich rechts ein Abstecher nach **Piesok**, dem Sie folgen sollten, wenn Sie mit uns eine Wanderung in den Kleinen Karpaten unternehmen möchten. Piesok liegt auf rund 580 Metern Höhe und ist im Winter ein beliebtes Skigebiet für Anfänger und Familien mit kleinen Kindern. Im Sommer lockt ein gut beschildertes Netz mit Wanderwegen sowie ein Naturfreibad. Für eine Tour auf den Aussichtsberg **Vel'ka Homola** (709 Meter) stellen wir unser WOMO auf dem zentralen und gebührenpflichtigen Parkplatz gegenüber dem Luxushotel *Zachova chata* ab.

(017) WOMO-Wanderparkplatz: Piesok

GPS. N 40°22'52" E 17°16'37" **Max. WOMOs**: 3-4.

Ausstattung: Mülleimer, öffentliche WCs, Restaurant.

Beschreibung: Asphaltierter und tagsüber gebührenpflichtiger Wanderparkplatz. Parkgebühr bezahlbar am Parkscheinautomaten. Der Parkplatz ist überwiegend schräg am Hang. Im unteren Bereich befinden sich 2-3 ebene Stellflächen.

Zufahrt: Ab der Straße 502 am Ortseingang von Modra rechts abbiegen und der Beschilderung zum Hotel *Zachova chata* folgen.

Aussichtsreicher Gipfel Vel'ka Homola

Wanderung auf den Vel'ka Homola

Eine gemütliche, rund **10 Kilometer** lange Rundwanderung führt uns zum Berg **Vel'ka Homola (709 Meter)** mit einem hölzernen Aussichtsturm. Da die Strecke überwiegend im schattigen Wald verläuft, ist die Wanderung auch an warmen Sommertagen gut möglich. Etwas Trittsicherheit, festes Schuhwerk, ein Fernglas sowie Wanderstöcke sind nützliche Wegbegleiter. Vom Parkplatz aus wenden wir uns zunächst bergauf bis zur Bushaltestelle und folgen ab hier links in den Wald hinein der gelben Wegmarkierung. Bald schon passieren wir rechts einige hübsche Holzhäuser mit spitzen Dachgiebeln. Wochenend- und Feriendomizile, die wie Hexenhäuschen im Wald verstreut liegen. In der ehemaligen Holzfällersiedlung **Panský Dom** – hier wäre auch schon eine Einkehr möglich – zweigt unsere Wegmarkierung vor dem Café rechts ab in den Wald hinein. Nun geht es ein gutes Stück bergauf, bis wir bei [N 48°23'03" E 17°14'49"] zu einer Waldlichtung mit Rastplatz, Schutzhütte, Grillstelle und einer Quelle gelangen. Genau der richtige Platz für unser Rucksack-Vesper.

Typisch slowakische Chata

Nun wechselt die Wegmarkierung von Gelb auf Grün und wir folgen ihr nach links in den Wald hinein. Noch ein kurzes Stück bergauf, dann verläuft der Weg entlang eines Höhenzuges, der erstmals Ausblicke auf die **Weißen Karpaten** im Norden und das **Váh-Tal** freigibt. Auch die Spuren eines verheerenden Orkanes im Jahr 2004 sind noch zu erkennen. Die Schneisen sind bereits wiederaufgeforstet worden und die Natur erholt sich allmählich. Auch unser Aussichtsturm auf dem Vel'ka Homola ist von hier aus zu sehen.

An einer Weggabelung stößt die gelbe Markierung wieder zu uns und ab jetzt zeigen uns sowohl der gelbe als auch der grüne Balken die Marschrichtung an. Nach etwa fünf Kilometern biegt die grüne Markierung rechts hinauf auf den Gipfel ab. Jetzt heißt es nochmal alle Kräfte bündeln, denn die nächsten Meter gehen steil bergauf. Das letzte Stück führt über groben Schotter, aber immerhin haben wir jetzt das Ziel vor Augen. Der Aufstieg lohnt sich – auch die letzten Stufen hinauf auf den hölzernen Aussichtsturm. Von oben bietet sich ein einzigartiger Rundumblick auf Hügelketten, Seen und Wälder. Bei klarem Wetter reicht der Blick bis nach Österreich und Ungarn. Auf Bänken lässt sich noch eine kleine Verschnaufpause einlegen, bevor wir uns an den Abstieg machen. Die gute Nachricht: ab jetzt geht's nur noch bergab.

Wir folgen nun der **roten Markierung** und der Beschilderung nach **Zachova Chata**. Der Weg führt uns vorbei an einer **Sternwarte**, in der auch Führungen angeboten werden. Im Recherchejahr 2020, dem Jahr der Corona-Pandemie, mussten diese allerdings ausfallen. Der Weg biegt nach der Sternwarte rechts ab und geht in einen **Naturlehrpfad** über, der mit Schautafeln über Flora und Fauna der Kleinen Karpaten informiert. Auch in deutscher Sprache! Er mündet in einen Skihang, auf dem im Sommer gemütliche Aussichtsbänke zu einer kurzen Rast einladen. Unten erwartet uns dann ein Sprung ins kühle Nass. Ein **Naturfreibad**, das für jedermann frei zugänglich ist, rundet unsere Wanderung ab. Jetzt geht es nur noch ein paar Treppen durch den Wald hinauf und wir sind wieder auf dem Parkplatz und damit dem Ausgangspunkt unserer Wanderung.

Naturfreibad von Piesok

Nach unserem Wander-Abstecher wenden wir uns nun den **Weinbaustädtchen** der Kleinen Karpaten zu. **Modra – Pezinok – Sväty Jur** – sie reihen sich wie auf einer Perlenkette aneinander.

Modras Geschichte reicht zurück bis ins **12. Jahrhundert**. Weinbau, Forstwirtschaft und Handwerk florierten, der Reichtum

Winzerort Modra

förderte auch das kulturelle Leben und das Bildungswesen. So wurde hier bereits vor 100 Jahren eine Fachschule für Weinbau eröffnet. Neben Wein ist die **Majolika** ein beliebtes Souvenir aus Modra. Noch heute werden die Keramiken, die auf die Tradition der **Habaner** zurückgehen, in Handarbeit gefertigt.

Untrennbar mit Modra verbunden ist zudem der Name **L'udovít Štúr (1815-1856)**. Er gilt als Wegbereiter der slowakischen Nationalbewegung und Begründer der slowakischen Schriftsprache. Ein Denkmal in der Ortsmitte sowie eine Ausstellung im Heimatmuseum erinnern an den berühmten Sohn der Stadt.

Für einen Rundgang durch das Städtchen können Sie Ihr WOMO an der Durchgangsstraße abstellen. Hier sind auch die wichtigsten Sehenswürdigkeiten, Sakralbauten und Restaurants versammelt. Gleich gegenüber der zentralen **Stefanskirche** befindet sich auch die Touristeninformation, in der Sie sich mit zusätzlichem Material versorgen können.

Historische Weinpressen im Kaviakhaus Pezinok

Nicht versäumen sollten Sie einen Blick hinein in die Höfe der Winzerhäuser. Oft verbergen sich hier lauschige Restaurants und Weinstuben.

Der nächste Ort **Pezinok** liegt nur wenige Kilometer entfernt. Ähnlich wie in den Nachbargemeinden lebten hier ab dem **13. Jahrhundert** viele aus Deutschland zugewanderte Winzer und Handwerker. Viele Gebäude der Stadt stammen aus der Blütezeit der Stadt im **17.** und **18. Jahrhundert**. Sie gilt heute als Zentrum der **Kleinkarpatischen Weinstraße** und kann mit einem frisch renovierten **Schloss** *Zamók* samt Park aufwarten. Auch hier spielte die Familie Pálffy wieder eine wichtige Rolle, denn sie ließ die Wasserburg zu einem Barockschloss umbauen.
Am Schloss können Sie auch Ihr WOMO bei [N 48°17‘25“ E 17°16‘06“] für eine Stadtbesichtigung parken.

Altes Rathaus in Pezinok

Das ehemalige **Wasserschloss** beherbergt heute ein nobles Restaurant, Räume für Kulturveranstaltungen, eine Ausstellung mit Glaskunst sowie eine Vinothek. Das hier ansässige Weingut besitzt die ausgedehntesten Weinkeller des Landes.

Winzerbrunnen Pezinok

Vom Schloss aus führt die *Štefánika-Straße* nach Süden direkt zum **Rathausplatz**. Rechts der Straße reihen sich noch alte Winzerhäuser mit Läden und Restaurants, links herrscht sozialistische Betonarchitektur. Am Rathausplatz angekommen, haben Sie den besten Blick auf die Sehenswürdigkeiten des Ortes. Das **Alte Rathaus** *Stará radnica* mit seinen Arkadengängen, Vinotheken und Cafés, der zweistöckige Renaissancebau namens **Kaviakhaus**, in dem sich das Museum der Kleinen Karpaten der Geschichte des Weinbaus widmet sowie die Sakralbauten.

Lassen Sie sich hier einfach auf ein Glas Wein oder eine Tasse Kaffee nieder und genießen Sie das angenehme Flair des Städtchens.

Das letzte Städtchen an der Kleinkarpatischen Weinstraße ist **Sväty Jur**. Auch diese Gemeinde kann sich hübscher Winzerhäuser und eines renovierten Pálffy-Schlosses erfreuen. Leider fanden während unserer Rechercherreise umfangreiche Straßenbauarbeiten in und um die Gemeinde statt, so dass wir Ihnen weder ansprechende Fotos noch geeignete Parkmöglichkeiten anbieten können. Vielleicht haben Sie bei Ihrer Reise mehr Glück und können sich über ein rundum erneuertes Sväty Jur freuen.

Wir steuern nun unser letztes Ziel dieser Tour 1 an. Von Sväty Jur geht es auf der Straße 502 ein kleines Stück zurück bis zum Abzweig nach **Slovenský Grob**. Der Ort gilt als **Gänsebraten-Dorf** der Slowakei. Tatsächlich ziert die Ortsmitte eine Goldene Gans aus Bronze und die rund 17 Gasthäuser haben diese Spezialität auf der Speisekarte. Besonders im Herbst pilgern die Slowaken in den kleinen Ort, um den traditionellen Gänsebraten zu genießen. Ausschlaggebend für den guten Geschmack ist das lange Schmoren in einer Lehmbratpfanne. Passende Beilagen sind *lokše*, eine Art Kartoffelpfannkuchen, sowie sauer eingelegtes Gemüse.

Bei **Senec** ist das Ende unserer Tour 1 erreicht. Hier liegt das riesige Freizeit- und Ferienzentrum **Slnečné Jazerá-juh und Slnečné jazerá-sever**. An den beiden Seen, die übersetzt *Sonnenseen* heißen, warten Ferienanlagen, Campingplätze, ein Aquapark, Wassersportmöglichkeiten, Restaurants und Bars auf Erholungssuchende. Hier können Sie sich einige Tage erholen und auch Ihre Kinder werden ihren Spaß haben. Durch die Nähe zu Bratislava (30 Kilometer entfernt) eignet sich dieser Platz auch als Ausgangspunkt für einen Hauptstadtbesuch. Der Nahverkehrszug bringt Sie ab dem Campingplatz in etwa 40 Minuten ins Zentrum.

(018) WOMO-Campingplatz: Senec – *Autokemping Slnečné jazerá*

GPS: N 48°12'49" E 17°24'38", www.slnecnejazera.eu.
Öffnungszeit: Ganzjährig nutzbar, in den Wintermonaten jedoch ohne Serviceleistungen.
Ausstattung: Ver-/Entsorgungsmöglichkeit mit Bodeneinlass, Stromanschlüsse, ordentliche, saubere Sanitäranlagen, Badestrand, Restaurants, Cafés, Bars, Wassersportmöglichkeiten.
Beschreibung: Der Campingplatz liegt in einem Freizeit- und Feriengelände. In der Hochsaison kann es entsprechend turbulent sein. Außerhalb der Saison ist das Gelände teilweise frei zugänglich und die Rezeption ist nicht besetzt. Dann kostenlos, jedoch nicht alle Einrichtungen nutzbar.
Zufahrt: In Senec am *LIDL-Kreisverkehr* geradeaus in Richtung Bahnhof fahren. Der Eingang zum Campingplatz *Autokemping* liegt am südlichen Ende des Sees. Die anderen Campingplätze am See sind nur für Zelte geeignet.

TOUR 2

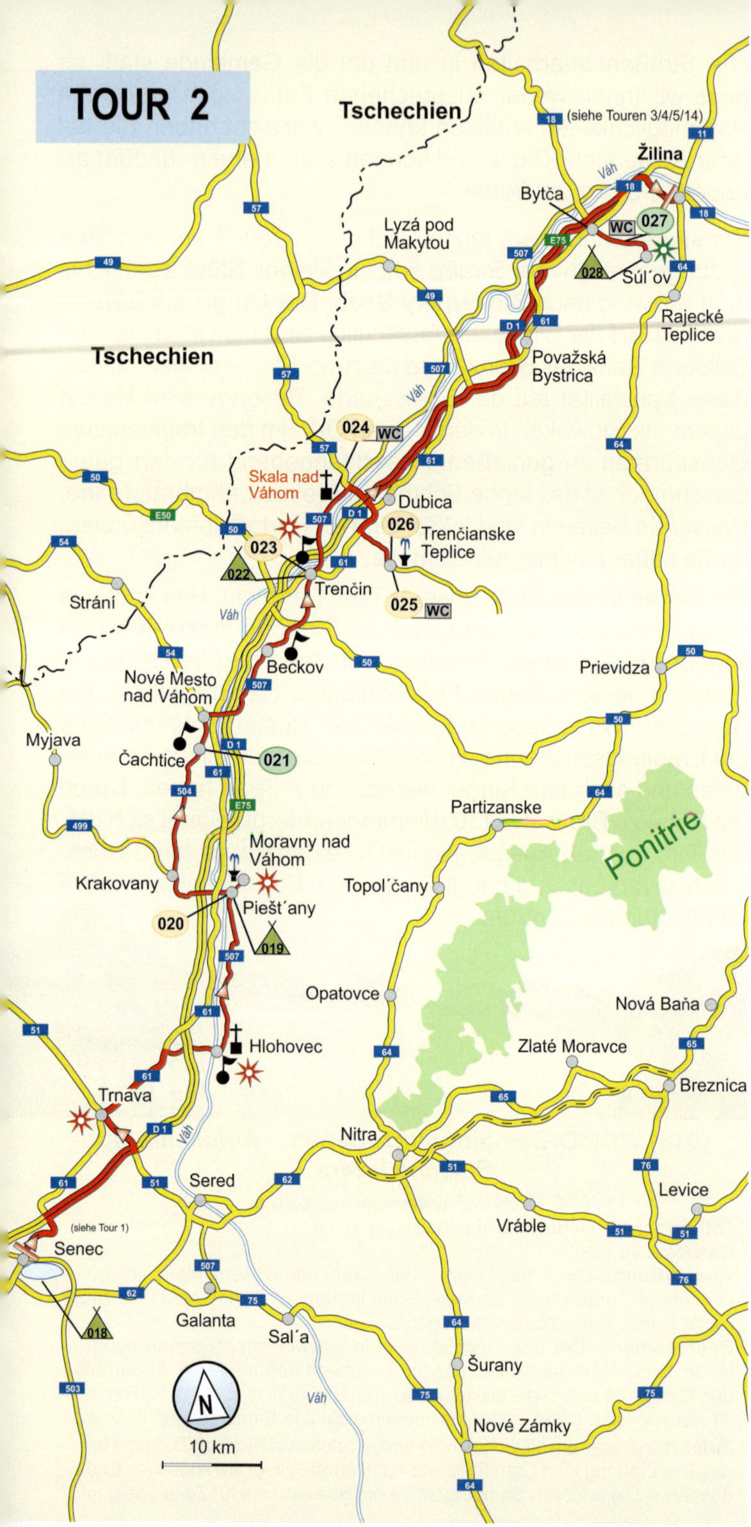

Tschechien
(siehe Touren 3/4/5/14)
Žilina
Bytča
027
WC
028
Súl´ov
Lyzá pod Makytou
Rajecké Teplice
Tschechien
Považská Bystrica
Váh
024
WC
Skala nad Váhom
Dubica
026
Trenčianske Teplice
023
022
Trenčin
025
WC
Stráni
Beckov
Prievidza
Nové Mesto nad Váhom
Myjava
Čachtice
021
Partizanske
Ponitrie
Moravny nad Váhom
Krakovany
Topol´čany
Piešt´any
020
019
Opatovce
Nová Baňa
Hlohovec
Zlaté Moravce
Breznica
Trnava
Nitra
Sered
Levice
Vráble
(siehe Tour 1)
Senec
018
Galanta
Sal´a
Šurany
Nové Zámky
10 km

Tour 2: Unterwegs im Tal der Váh (Waag) von Senec bis Žilina 253 km

Senec – Trnava – Hlohovec – Piešt'any – Trenčin Trenčianske Teplice – Súl'ov Hradná – Žilina

Stellplätze:	in Piešt'any, Čachitce, Trenčin, Vel'ka Skala, Trenčianske Teplice, Súl'ov Hradná
Campingplätze:	in Piešt'any, Trenčin, Súl'ov Hradná
Besichtigen:	Trnava, Hlohovec, Piešt'any, Burgen in Čachtice und Beckov, Trenčin, Kloster Vel'ka Skala, Trenčianske Teplice
Wandern:	zu den Súl'over Felsen
Radfahren:	rund um Piešt'any
Baden:	Thermalbäder in Piešt'any und Trenčianske Teplice, Hallen- und Freibad in Trenčin
Essen:	Café *Thalmeiner* und Café *Synagoga* in Trnava, Café *Elizabeth* in Piešt'any, Brauereigaststätte *Lanius* in Trenčin, Café *Na Korze* in Trenčianske Teplice

Die weiße Váh mit ihrer Quelle in der Hohen Tatra und die Schwarze Váh, die in der Niederen Tatra entspringt, verbinden sich bei der Gemeinde Liptovský Hrádok zum längsten Fluss der Slowakei. Über 400 Kilometer sucht sich die Váh – zu deutsch Waag – ihren Weg durch abwechslungsreiche Landschaften, bevor sie bei Komárno in die Donau mündet. Als Wasserstraße ist sie eine wichtige Lebensader der Westslowakei und hatte bereits im Mittelalter großen Bedeutung. Geschichtsträchtige Städte, mondäne Kurbäder, Burgen und Schlösser erwarten uns auf unserer Tour 2 entlang des Váh-Tales.

Von unserem Campingplatz in Senec wählen wir den schnellsten Weg über die Autobahn D 1 nach **Trnava**. Es sind nur knapp 30 Kilometer, auf denen Sie touristisch nichts verpassen. Trnava dagegen ist unbedingt einen Stopp wert. Gilt die Stadt doch als das *Rom der Slowakei* mit elf Kirchen, zwei Synagogen und einer in weiten Teilen erhaltenen, mittelalterlichen Stadtmauer. Dazu versprüht sie fast schon südländisches Flair mit hübschen Cafés, Restaurants und Weinstuben. Ihr WOMO können Sie für eine Stadtbesichtigung sehr zentral bei [N 48°22'10" E17°35'11"] auf einem, werktags gebührenpflichtigen, Parkplatz am Bahnhof abstellen. Ihr Fahrzeug sollte dazu aber nicht länger als fünf Meter sein. Weitere Parkplätze gibt es dann nach der Bahnunterführung entlang der Straße *Hospodárska*.

Dreifaltigkeits-Säule in Trnava

Trnavas Geschichte reicht zurück bis ins Jahr **1211,** als die Stadt erstmals urkundlich erwähnt wurde. **1238** erteilte ihr **König Béla IV. (1235-1270)** die Privilegien einer freien Königsstadt und der Lebensunterhalt der Bevölkerung verlagerte sich von der Landwirtschaft hin zu Handel und Handwerk. Damit gehört Trnava zu den ältesten Städten der Slowakei. Angesichts der Bedrohung durch die Osmanen verlegte der Erzbischof von Esztergom/Ungarn **1543** seinen Sitz nach Trnava. Dies zog auch mehrere Klostergründungen nach sich. In den folgenden drei Jahrhunderten entwickelte sich die Stadt sowohl zum spirituellen als auch kulturellen Zentrum. So wurde **1634** die Universität gegründet, die mit eigenem Observatorium, Buchdruckerei und vier Fakultäten die Wissenschaft des ganzen Landes beeinflusste. Umso härter traf es die Stadt, als nach dem Abzug der Türken die Universität **1777** nach Buda und auch der Sitz des Erzbischofs **1820** wieder zurück nach Esztergom verlegt wurden. Dennoch entwickelte sich das geistig-kulturelle Leben in Trnava weiter und etliche der damaligen Baudenkmäler sind der Stadt erhalten geblieben.

Während der Zeit der Ersten Tschechoslowakischen Republik gewann Trnava als Banken- und Handelszentrum an Bedeutung und heute floriert die Wirtschaft dank des PSA-Automobilkonzerns Peugeot Citroën. Seit **1991** ist Trnava zudem wieder Universitätsstadt mit einer theologischen Fakultät und einem Priesterseminar.

Mittelalterliche Stadtmauer in Trnava

Für einen Bummel durch die sympathische Stadt Trnava sollten Sie sich ein paar Stunden Zeit nehmen. Zwar sind die Wege über die teils noch kopfsteingepflasterten Gassen kurz und die Sehenswürdigkeiten befinden sich innerhalb der alten Stadtmauern, doch es gibt einige Stationen, die zum Verweilen einladen.

Wir starten unseren Rundgang am **Dreifaltigkeitsplatz**, dem *Trojičné nám*. Hier verschaffen wir uns vom 57 Meter hohen **Stadtturm** *Mestká veža* einen ersten Überblick über die Stadt. Der Turm stammt aus dem Jahr **1574** und wurde bis nach dem Zweiten Weltkrieg als Wachturm genutzt. Uns bietet sich von hier oben eine prächtige Aussicht sowohl über die vielen Kirchtürme der Stadt als auch hinaus in das Umland mit den Bergzügen der Kleinen Karpaten. Unten im Turm ist die **Touristeninformation** untergebracht, in der Sie sich mit weiteren Tipps und einem Stadtplan versorgen können.

Trnava von oben

Rund um den Dreifaltigkeitsplatz gruppieren sich dann auch schon weitere Sehenswürdigkeiten. Die barocke **Statuengruppe der Heiligen Dreifaltigkeit**, das **Trinitianerkloster** aus dem Jahr **1729** und das **Theater** aus dem Jahr **1831**, das zugleich das älteste des Landes ist.

In den angrenzenden Straßen sind einige schöne Bürgerhäuser zu sehen, die überwiegend aus dem **17. Jahrhundert** stammen.

Johannes-Kathedrale in Trnava

In der nordöstlichen Ecke der Altstadt erhebt sich am Universitätsplatz *Univerzitné nam.* die **Kathedrale des heiligen Johannes des Täufers** *Katedrála sv. Jána Krstiteľa.* Sie entstand im **17. Jahrhundert** als Basilika der Universität. Werfen Sie unbedingt einen Blick hinein, denn die frühbarocke Pracht ist atemberaubend. Zurecht gehört sie mit dem Hochaltar, der fast die ganze nördliche Kirchenwand einnimmt, zu den schönsten Kirchen des Landes. Entstanden ist sie nach Plänen der beiden italienischen Architekten Antonio und Pietro Spazzo. Die Nähe zu Rom ist hier unverkennbar und es finden bis heute Universitätsereignisse und Theologentreffen statt. Vor dem Haupteingang der Kirche steht eine Statue des verstorbenen Papstes Johannes Paul II. Entlang der *Jána-Hollého-Straße* reihen sich einige im **17./18. Jahrhundert** erbaute Gebäude der ehemaligen Universität aneinander.

Zu den eindrucksvollsten Kirchenbauten der Stadt zählt der **Dom des heiligen Nikolaus** *Dóm sv. Mikuláša*, der sich am östlichen Teil der Stadtmauer auf den Fundamenten einer ehemals romanischen Kirche erhebt. Zwar bröckelt außen bedrohlich der Putz, aber ein Blick hinein lohnt sich. Zu erkennen ist der Nikolausdom an den markanten Kirchturmspitzen. Wir werden bei unserem Besuch mit Orgelklängen empfangen, die eine ganz besondere Atmosphäre in das Gotteshaus zaubern. Lange Zeit diente der Nikolausdom als Kathedrale des

Nikolaus-Dom in Trnava

Erzbistum Esztergom und im Jahr **2008** wurde sie vom Papst zur **Basilica minor** erklärt. Mit der **Kapelle der Jungfrau Maria** an der Nordseite und dem dort angebrachten Tafelbild der segnenden Maria hat es eine besondere Bewandtnis. Immer wenn Trnava von schweren Schicksalsschlägen getroffen wurde, sollen Tränen aus dem Antlitz Marias geflossen sein. Auch dass sich die im **18. Jahrhundert** wütende Pestepidemie in Trnava nicht weiter ausbreitete, wird Marias Wundertätigkeit zugeschrieben.
Der Platz vor der Kirche, ebenfalls nach dem heiligen Nikolaus benannt, ist eine besonders beschauliche Ecke der Stadt. Vielleicht haben Sie noch Lust auf einen Museumsbesuch. Gleich links der Kirche befindet sich in einem Renaissancebau das **Museum für Buchkunst**. Kopfsteingepflasterte Gassen, ein Restaurant und Cafés wirken einladend.

Unsere Tipps für eine Kaffeepause:
Hinter dem eleganten Restaurant *Forhaus* am Nikolausplatz befindet sich die **Kleine Synagoge** *Synagóga*. In dem teilweise noch original erhaltenen Gebäude wurde ein Café eingerichtet mit gemütlichen Leseecken, Kronleuchtern, einem Außenbereich und angenehmer Musik. Neben Kaffee und Kuchen wird hier auch Frühstück serviert. Direkt am Dreifaltigkeitsplatz befindet sich das *Café Thalmeiner*. Ein Kaffeehaus im Art-Déco-Stil mit einer sehr leckeren Tortenauswahl. Einst trafen sich hier die Intellektuellen und Künstler der Stadt. Heute lässt sich von der Terrasse das bunte Treiben auf dem Platz beobachten.

Hat Ihnen Trnava genauso gut gefallen wie uns? Wir waren jedenfalls sehr angetan von diesem Städtchen. Nun zieht es uns allerdings ein Stück weiter. Unsere nächste Station ist nur rund 15 Kilometer entfernt der Ort **Hlohovec** an der Váh. Erreichbar ist die kleine Stadt über die Straße 61, der wir bis **Trkovice** folgen. Dann geht es über die Straße 513 nach Hlohovec. Wir haben hier fast schon einen Geheimtipp für Sie, denn der Ort ist (noch) nicht touristisch erschlossen. Er kann jedoch mit zwei interessanten Sehenswürdigkeiten aufwarten.

Stadtspaziergang Hlohovec
Im Mittelalter war die Hafenstadt **Hlohovec** an der Váh bekannt als Handelszentrum für den Vieh- und Holzmarkt. Flößer

Renaissance-Kastell in Hlohovec

brachten das Holz auf oft abenteuerlichen Wegen aus waldreichen Gegenden zur Weiterverarbeitung hierher. Heute dagegen wirkt die Stadt mit einigen Plattenbau-Siedlungen auf den ersten Blick eher ernüchternd. Zur Erkundung stellen Sie Ihr Fahrzeug am besten am **Franziskanerkloster** an der Straße 507 ab, die uns später durch das Váh-Tal nach Piešt'any führen wird [N 48°25'59" E 17°48'04"].
Die **Franziskanerkirche** besticht einmal mehr mit einer wunderschönen, barocken Ausstattung. Teile des Klosters dienen heute als **Heimatmuseum** mit einem kleinen Café.
***Öffnungszeiten**: Dienstag bis Freitag von 8 bis 16 Uhr, Samstag und Sonntag von 13 bis 18 Uhr. Eintritt 1,20 Euro, ermäßigt 0,80 Euro (Stand: 2020).*

Von hier sind es nur wenige Schritte bis ins Zentrum. Die Fußgängerzone wirkt noch nicht ganz so herausgeputzt, aber sie bringt uns bequem vorbei an der **Michaelskirche** *Kostol sv. Michala* mit der **Anna-Kapelle** *Kaplnka sv. Anna* und durch ein Wohngebiet mit renovierten Plattenbau-Hochhäusern hinaus zum **Kastell** *Zamek* mit wunderschönem, englischem Park. Das Schlösschen hat eine wechselvolle Geschichte hinter sich und diente zuletzt als Internat für schwererziehbare Jugendliche. Inzwischen ist es in weiten Teilen renoviert worden und seit **2019** auch der Öffentlichkeit zugänglich. Eine Besichtigung lohnt sich. Die Führungen finden zwar in slowakischer Sprache statt, aber es gibt englischsprachige Begleitschreiben für auswärtige Besucher.

Erbaut wurde das **Kastell** auf den Fundamenten einer mittelalterlichen Burganlage. Es ging durch die Hände verschiedener Besitzer und wechselte ab **1349** sein äußeres Erscheinungsbild. Die romanische Burganlage wurde im Stil der Gotik umgebaut.

In der zweiten Hälfte des **16. Jahrhunderts** erwarb die ungarische **Adelsfamilie Thurzó** das Anwesen und gestaltete es in ein Renaissance-Kastell mit Arkadengängen im Innenhof um. Der letzte ausgedehnte Umbau in einen Renaissance-Palast erfolgte schließlich unter den **Grafen Erdödy.**

Nach dem Ende des Zweiten Weltkrieges wurde das Gebäude von den Sowjets als Militärkrankenhaus genutzt. In den Jahren **2000 bis 2015** stand es leer, bevor es nun, nach umfangreichen Renovierungsmaßnahmen, in neuem Glanz erstrahlt.

Bei der Besichtigung sind verschiedene Räume mit dem Mobiliar vergangener Zeiten zu sehen. Darunter die Bibliothek mit alten Werken von Voltaire, Shakespeare und Rousseau, die adligen Gemächer mit Porträts der Grafenfamilie Erdödy, die Kapelle und der Weinkeller. Die meisten Ausstattungen sind Rekonstruktionen und Replika, da nur wenige Einrichtungsgegenstände im Original erhalten geblieben sind.

Tipp für Familien: Ein besonderes Highlight nicht nur für Kinder ist die virtuelle Führung. Sechs noch nicht renovierte Räume in einem Seitenflügel können mit Hilfe eines Tablet-PCs erkundet werden. Die virtuellen Bilder zeigen, wie die Räume ausgesehen haben könnten. Dabei gibt es auch noch Rätsel zu lösen, was diese Schlossführung zu einem schönen Erlebnis für Jung und Alt macht. Danach lohnt sich noch ein Spaziergang durch den englischen Park mit alten Bäumen und schönem Blick auf die Váh.

Virtuelle Schlossführung

Öffnungszeiten: *Juni bis August: Montag und Dienstag von 12 bis 16 Uhr, Mittwoch bis Freitag von 8 bis 16 Uhr, Samstag und Sonntag von 10 bis 18 Uhr. An den Feiertagen 1. September, 15. September und 17. November von 12 bis 18 Uhr. Eintritt 3,00 Euro, ermäßigt 2,00 Euro (Stand: 2020).*

Wieder zurück an unserem Fahrzeug machen wir uns auf der Straße 507 auf das letzte Wegstück nach **Piešťany**. Die Route verläuft rechts der Váh durch eine idyllische Fluss- und Auenlandschaft. Mehrere kleine Dörfer gilt es zu passieren, an den Hängen gedeihen Weinreben. Schon bald taucht links der **Síňava-See** auf. Hier wurde die Váh aufgestaut. Etwa einen Kilometer vor Piešťany ist im Ortsteil **Banka** der *Campingplatz Pullmann* erreicht. Dort wollen wir unser Nachtlager aufschlagen, um den Kurort Piešťany zu erkunden.

(019) WOMO-Campingplatz: Piešťany
Camping Pullmann

GPS: N 48°34'35" E 17°50'02", Cesta J. Alexyho, Tel.: +421 3 377 235 63, www.campingpiestany.sk, info@campingpiestany.sk.
Öffnungszeit: 1. Mai bis 30. September.
Ausstattung: Überdachte und enge Ver-/Entsorgungsstation mit Bodeneinlass, die nur bedingt für Fahrzeuge ab drei Metern Höhe geeignet ist. Waschmaschine, WiFi kostenlos im Bereich der Rezeption, Kinderspielplatz, Pool, Fahrradweg, Restaurant, Kiosk mit Brötchenverkauf im Juli und August.
Beschreibung: Ordentlicher Campingplatz mit Stellplätzen auf Wiesengelände. Teilweise Schatten, Sanitäranlagen einfach, aber sauber in geschlossenen, beheizbaren Räumen. Stadt und Kurzentrum von Piešťany sind rund einen Kilometer entfernt. Dort weitere Restaurants und Einkaufsmöglichkeiten.
Zufahrt: An der Straße 507 etwa einen Kilometer vor Piešťany. Die Zufahrt zum Campingplatz liegt links und führt über eine schmale Brücke.

Sollten Sie frei stehen wollen oder wenn Ihre Reise außerhalb der Campingplatz-Saison liegt, so haben Sie am gegenüberliegenden Ufer der Váh die Möglichkeit, auf den Parkplätzen vor einem ehemaligen Campingplatz zu übernachten. Der Platz war während unserer Recherche für diesen WOMO-Führer geschlossen und machte auch nicht den Eindruck, dass er je wiedereröffnet wird. Davor gibt es jedoch am Ufer der Váh mehrere Parkmöglichkeiten im Bereich eines Freizeithafens mit Restaurants.

(020) WOMO-Stellplatz: Piešťany-Lodenica am Váh-Ufer

GPS: N 48°34'27" E 17°49'30" **Max. WOMOs**: 2-3.
Ausstattung: Restaurants in der Nähe, Mülleimer.
Beschreibung: Geschotterte Parkflächen im Bereich eines Freizeithafens bei einem ehemaligen Campingplatz. Der Radweg an der Váh führt hier vorbei, das Zentrum liegt rund einen Kilometer entfernt. Durch PKW-Verkehr und Event-Restaurants an Wochenenden unter Umständen etwas laut.
Zufahrt: In Piešťany am großen Kreisverkehr auf die Straße 61 in Richtung Süden/Trnava abbiegen. Am Ortsausgang links in die *Rekreačná* abbiegen und der Beschilderung *Lodenica* folgen. Die Parkplätze liegen am Ende der Straße.

Wenn Sie Ihr Fahrzeug nur für einen Tagesbesuch abstellen möchten, so gibt es hinter der Brücke über die Váh rechts einen großen, gebührenpflichtigen Parkplatz bei [N 48°35'12" E 17°50'08"].

Piešťany – der Kurort der Schönen und Reichen, ist das wohl bekannteste Heilbad der Slowakei. Bereits die Römer wussten vor 2.000 Jahren die 68° heißen Quellen zu schätzen. Über die frühe Entwicklung des Badewesens in Piešťany ist nur wenig bekannt. Schriftlich verbrieft wurde die Qualität des Heilwassers im Jahr **1549** in einer Abhandlung von **Juraj Wernher**, der die zehn Quellen als beste des Landes lobte. Das Thermalwasser

Kurbad Irma in Piešt'any

drängt aus 2.000 Metern Tiefe empor und der schwefelhaltige Mineralschlamm gehört zu den Hochwertigsten der Welt. Menschen mit Erkrankungen des Bewegungsapparates und Rheuma finden hier Linderung. Nicht umsonst zählt die Statue des sogenannten *Krückenbrechers* zu den Wahrzeichen der Stadt.

Fahrradtour rund um Piešt'any

Wir nutzen für die Erkundung des Kurorts samt seiner Umgebung die Fahrräder, was sich vom Campingplatz 019 bequem anbietet. Dazu radeln wir rund einen Kilometer entlang der Váh, wechseln auf die Brücke und biegen gleich darauf rechts ab auf die **Bäderinsel** *Kúpel'ny ostrov*. Hier befinden sich die wichtigsten und mondänsten Gebäude der Stadt, die wir fernab vom Straßenverkehr in einem weitläufigen Kurpark erkunden können.

Prägnantestes Haus am Platz ist das luxuriöse **Jugendstilhotel *Thermia Palace*** mit seinem klassizistischen Gebäude. Es ist vorbunden mit dem **Kurbad *Irma***. Eröffnet wurde der Komplex im Jahr **1912** von der jüdisch-ungarischen Familie Winter. Sie hatten das Heilbad **1889** von den Grafen Erdödy gepachtet und trieben den Aufbau der Kureinrichtungen und des gesamten Ortes voran. Insbesondere **L'udovit Winter (1870-1968)** ist der internationale Ruf der Stadt als Heilbad zu verdanken. Allerdings bekam er die politischen Entwicklungen ab **1939** deutlich zu spüren. Die Familie Winter wurde **1944** nach Theresienstadt deportiert. L'udovit Winter überlebte den Holocaust und starb **1968** völlig verarmt in Pieš'tany. Die Kureinrichtungen wurden ab 1948 verstaatlicht.

Das Hotel *Thermia Palace* wurde nach umfangreicher Renovierung im Jahr **2015** als erstes Fünf-Sterne-Kurhotel

Krückenbrecher von Piešt'any

Die Venus von Moravny

der Slowakei wiedereröffnet. Wenn Ihnen selbst nach ein wenig Entspannung zumute ist, dann können Sie an der Rezeption des Bades nach vorheriger Anmeldung ein Bad samt einer Packung Heilschlamm buchen.

Gleich nebenan befindet sich das **Napoleonische Bad** *Napoleonské kúpele* aus dem Jahr **1822** mit einem romantischen Säulengang und einem Trinkbrunnen. Hier sprudelt das Heilwasser mit 60° aus dem Hahn. Am Wochenende ist das Thermalbad auch für die Öffentlichkeit zugänglich.

Am nördlichen Ende der Bäderinsel befinden sich noch einige Kuranlagen aus sozialistischen Zeiten mit dem Charme einer Beton-Bettenburg sowie ein weitläufiger Golfplatz.

Wir radeln von hier aus auf dem Damm eines Totarmes der Váh in den Nachbarort **Moravny nad Váhom**. Es sind knapp vier Kilometer auf einem eher schlechten als rechten Weg. Bedeutend ist der Ort wegen eines spektakulären Fundes. Ein Landwirt entdeckte im Jahr **1938** auf seinem Acker eine kleine Figur. Vor etwa 23.000 Jahren aus dem Stoßzahn eines Mammuts geschnitzt ging die *Venus von Moravny* in die Geschichte ein. Die Figur ist heute im Burgmuseum von Bratislava ausgestellt. Daneben befindet sich im Ort ein **Kastell**, das sich noch im Renovierungszustand befindet. Allerdings öffnet es an den Wochenenden mit Kunstausstellungen, einem Skulpturenpark und einem kleinen Café seine Pforten für Besucher.

Unser Tipp für eine Kaffeepause:
Wir radeln zurück, wie wir gekommen sind, genießen noch einmal den Kurpark und laden Sie zu einer Kaffeepause ins *Café Elizabeth* ein. Neben einer beachtlichen Kuchen- und Tortenauswahl lässt sich auf der schönen Terrasse das mondäne Flair der vergangenen Tage erspüren.

Über die **Kolonnadenbrücke** *Kolonádny most* im Bauhaus-Stil mit der Skulptur des Krücken zerbrechenden Mannes geht es hinüber in das Zen-

trum des Kurortes. In der Fußgängerzone **Winterova** reihen sich Cafés, Restaurants und Geschäfte aneinander. Es gibt noch etliche historische Häuser zu sehen in mal mehr, mal weniger gutem Erhaltungszustand. Die Straße wurde posthum im Jahr **1991** nach *L'udovit Winter* benannt.

Östlich dieser Hauptflaniermeile liegt der Stadtpark mit dem **Kurbadmuseum** *Balneologické múzeum*. Es widmet sich mit verschiedenen, thematischen Bereichen der bäderhistorischen Geschichte der Stadt. Unter anderem ist eine Sammlung mit den Krücken prominenter Kurgäste zu sehen.

Öffnungszeiten*: Dienstag bis Sonntag von 9 bis 12 Uhr und von 12 bis 17 Uhr. Eintritt: 1,00 Euro, ermäßigt 0,50 Euro.www.balneomuzeum.sk (Stand. 2020).*

Bereits in Sichtweite des Museums liegt die Ruine des einst mondänen *Hotels Slovan*, das auf eine Erweckung aus dem Dornröschenschlaf wartet. Vielleicht erbarmt sich irgendwann ein vermögender Investor.

Wir wenden uns nun wieder dem Fluss Váh und unseren Fahrrädern zu. Die Route geht weiter auf der rechten Flussseite in Richtung Süden. Der Radweg ist gut ausgebaut und wir können auf dem Damm bis zum **Síňava-See** fahren. Entlang des Weges gibt es immer wieder Einkehrmöglichkeiten. Bis zur Staumauer sind es etwa sechs Kilometer. Diese können wir aber nur zu bestimmten Zeiten überqueren, um auf der anderen Seeseite zurück zum Campingplatz zu radeln. Ansonsten müssen Sie auf demselben Weg wieder zurück.

Nach unserem Aufenthalt in Pieš'tany wechseln wir auf die linke Flussseite der Váh, um unsere Tour fortzusetzen. Es geht weiter auf der Straße 499 bis nach **Krakovany**, wo wir auf die 504 in Richtung **Čachtice** abbiegen.

Wenn Ihre Weinvorräte zur Neige gehen sollten, dann lohnt sich kurz darauf ein Stopp bei [N 48°36'55" E 17°45'02"] am *Château Krakovany*. Hier können Sie die Weine der Region verkosten und natürlich einkaufen.

Unser Ziel ist jedoch die kleine Gemeinde **Čachtice** und die gleichnamige Ruine. Um sie rankt sich die grausame Geschichte der **Blutgräfin**. Sie lebte dereinst in Čachtice, wo sie ihr grausames Unwesen trieb. **Gräfin Elisabeth Báthory (1560-1614)**, so ihr Name, soll mehr als 600 junge Mädchen ermordet haben. Damit ging sie als größte Serienmörderin in die Geschichtsbücher ein. Sie soll – so die Erzählungen – auf der Suche nach ewiger Jugend im warmen Blut junger Bauersmägde gebadet haben. Als diese ihre Gier nicht mehr stillen konnten, lockte die Blutgräfin auch

Blutgräfin in Čachtice

adlige Jungfrauen auf ihre Burg. Das war keine allzu gute Idee, denn so kam ihr allmählich die Gerichtsbarkeit auf die Schliche. Die Blutgräfin wurde für ihre Untaten zur Rechenschaft gezogen und auf ihrer Burg eingekerkert, wo sie **1614** starb.

Was von den Erzählungen wahr ist und was ins Reich der Legenden gehört, ist Spekulation. Fakt ist, dass die Gräfin einen Hang zu Vampirismus und sadistische Neigungen hatte, womit sie Schriftsteller, Komponisten und Filmemacher inspirierte. Wenn Sie der slowakischen Schwester des rumänischen Grafen Dracula einen Besuch abstatten möchten, dann haben Sie zwei Möglichkeiten. Suchen Sie sich im Ort Čachtice entlang der Straße einen Parkplatz. Insbesondere, wenn Sie ein größeres WOMO haben, ist dies die beste Wahl. Ab dem Ort sind es auf dem grün markierten Wanderweg noch rund 45 Minuten Fußmarsch zur Burgruine. Kompaktere Fahrzeuge können in der Ortsmitte zu einem ausgeschilderten Besucherparkplatz abbiegen.

(021) WOMO-Wanderparkplatz: Burg Čachtice

GPS: N 48°43'00" E 17°46'13" **Max. WOMOs**: 2-3.
Ausstattung: Keine.
Beschreibung: Geschotterter, teilweise schattiger Besucherparkplatz außerorts. Ab hier rund 10minütiger Fußweg zur Burgruine Čachtice. Tagsüber lebhaft, nachts ruhig.
Zufahrt: In der Ortsmitte an einem Restaurant der Beschilderung zu den Besucherparkplätzen an der Burgruine folgen. Die Durchfahrt ist teilweise sehr eng und für größere Fahrzeuge gesperrt.

Die **Burg Čachtice** *Čachtický hrad* ist weder vom Ort noch vom Parkplatz aus zu sehen. Erst nach einem Fußmarsch tauchen die Mauern allmählich auf. Urkundlich erwähnt wurde sie erstmals **1276** als Verteidigungsburg. Nach dem Tod der Blutgräfin **1614** war die Burg unbewohnt und wurde **1708** auf Befehl von **Franz II. Rákóczi (1676-1735)** zerstört. Die Ruine ist frei zugänglich und wurde in den letzten Jahren mit einzelnen Rekonstruktionen teilweise gesichert. An schönen Tagen bietet sich ein weiter Rundumblick bis nach Tschechien.

Wenn Sie nicht zur Burg aufsteigen möchten, können Sie sich auch im örtlichen **Heimatmuseum** über die Geschichte der Blutgräfin informieren. Es ist im Schloss *Draškovičovský kaštiel'* untergebracht und zeigt Möbel, Portraits und Gemälde der Blutgräfin. Ihre Gräueltaten werden allerdings verschwiegen. ***Öffnungszeiten:*** *Mai bis Oktober jeweils Dienstag bis Sonntag von 9 bis 17 Uhr (Stand: 2020).*

Unsere Reise geht weiter zur nächsten Burg, die sich etwa 16 Kilometer entfernt auf der anderen Seite des Váh-Tales befindet. Dazu folgen wir der Straße 504 weiter bis nach **Nové Mesto**

nad Váhom, wo wieder eine Autobrücke über den Fluss führt. Unser Ziel ist der Ort **Beckov**, den wir nach Überqueren von Fluss, Autobahn und Bahnlinie über die Straße 507 erreichen. Schon von weitem können Sie die wuchtige Ruine *Beckovský hrad* auf einem Felssporn über dem Váh-Tal erkennen. Für einen Besuch der Ruine stehen Parkplätze bei [N 48°47'21" E 17°53'41"] zur Verfügung.

Die **Burgruine Beckov** wurde im Jahr **1200** errichtet und galt als uneinnehmbar und sicher. Auch um diese Burg rankt sich eine Legende. *Herzog Stibor von Stiborice* soll ein unbarmherziger und grausamer Herr gewesen sein, der angeblich einen Diener vom Burgfelsen werfen ließ, weil dieser in Notwehr einen Jagdhund getötet hatte. Noch im Fallen sprach der Untertan einen Fluch auf seinen Herrn aus. Genau ein Jahr später wurde der im Garten schlafende Stibor von einer Schlange ins Gesicht gebissen. Vor Wut und Schmerz von Sinnen taumelte Stibor an den Rand des Burgfelsens und stürzte genau an derselben Stelle in die Tiefe, an der er ein Jahr zuvor seinen Diener hinabgestoßen hatte. Nach einem Brand im Jahr **1804** wurde die Burg nicht wieder aufgebaut und war dem Verfall preisgegeben. Heute wird die Anlage Stück für Stück rekonstruiert und sie ist während der Sommermonate Schauplatz von mittelalterlichen Vorführungen und Handwerkertagen. Der Aufstieg vorbei an den Resten eines jüdischen Friedhofes lohnt sich, denn der Ausblick auf das Váh-Tal und die Hügelkette der Karpaten ist fantastisch.

***Öffnungszeiten**: Im März nur am Wochenende von 9 bis 17 Uhr, April bis September täglich von 9 bis 18 Uhr, im Oktober nur bis 17 Uhr, im November nur bei schönem Wetter bis 16 Uhr. Eintritt: 4,50 Euro, ermäßigt 3,50 Euro, Familien 12,50 Euro (Stand: 2020).*

Von Beckov sind es jetzt nur noch knapp 20 Kilometer bis zu einer unserer persönlichen Top-Ten-Städte der Slowakei. **Trenčin** ist ein Ort, an dem wir uns auf Anhieb richtig wohlfühlten. Schon allein der Anblick der mächtigen Burg Trenčin direkt über der Stadt ist atemberaubend schön. Um die Stadt zu erkunden, lassen wir uns auf dem örtlichen Campingplatz nieder, der auf einer Insel in der Váh liegt und den Blick auf die Burg freigibt. Zugegeben – der Campingplatz gehört nicht gerade in die Fünf-Sterne-Kategorie, aber er eignet sich hervorragend als Standort für den Besuch in der Stadt, für den Sie sich einen ganzen Tag Zeit nehmen sollten.

(022) WOMO-Campingplatz: Trenčin
Camping *Na Ostrove*

GPS: N 48°53'59" E 18°02'27", Mládežnícka, Tel.: +421 3 274 340 13, Mobil: +421 9 056 339 05, campingtn@gmail.com.

Öffnungszeit: 1. Mai bis 15. September.

Ausstattung: Ver-/Entsorgung für Chemietoiletten, sehr einfache und nicht beheizbare Duschen und Toiletten, Warmwasser über Solar, WiFi kostenlos im Bereich der Rezeption, Imbiss mit kleinen Gerichten.

Beschreibung: Einfacher, kleiner Campingplatz mit Campinghütten und etwa zehn Stellplätzen auf einer Wiese. Teilweise parzelliert und schattig. Sanitäranlagen sehr einfach und die Duschen nur mit Vorhängen abgetrennt. Sehr freundliches Personal. Die Stadt und Burg Trenčin sind in etwa 15 Minuten zu Fuß erreichbar. Dort alle Restaurants und Einkaufsmöglichkeiten. In unmittelbarer Nähe liegen auch ein Hallen- und ein Freibad sowie ein großes Fußballstadion.

Zufahrt: Die Zufahrt zum Campingplatz ist in Trenčin von der Hauptstraße 61 ausgeschildert. Am Fußballstadion und Schwimmbad vorbei liegt der Campingplatz nach der Brücke über die Váh auf der linken Seite.

Sollte Ihr Besuch in Trenčin außerhalb der Öffnungszeiten des Campingplatzes liegen, so gibt es direkt dahinter einen Parkplatz am Ufer der Váh.

(023) WOMO-Stellplatz: Trenčin – Váh-Ufer

GPS: N 48°54'01" E 18°02'27" **Max. WOMOs**: 1-2.

Ausstattung: Keine.

Beschreibung: Geschotterter, teilweise unebener Parkplatz als Alternative zum Campingplatz.

Zufahrt: Wie oben zum Campingplatz Nr. 022 beschrieben.

Weitere, tagsüber kostenpflichtige, Parkplätze gibt es im Bereich von Fußballstadion und Schwimmbad bei [N 48°53'54" E 18°02'31"]. Sie eignen sich für einen Tagesbesuch. Abends und nachts könnte es hier bei Veranstaltungen und durch die nahe Eisenbahnlinie recht laut sein.

Wenn Sie Ihr WOMO abgestellt haben, steht einer Erkundung von **Trenčin** nun nichts mehr im Wege. Die rund 56.000 Ein-

wohner zählende, lebendige Hauptstadt des Váh-Tales liegt malerisch unterhalb der gleichnamigen Burg auf beiden Seiten des Flusses. Die denkmalgeschützte Altstadt wurde in den letzten Jahren aufwändig saniert und begeistert nun durch eine hübsche Fußgängerzone rund um die Plätze **Mierové nam.** und **Štúrovo nám.** Die vielen Cafés und Restaurants, umgeben von historischen Bauwerken, Kirchen und der alles dominierenden Burg, verbreiten eine fast schon südländisch-entspannte Atmosphäre. Insbesondere an lauen Sommerabenden verführt die Stadt zum *Dolce far niente*, zum süßen Nichtstun. Doch vorher leisten wir ein wenig Sightseeing-Arbeit. Begleiten Sie uns also auf unserem Stadtspaziergang durch Trenčin.

Stadtspaziergang Trenčin

Bereits zu Zeiten der Römer war Trenčin am Mittellauf der Váh als Armeestation bekannt, die für die Truppen von **Marcus Aurelius (121-180)** als nördlichstes Römerlager errichtet wurde. Dies belegt eine Inschrift im Burgfelsen, die aus dem Jahr **179** stammt und über einen Sieg der Römer über die Germanen berichtet. Das zugleich älteste, schriftliche Zeugnis des Landes ist erst **1852** wiederentdeckt worden und kann heute vom ersten Stock des vornehmen **Hotel Elizabeth** aus besichtigt werden. Fragen Sie einfach an der Rezeption nach. Besuchern wird gerne der Weg gewiesen. Und auch ein Blick hinein in die beeindruckende Architektur des Hotels, das direkt an den Burgfelsen gebaut wurde, lohnt sich. Gleich nebenan liegt das **Regionalmuseum** *Trenčianske múzeum*

Hotel Elizabeth in Trenčin

mit einer heimatkundlichen Sammlung zu Archäologie, Geschichte, Kunst und Natur.
***Öffnungszeiten**: Montag bis Freitag von 9 bis 16.30 Uhr.*

Weiter die Fußgängerzone entlang gelangt man zum **Friedensplatz** *Mierové nam.*, der von hübschen Patrizierhäusern gesäumt ist. Auf Höhe der **Friedenssäule** befindet sich die **Touristeninformation**, in der Sie von sehr freundlichen und kompetenten Damen mit weiterem Informationsmaterial auch in deutscher Sprache versorgt werden. Am Ende des Platzes befindet sich rechts die doppeltürmige **Piaristenkirche** *Piaristický kostol* mit ihrer barocken Innenausstattung. Außerhalb der Gottesdienstzeiten ist ein Blick hinein durch eine vergitterte Pforte möglich.
Von der einst beeindruckenden Stadtbefestigung ist noch der **Stadtturm** *Dolná brána* aus dem Jahr **1543** erhalten geblieben. Er liegt gleich neben dem Rathaus. Der Eingang zum Fahrstuhl liegt etwas versteckt auf der linken Seite hinter dem Turm. Zwei Etagen können Sie nach oben fahren. Hier befindet sich auch die Eintrittskasse. Die restlichen drei Stockwerke müssen Sie zu Fuß erklimmen. Von oben haben Sie einen wunderbaren Ausblick über die gesamte Altstadt. Es lohnt sich!

***Öffnungszeiten**: von Juni bis September täglich von 10 bis 18 Uhr. Eintritt: 1,00 Euro, ermäßigt 0,50 Euro (Stand: 2020).*

Wenn Sie am Stadtturm rechts halten, gelangen Sie zum **Štúrovo nám.** Auch dieser Platz ist von Cafés und Wasserspielen gesäumt, deren Wahrzeichen der wasserspuckende Valentin ist. Gleich dahinter die beeindruckende Kuppel der **Synagoge** aus dem Jahr **1912**. Sie dient saisonal als Galerie für wechselnde Ausstellungen und ist außerhalb dieser Zeiten nicht für die Öffentlichkeit zugänglich.

Wir kehren zurück zum Stadtturm und wenden uns nun dem **Burgberg** zu, was zweifellos zu den Höhepunkten der Stadtbesichtigung von Trenčin gehört. Der schönste Weg hinauf führt über die Holztreppen der überdachten **Pfarrstiege** *Kryté schody.* Sie endet an der **katholischen Pfarrkirche der Geburt Jungfrau Maria** *Farský kostol sv. Michala*, von deren Vorplatz sich erneut eine schöne Aussicht auf das Váh-Tal bietet. Die Kirche stammt aus dem Jahr **1324** und wurde im gotischen Stil errichtet. Über eine kopfsteingepflasterte Gasse geht es das restliche Stück zur Burg steil hinauf, was Sie wahrscheinlich ein wenig außer Puste kommen lassen wird. Genießen Sie deshalb gleich hinter der Eingangspforte zu-

Trenčin und das Váh-Tal

nächst den Ausblick, um wieder zu Atem zu kommen. Nach einem langen Dornröschenschlaf – die Anlage wurde **1790** bei einem Brand weitgehend zerstört, ist das Wahrzeichen der Stadt heute wieder mit Leben gefüllt. Ritterspiele und ein mittelalterlicher Jahrmarkt gehören zum Jahresprogramm. Die erste Station im Vorhof der Burg ist der **Brunnen der Liebe**, um den sich wieder einmal eine Legende rankt.

Der osmanische Kaufmann Omar soll den 80 Meter tiefen Schacht mit großer Hingabe gegraben haben. Sein Antrieb war die unsterbliche Liebe zu Fatima, die der Burgherr gefangen hielt und erst freigeben wollte, wenn Omar in der Festung Wasser finden würde. Natürlich gab es ein Happy-End! Nach jahrelanger, harter Arbeit stieß Omar auf das kostbare Nass und bekam Fatima zur Frau.

Der Rundgang durch die Burganlage führt durch verschiedene Bereiche, dessen höchster Punkt der **Matúš-Turm** ist. Von hier eröffnet sich eine herrliche Aussicht über Trenčin und das Váh-Tal.

Haus des Henkers

Für unsere Rückkehr in die Stadt wählen wir diesmal nicht die Pfarrstiege, sondern gehen die Kopfstein-Gasse *Matúšova* hinunter in die Stadt. Sie führt uns vorbei am **Haus des Henkers** *Dom mestského kata* aus dem Jahr **1570.** Das Untergeschoss, welches einst als Kerker diente, beherbergt heute ein Restaurant und eine kleine Ausstellung zur Gesetzgebung im alten Trenčin. Wieder zurück auf dem zentralen Marktplatz können wir uns nun nach getaner Sightseeing-Arbeit dem wohlverdienten *Dolce far niente* zuwenden und empfehlen Ihnen dazu eine Ein-

kehr in der **Brauerei-Gaststätte** *Lanius* mit regionalen Gerichten und verschiedenen Bierspezialitäten.
Wir hoffen, Ihnen mit dem Prädikat **Trenčin – die Perle des Váh-Tales** nicht zu viel versprochen zu haben und dass Sie mit uns dieses Städtchen genießen konnten.

Für unsere Weiterfahrt wechseln wir in Trenčin das Ufer der Váh, der wir nun linksseitig folgen. Es ist nur ein Katzensprung über die Straße 507 zum **Kloster Skala nad Váhom**, das genau genommen aus zwei Teilen besteht. Zunächst erreichen wir die hübsche **Wallfahrtskirche Malá Skala** aus dem **18. Jahrhundert**, bei der sich ein Spaziergang hinauf auf den Kalvarienberg lohnt. Bei der Kirche ist ein modernes Pilger- und Tagungszentrum entstanden. Von hier aus sind es nur knapp zwei Kilometer zur **Klosterfestung Vel'ka Skala**. Die heute zerfallene und teilweise rekonstruierte, ehemalige Benediktinerabtei thront hoch über der Váh. Wer sie besichtigen möchte, hat zunächst einen kurzen, aber steilen Anstieg vor sich. Doch es lohnt sich und auch zu dieser Anlage gibt es eine Legende.

Klosterfestung Vel'ka Skala

Demnach lebte hier um die Jahrtausendwende des **10. zum 11. Jahrhundert** der **Mönch Beňadik** als Einsiedler auf diesem Hügel. Eines Nachts, so die Erzählungen, wurde er von einer skrupellosen Räuberbande überfallen und ermordet. Sie warfen den Leichnam in die Váh. Ein Jahr später wies ein Adlerweibchen Einheimischen den Weg zu einer Stelle am Fluss, wo der völlig unversehrte Körper Beňadiks lag. Der Mönch wurde daraufhin in der Kathedrale von Nitra beigesetzt und **1083** heiliggesprochen. Im **13. Jahrhundert** wurde hier hoch über der

Einsiedler Beňadik

Váh eine Benediktinerabtei direkt in den Fels gebaut. Heute führt ein Weg durch Felsengänge in die Kirche und zu einem Höhlenraum, der dem Mönch Beňadik geweiht ist.

***Öffnungszeiten**: April und Oktober: Samstag und Sonntag von 13 bis 17 Uhr, Mai und ab 15. September: Samstag und Sonntag von 10 bis 17 Uhr. Juni und 1. bis 15. September: täglich außer Montag von 10 bis 17 Uhr. Juli und August: täglich außer Montag von 10 bis 17 Uhr, am Wochenende bis 19 Uhr. Eintritt auf Spendenbasis (Stand: 2020).*

Direkt unterhalb der Klosterfestung können Sie auf dem Besucherparkplatz problemlos auch die Nacht verbringen.

(024) WOMO-Stellplatz: Klosterfestung Vel'ka Skala

GPS: N 48°54'56" E 18°04'27".
Max. WOMOs: 3-4.
Ausstattung: Mülleimer, öffentliches WC und Imbissbuden in der Saison.
Beschreibung: Besucherparkplatz auf Wiesengelände, zwischen Radweg und Straße, tagsüber lebhaft und außerorts.
Zufahrt: Rechts neben der Straße 507 unterhalb der Klosterfestung.

Für unser nächstes Ziel **Trenčianske Teplice** müssen wir wieder die Uferseite wechseln und folgen dafür zunächst der 507 weiter in Richtung Norden bis nach **Nemšova.** Dort führt die Straße 57 über die Váh und die Autobahn und wir wenden uns nun auf der 61 wieder einige Kilometer in Richtung Süden bis nach **Trenčianska Teplá**. Hier zweigt die Straße 516 ab in ein Seitental der Váh und nach etwa fünf Kilometern ist das Kurbad **Trenčianske Teplice** erreicht. Ihr WOMO können Sie sehr zentral auf einem kostenpflichtigen und großen Parkplatz abstellen.

(025) WOMO-Stellplatz: Trenčianske Teplice – Zentrum

GPS: N 48°54'38" E 18°10'01", Generála Milana Rastislava Štefánika.
Max. WOMOs: 5.
Ausstattung: öffentliche WCs und Restaurants in der Nähe.
Beschreibung: Zentraler und großer, gebührenpflichtiger Parkplatz mit

ebenen Schotterflächen. Innerorts, Bezahlung am Parkscheinautomaten.
Zufahrt: Der Parkplatz liegt in der Ortsmitte links der Durchgangsstraße 516 und ist ausgeschildert.

Dieser Parkplatz eignet sich gut für den Tagesbesuch im Kurbad. Wenn Sie hier auch übernachten möchten, stehen Sie am Ortsrand neben dem Kurpark auf diesem Platz sicherlich ruhiger.

(026) WOMO-Stellplatz: Trenčianske Teplice – Kurpark

GPS: N 48°54'27" E 18°10'50", Ul. 17. Novembera **Max. WOMOs**: 5.
Ausstattung: Keine.
Beschreibung: Großer, asphaltierter Parkplatz am Ortsrand neben dem Kurpark. Restaurants und Einkaufsmöglichkeiten im Ort sind in wenigen Gehminuten erreichbar. Bezahlung am Parkscheinautomaten.
Zufahrt: Biegen Sie im Zentrum ungefähr auf Höhe des Tesco-Supermarktes nach links auf die Straße 1893 ab und folgen dieser vorbei an mehreren großen Hotelanlagen in Richtung Ortsausgang. Der Parkplatz liegt dann rechts der Straße.

Bauhaus-Architektur am Kurhaus Trenčianske Teplice

Trenčianske Teplice zählt nach Piešťany zu den wohl bekanntesten Kurbädern des Landes und einst gab sich hier die mondäne Welt des ungarischen und österreichischen Adels die Klinke in die Hand. Selbst der bulgarische **Zar Ferdinand I. (1861-1948)** fand den Weg in dieses waldreiche Tal. Weltkriege und Verstaatlichung setzten dem Ruhm jedoch ein Ende und heute finden sich zwischen wunderschönen, alten Jugendstilvillen der Bäderarchitektur auch etliche Bausünden aus der sozialistischen Ära mit eher fragwürdiger Ästhetik. Dennoch hat die slowakische Upperclass aus Wirtschaft und Politik den Ort wieder für sich entdeckt und residiert heute – eher außerhalb und versteckt im Grünen – in noblen Feriendomizilen. Ein Streifzug durch den traditionellen Kurort lohnt sich und es lässt sich ein wenig der Glanz vergangener Zeiten erahnen.

Stadtspaziergang Trenčianske Teplice

Das Kurbad verdankt seinen guten Ruf dem stark schwefelhaltigen Thermalwasser, welches in den Ausläufern des Rajetzer Berge aus der Tiefe sprudelt. Erstmals urkundlich erwähnt wurden die warmen Quellen im Jahr **1247**. Vermutlich genossen bereits die Herren der nahen Burg Trenčin die Wohltat der warmen Bäder.

Hammam im Kurhaus Sina

Vom Parkplatz im Zentrum sind es nur wenige Schritte vorbei an der **Stefanskirche** *Kostol sv. Štefana* zur Flaniermeile *Tomaša Garyka Masaryka.* Markantes Gebäude ist das **Hotel Krym**, das während unseres Besuches renoviert wurde, in seiner Beton-Ästhetik dadurch aber nicht unbedingt schöner wird. Hier können Sie allerdings selbst ein Bad im warmen Wasser nehmen. Nicht weit entfernt liegt das **Kurhaus Sina**. Benannt ist es nach dem Wiener Bankier Georg Sina, der den Kurort **1835** kaufte und mit seiner Familie weiter ausbauen ließ. Seine Enkelin Iphigenie veranlasste **1888,** inspiriert von einem Modell auf der Pariser Weltausstellung, den Bau eines **Hammams** im maurischen Stil. Bis heute ist das türkische Bad eine beliebte Kureinrichtung. Tagesgäste können nur im Rahmen einer öffentlichen Führung einen Blick hineinwerfen. Diese werden dienstags um 15.30 Uhr angeboten und können in der Touristeninformation gebucht werden.

Brücke des Ruhms

Die Flaniermeile geht über in einen **Kurpark** mit dem Kurhaus im Bauhausstil. Auch hier lässt es sich unter schattigen Bäumen vortrefflich flanieren. Auf dem Rückweg lohnt sich ein Abstecher zur **Brücke des Ruhms** *Most slávy* an der Straße *Ul. 17. novembra.* In Trenčianske Teplice findet seit **1993** alljährlich Ende Juni das internationale Filmfestival *Art Film* statt, zu dem sich hier Filmschaffende aus aller Welt ein Stelldichein geben. Auf der arkadengesäumten Brücke des Ruhms sind die prominenten Gäste auf Bronzetafeln verewigt. Unter anderem waren Sophia Loren, Ornella Muti oder Klaus Maria Brandauer in Trenčianske Teplice.

Um den Besuch im Kurbad abzurunden, schlagen wir noch einen Besuch im *Café Na Korze* gegenüber dem Hotel *Krym* vor. Neben einer beachtlichen Kuchen- und Tortenauswahl lässt sich auf der schönen Terrasse noch ein wenig Kurbad-Atmosphäre genießen.

Von Trenčianske Teplice kehren wir nun zurück zur Hauptstraße 61, der wir weiter entlang des Váh-Tales folgen. Nach Stadtbesichtigungen und Kultur ist uns nun nach Natur und Wandern zumute. Unser Ziel sind die **Súl'over Felsen.** Da wir ein Stück Strecke machen möchten, wechseln wir für die nächsten rund 40 Kilometer auf die Autobahn. Alternativ dazu können Sie aber auch der parallel verlaufenden 61 weiter folgen und noch einige Burgruinen entlang des Váh-Tales bewundern.
Auf der Autobahn nehmen Sie die Ausfahrt 183 bei **Bytča**. Dort geht es noch ein kurzes Stück zurück auf der 61. Die braunen Hinweistafeln nach **Súl'ov Hradná** weisen bereits den Weg. Das kleine Sträßchen 2003 zweigt nach wenigen Kilometern links ab hinein in ein idyllisches Seitental. Wiesen und Felder säumen die Strecke, die zunehmend bergig wird. Immer wieder traditionelle Holzhäuser mit blumengeschmückten Vorgärten. Kurz vor dem Ort Súl'ov Hradná ist der Ausgangspunkt für Wandertouren in die bizarre Felsenwelt erreicht. Ob Sie hier übernachten möchten, hängt vom Verhandlungsgeschick mit den Parkplatzwächtern und ihrem Ruhebedürfnis ab. Der Parkplatz liegt im engen Tal direkt an der Straße.

(027) WOMO-Wanderparkplatz: Súl'ov Hradná

GPS: N 49°09'57" E 18°34'44" **Max. WOMOs**: 2-3.
Ausstattung: Mülleimer, in der Saison öffentliche Toiletten und Imbiss.
Beschreibung: Gebührenpflichtige Parkplätze entlang der Straße, für größere WOMOs eher ungeeignet. Lage außerorts.
Zufahrt: Wie im Text beschrieben rechts und links der Straße 2003.

Um in dieser wunderschönen Gebirgslandschaft ein wenig zu verweilen, empfehlen wir Ihnen den angenehmen Campingplatz am Ortsrand von Súl'ov Hradná.

(028) WOMO-Campingplatz: Súl'ov – Autokemping *Penzión Štefánik*

GPS: N 49°09'42" E 18°35'10", Tel.: +421 9 052 646 53, www.autocamp-sulov.sk, recepcia@penzionstefanik.sk.
Öffnungszeit: Ganzjährig nutzbar, Sanitäranlagen sowie Ver- und Entsorgung im Winter nur eingeschränkt möglich.
Ausstattung: Ver-/Entsorgungsmöglichkeit für Chemietoiletten, WiFi kostenlos im Bereich der Pension und des Restaurants, einfache und unbeheizte Sanitäranlage mit Dusche und WC, Strom- und Wasser auf dem Platz, sehr schöner Spielplatz, Restaurant.
Beschreibung: Die unparzellierten Stellflächen des gepflegten Geländes sind im unteren Bereich eben, oben teilweise recht schräg. Die Sanitäranlagen eher einfach, Spülmöglichkeit auf dem Gelände und nicht überdacht. Im Restaurant traditionelle Gerichte zu günstigen Preisen. Lage am Ortsrand und mit wunderbarer Panoramaaussicht auf die Súl'over Felsen. An der Rezeption ist man gerne mit Wanderkarten und Informationen behilflich.
Zufahrt: Wie im Text beschrieben. Im Ort der etwas verblichenen Beschilderung zur Penzión Štefánik folgen. Die Auffahrt über eine enge Straße ist steil, aber auch mit größeren WOMOs machbar.

Wanderung in die Súl'over Felsenwelt

Die bizarren Gesteinsformationen der Súl'over Felsenwelt sind bislang noch wenig bekannt. Unter Kletterern zählt die Region jedoch zu den Top-Gebieten und die Felsen sind teilweise mit Haken und Ösen präpariert. Auch etliche Wanderwege führen durch die Felsenstadt mit fantastischen Steingebilden. Gutes Schuhwerk und Trittsicherheit sind allerdings Voraussetzung, da einige Passagen über Leitern führen und mit Seilen gesichert sind. Außerdem ist die Wanderung bei schlechter Witterung nicht zu empfehlen. Die steilen Lehmpfade können sich dann in eine gefährliche Rutschpartie verwandeln.

Für unsere Tour haben wir uns gutes Wetter ausgesucht und starten direkt vom Campingplatz. Der Weg führt uns hinunter ins Dorf, das wir geradewegs durchqueren und der Beschilderung zur **Koliba** folgen. Den Talkessel mit den ersten Felsformationen haben wir dabei bereits im Blick. Die Landschaft ist jetzt schon grandios und wir befinden uns auf Almwiesen, die im Frühsommer in voller Blütenpracht stehen.An der Koliba – einem beliebten Ausflugslokal, bei dem auch gezeltet werden

darf, geht es nun recht steil auf einem gut erkennbaren Pfad über eine Wiese hinauf in den Wald. Auch hier ist der Weg noch gut erkennbar, aber nicht markiert. Er führt uns weiterhin steil nach rechts hinauf, wo wir wenig später auf den Hauptweg mit einer roten Wegmarkierung stoßen. Dieser Weg endet bei [N 49°10'36" E 18°35'11"] an einer Kreuzung mehrerer Wanderwege mit einer Rastmöglichkeit an Bänken. Wenn Sie hier der roten Wegmarkierung nach rechts in Richtung *Sedlo pod Bradou* folgen, erreichen Sie nach rund zehn Minuten einen schönen Aussichtspunkt, der einen Rundumblick über den gesamten Talkessel bietet.

Abenteuerliche Kletterpartien

Danach geht es auf gleichem Weg wieder zurück und an der Wegkreuzung folgen wir nun immer der roten Markierung in Richtung *Súl'ov Parkovisko*. Zwar ist hier eine Gehzeit von nur 30 Minuten angegeben, aber rechnen Sie mit deutlich mehr Zeit. Zum einen gibt es ab jetzt viel zu sehen, zum anderen aber auch viel zu klettern. Mehrere Aussichtspunkte, darunter der höchste Punkt am *Hrad Súl'ov* laden zum Schauen und Genießen ein. Zudem erfordern die Kletterpartien über Leitern und steile, von Baumwurzeln durchzogene Wege einiges an Aufmerksamkeit. Der Weg vorbei an so bizarren Felsgebilden, die den Namen *Schlafender Dino* oder *Katerohr* tragen, wird auch die Fantasie junger Wanderer wecken und die Tour ist ein Erlebnis für die ganze Familie. Allerdings sollten die Kinder nicht allzu klein und auch gut zu Fuß sein.

Unser Weg endet schließlich am WOMO-Wanderparkplatz Nr. 027. Nach links führt ein Wanderweg parallel zur Straße zurück nach Súl'ov Hradna und zum Campingplatz.

Strecke: 7,5 Kilometer, 300 Höhenmeter, Gehzeit mit Pausen 4,5 Stunden.

Von den Súl'over Felsen sind es etwa 25 Kilometer bis zum Ende unserer Tour 2 in der Stadt **Žilina**. Durch die günstige Lage im Žilianer Becken am Oberlauf der Váh war die Stadt schon früh besiedelt und Schnittpunkt verschiedener Handelswege. Heute ist die viertgrößte Stadt der Slowakei ein wichtiger Verkehrsknotenpunkt, von dem aus sich verschiedene Regionen erkunden lassen. Auch für uns kreuzen sich in Žilina mehrere Touren, so dass wir Ihnen die Stadt in unserer nachfolgenden Tour 3 näher beschreiben werden.

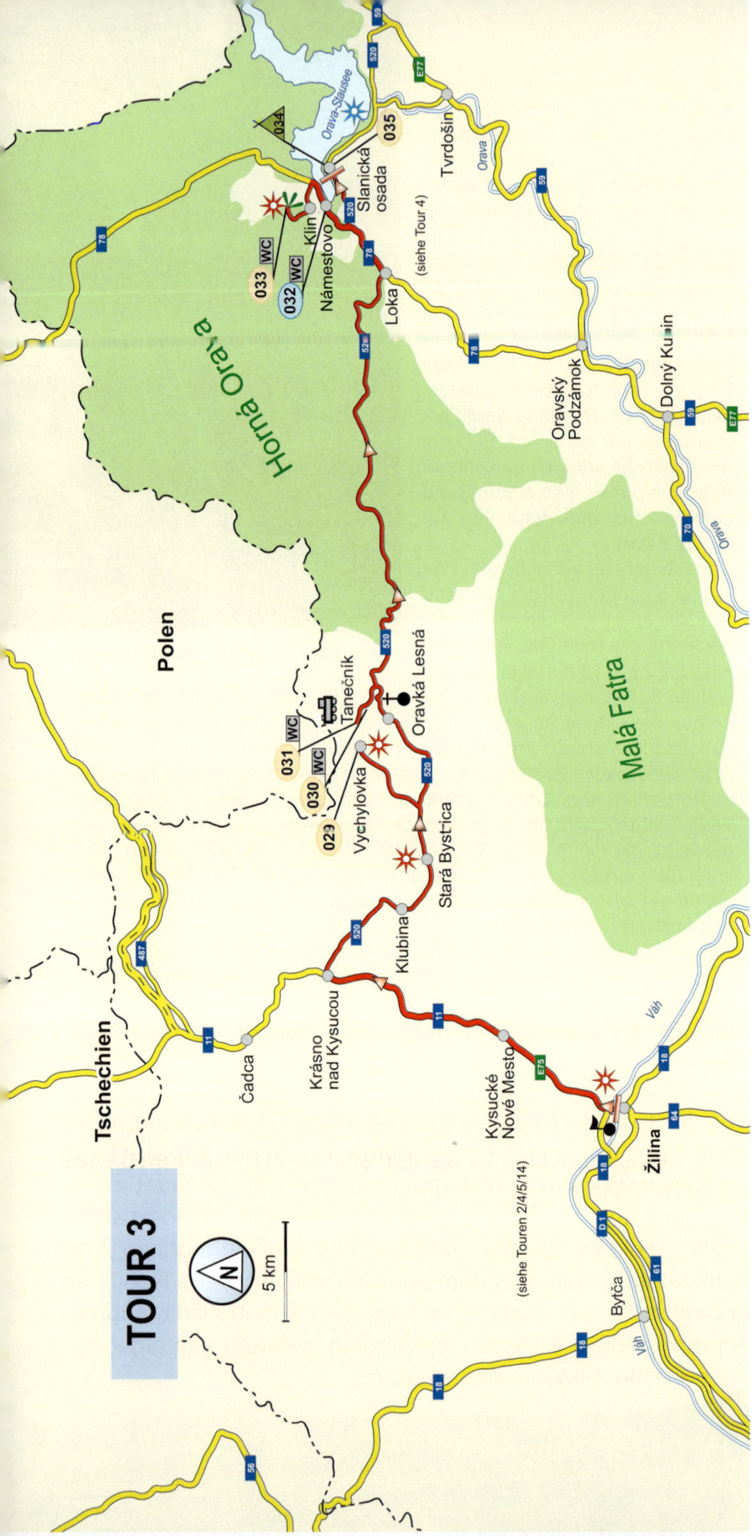
TOUR 3
5 km
N
Tschechien
Polen
Horná Orava
Malá Fatra
Orava-Stausee
Orava
Váh
Čadca
Krásno nad Kysucou
Kysucké Nové Mesto
Žilina
Bytča
Klubina
Stará Bystrica
Vychylovka
Tanečník
Oravká Lesná
Loka
Námestovo
Klin
Slanická osada
Tvrdošín
Oravský Podzámok
Dolný Kubín
(siehe Touren 2/4/5/14)
(siehe Tour 4)
029
030
031
032
033
034
035
WC
11
18
56
487
520
78
59
70
64
61
D 1
E75
E77

Tour 3: Von Žilina in die slowakischen Beskiden und an den Orava-Stausee 115 km

Žilina – Vychylovka – Oravská Lesná – Klín Orava-Stausee

Stellplätze:	in Vychylovka, Oravska Lesná, Klín, am Orava-Stausee
Campingplatz:	in Slanická obsada
Besichtigen:	Žilina, Freilichtmuseum Vychylovka, Christus-Statue Klín.
Ausflüge:	Fahrt mit der Waldwendebahn, Bootstour auf dem Orava-Stausee
Baden:	am Orava-Stausee
Essen:	Restaurant *Salaš Orava* in Slanická obsada

Von der viertgrößten Stadt der Slowakei Žilina führt diese Tour nach Norden in die Region Kysuce. Das Grenzgebiet zu Tschechien und Polen bildet den nördlichen Teil des Karpatenbogens und ist bei ausländischen Touristen eher wenig bekannt. Der größte Trumpf ist die liebliche, bewaldete Hügellandschaft, die zum Wandern, Radfahren und Wintersport einlädt. Wir wandeln auf den Spuren der einstigen Waldeisenbahn, besuchen ein Freilichtmuseum, bestaunen eine Christus-Statue hoch über dem Orava-Tal und beenden diese Tour schließlich an der größten Wasserfläche der Slowakei, dem Orava-Stausee.

Bevor wir unsere Fahrt in Richtung Norden beginnen, statten wir der Stadt **Žilina** einen ersten Besuch ab. Die Metropole der nordwestlichen Slowakei, am Zusammenfluss von Váh, Kysuca und Rajčianka gelegen, erlebt derzeit eine dynamische Entwicklung. Durch die Ansiedlung von KIA Motors ist die viertgrößte Stadt des Landes nicht nur als Zentrum der Automobilindustrie bekannt, sie ist auch Universitätsstadt und idealer Ausgangspunkt, um die umliegenden Gebirgsregionen zu erkunden. Und so werden sich auch die Touren dieses WOMO-Führers mehrmals hier kreuzen.

In solch einer quirligen Metropole ist die Parkplatzsuche schwer und wir benötigten mehrere Anläufe, um einen – auch für größere WOMOs tauglichen – Parkplatz in Innenstadtnähe aufzutun. Sehr gute Chancen bestehen am Wochenende. Dann sind die Plätze auch noch kostenlos. Wir konnten unser WOMO bei [N 49°13'19" E 18°44'06"] in der *Vel'ká Okružná* an den Stellflächen entlang der Straße abstellen. Die Altstadt ist nur einen Steinwurf entfernt.

Žilina – rund um den Platz nám. A. Hlinka

Žilinas Geschichte reicht zurück bis ins Jahr **1208,** als die Stadt erstmals als *Terra de Selinan* schriftlich erwähnt wurde. Im **14. Jahrhundert** wurde der Ort mit den Stadtrechten bedacht und entwickelte sich bald zu einer der wichtigsten Städte der Region. Handel und Handwerk florierten und Ende des **17. Jahrhunderts** zählte Žilina 16 Zünfte, wobei die Tuchmacher dominierten. Zeitweise war die Stadt ein bedeutendes Zentrum des Protestantismus. Ende des **17. Jahrhunderts** setzte die Rekatholisierung ein, was in der Hochburg des Protestantismus auf erheblichen Widerstand stieß und Žilina den Verlust von Stadtrechten und Privilegien einbrachte. Naturkatastrophen, Brände und die Pest taten ein Übriges, um die goldenen Zeiten zu beenden. Erst als **1871** die Bahnlinie zwischen Bohumin und Košice gebaut wurde und auf die Strecke nach Bratislava traf, trat wieder ein Aufschwung ein. Geschichte schrieb die Stadt, als der Regierungsvertreter **Jozef Tiso** (1887-1947) **1938** die Autonomie der Slowakei verkündete.

Durch eine umfangreiche Sanierung des historischen Zentrums bekam Žilina Ende des **20. Jahrhunderts** eine attraktive Innenstadt, die es sich zu entdecken lohnt.

Stadtspaziergang Žilina

Beginnen wir unseren Stadtspaziergang nördlich der Altstadt am Platz *nám. A. Hlinka.* Namensgeber ist der kirchliche Würdenträger und slowakische Nationalpatriot **Andrej Hlinka (1864-1938)**, der sich in den **1920er** und **1930er** Jahren als Befürworter eines slowakischen Nationalstaates verdient machte. Auf diesem großzügig angelegten Platz befindet sich in einem Pavillon das **Tourismusbüro**, in dem Sie sich mit Informationen versorgen können. Gleich daneben die **Kunstgalerie**, in der moderne Gegenwartskunst mit wechselnden Ausstellungen gezeigt wird. Auf der gegenüberliegenden Seite laden ein **Stadtpark** sowie das moderne **Shoppingcenter** *Mirage* zum Bummeln ein.

Nationalpatriot Andrej Hlinka

Blickfang an diesem Platz ist die gotische **Kirche der Allerheiligsten Dreifaltigkeit** *Kostol Najsvätejšej Trojice*. Sie ist zugleich das Wahrzeichen der Stadt und wahrscheinlich stand hier früher auch die Burg von Žilina. Zumindest wird vermutet, dass der nebenstehende **Burian-Turm** *Burianova veža* einst zum Burgkomplex gehörte.

Vom Fuße der Kirche führt neben den hübschen Wasserspielen eine imposante Treppe hinauf in die Altstadt. Es handelt sich dabei um die **1943** errichtete **Silleiner Treppe** *Farské schody*. Aus unserer Sicht ist die Kombination von historischer Bausubstanz und modernen Gebäuden rund um den Platz sehr ansprechend gelungen.

Die Gassen der oberen Altstadt ziehen sich kreisförmig rund um den zentralen **Marienplatz** *Mariánske nám*. An dessen Westseite befindet sich die barocke **Pauluskirche** *Kostol sv. Pavla* aus dem Jahr **1743**. Sie gehörte zum ehemaligen Jesuitenkloster. Auf der anderen Seite des Plat-

Jesuitenkloster Žilina

Arkadengänge am Marienplatz

zes befindet sich das **Alte Rathaus** mit der Hausnummer 1. Zu jeder vollen Stunde ertönt hier ein Glockenspiel. Rund um diesen quadratischen Platz stehen hübsche **Bürgerhäuser mit Arkadengängen**, in denen sich kleine Läden, Cafés und Restaurants befinden. Insbesondere während der Sommermonate herrscht hier fast schon mediterranes Leben und auch wir lassen uns neben üppigen Blumensäulen zu einer abschließenden Rast nieder.

Außerhalb des Zentrums liegt das **Schloss Budatin,** dem wir am Ende unserer Tour 4 einen Besuch abstatten werden. Die Informationen dazu finden Sie deshalb dort.

Wir verlassen nun Žilina in Richtung Norden auf der Straße 11. In **Radol'a** weist ein braunes Touristikschild zum **Kaštiel' Radola**. Es handelt sich dabei um ein renoviertes Herrenhaus aus dem 16. Jahrhundert. Eines der wenigen erhaltenen Renaissance-Denkmäler der Region Kysuce, das heute ein Regionalmuseum mit temporären Ausstellungen zu Leben und Werk regionaler Persönlichkeiten beherbergt.

***Öffnungszeiten**: Montag bis Freitag von 8 bis 16 Uhr, Sonntag von 10 bis 16 Uhr.*

Slowakische Uhr in Stará Bystrica

Hinter der Gemeinde **Krásno nad Kysucou** zweigt die Straße 520 rechts nach **Stará Bystrica** ab. Die schmale Landstraße windet sich durch eine liebliche Hügellandschaft, deren Dörfer sich hübsch herausgeputzt haben. Immer wieder laden Parkplätze mit Spielplätzen, kleinen Holzkapellen, Bänken und Tischen zur Rast ein. Unter anderem bei [N 49°20'37" E19°01'17"].

In **Stará Bystrica** weckt wieder einmal ein braunes Touristikschild unsere Neugier. Es führt uns zur **Slowakischen**

Uhr *Slovenský orloj*. Was wir vorfinden ist die größte, hölzerne Statue der Slowakei und die jüngste astronomische Uhr der Welt. Mehrere Architekten, Holzschnitzer und Steinmetze waren an dem Werk beteiligt, das die sitzende Jungfrau Maria zeigt. Sie ist die Schutzheilige der Slowakei. Die sechs Bronzeskulpturen zeigen bekannte Persönlichkeiten des Landes, unter anderem **Milan Rastislav Štefánik**, dem wir bereits in unserer Tour 2 begegnet sind und auch **Ľudovít Štúr**, den Pionier der slowakischen Schriftsprache, haben wir in Tour 1 kennengelernt. Sie finden das imposante Uhrwerk, dessen astronomische Daten speziell für die Gemeinde Stará Bystrica ausgelegt sind, bei [N 49°20‘50“ E 18°56‘16“].

Unser eigentliches Ziel ist jedoch **Vychylovka** und das dortige **Freilichtmuseum Skanzen Kysuce** *Múzeum kysuckey dediny*. Die Anfahrt über die schmale Zufahrtsstraße ist in Vychylovka gut ausgeschildert. Auf dem Museumsparkplatz können Sie auch eine ruhige Nacht verbringen.

(029) WOMO-Stellplatz: Vychylovka Freilichtmuseum

GPS: N 49°22’47” E 19°05‘14“ **Max. WOMOs**: 2-3.
Ausstattung: Keine.
Beschreibung: Teilweise geschotterte, ebene Parkfläche vor dem Eingang zum Freilichtmuseum. Der Platz liegt außerorts. Im Museum während der Öffnungszeiten Toiletten und Restaurants.
Zufahrt: Wie im Text beschrieben. Ab der Straße 520 den braunen Hinweisschildern zum Museum folgen. Der Parkplatz liegt links der Straße.

Traditionelle Holzarchitektur im Freilichtmuseum Skanzen Kysuce

Das Freilichtmuseum Vychylovka gehört Zweifels ohne zu den größten, touristischen Attraktionen im abgeschiedenen Nordwesten der Slowakei. Stück für Stück wurden seit den **1970er** Jahren Gebäude aus den Dörfern der Umgebung hierher versetzt, die sonst dem Verfall preisgegeben gewesen wären. Zudem sind einige wertvolle Bauten aus dem Überflutungsgebiet

Kirchlein im Freilichtmuseum

Traditionelles Brauchtum im Freilichtmuseum

der **Talsperre Nová Bystrica** zu sehen. Die Ausstellung besteht derzeit aus 35 Wohn-, Wirtschafts-, Sakral- und Technikgebäuden aus der zweiten Hälfte des 19. und dem Beginn des 20. Jahrhunderts. Die Wohnhäuser sind teilweise noch original eingerichtet und die Giebel zeigen traditionelle, holzgeschnitzte Schmuckelemente. Auf dem Friedhof neben der Dorfkirche sind Kreuze aus Gusseisen zu sehen und im rustikalen Gasthof gibt es deftige, slowakische Gerichte.

Direkt am Museumseingang steht ein Lokschuppen mit ehemaligen Schienenfahrzeugen. Während der Saison schnauft eine Diesellok und an schönen Wochenenden auch eine Dampflok über ein kurzes Stück der reaktivierten **Waldwendebahn**. Am Wendepunkt gibt es Erklärungen der Zugbegleiterin, jedoch nur in slowakischer Sprache. Da uns unser nächstes Ziel zu einer weiteren Station der Waldwendebahn führt, finden Sie dort einen entsprechenden Exkurs zu dieser technischen Besonderheit. Während der Saison finden im Museum regelmäßig Veranstaltungen zum regionalen Brauchtum statt. Von Mai bis Oktober haben die Mitarbeiter alle Hände voll zu tun und veranschaulichen traditionelle Arbeitstechniken, wie Dreschen, die Herstellung von Holzschindeln oder das Backen von Brot. Das Gelände des Freilichtmuseums ist sehr weitläufig, die Wege zu den Gebäuden bei schlechter Witterung teilweise morastig und leider nur unzureichend beschildert. Es wird aber an mehrsprachigen Erklärungstafeln gearbeitet.

Waldwendebahn Vychylovka

***Öffnungszeiten**: Mai bis Oktober Montag bis Freitag von 9 bis 17 Uhr, Samstag/Sonntag von 9 bis 16 Uhr. Eintritt: Erwachsene 5,00 Euro, ermäßigt 2,50 Euro, Familien 15 Euro. Fahrt mit der Museumseisenbahn 2,50 Euro (Stand: 2020).*

Nach diesem Ausflug in die Geschichte des Landes kehren wir zurück auf die Straße 520, der wir bis nach **Oravská Lesná** folgen. Dieser Teil der **slowakischen Beskiden** gilt als Kältepol des Landes und die Winter als relativ schneesicher. Auch wir überqueren einen Pass mit knapp 900 Metern Höhe und gelangen in eine Landschaft, die von saftigen Almwiesen geprägt ist. Am Wegesrand wird in Hofläden der traditionelle Käse *Syr* zum Verkauf angeboten. Zugreifen lohnt sich!

Oravská Lesná ist eine Streusiedlung, die sich mehr und mehr auch für Touristen herausputzt. Es gibt einige Restaurants, Einkaufsmöglichkeiten und Unterkünfte sowie mitten im Zentrum bei [N 49°22‘06“ E 19°11‘07“] die etwas außergewöhnliche **Annakirche**. Mit einer Mischung aus Jugendstil und traditioneller Architektur zieht sie die Blicke auf sich.

Um zu unserem Ziel, dem Bahnhof der Waldwendebahn in **Tanečník** zu gelangen, hören Sie in Oravská Lesná bitte nicht auf Ihr Navi – das lotst gerne mal auf eine steile Offroad-Strecke. Orientieren Sie sich besser an den braunen Touristik-Schildern mit dem Dampfzug-Motiv sowie der Beschilderung zum Skigebiet **Oravská-Snow**. Der richtige Abzweig liegt bei [N 49°22‘53“ E 19°13‘23“]. Ab hier geht es noch rund sechs Kilometer auf einem schmalen Sträßchen durch den Wald und vorbei an mehreren Skiliftstationen bis zum Bahnhof der Waldwendebahn in **Tanečník**.

An dem Zufahrtssträßchen zur Waldwendebahn gibt es an einer Liftstation die Möglichkeit, in der Nähe eines Restaurants zu übernachten.

(030) WOMO-Stellplatz: Liftstation *Oravská Snow*

GPS: N 49°23’14” E 19°10‘46“ **Max. WOMOs**: 2-3.

Ausstattung: Während der Saison Toiletten und Restaurants.

Beschreibung: Teilweise geschotterte Parkfläche außerorts an einer Liftstation.

Zufahrt: Wie im Text beschrieben. Ab der Straße 520 den braunen Hinweisschildern zur Waldwendebahn folgen. Der Parkplatz liegt links der Straße.

Schöner und auch praktischer stehen Sie jedoch direkt am **Bahnhof Tanečník**.

(031) WOMO-Stellplatz: Tanečník – Bahnhof Waldwendebahn

GPS: N 49°23’06” E 19°09‘39“ **Max. WOMOs**: 2-3.

Ausstattung: Öffentliche Toiletten tagsüber im Museumsbereich.

Beschreibung: Teilweise geschotterte Parkfläche außerorts am Bahnhof der Museumsbahn. Tagsüber lebhafter Betrieb durch Besucher, nachts ruhig.

Zufahrt: Wie im Text beschrieben. Ab der Straße 520 den braunen Hinweisschildern zur Waldwendebahn folgen. Der Parkplatz liegt links der Straße.

Die Waldwendebahn *Lesná železnica*

Umständliche Transportbedingungen für den wichtigen Rohstoff Holz gaben Anfang des **20. Jahrhunderts** den Ausschlag für den Bau der **Kysuca-Orava-Schmalspurbahn**. Die Waldwendebahn verband damals die Ortschaften *Oravská Lesná* in den Beskiden und *Krásno nad Kysucou* am östlichen Rand des Javornikgebirges. Die Bahn musste auf der 61 Kilometer langen Hauptstrecke große Höhenunterschiede überwinden, was ihr durch zahlreiche Kurven von fast 180 Grad gelang. Daher der Name *Waldwendebahn.* Diese in Europa einmalige Konstruktion fiel jedoch im Jahr **1969** der Unrentabilität zum Opfer und wurde demontiert. Nur ein kleiner Abschnitt blieb als kulturtechnisches Denkmal erhalten. Derzeit (Stand 2020) wird daran gearbeitet, die rund elf Kilometer lange Verbindung zwischen dem **Skanzon Kysuce** und dem **Bahnhof Tanečník** wieder vollständig für touristische Zwecke in Betrieb zu nehmen. Voraussichtlich wird dies ab **2022** möglich sein.

Bis es soweit ist, kann ab Tanečník bereits eine sechs Kilometer lange Zugfahrt auf einen Aussichtsberg unternommen werden. Und das ist garantiert ein tolles Erlebnis für Jung und Alt. An Wochenenden verkehrt während der Sommersaison eine Dampflok, bei geringem Besucheraufkommen und an Werktagen eine Diesellok.

Etwa 20 Minuten dauert die Bergfahrt durch einen zauberhaften Märchenwald. Wir verraten an dieser Stelle nicht, wer und was sich da so zwischen den Bäumen versteckt. Es gibt jedoch hinter nahezu jeder Kurve einige bekannte Figuren aus dem Reich der Märchen und Legenden zu entdecken. Am Endpunkt auf einer Hochfläche entsteht gerade eine

Auf den Höhen der slowakischen Beskiden

kleine Haltestation. Hier heißt es aussteigen und während der 15minütigen Pause einen Berg samt Aussichtsturm zu Fuß erklimmen. Von oben bietet sich ein wundervolles Panorama über die waldreiche Hügelkette der Beskiden. An klaren Tagen reicht der Blick bis zu den Gipfeln der Hohen Tatra. Nach dieser Pause rattert unsere Bahn wieder hinunter zum Ausgangspunkt und wir hoffen, dass die Bremsen gut funktionieren. Wer mag, kann eine Strecke auch zu Fuß bewältigen und auf dem Wanderweg parallel zur Bahnlinie zurück ins Tal gehen.
In den Räumen des neu gestalteten Bahnhofsgebäudes informiert eine sehenswerte Ausstellung über die Geschichte und den Bau der Waldwendebahn.

***Fahrplan Waldwendebahn Tanečník**: Januar bis März: täglich um 11, 13, 14.30 und 15.45 Uhr. Im April nur während der Osterfeiertage. Von Mai bis Oktober täglich mit zusätzlicher Fahrt um 9.30, letzte Fahrt an Wochenenden und Feiertagen um 17 Uhr. Im November und Dezember geschlossen. Das Museumsgebäude mit Ticketverkauf ist in diesen Zeiträumen jeweils ab 9 Uhr geöffnet.*

***Ticketpreise**: 5,00 Euro Hin- und Rückfahrt, 4,00 Euro einfache Fahrt, ermäßigt 2,50 Euro bzw. 2,00 Euro. Im Internet können die Tickets unter www.oravskemuzeum.sk auch online reserviert werden.*

Falls sich junge Mitreisende an Bord Ihres WOMOs befinden, noch ein Tipp: gleich neben dem Bahnhofsgelände können sich Kinder während der Sommersaison im *Funny Park Oravska Lesna* austoben, während die Eltern bei einer Tasse Kaffee entspannen.

Nach diesem Ausflug in die Geschichte der Waldwendebahn geht es nun in Richtung **Orava-Stausee** – zu deutsch *Arwa-Stausee*. Dazu fahren wir wieder zurück auf die Straße 520, der wir in östlicher Richtung bis **Lokca** und anschließend auf der Straße 78 bis **Námestovo** folgen. Námestovo ist der größte Ort am nordwestlichen Ufer des Orawa-Stausees, jedoch vergleichsweise unspektakulär. Neben allen Einkaufsmöglichkeiten finden Sie hier auch einen zentralen Badeplatz an einem gebührenpflichtigen Parkplatz. Ob Sie hier auch übernachten möchten, bleibt Ihnen überlassen. Wir empfanden die Umgebung etwas zu umtriebig. Für eine Rast oder Badepause eignet er sich allemal.

(032) WOMO-Badeplatz: Námestovo – Zentrum

GPS: N 49°24'18" E 19°28'57" **Max. WOMOs**: 5.
Ausstattung: Öffentliche Toiletten, Restaurants, Einkaufsmöglichkeiten, bewachter Badestrand, Skatepark, Spielplatz.
Beschreibung: Großer, gebührenpflichtiger Parkplatz in zentrumsnaher Lage. Durch Nähe zu vielbefahrener Straße wahrscheinlich auch nachts laut.
Zufahrt: An der Straße 78 in Richtung Polen liegt der Parkplatz nach dem zentralen Kreisverkehr rechts bei der Marina.

Bevor wir uns ausgiebiger dem Orava-Stausee zuwenden, wollen wir erst einen Blick von oben auf die größte Wasserfläche der Slowakei werfen. Wir verlassen dazu die Gemeinde Námestovo auf der Straße 78 in nördlicher Richtung. Nach etwa fünf Kilometern zweigt ein kleines Sträßchen links ab nach **Klín**. Die kleine Gemeinde verfügt seit **2007** über eine ganz besondere Attraktion. Hoch über dem Dorf thront eine neun Meter hohe, schneeweiße Jesus-Statue. Sie sieht nicht nur aus, wie der Jesus von Rio de Janeiro, sie ist tatsächlich eine ziemlich originalgetreue Kopie derselben. Wie kommen wir nun hin, an diesen besonderen Ort? Folgen Sie in Klín unbedingt den gelben Schildern zur **Soche Krista**, denn das Navi lockt gerne auf die falsche Fährte. Kurz nach der Ortsmitte zweigt rechts eine schmale und steile Straße ab zu einem Sportplatz und weiter stetig bergauf bis zum Parkplatz. Keine Sorge, auch größere WOMOs schaffen das. Hier verkehren sogar Ausflugsbusse – Sie müssen nur auf eventuellen Gegenverkehr achten.

(033) WOMO-Stellplatz: Klín – Jesus-Statue

GPS: N 49°26'50" E 19°29'01" **Max. WOMOs**: 2-3.
Ausstattung: Öffentliche Toiletten, Mülleimer, Kiosk in der Saison.
Beschreibung: Besucherparkplatz auf Schotter, außerorts in Aussichtslage. Tagsüber lebhaft, nachts jedoch ruhig.
Zufahrt: In Klín der Beschilderung *Soche Krista* folgen.

Vom Parkplatz aus können Sie die monumentale Statue bereits sehen, doch die letzten Meter hinauf müssen Sie auf einem steilen Weg zu Fuß bewältigen. Belohnt werden Sie mit einer wundervollen Aussicht über den Orava-Stausee und die umgebende Bergwelt bis hin zu den Gipfeln der Hohen Tatra. Dass sich hier ein wenig Copacabana-Feeling breit macht, ist dem Geschäftsmann *Josef Sroka* zu verdanken. Er finanzierte die 23 Tonnen schwere, neun Meter hohe und sieben Meter breite Kopie des Jesus von Rio de Janeiro oberhalb seines Heimatortes Klín. Im Jahr **2009** kam noch die Statue des betenden **Papstes Johannes Paul II.** dazu. Eine kleine Kapelle, ein Kreuzweg, hübsch gepflanzte Blumenrabatten und Sitzgelegenheiten vervollständigen die gepflegte und ganzjährig frei zugängliche Anlage, die sich inzwischen zu einem Pilgerort entwickelt hat.

Unser Tipp: Wenn Sie auf dem Parkplatz übernachtet haben und gleich frühmorgens vor den ersten Besuchern heraufkommen, können Sie mit etwas Glück eine einzigartige Morgenstimmung bei aufgehender Sonne genießen.

Jesus-Statue bei Klín

Wir kehren nun zurück zum **Orava-Stausee** *Oravská priehrada*, der mit 35 km² größten Wasserfläche der Slowakei. Hauptargument für die Errichtung des Stausees, der nach zwölfjähriger Bauzeit **1954** fertiggestellt wurde, waren Hochwasserschutz und Energiegewinnung. Jährlich werden 22 Megawatt produziert und die Staumauer am südlichen Ende ist **2010** zum technischen Monument erklärt worden.
Heute ist der Stausee ein beliebtes Ferien- und Naherholungsziel. Insbesondere das westliche Ufer um die Ortschaft **Slanická osada** ist touristisch gut erschlossen. Es gibt mehrere Campingplätze sowie Hotel- und Ferienanlagen. Wenn Sie etwas länger hier verweilen möchten, schlagen wir Ihnen diesen Campingplatz vor. Ebenso wie der nachfolgende Stellplatz für einen kürzeren Aufenthalt sind dies gute Ausgangspunkte für einen Bootsausflug auf dem Orava-Stausee.

(034) WOMO-Campingplatz: Slanická osada *Camp Marina*

GPS: N 49°24'05" E 19°30'43", Slanická osada, www.campmarina.sk, kemp@ghcompany.sk.
Öffnungszeit: 1. Mai bis 30. September.
Ausstattung: Ver-/Entsorgung Chemietoiletten, neuwertige und saubere Sanitäranlagen, Restaurant, Badestrand.

Beschreibung: Direkt am Seeufer gelegener Campingplatz mit teilweise etwas schrägen Stellplätzen auf Wiesengelände. Neue Sanitäranlagen. Durch die Nähe zur Straße tagsüber etwas laut, nachts jedoch ruhig.
Zufahrt: Auf der Straße 520 liegt der Campingplatz etwa drei Kilometer südlich von Námestovo und ist ausgeschildert.

Nur wenige Meter weiter können Sie auf einem Parkplatz frei stehen. Dazu empfehlen wir Ihnen unbedingt eine Einkehr im benachbarten Restaurant *Salaš Orava*. In dem rustikal eingerichteten Folklorerestaurant gibt es traditionelle und gute slowakische Küche sowie gelegentlich Folkloreabende mit Musik. Kinder werden sich über den dazugehörigen Spielplatz mit Streichelzoo freuen *www.salas.orava.sk*

(035) WOMO-Stellplatz: Slanická osada

GPS: N 49°23'57" E 19°30'57" **Max. WOMOs**: 2-3.
Ausstattung: Keine.
Beschreibung: Ebener, asphaltierter Parkplatz gegenüber dem Restaurant *Salaš Orava*. Durch die Lage direkt an der Straße 520 tagsüber etwas laut, nachts jedoch ruhig.
Zufahrt: An der Straße 520 auf der linken Seite oberhalb des Seeufers.

Bootsfahrt über den Orava-Stausee und zur Insel Slanický ostrov

Zwischen Camping- und Stellplatz befindet sich ein kleiner Hafen, an dem Ausflugsschiffe über den Orava-See und hinüber zur **Insel Slanický ostrov** starten. Dem Bau des Stausees fielen insgesamt fünf Dörfer zum Opfer. Vom Dorf **Slanica** blieb nur die schneeweiße, barocke Dorfkirche erhalten. Einst befand sie sich auf einem Kalvarienberg. Heute steht sie im See auf einer Insel und versteckt sich unter Lindenbäumen. Der ehemalige Kreuzweg endet im Wasser. Das Gotteshaus wird für regelmäßige Kunstausstellungen genutzt und informiert über die Geschichte der versunkenen Dörfer. Die knapp zweistündige Bootstour geht weiter an die Staumauer am südlichen Ende des Stausees sowie entlang des westlichen Seeufers. Hier sind hübsche Blockhäuser, Hausboote und Feriensiedlungen zu bewundern.

Kunst auf der Insel Slanický ostrov

Die Ausflugsboote verkehren zwischen Mai und September täglich ab einer Mindestzahl von 10 Personen um 9, 11, 13, 15 und 16.30 Uhr. Ab dem 1. September ist die letzte Fahrt um 15 Uhr. ***Ticketpreise****: 8,00 Euro Erwachsene, 5,00 Euro ermäßigt, Kinder 2,00 Euro (Stand: 2020).*

Einen weiteren Bootsanleger sowie zwei Campingplätze finden Sie knapp drei Kilometer weiter südlich bei [N 49°23'04" E 19°32'13"]. Die Plätze waren jedoch Anfang September bereits geschlossen und auch der Bootsverkehr war eingestellt, so dass wir hier keine weiteren Recherchen unternehmen konnten.

Unsere Tour 3 endet nun hier am südlichen Ufer des Orava-Stausees. Der Fluss **Orava** wird uns aber in Tour 4 noch ein Stück begleiten und hält dort einige Highlights bereit.

TOUR 4
Polen
Polen
Horná Orawa
Roháče
Malá Fatra
Čadca
Krásno nad Kysucou
Klubína
Kysucké Nové Mesto
Žilina
(siehe Touren 2/3/5/14)
Rajecké Teplice
Belá
Terchova
Zázrivá
Párnica
Dolný Kubin
Oravský Podzámok
Horná Lehota
Hruštin
Lokca
Námestovo
Slanická osada
(siehe Tour 3)
Tvrdošín
Podbiel´
Zuberec
Prosiek
Liptovský Mikuláš
Bešeňová
Ružomberok
L´ubochna
Ratcovo
Turany
Vrútky
Martin
Sučany
Orava
Váh
Liptovská Mara
035
036
037
038
039
040
041
042
WC
5 km
N

Tour 4: Entlang dem Fluss Orava über die Malá Fatra nach Žilina 135 km

Tvrdošín – Podbiel' – Zuberec – Oravský Hrad Dolný Kubín – Terchová – Žilina

Stellplätze:	in Zuberec, Horná Lehota, Oravský Podzámok, Terchová, Žilina
Campingplatz:	in Terchová-Belá
Besichtigen:	Holzkirche von Tvrodšín, Podbiel', Freilichtmuseum Zuberec, Höhle Brestovská jaskyňa, Burg Oravský Hrad, Dolný Kubín, Schloss Budatínsky zámok
Wandern:	in den Roháče-Bergen und in der Malá Fatra
Essen:	Restaurant *Koliba pod Roháčmi* am Freilichtmuseum Zuberec, *Hotel Palatin* in Oravský Podzámok

In dieser Tour 4 folgen wir dem Fluss Orava – zu deutsch Arwa – in Richtung Süden. Er fließt am südlichen Ende des Orava-Stausees ab und schlängelt sich durch bergiges Gelände, bis er nach gut 50 Kilometern in die Váh mündet. An seinem Verlauf entdecken wir die typische Holzhaus-Architektur des Orava-Tales, wir besuchen die spektakuläre Burg Oravský Hrad und tauchen ein in die großartige Natur der Malá Fatra, des Kleinen Fatragebirges. Unsere Tour endet schließlich in der Stadt Žilina am dortigen Renaissance-Kastell Budatínsky zámok.

Bevor wir den Orava-Stausee auf der Straße 520 hinter uns lassen, lohnt sich noch ein kurzer Halt an der Staumauer. Hier können wir einen eindrucksvollen Blick auf die Turbinen des Wasserkraftwerkes werfen. Informationstafeln geben Auskunft über den Bau und die Geschichte der Staumauer, die im Jahr **2010** zum Technischen Denkmal erklärt wurde.

Von hier sind es sechs Kilometer bis nach **Tvrdošín**, einer lebendigen Kleinstadt im Orava-Tal. Die eigentliche Attraktion in der Stadt ist die **spätgotische Allerheiligen-Holzkirche** aus dem 15. Jahrhundert.

Weil sie etwas versteckt auf dem Friedhof steht, nutzen wir der Einfachheit halber den zentralen LIDL-Parkplatz am Kreisverkehr bei [N 49°19'57" E 19°33'16"]. Da wir hier auch unsere Vorräte wieder auffüllen, lassen wir das WOMO stehen und machen uns auf den kurzen, ausgeschilderten Fußweg zur Kirche *Drevený gotický kostol* in der *Cintorínska-Straße*. Bereits von außen betrachtet, fällt die außergewöhnliche Architektur der Kirche auf. Vermutlich wurde sie in der **2. Hälfte des 15. Jahr-**

Barockaltar in Tvrdošín

hunderts errichtet und später im Renaissancestil umgebaut. Sie zählt damit zu den ältesten, erhaltenen Baudenkmälern in der oberen Orava-Region. Im Innenraum ist ein **Barockaltar** aus dem **17. Jahrhundert** mit einem Allerheiligenbild zu bestaunen. Der Vorgänger war ein niedriger, gotischer Altar, von dem nur ein Flügel erhalten blieb. Der mittlere Teil wurde im Jahr **1919** in ein Museum nach Budapest gebracht. Die Gemälde mit den Bildern der Apostel und dem Heiligen Georg auf dem Pferd, im Kampf mit dem Drachen, stammen aus dem Jahr **1653**. Vergessen Sie nicht, einen Blick nach oben zu werfen. Das mit Himmel, Sternen und Engeln bemalte Deckengewölbe verstärkt den mystischen Eindruck in der Kirche, die seit **2008** zu den **UNESCO-Weltkulturerbestätten** zählt.

***Öffnungszeiten**: Juni bis Mitte September täglich außer Montag von 10 bis 16 Uhr. Eintritt: 1,00 Euro, Fotoerlaubnis 1,00 Euro (Stand: 2020).*

Der nächste Stopp lohnt sich bereits acht Kilometer weiter in **Podbiel'**. Das kleine Dorf ist über die vielbefahrene Hauptstraße 59 zu erreichen. Leider ist es deshalb schwer, einen geeigneten Parkplatz zu finden. Am besten klappt es noch am

Holzhäuser in Podbiel'

Straßenrand vor der Dorfkirche bei [N 49°18'24" E 19°29'01"]. Der gesamte Dorfkern mit seinen traditionellen Blockhäusern beiderseits der Hauptstraße steht unter Denkmalschutz. Inzwischen wissen viele Einheimische das historische Erbe zu schätzen und pflegen ihre Häuser liebevoll. Die Vorgärten quellen über in üppiger Blumenpracht, viele Häuser sind noch bewohnt oder können als Ferienwohnung gebucht werden. Leider wird der Genuss etwas durch die laute Hauptstraße getrübt, über die der Schwerlastverkehr donnert.

Im Zentrum von Podbiel' zweigt auch unsere Route nach **Zuberec** ab. Zwölf Kilometer folgen wir der Straße 584 hinein in die Bergregion der **Westlichen Tatra**. Dabei fällt uns am Ortsausgang von Podbiel' eine stattliche Ruine mitten auf einer Wiese ins Auge. Überreste eines Hüttenwerkes und eines Hochofens, die hier am Anfang des 19. Jahrhunderts in Betrieb waren.

Die weitläufige Gemeinde **Zuberec** ist das touristische Zentrum am Fuße der **Roháče-Berge**, die als schönster Teil der westlichen Tatra gelten. Ihre Gipfel, die teilweise die Grenze zu Polen bilden, ragen über 2.000 Meter hinaus. Der höchste Berg des Massivs ist der 2.178 Meter hohe **Baníkov**. Obwohl die Region weniger überlaufen ist als die Hohe Tatra, ist man hier voll und ganz auf den Tourismus eingestellt. Hübsche Blockhäuser und Pensionen im Orava-Baustil dienen als Feriendomizile.
Wir haben unser Feriendomizil auf Rädern jedoch dabei und fahren noch etwa drei Kilometer weiter zum **Freilichtmuseum** *Múzeum oravskey dediny*. Es liegt idyllisch im Tal **Studená dolina** und gehört – unserer Meinung nach zurecht – zu den meistbesuchten Museen der Slowakei. Um das Museum eingehend zu würdigen, beziehen wir Quartier auf einem weitläufigen Waldparkplatz.

(036) WOMO-Wanderparkplatz: Zuberec Freilichtmuseum

GPS: N 49°15'32" E 19°39'33" **Max. WOMOs**: 5.
Ausstattung: Toiletten, Restaurant, Mülleimer.
Beschreibung: Geschotterter, ebener Besucher- und Wanderparkplatz. Der Platz liegt außerorts, tagsüber lebhafter Verkehr, nachts jedooh ruhig.
Zufahrt: Wie im Text beschrieben. Ab Zuberec den braunen Hinweisschildern zum Museum folgen. Der Parkplatz liegt rechts der Straße im Wald.

Freilichtmuseum Skanzen Zuberec

Das rund 20 Hektar große Areal des Freilichtmuseums breitet sich inmitten einer Bilderbuchlandschaft aus. Bewaldete Hügel, blühende Wiesen und dazwischen der rauschende Gebirgsbach *Studený potok*. Was hier aussieht wie ein seit Jahrhunderten gewachsenes Dorf, ist erst seit 1970 im Aufbau begriffen. Insgesamt

Dorfschule im Freilichtmuseum Zuberec

fünf in sich geschlossene Teile repräsentieren die unterschiedlichen Regionen der Orava-Dörfer. Angefangen vom wohlhabenderen Teil des unteren Orava-Tales mit stattlichen Gebäuden des Landadels bis hin zu einem Goralen-Weiler aus den ärmsten Regionen in den nördlichen Beskiden. Wohngebäude, Speicher, Handwerksbetriebe und Kirchen sind allesamt in der volkstümlichen Holzarchitektur. Teilweise sind dies Rekonstruktionen, meist aber im Original versetzte Bauten. Besonders sehenswert sind eine Wassermühle sowie die spätgotische, römisch-katholische Holzkirche aus dem 15. Jahrhundert. Die Barockorgel ist noch funktionstüchtig. Alle Gebäude sind mit sehr viel Liebe zum Detail eingerichtet. In den Vorgärten gedeihen Gemüse und bunt blühende Blumenrabatten. Regelmäßige Veranstaltungen in den Sommermonaten bereichern das Museumsprogramm. Im Winter finden in den stimmungsvoll beleuchteten Gebäuden Themenabende mit Honigwein und Folkloremusik statt.

An diesem Ort lässt es sich stundenlang verweilen und in Kindheitserinnerungen schwelgen. Nicht nur die jungen Besucher werden ihre Freude an den Ziegen, Schafen, Hühnern und Gänsen haben, die auf dem Museumsgelände gehalten werden. Ein nützlicher Wegbegleiter beim Rundgang ist die App des Museums, welche einen deutschsprachigen Audioguide enthält und interessante Informationen zu den einzelnen Gebäuden liefert.

***Öffnungszeiten**: Oktober bis Mai täglich außer Montag von 8 bis 15.30 Uhr. Juni bis September täglich von 8 bis 17 Uhr, im Juli und August bis 18 Uhr. Eintritt: 4,00 Euro, ermäßigt 3,00 Euro, www.muzeum.zuberec.sk (Stand: 2020).*

Der Museumsbesuch lässt sich hervorragend mit einer Einkehr in der rustikalen ***Koliba pod Roháčmi*** abrunden. Hier gibt es traditionelle slowakische Küche zu günstigen Preisen. *Geöffnet täglich von 9 bis 18 Uhr, www.kolibapodrohacmi.eu .*

Deftige Hausmannskost aus der Koliba

Haben Sie noch Lust auf einen Höhlenbesuch? Direkt ab dem Waldparkplatz können Sie zu einem Unterwelt-Abenteuer in die **Höhle Brestovská jaskyňa** starten. Die Höhle ist Bestandteil eines unterirdischen Wassersystems mit mehreren Wasserläufen und gehört zu den ersten Schauhöhlen der westlichen Tatra. Die unterirdischen Wasserläufe werden über mehrere Zuflüsse gespeist und Teile der Höhle sind nur für Taucher zugänglich. Zu sehen sind neben kleineren Sinter-Seen und hauchdünnen Tropfstein-Röhrchen auch Aragonit-Mikrokristalle. In der Höhle wurden zudem neun Fledermaus-Arten festgestellt. Darunter die seltene Große Hufeisennase, die hier das nördlichste Winterquartier in Europa hat. Die Besichtigungsroute ist 434 m lang und hat 240 Stufen. Unter anderem über steile Leitern. Etwa 50 Minuten sollten Sie für die Führung einplanen und die warme Jacke nicht vergessen. Die Temperatur in der Höhle beträgt rund 5 °C.

Wanderweg zur Höhle

Die Höhle ist nur im Rahmen einer Führung zugänglich. Diese finden von Januar bis April und im Oktober jeweils um 9.30, 11, 12.30 und 14 Uhr statt. Von Mai bis September um 9, 10.15, 11.30, 13, 14.15 und 15.30 Uhr. Im November und Dezember bleibt die Höhle geschlossen. Eintritt: 8,00 Euro, ermäßigt 7,00 Euro, Kinder von 6 bis 15 Jahren 4,00 Euro. Kinder unter 6 Jahren haben keinen Zutritt, www.ssj.sk (Stand: 2020).

Rund um das Museum starten etliche Wanderwege in die **Roháče-Berge**. Informationen zu den Wanderrouten und Kartenmaterial halten die Museums-Kasse sowie die Touristen-Information in Zuberec bereit.

Uns zieht es nach diesem Abstecher jedoch weiter und wir fahren zurück bis Podbiel', wie wir gekommen sind. Schließlich wartet noch ein besonderes Highlight im Orava-Tal auf uns – die majestätische Arwa-Burg **Oravský Hrad**. Diese erreichen wir über die Hauptstraße 59 weiter entlang dem Fluss Orava. In den Dörfern finden sich immer wieder hübsche Holzhäuser, ähnlich wie bereits in Podbiel'.

In der Gemeinde **Horná Lehota** warten Flößer darauf, Gäste auf rustikalen Holzbooten flussabwärts rund um die Burg Oravský Hrad zu schippern.
Die Floßfahrten finden im Juli und August täglich zwischen 9 und 17 Uhr statt. Im Mai und Juni sowie September und Oktober nur nach vorheriger Anmeldung unter plte@orava.sk oder www.plte-orava.sk .

(037) WOMO-Stellplatz: Horná Lehota – Floßanleger

GPS: N 49°15'21" E 19°23'39" **Max. WOMOs**: 2-3.
Ausstattung: Mülleimer, im Sommer Kiosk, Anleger für Floßfahrten.
Beschreibung: Asphaltierter, Besucherparkplatz an der Straße.
Zufahrt: Der Platz liegt am Ortsrand von Horná Lehota links neben der Straße 59.

Auf der gegenüberliegenden Straßenseite befindet sich das **klassizistische Kastell** von Horná Lehota, welches jedoch schon bessere Zeiten gesehen haben dürfte. Bis vor kurzem war hier wohl ein Restaurant und/oder Hotel angesiedelt. Bei unserem Besuch machte jedoch alles einen verlassenen Eindruck.

Nun sind es nur noch wenige Kurven, dann taucht die Burg **Oravský Hrad** auf. Majestätisch thront sie über mehrere Etagen auf einem steilen Kalksteinfelsen 112 Meter hoch über dem Fluss Orava und der Gemeinde **Oravský Podzámok**. Um diese prächtige Burg eingehend zu würdigen, steht ein großer und zentraler Parkplatz zur Verfügung, auf dem Sie auch nächtigen können.

(038) WOMO-Stellplatz: Oravský Podzámok

GPS: N 49°15'33" E 19°21'33" **Max. WOMOs**: 10.
Ausstattung: Mülleimer, Budenmeile mit Souvenirs und Imbissständen, öffentliche Toiletten und Restaurants in der Nähe.
Beschreibung: Großer Besucherparkplatz, tagsüber von 8 bis 17 Uhr gebührenpflichtig, zentrumsnah, durch Bahnlinie und Schnellstraße eventuell auch nachts etwas laut.
Zufahrt: Der Besucherparkplatz zur Burg ist in Oravský Podzámok ausgeschildert.

Die Burg Oravský Hrad

Bereits vom Besucherparkplatz aus werden Sie es erahnen – die Burg Oravský Hrad will erobert werden. Hunderte von Treppenstufen sind zu bewältigen, bis man vom Turm ganz oben mit einer prächtigen Aussicht belohnt wird. Und es wird verständlich, warum diese Burg in ihrer langen Geschichte niemals eingenommen wurde.

Der Burgfelsen war bereits in der Urzeit besiedelt und archäologische Funde bestätigen die Anwesenheit von Slawen im **9. Jahrhundert**. Die erste schriftliche Erwähnung der Burg Orava geht auf das Jahr **1267** zurück. Sie wurde als Grenzfestung zwischen Ungarn und Polen errichtet, um die Handelswege zu sichern. In den folgenden 300 Jahren war sie königliche Festung und zugleich das Verwaltungszentrum der Region.

Treppenreiche Burgbesichtigung

Ihr heutiges Aussehen erhielt die Burg durch mehrere Erweiterungen ihrer jeweiligen Besitzer. Die Festung besteht aus einem unteren, einem mittleren und einem oberen Komplex. Angepasst an die drei natürlichen Ebenen des Felsreliefs. Das älteste Gebäude ist der Wohnturm im Bereich der mittleren Burg, deren Kapelle später in die krönende Zitadelle

Renaissance-Palast in der Orava-Burg

aus gotischer Zeit verlegt wurde. Einer der bedeutendsten Burgherren in der langen Reihe der Besitzer war **König Matthias I. Corvinus (1443-1490)**. Er ließ Ende des 15. Jahrhunderts auf dem geschützten Sattel der mittleren Stufe einen Wohnpalast erbauen. Die Prägung im Stil der Renaissance erhielt der Palast allerdings erst in der zweiten Hälfte des 16. Jahrhunderts unter der **Adelsfamilie Thurzo**. Während ihrer Herrschaft erfuhr die Burg die umfangreichsten baulichen Veränderungen.
Die letzten Besitzer aus dem Geschlecht der **Pálffys** bemühten sich um eine romantische Umgestaltung der Mittelburg. Zudem statteten sie den Wohnpalast mit prunkvollem Mobiliar, einer Bibliothek und Gemälden repräsentativ aus.
Im Jahr **1800** wütete fast zwei Wochen lang ein verheerender Brand, der die mittlere und untere Anlage stark beschädigte. **1895** begannen die Sanierungsarbeiten, die – unterbrochen von den beiden Weltkriegen – erst **1950** fortgesetzt wurden.

Beim Rundgang durch die verschiedenen Burgareale arbeiten wir uns über hunderte von Treppenstufen hinauf bis zur Zitadelle. Es ist zugleich der höchste Punkt mit 112 Metern über dem Wasserspiegel des Flusses Orava. Von hier oben aus haben Sie an klaren Tagen eine fantastische Aussicht auf Teile der westlichen Hohen Tatra und das Orava-Tal. Außerdem werden Sie auf dem Rundgang einer berühmten Figur aus der Filmwelt begegnen. Schon mehrfach diente

Nosferatu und die Orava-Burg

die Burg als Filmkulisse. Unter anderem **1920**, als der Stummfilm-Klassiker *Nosferatu – Eine Symphonie des Grauens* von *Fritz Lang (1890-1976)* hier gedreht wurde. Dem Drehbuch lag der Roman *Dracula (1897)* von *Bram Stoker* zugrunde und der Film gilt bis heute als DER Horrorschocker der Filmgeschichte. Nichts für Zartbesaitete sind deshalb die Nachtführungen, bei denen flackerndes Kerzenlicht und die Aufführung des Vampirfilms der ersten Stunde für das passende Grusel-Ambiente sorgen.

Um die Burg ranken sich auch einige Legenden. Unter anderem die von der *Weißen Frau*. So erzählt man sich, dass am Allerseelentag und am Palmsonntag in der Mittleren Burg eine Frau im weißen Kleid zu sehen ist. Es handelt sich dabei um die Frau des Ritters Donč. Dieser, so die Legende, war ein cholerischer Zeitgenosse, der am Allerseelentag seine Dienerschaft schikanierte. Nichts war ihm gut genug. Als er auch noch das Hausmädchen grundlos verprügelte, ging seine Ehefrau dazwischen, um die Prügelei zu beenden. Der Ritter hackte ihr in seiner Tobsucht die Hand ab. Die Ehefrau blutete und litt großen Schmerz, bis sie am Palmsonntag starb. Der Ritter verfiel in Trübsal, bis er dem Gespenst seiner Frau im Burgvorhof begegnete. Seitdem sehen auch andere Menschen den Geist der Weißen Frau, wie er über die Treppen im höchstgelegenen Teil der Burg schwebt.

Diese und andere Legenden, Geschichten und Begebenheiten enthält die App der Orava-Burg. Sie ist ein nützlicher Begleiter bei den Führungen in slowakischer Sprache, da man über den Audioguide alles Wissenswerte über die Burg auf Deutsch erklärt bekommt.

***Öffnungszeiten**: Januar bis März von 9.30 bis 15 Uhr, April geschlossen, Mai, Juni und Oktober von 10 bis 16 Uhr, Juli und August von 9 bis 17 Uhr, September von 9.30 bis 16 Uhr, November und Dezember von 10 bis 15 Uhr.*

Eintritt: Große Tour (3 Stunden) Erwachsene 10,00 Euro, ermäßigt 5,00 Euro (nur vom 1. Mai bis 31. Oktober), Kleine Tour (70 Minuten) Erwachsene 5,00 Euro, ermäßigt 2,50 Euro, www.oravskemuzeum.sk (Stand: 2020).

Nach der mehr als dreistündigen Besichtigung der Burg haben wir eine Pause dringend nötig. Empfehlen können wir Ihnen dafür eine **Einkehr** im *Hotel Palatin* in der *Lesn´cka ulica 28* unmittelbar in der Nähe des Besucherparkplatzes. Von der Sonnenterrasse des Restaurants haben Sie nochmals einen wunderbaren Blick auf die Burg und können den Besuch mit einem kühlen Getränk abschließen.

Wir verlassen Oravský Podzámok nun in südlicher Richtung auf der Hauptstraße 59. Zehn Kilometer sind es bis nach **Dolný Kubín**. Hier wechseln wir auf die Hauptstraße 70. Der erste Blick auf die zahlreichen, uniformen Hochhäuser in der größten Stadt der Region ist zunächst ernüchternd und wirkt wenig anziehend auf Touristen. Wenn Sie mehr als einen Einkaufsstopp einlegen möchten – hier sind alle namhaften Supermarktketten vertreten – dann lohnt sich ein Spaziergang hinein ins Zentrum. Ihr WOMO können Sie dafür entweder gleich auf dem Supermarktparkplatz oder bei [N 49°12‘42“ E 19°17‘50“] abstellen. Rund um den historischen Marktplatz *Hviezdosalovo nam*estie gruppieren sich einige hübsche Gebäude. Ein Literaturmuseum widmet sich dem Leben und Werk des slowakischen Dichters *Pavol Orzágh (1849-1921)*. Er nannte sich *Hviezdoslav – Stern der Slawen* – und wurde bei Dolný Kubín geboren. Viele Plätze und Straßen im Land sind nach ihm benannt.
Durch einen kleinen Park mit einladenden Cafés gelangt man ans Ufer der Orava, die von einer überdachten Kolonnadenbrücke aus Holz überspannt wird. Sie verbindet die Altstadt mit der Neustadt für Fußgänger und Radfahrer.

Dolný Kubín

Nach diesem kurzen Abstecher fahren wir weiter auf der Hauptstraße 70 bis nach **Párnica**. Nur neun Kilometer sind es, dann zweigt die Straße 583 ab in die **Malá Fatra** – den Nationalpark **Kleine Fatra**. Knapp 23.000 Hektar des landschaftlich reizvollen Gebietes der Kleinen Fatra stehen seit **1988** unter Naturschutz. Malerische Schluchten, bizarre Felsformationen, tiefe Täler und dicht bewaldete Hügel laden zum Wandern ein. Höchster Gipfel ist der 1.709 Meter hohe **Veľký Kriváň**.
Die kleine und schmale Straße 583 windet sich hinein in eine waldreiche Bergregion. Wir passieren zunächst noch einige hübsche Dörfer mit traditionellen Holzhäusern, dann geht es mit 17 Prozent Steigung hinauf auf eine Passhöhe. Auf der anderen Seite erwarten uns entlang der Straße Verkaufsstände, an denen Honig *Med* sowie der traditionelle Käse *Syr* angeboten werden. Greifen Sie unbedingt zu. Die Schafs- und Kuhmilchspezialitäten schmecken köstlich.

Wenige Kilometer vor der Stadt **Terchová** ist der Parkplatz für eine Wanderung in eine der wohl spektakulärsten Schluchten der Slowakei erreicht. Die **Jánošíkove Diery** verbindet die beiden Schluchten **Dolné diery** und **Horné Diery** in einer Rundwanderung. Die Felswände der Schluchten stehen eng zusammen, Höhenunterschiede müssen auf abenteuerlichen Wegen über Holztreppen, Eisengitter und Leitern überwunden werden. Die Tour ist nur bei gutem Wetter zu empfehlen, da sich die Steighilfen bei Nässe in gefährliche Rutschbahnen verwandeln können. Eine gute Portion Schwindelfreiheit und Trittsicherheit gehören ebenfalls dazu.

Wir haben angesichts der Besuchermassen an einem sonnigen Spätsommerwochenende einen Rückzieher gemacht, können Ihnen aber den Parkplatz für eine Übernachtung und einen frühen Start zur Wanderung empfehlen. Die **Jánošíkove Diery** ist nämlich längst kein Geheimtipp mehr.

(039) WOMO-Wanderparkplatz: Jánošíkove Diery

GPS: N 49°15'27" E 19°04'00" **Max. WOMOs**: 2-3.
Ausstattung: Mülleimer, Restaurants, öffentliche Toiletten.
Beschreibung: In der Saison gebührenpflichtiger Parkplatz, der an schönen Wochenenden häufig mit PKWs gefüllt ist. Dadurch lebhafter Verkehr, nachts jedoch ruhig. Hinter dem *Hotel Diery* befindet sich ein weiterer Parkplatz. Für eine Übernachtung dort sollten Sie sich im Hotel melden.
Zufahrt: An der Straße 583 beim *Hotel Diery* auf der linken Seite.

Anstatt einer ausgedehnten Wanderung geht es also einige Kilometer weiter in die Stadt **Terchová**. Sie ist nicht nur das touristische Zentrum der Region, sondern hat auch einige historische Besonderheiten zu bieten. Das Städtchen kann sogar mit einem WOMO-Stellplatz beim *Hotel Gold* aufwarten.

(040) Offizieller WOMO-Stellplatz: Terchová – *Hotel Gold*

GPS: N 49°15'20" E 19°02'12", Vrátňanská cesta, **Max. WOMOs**: 2-3.
Ausstattung: Mülleimer, Restaurant, Supermarkt, Souvenirstände, öffentliche Toiletten in der Nähe.
Beschreibung: Gebührenpflichtiger und zentrumsnaher Parkplatz, der zugleich Ausgangspunkt für die Touristenbahn ist. Dadurch lebhafter Verkehr, nachts jedoch ruhig. Für eine Nutzung des Stellplatzes ist eine Anmeldung an der Rezeption des *Hotel Gold* erforderlich.
Zufahrt: An der Straße ins Vrátna-Tal beim Jánošík-Denkmal auf der linken Seite.

Terchová und der Räuberhauptmann Juraj Jánošík (1688-1713)

Wenn Sie Ihr WOMO auf dem oben genannten Parkplatz abgestellt haben, dann können Sie ihn schon sehen – **Juraj Jánošík**, Räuberhauptmann, Volksheld und berühmtester Sohn der Stadt. Hoch droben steht silbern strahlend seine überlebensgroße Statue – errichtet im Jahr 1988 zu Ehren seines 300. Geburtstages. Was hat es nun auf sich, mit dem Robin-Hood der Slowakei?

Jánošík-Statue in Terchová

Dass Juraj Jánošík gerne mit dem legendären Rächer der Unterdrückten und Retter der Mittellosen verglichen wird, kommt nicht von Ungefähr. **1688** wurde er als Sohn leibeigener Bauern in Terchová geboren. Schon als Kind lernte er hier das harte Los der Fronarbeit kennen. Als sein Vater von Steuereintreibern totgeprügelt wurde, schwor der junge Jánošík Rache. **1703** schloss er sich den antihabsburgischen Aufständen an und kämpfte fortan gegen die Knechtung der armen Bergbevölkerung. Mit List und Bauernschläue erleichterte er mit seiner Diebesbande reiche Kaufleute, Händler und Adlige um ihr Hab und Gut, um die Beute unter der Not leidenden Bevölkerung zu verteilen. Dabei wendete er nie Gewalt an und seine Heldentaten sind zwischen der Kleinen Fatra und der Hohen Tatra schnell zu Legenden geworden. Durch einen Verrat fiel er schließlich seinen Häschern zum Opfer und wurde am **17. März 1713** mit nur 25 Jahren öffentlich in Liptovský Mikuláš hingerichtet. Nach seinem Tod wurde er bald zur Symbolfigur für soziale Gerechtigkeit und versinnbildlichte als Volksheld und Freiheitsrebell den langen Kampf der Slowaken um nationale Eigenständigkeit. Sein Name ist bis heute in vielen Städten und Gemeinden auf Straßen und Plätzen zu finden, die nach dem Nationalhelden benannt sind.

Auch in seiner Heimatstadt dreht sich alles um Juraj Jánošík. Im Gemeindehaus im Ortskern widmet sich die Ausstellung *Expozicia Jánošík* dem slowakischen Nationalhelden, in den Regalen der Touristeninformation warten Jánošík-Figuren auf Käufer und im Juli finden die Jánošík-Tage statt. Ein dreitägiges, internationales Folklorefestival mit Musik und Tanz.

Doch Terchová ist nicht nur Jánošík. In der Kirche in der Ortsmitte ist ganzjährig eine aus Lindenholz gefertigte **Weihnachtskrippe** *Terchovský betlehem* mit beweglichen Figuren zu sehen. Und an der Straße ins herrliche Vrátnatal sind noch einige traditionelle, alte Holzhäuser zu bewundern.

Wanderung zum Aussichtsturm Terchovské sdrce

Eine kurze Wanderung führt am Ortsrand hinter dem LIDL-Parkplatz auf einen Aussichtsturm auf dem Hügel **Terchovské sdrce**. Halten Sie sich dazu nach dem Parkplatz an der Feuerwehr links auf der schmalen Asphaltstraße. Diese geht in einen Schotterweg über und im letzten Abschnitt führt der Weg steil hinauf. Zum Schluss müssen Sie noch 85 Treppenstufen bewältigen, um von der Plattform die Aussicht über Terchová und die Hügel der Kleinen Fatra zu genießen. Der Turm ist ganzjährig frei zugänglich.

Wenn Sie noch einige Zeit in der Region verweilen oder nur einige Tage entspannen möchten, dann können wir Ihnen etwas außerhalb von Terchová an der Straße nach **Žilina** einen sehr angenehmen Campingplatz empfehlen.

(041) WOMO-Campingplatz: Terchová – Camping *Belá Nižné Kamence*

GPS: N 49°14'51" E 18°59'14", Vyšné Kamence, Tel. +421 4 156 951 35, www.campingbela.eu, camp@bela.sk.

Öffnungszeit: Ganzjährig.

Ausstattung: Ver-/Entsorgungsstation mit Bodeneinlass, neuwertige und saubere Sanitäranlagen, Restaurant, kleiner Supermarkt, Spielplatz, Fußballplatz, Pool (nur im Sommer), Fahrradverleih, Waschmaschine, WLAN kostenlos.

Beschreibung: Großes Wiesengelände am Flüsschen Varinka mit mehreren Sanitärgebäuden und ausreichend Stromsäulen auf dem Platz verteilt. Durch die vorbeiführende Straße ist es tagsüber auf manchen Stellplätzen etwas laut. An der Rezeption hält man Wanderkarten und Informationsmaterial für Touren in die Umgebung bereit.

Zufahrt: An der Straße 583 in Richtung Žilina zwischen Terchová und dem Nachbarort Belá außerorts auf der rechten Seite.

Nach dem erholsamen Aufenthalt auf dem Campingplatz geht es auf die 22 Kilometer lange, letzte Etappe dieser Tour nach Žilina. Die Stadt war Ausgangpunkt für unsere Tour 3 und die entsprechenden Informationen können Sie dort nachlesen. Wir beenden diese Tour nun im nördlichen **Stadtteil Budatín**. Um dorthin zu gelangen, folgen Sie der Straße 583, die geradewegs nach Žilina führt. Vorbei am riesigen Zweigwerk des asiatischen Automobilkonzerns KIA gelangen wir nun wieder ins Váh-Tal. Das Schloss **Budatínsky zámok** wird bereits auf den braunen Touristikschildern angekündigt. Der Parkplatz liegt etwas versteckt, dafür aber ruhig in einem Wohngebiet am Rand des ausgedehnten Schlossparks.

(042) WOMO-Stellplatz: Žilina – Budatínsky zámok

GPS: N 49°14'14" E 18°44'03", Záhradná 3/1, **Max. WOMOs**: 1-2.
Ausstattung: Mülleimer, öffentliche Toiletten, Kiosk im Bereich des Schlossareals während der Öffnungszeiten.
Beschreibung: Ebene, asphaltierte Parkfläche vor dem Eingang zum Schloss. Der Platz liegt in einem Wohngebiet. Im Schloss während der Öffnungszeiten Toiletten und ein Restaurant.
Zufahrt: Wie im Text beschrieben. Ab dem Verkehrsknotenpunkt am nördlichen Stadtrand von Žilina den braunen Touristikschildern zum Schloss folgen.

Schloss Budatínsky zámok und das Drahtbinder-Handwerk

Strategisch günstig am Zusammenfluss von Váh und Kysuce gelegen, schützte die ehemalige Wasserburg aus dem Jahr **1323** als Wach- und Mautstelle den Handelsweg nach Schlesien. Nach mehreren Umbauten erhielt das Schloss eine Renaissancefassade und beherbergt heute die Zentrale des Váh-Tal Museums *Považke múzeum*. Im Hauptgebäude wird die weltweit größte Ausstellung über das **Drahtbinder- und Kesselflickerhandwerk** gezeigt. Es heißt, dass die Drahtbinderei bereits in der Mitte des 16. Jahrhunderts auf dem Gebiet der heutigen Westslowakei entstanden ist. Die dort ansässigen Bauern lebten unter der Knechtschaft ungarischer Feudalherren. Die Böden des Berglandes der Kleinen Fatra warfen nur geringe Erträge ab, so dass die Bauern auf ein Zubrot angewiesen waren. Insbesondere die jungen Burschen gingen als Drahtbinder auf Wanderschaft und führten mit Draht, einer Zange, einem Hammer und ein paar Nieten Reparaturarbeiten aus. So wurden zerbrochene Krüge mit Draht repariert, löchrige Töpfe mit Blech geflickt und Küchengeräte gefertigt. In der sehenswerten Ausstellung sind neben den Werkzeugen der Drahtbinder auch Topfuntersetzer, Küchenkellen, Vogelkäfige, Obstkörbe und Dekorationsartikel zu sehen. Bis in die zweite Hälfte des 19. Jahrhunderts hinein waren die Drahtbinder individuelle Handwerker, die ihr Handwerk allein oder mit einem Lehrling ausführten. Dann wurden größere Manufakturen und Fabriken gegründet, die für einen großen Markt produzierten. Die wandernden Handwerker gab es immer weniger und mit Ausbruch des Zweiten Weltkrieges geriet das Handwerk der Drahtbinder und Kesselflicker immer mehr in Vergessenheit. Da während der sozialistischen Herrschaft das Vagabundieren der Handwerker untersagt wurde, legten die letzten wandernden Drahtbinder um **1950** ihre Arbeit nieder und suchten Anstellungen in Werkstätten und Fabriken.

Drahtbinder-Kunst im Schloss

Neben der Drahtbinderausstellung ist auch das neu renovierte Schloss mit seinen herrschaftlichen Räumen und Mobiliar zu besichtigen. Im Park lässt es sich anschließend noch eine Weile unter schattigen Bäumen entspannen.

***Öffnungszeiten**: Der Park ist täglich von 6 Uhr bis zum Einbruch der Dunkelheit frei zugänglich. Das Schloss und die Drahtbinderausstellung können ohne Führung von Dienstag bis Sonntag zwischen 9 und 16 Uhr besichtigt werden. Eintritt inkl. Drahtbinderausstellung: 6,00 Euro, ermäßigt 3,00 Euro. Die Drahtbinderausstellung kann auch einzeln zum Preis von 2,00 Euro, ermäßigt 1,00 Euro besucht werden (Stand: 2020).*

TOUR 5
Krásno nad Kysucou
Klubína
Kysucké Nové Mesto
042 WC
Budatínsky zámok
Žilina
(siehe Touren 2/3/4/14)
Váh
Belá
Terchova
Malá Fatra
Zázrivá
Horná Orava
Hruštin
Lokca
Oravský Podzámok
Orava
Tvrdošín
Roháče
Zuberec
Polen
Párnica
Dolný Kubin
Strečno
Starý hrad
043 WC
Strečno hrad
Rajecké Teplice
Vrútky
Martin
044
Ratcovo
Turany
Sučany
L´ubochna
Ružomberok
045 WC
Vel´ká Fatra
Prosiek
(siehe Tour 6)
Bešeňová
Liptovská Mara
Liptovský Mikuláš
046 WC
Svätý Kríž
Lazisko
047
048
049
Jasná
Chopok 2024 m
Nízke Tatry
(siehe Tour 6)
Pribylina
Belá
Liptovský Ján
050
051
052
Liptovský Hrádok
5 km
N

Tour 5: Von Žilina durch das Váh-Tal und in die Niedere Tatra bis nach Liptovský Hrádok 160 km

Strečno – Martin – Svätý Križ – Demänová-Tal Liptovský Ján – Liptovský Hrádok

Stellplätze:	in Strečno, am Freilichtmuseum Martin, in Svätý Kríž, im Demänová-Tal, in Liptovský Ján und in Liptovský Hrádok
Campingplätze:	in Demänovská Dolina und Liptovský Hrádok
Besichtigen:	Burg Strečno, Freilichtmuseum Martin, Erlebnisbauernhof *Salaš Krajinka*, Artikularkirche Svätý Kríž, Eishöhle und Freiheitshöhle im Demänová-Tal, *Mini Slovensko* in Liptovský Jan, Burg Liptovský Hrádok
Baden:	Thermalfreibad in Liptovský Ján
Wandern:	Wasserwanderweg im Demänová-Tal
Essen:	Dorfschenke im Freilichtmuseum Martin, *Salaš Krajinka* bei Ružomberok, Restaurant *Riverside* im Demänová-Tal, *Koliba Janská* in Liptovský Ján.

In dieser Tour 5 kehren wir zurück ins Váh-Tal und wir folgen dem Flusslauf bis zu seiner Entstehung am Zusammenfluss von Weißer und Schwarzer Váh bei Liptovský Hrádok. Entlang dieser Route gibt es wieder einiges zu entdecken. So werden wir einer der wohl bekanntesten Burgen im Váh-Tal, der Burg Strečno einen Besuch abstatten. Außerdem erwartet uns das größte Freilichtmuseum des Landes bei Martin. Entlang dem Südufer des Stausees Liptovská Mara geht es zu einer Artikularkirche und wir unternehmen einen Abstecher in die Niedere Tatra zu den beeindruckenden Höhlen im Demänová-Tal. Die Reise endet schließlich in Liptovský Hrádok, am bereits erwähnten Ursprung des Flusses Váh.

Der rund 70 Kilometer lange Streckenabschnitt zwischen der Stadt **Žilina** und dem Stausee **Liptovská Mara** gehört zu den letzten Bereichen, auf denen die Autobahn D 1 Bratislava-Kosice noch nicht durchgehend fertiggestellt ist. Deshalb verkehrt auf der Route wochentags viel Schwerlastverkehr und der Straßenzustand ist nicht immer der Beste. Besonders bei Regenwetter ist Vorsicht auf der kurvenreichen Straße entlang der Váh angebracht. Doch das soll Sie nicht davon abhalten, uns auf dieser Tour zu begleiten.
Nachdem wir uns aus dem Stadtverkehr Žilinas herausgearbeitet haben, sind es auf der Straße 18 nur zwölf Kilometer in südöstliche Richtung bis zu unserem ersten Stopp – der im-

posanten **Burgruine Strečno**. Für die Zufahrt zum Besucherparkplatz biegen Sie bitte aus Žilina kommend bei [N 49°11°02" E 18°51'13"] nach rechts von der Hauptstraße ab und folgen Sie der Beschilderung zur Burg *Strečno Hrad.* Die Straße führt durch ein Industriegebiet und die Gemeinde Strečno bis zum gebührenpflichtigen Besucherparkplatz. Im Ort verkehrt auch eine kleine PKW- und Personenfähre über die Váh, wodurch sich die Fahrtstrecke in die **Kleine Fatra** und nach **Terchová** (siehe Tour 4) um 25 Kilometer verkürzt. Zudem werden hier von April bis Oktober Floßfahrten unterhalb der Burg angeboten, www.plte-strecno.sk.

(043) WOMO-Stellplatz: Besucherparkplatz Burg Strečno

GPS: N 49°10'37" E 18°51'44" **Max. WOMOs**: 1-2.
Ausstattung: Toiletten, Mülleimer, Souvenir- und Imbissstände.
Beschreibung: Asphaltierter und gebührenpflichtiger Besucherparkplatz in Ortsrandlage. Tagsüber lebhaft und mit Verkehrslärm durch die Nähe zur Hauptstraße.
Zufahrt: Wie im Text beschrieben. Der Parkplatz befindet sich unterhalb der Burganlage.

Alternativ dazu stehen auch einige Parkplätze rechts der Hauptstraße bei [N 49°10'36" E 18°51'47"] zur Verfügung, die Sie für einen Besuch auf der Burg nutzen können.

Burgruinen Strečno und Starý hrad

Gleich zwei Burgen wachten im Mittelalter über das Váh-Tal. Der Fluss durchbricht an dieser Stelle den Gebirgszug **Kleine Fatra** und windet sich in einer malerischen Schleife, der *Domašínsky meander*, durch das enge Tal. Über dem Nordufer ragt auf einem Felssporn die **Alte Burg** *Starý hrad* empor. Sie wurde im **13. Jahrhundert** errichtet. Majestätischer ist jedoch die am Südufer im **14. Jahrhundert** erbaute **Burg Strečno** *Strečno hrad.* Beide Burgen belegen die strategische Bedeutung dieser Engstelle an einem der wichtigsten Handelswege entlang des Váh-Tales. Insbesondere die Burg Strečno war stark umkämpft und wechselte häufig die Besitzer. Während der antihabsburgischen Aufstände Ende des **17. Jahrhunderts** diente die Burg den Widerständlern als Festung und galt als uneinnehmbar. Nach der Niederwerfung des Aufstandes ließ Kaiser Leopold I. die Befestigungsanlagen **1698** einreißen, womit der allmähliche Zerfall der Burg begann. Zuletzt war die Region während des slowakischen Nationalaufstandes **1944** erbittert umkämpft, woran ein weithin sichtbares Denkmal in Form eines weißen Obelisken auf dem Gipfel des benachbarten Berges **Zvonica** erinnert.

Burg Strečno und das Váh-Tal

Žofia Bosniaková und Graf Ferenc

In den **1990er** Jahren wurde damit begonnen, Teile der Burganlage zu rekonstruieren und der Öffentlichkeit zugänglich zu machen. Heute sind hier mehrere Museumsräume eingerichtet, welche die Geschichte der Burg dokumentieren. Unter anderem wird vom Schicksal der *Žofia Bosniaková* erzählt. Sie starb als 34jährige **1644** auf der Burg und wurde in der Krypta der Burgkapelle beigesetzt. **1698** fanden kaiserliche Truppen nach der Eroberung der Burg ihren nahezu unversehrten Körper in der Krypta. Ihr Leichnam wurde in die Kirche von **Teplička nad Váhom** gebracht. Im April **2009** zerstörten dort Vandalen die sterblichen Überreste. Eine Kopie der Mumie ist heute in der Burgkapelle zu sehen.

Auf halbem Weg hinauf zur Burg erwartet ein kleines **Mittelalterdorf** die Besucher. Während der Sommermonate wird hier das Leben im Mittelalter mit verschiedenen Aktionen nachgestellt.

Öffnungszeiten*: April bis September täglich von 9 bis 17 Uhr, im Oktober bis 15 Uhr, im November nur am Wochenende von 9 bis 15 Uhr. Das Mittelalterdorf ist von April bis September täglich von 8.45 bis 17.45 Uhr, im Oktober bis 15.45 Uhr und im November nur am Wochenende von 8.45 bis 17.45 Uhr geöffnet. Eintritt: 6,00 Euro, ermäßigt 3,00 Euro, Familien 18,00 Euro (Stand: 2020).*

Nach unserem Ausflug auf die Burg geht es weiter flussaufwärts und zumindest die Beifahrer können die wunderschöne Landschaft des Váh-Tales genießen. Die Fahrer sollten ein wachsames Auge auf den Verkehr haben. Kurz vor der Stadt **Martin** ist wieder ein Stück Autobahn fertig, doch wir folgen weiter der Straße 18 und in Martin der Straße 65 in Richtung **Turčianske Teplice**.

Die 54.000 Einwohner zählende Stadt **Martin** liegt in einem breiten Talkessel am Zusammenfluss von Váh und Turiec. Sie spielt für das Nationalbewusstsein der Slowaken eine wichtige Rolle, denn die einstige Stadt der Bauern und Handwerker entwickelte sich im 19. Jahrhundert zum **Zentrum der slowakischen Nationalbewegung**. Ende August **1944** begann hier der slowakische Nationalaufstand und heute haben unter anderem die Nationalbibliothek, das Slowakische Literaturmuseum und das Slowakische Nationalmuseum ihren Sitz in Martin.

Unser Ziel in Martin ist das **Museum des slowakischen Dorfes** *Múzeum slovenskej dediny*, welches südlich der Stadt im Vorort **Jahodnícke háje** liegt und das größte Freilichtmuseum der Slowakei ist. Die Zufahrt zum Museum ist in der Stadt ausgeschildert und einen großen Parkplatz für den Besuch finden Sie hier:

(044) WOMO-Stellplatz: Martin – Freilichtmuseum

GPS: N 49°02'38" E 18°55'27" **Max. WOMOs**: 5.
Ausstattung: Mülleimer.
Beschreibung: Asphaltierter, großer Parkplatz, teilweise schräg, außerorts, wenig Schatten. Zum Eingang des Museums sind es etwa fünf Gehminuten. Dort während der Öffnungszeiten Toiletten und ein Gasthof.
Zufahrt: Wie im Text beschrieben und in Martin der Beschilderung zum Museum folgen.
Hinweis: Am Wochenende wird der Parkplatz gerne auch von Jugendlichen als abendlicher Treffpunkt genutzt. Daher unter Umständen etwas laut.

Freilichtmuseum Martin

Das Museum des slowakischen Dorfes ist das größte und in seiner Konzeption wohl auch älteste Freilichtmuseum des Landes. Bereits **1893** gab es von der Slowakischen Museumsgesellschaft erste Überlegungen zum Aufbau einer solchen Anlage. Doch erst **1968** wurde der Grundstein gelegt und **1972** öffnete es seine Pforten. Gebaut wird immer noch und heute sind hier auf fast einem Quadratkilometer mehr als 200 Objekte aus vier Regionen zu sehen. Dabei erfolgte eine Unterteilung in Holz und Lehmbauarchitektur sowie in die Gebiete **Orava, Kysuce, Turiec** und **Liptov**. Im Gegensatz zu anderen Freilichtmuseen, wie etwa in Zuberec (siehe Tour 4), sind hier nur wenige Gebäude authentisch eingerichtet und deshalb nur von außen zu besichtigen. Dennoch lohnt sich der Rundgang und man kann gut und gerne einen ganzen Tag zubringen. Zu den besonders sehenswerten Objekten gehören ein **Gartenhaus** mit bäuerlichen Malereien, eine alte **Dorfschule** und die **katholische Holzkirche** aus Rudno, in der auch gerne Hochzeiten gefeiert werden. Die **1811** er-

baute **Dorfschenke** erfüllt noch heute ihren Zweck und unter den schattigen Bäumen davor lässt sich der Museumsbesuch auch kulinarisch mit einfachen slowakischen Spezialitäten abrunden. ***Öffnungszeiten***: *Mai/Juni täglich außer Montag von 9 bis 18 Uhr, Juli/August täglich von 9 bis 18 Uhr, September/Oktober täglich außer Montag von 9 bis 17 Uhr, November bis April Dienstag bis Freitag und Sonntag von 10 bis 14.30 Uhr. Letzter Einlass jeweils 30 Minuten vor Ende der Öffnungszeit.*
Eintritt (an Tagen mit Veranstaltungsprogramm): Erwachsene 3,00 (4,00) Euro, ermäßigt 1,50 (2,00) Euro, Familien 7,50 (10,00) Euro. www.snm.sk (Stand: 2020).

Nach dem Museumsbesuch haben Sie die Möglichkeit, auf der Straße 65 etwa 25 Kilometer weiter in Richtung Süden zu fahren, um bei **Turčianske Teplice** auf unsere Tour 13 zu stoßen.

Wir kehren aber zurück auf die Hauptstraße 18, der wir weiter nach Osten und entlang der Váh folgen. Kurz vor der Stadt **Ružomberok** lohnt sich ein Stopp nicht nur für Familien mit Kindern. Auf der rechten Seite lädt der **Erlebnisbauernhof Salaš Krajinka** zu einer ausgedehnten Pause ein.

(045) WOMO-Stellplatz: Erlebnisbauernhof *Salaš Krajinka*

GPS: N 49°06'26" E 19°13'52", www.salaskrajinka.sk.
Max. WOMOs: 1-2.
Ausstattung: Restaurant, Toiletten, Streichelzoo, regionale Einkaufsmöglichkeiten.

Öffnungszeit: Restaurant 10 bis 21 Uhr, Bäckerei und Käseladen 8 bis 21 Uhr.
Beschreibung: Neben einem Restaurant mit regionalen Spezialitäten bietet der Hof Einblicke in traditionelle Schafzucht und die Käseproduktion. Im hofeigenen Laden werden Käse, Bauernbrot und Kuchen zum Kauf angeboten. Auf Kinder warten Spielplätze und ein

Streichelzoo mit verschiedenen Hoftieren. Außerdem gibt es eine Ausstellung mit historischen Traktoren.
Zufahrt: Wie im Text beschrieben. Der Bauernhof liegt rechts der Straße 18 und ist ausgeschildert.

Die Stadt Ružomberok durchqueren wir zügig. Die vielbefahrene Hauptstraße 18 führt mitten durch die Stadt an der oberen Váh und die Industrieansiedlungen laden eigentlich zu keinem längeren Aufenthalt ein. Dennoch bietet Ružomberok, das von Hügeln und den Bergen der **Großen Fatra** umrahmt wird, gute Möglichkeiten für Wintersport und Aktivurlaub. Auch das UNESCO-gelistete **Museumsdorf Vlkolínec** mit seiner typischen Volksarchitektur liegt nur elf Kilometer entfernt südlich der Stadt.

Uns zieht es jedoch 25 Kilometer weiter zu unserem nächsten Ziel, der **Artikularkirche** in **Svätý Kríž**. Bleiben Sie dazu ab Ružomberok auf der Straße 18 und wechseln Sie nicht auf die Autobahn D 1, die nun durchgehend bis Kosice fertiggestellt ist. Die Straße 18 biegt zunächst in einem kleinen Schwenk nach Süden ab und geht dann weiter nach **Liptovský Mikuláš**. Der ausgeschilderte Abzweig zur Artikularkirche ist bei [N 49°03'34" E 19°31'50"] erreicht und führt auf einem kleinen Sträßchen nach **Svätý Kríž**. Durchqueren Sie den Ort unbeirrt, denn die Kirche und der Parkplatz befinden sich fast schon in der nächsten Gemeinde **Lazisko**.

(046) WOMO-Stellplatz: Svätý Kríž – Artikularkirche

GPS: N 49°02'03" E 19°32'18".
Max. WOMOs: 1-2.
Ausstattung: Toiletten, Picknickbänke, Mülleimer
Beschreibung: Kleine, geschotterte Parkfläche bei der Artikularkirche, außerorts, nachts ruhig.
Zufahrt: Wie im Text beschrieben. Der Parkplatz liegt am Ende der Straße bei einem Wäldchen vor der Kirche.

Artikularkirche Svätý Kríž

Schon von außen betrachtet wirken die Dimensionen der evangelischen Holzkirche beeindruckend. Der Sakralbau wurde **1693** erbaut und zählt heute zu den größten Holzkirchen Mitteleuropas. Sie entstand in einer Zeit der religiösen Unterdrückung der Protestanten und war an bestimmte Auflagen geknüpft.

Holzkirche in Svätý Kríž

Nachdem sich protestantische Aufständische während der Türkenangriffe mit den Osmanen verbündet hatten, war der Habsburger **Kaiser Leopold I**. zu Kompromissen gegenüber den protestantischen Christen gezwungen. Daher konnten evangelische Gemeinden nach den Beschlüssen des **Ödenburger Landtages von 1681** außerhalb der Stadtmauern auf einem festgelegten Standort Kirchen errichten, die weder Turm noch Glocken und kein gemauertes Fundament haben durften. Sie mussten ohne Steine, Ziegel und Metallnägel gebaut werden. Zusätzlich sollte nur eine Kirche in jeder königlichen Freistadt und höchstens zwei Kirchen in jedem Komitat erbaut werden. Als Folge dieser Beschlüsse – auch *Articuli* genannt – entstanden insgesamt 38 evangelische Artikularkirchen. Sie waren nach dem Vorbild der **Dreifaltigkeitskirche** von **Schweidnitz in Schlesien** (heute Polen) in Kreuzform errichtet und besaßen in der Regel ein Tonnengewölbe. In der Slowakei sind noch insgesamt fünf solcher Artikularkirchen erhalten geblieben, die teilweise auf der UNESCO-Weltkulturerbeliste stehen.

Die Artikularkirche von Svätý Kríž verdankt ihr heutiges Aussehen dem Zimmermann **Jozef Lang**. Weder des Lesens noch Schreibens mächtig, baute er das Gotteshaus **1774** ohne Entwürfe und Pläne in nur acht Monaten um, so dass der Innenraum 6.000 Besucher fassen kann. **1781** kam noch der Glockenturm dazu. Ursprünglich stand die Kirche in der Gemeinde **Paludza**. Nachdem der Ort jedoch dem Bau des Stausees *Liptovká Mara* zum Opfer fiel, wurde die Kirche zwischen **1974** und **1982** Stück für Stück samt ihrer kostbaren Innenausstattung demontiert und bei Svätý Kríž wiederaufgebaut. Besonders beeindruckend sind neben den riesigen Dimensionen die beiden bemalten Emporen mit der integrierten Orgel, der Barockaltar sowie der große Kronleuchter aus venezianischem Glas.

***Öffnungszeiten**: Januar bis März von 10.30 bis 14.30 Uhr, April bis Mitte Juni und Mitte September bis Dezember von 9 bis 14.30 Uhr, Mitte Juni bis Mitte September von 9 bis 16 Uhr Eintritt auf Spendenbasis. Fotografieren ist in der Kirche verboten. www.drevenykostol.sk (Stand: 2020).*

Von Svätý Kríž kehren wir zurück auf die Hauptstraße 18, die uns sieben Kilometer weiter nach **Liptovský Mikuláš** führt. Die Beschreibung der Stadt mit einem kleinen Rundgang finden Sie bei unserer Tour 6, wo wir Liptovský Mikuláš einen Besuch abstatten.

Wir wollen an dieser Stelle jedoch einen Abstecher in die **Niedere Tatra** *Nízke Tatry* und in das Tal **Demänovská dolina** unternehmen. Zu erreichen ist das Tal über die Straße 584, die im Wintersportzentrum **Jasná** am Fuße des Gipfels **Chopok** (1 843 Meter) endet. Wenn Sie ein wenig in der Region verweilen möchten, so können Sie gleich am Beginn des Tales auf einem Campingplatz Quartier beziehen.

(047) WOMO-Campingplatz: *Camping Bystrina*

GPS: N 49°02'02" E 19°34'35", Tel.: +421 9 035 339 71, www.ubytovaniev-jasnej.sk, bystrinaresort@bystrinaresort.sk.
Öffnungszeit: Mai bis Oktober.
Ausstattung: Ver-/Entsorgungsmöglichkeit für Chemietoiletten, saubere Sanitäranlagen, Restaurant, Spielplätze, kleiner Supermarkt, Waschmaschine, WLAN kostenlos, Wellnesseinrichtungen des Hotels für Campinggäste nutzbar.
Beschreibung: Großes Wiesengelände am Hang in wunderschöner Aussichtslage mit veralteten, aber ordentlichen Sanitäranlagen und ausreichend Stromsäulen auf dem Platz verteilt. Es stehen mehrere Feuer- und Grillstellen zur Verfügung. Bushaltestelle in der Nähe. Direkt vom Campingplatz führen auch Wanderwege in die Region.
Zufahrt: An der Straße 584 sind der Campingplatz und die Zufahrt zum *Hotelresort Bystrina* ausgeschildert.

Die bekannteste Attraktion im Demänovská-Tal ist das gewaltige **Höhlensystem** mit mehr als 23 Kilometern Länge. Der größte Teil davon ist nur auf abenteuerlichen Wegen den Höhlenforschern vorbehalten. Zwei Schauhöhlen sind allerdings auch für Besucher zugänglich.
Wir statten zunächst der **Demänová-Eishöhle** *Demänovská l'adová jaskyňa* einen Besuch ab. Zu der in zweieinhalb Kilometern Entfernung gelegenen **Freiheitshöhle** *Demänovská jaskyňa Slobody* führt uns anschließend eine sehr angenehme Wanderung entlang des Flusslaufes des namensgebenden Baches **Demänovká**. Ihr WOMO können Sie dafür auf dem Besucherparkplatz abstellen.

(048) WOMO-Wanderparkplatz: Demänová-Eishöhle

GPS: N 49°01'01" E 19°34'47" **Max. WOMOs**: 2-3.
Ausstattung: Mülleimer, Souvenir- und Imbissbude, Restaurant in der Nähe.
Beschreibung: Große und tagsüber gebührenpflichtige Parkfläche bei der Demänová-Eishöhle, außerorts im Wald, tagsüber lebhafter Verkehr, nachts ruhig. Eine Übernachtungspauschale kann mit dem Parkplatzpersonal ausgehandelt werden.
Zufahrt: Der Parkplatz liegt links an der Straße 584 durch das Tal.

Wanderung von Höhle zu Höhle entlang des Wasser-Wanderweges

Hier zunächst ein Hinweis vorneweg: denken Sie bitte bei den Höhlenbesichtigungen unbedingt an festes Schuhwerk und eine warme Jacke. Die Temperaturen in den Höhlen betragen ganzjährig unter 10 Grad.

Eingang zur Demänová-Eishöhle

Unsere Wanderung beginnt gleich mit einer ersten Fitness-Übung. Der Aufstieg vom Parkplatz zum Höhleneingang dauert etwa 20 Minuten und führt über einen Serpentinenweg steil hinauf. Bereits seit Menschengedenken ist die **Demänová-Eishöhle** bekannt und sie wurde bereits **1299** in einer Urkunde erwähnt. In den Jahren **1719** bis **1723** erforschte *Georg Buchholtz jr.* die Höhle. Er entdeckte dabei Knochen von Höhlenbären und verschiedenen Wirbeltieren, die in der ersten Hälfte des 18. Jahrhunderts für Drachenknochen gehalten wurden.

Der Besichtigungstour führt durch ein mächtiges, vierstöckiges Höhlensystem, das durch steile Abschnitte miteinander verbunden ist. Während im oberen Bereich interessante Sinter- und Tropfsteinformationen zu bewundern sind, gleicht der tiefere Teil einem Gang durch eine Eiskammer. Hier hat die Natur beeindruckende Eiszapfen geschaffen, die Tropfsteingebilden ähneln. Allerdings waren bei unserem Besuch im Spätsommer weitaus weniger Eisformationen zu sehen als auf den Fotos, die am Eingang gezeigt werden. Uns hat sich nicht erschlossen, ob dieser Rückgang der Jahreszeit oder dem Klimawandel geschuldet war. Ein Besuch lohnt sich dennoch. Der Rundweg ist 650 Meter lang und dauert 45 Minuten. Die Temperaturen in der Eishöhle betragen zwischen -4 und +3 Grad.

Demänová-Eishöhle

***Öffnungszeiten**: Führungen finden ab mindestens vier Personen täglich außer Montag statt. Von Juni bis August zwischen 9 und 16 Uhr zu jeder vollen Stunde. Von Mitte bis Ende Mai und im September um 9.30, 11, 12.30 und 14 Uhr. Eintritt: Erwachsene 8,00 Euro, ermäßigt 7,00 Euro, Kinder 4,00 Euro, Fotoerlaubnis 10,00 Euro. Es ist nur Barzahlung möglich. www.ssj.sk (Stand: 2020).*

Nach der Höhlenbesichtigung steigen wir den Serpentinenweg wie-

Faszinierende Tropfstein-Formationen in der Freiheitshöhle

der hinunter und wenden uns nun am Spielplatz des *Hotels Riverside* nach links. Entlang des wild rauschenden Demänovká-Baches verläuft ein wunderschöner Lehrpfad mit Informationstafeln zu Flora und Fauna der Region. Trotz der Nähe zur Hauptstraße übertönt das Rauschen des Wassers fast alle Verkehrsgeräusche und im Sommer bieten sich immer wieder Möglichkeiten, die Füße ins kühle Nass zu tauchen. Nach rund zweieinhalb Kilometern erreichen wir den Parkplatz der **Freiheitshöhle**, die zu den meistbesuchten Höhlen der Slowakei gehört. Auch hier ist zunächst ein etwa 15minütiger Aufstieg über einen Serpentinenweg zum Höhleneingang zu bewältigen.

Die unterirdische Wunderwelt lässt sich auf zwei unterschiedlich langen Wegtrassen entdecken. Selbst auf der kürzeren Tour sind noch 900 Treppenstufen und mehr als ein Kilometer Wegstrecke zu meistern, die sich jedoch in jeder Hinsicht lohnen. Riesige Hallen mit einer fantastischen Welt aus Tropfsteingebilden, ein unterirdischer Fluss und ein Wasserfall sind nur einige der Highlights, die uns bei der mehr als 60minütigen Führung erwarten. Die Temperatur in der Höhle beträgt hier ganzjährig etwa sieben Grad. Zurecht gehört die Freiheitshöhle zum UNESCO-Weltkulturerbe und wenn Sie nur Zeit und Lust auf eine Höhle haben, dann sollten Sie der Freiheitshöhle unbedingt den Vorzug geben.

***Öffnungszeiten**: Führungen finden ab mindestens vier Personen täglich außer Montag statt. Von Januar bis Mai, von September bis Mitte Oktober und vom 27. bis 31. Dezember um 9.30, 11, 12.30 und 14 Uhr. Die lange Tour um 13 Uhr. Von Juni bis August finden die Führungen zwischen 9 und 16 Uhr zu jeder vollen Stunde statt. Die lange Tour um 13.15 Uhr. Eintritt (lange Tour): Erwachsene 9,00 (16,00) Euro, ermäßigt 8,00 (14,00) Euro, Kinder 4,50 (8,00) Euro, Fotoerlaubnis 10,00 Euro. Es ist nur Barzahlung möglich. www.ssj.sk (Stand: 2020).*

Wanderweg durch das Demänová-Tal

Unsere Wanderung führt uns auf derselben Strecke wieder zurück zu unserem Ausgangspunkt bei der Eishöhle und wir runden den erlebnisreichen Tag mit einem Besuch im Restaurant des *Hotels Riverside* ab. Hier können Sie auf der Terrasse noch typisch slowakische Spezialitäten genießen.

Wenn Sie nur die Freiheitshöhle besuchen oder unsere Wanderung in umgekehrter Richtung unternehmen möchten, dann stehen Ihnen bei der Freiheitshöhle auf beiden Seiten der Straße 584 weitere Parkplätze zur Verfügung.

(049) WOMO-Wanderparkplatz: Freiheitshöhle

GPS: N 48°59'54" E 19°34'58" **Max. WOMOs**: 5.
Ausstattung: Mülleimer, Souvenir- und Imbissbuden, Restaurant in der Nähe.
Beschreibung: Große und tagsüber gebührenpflichtige Parkflächen bei der Freiheitshöhle, außerorts im Wald, tagsüber lebhafter Verkehr, nachts ruhig. Übernachtungspauschale kann mit dem Parkplatzpersonal ausgehandelt werden.
Zufahrt: Der Parkplätze liegen beiderseits an der Straße 584.

Von der Freiheitshöhle schraubt sich die Straße 584 noch weitere fünf Kilometer hinauf bis zum Talende am Wintersportzentrum **Jasná**, das von den höchsten Bergen der Niederen Tatra umgeben ist. Ob sich die Fahrt hierher lohnt, ist Geschmackssache. Aus unserer Sicht wurde die Naturlandschaft durch riesige Hotel- und Wintersportanlagen mehr als verschandelt. Ein weiterer gigantischer Hotelkomplex war bei unserem Besuch im Bau, so dass auch die Parkplatzkapazitäten sehr eingeschränkt waren. Einzig eine Fahrt mit Seilbahn und Sessellift hinauf auf den Gipfel des **Chopok** würde sich vielleicht für eine Wanderung lohnen. Fahren Sie einfach hin und machen Sie sich selbst ein Bild.

Uns zieht es nach diesem Abstecher ins Demänovská Dolina wieder zurück in Richtung **Liptovský Mikuláš**. Das Tal ist übrigens auch der Namensgeber für den Kräuterlikör *Demänovka*, den Sie auf den Speisekarten vieler Restaurants finden können.

Miniaturenpark in Liptovský Ján

Nach einem üppigen Essen ist er Balsam für Leib und Seele. Doch zurück zu unserer Tour. Unser nächstes Ziel ist der kleine Kurort **Liptovský Ján**, den wir über einen kurzen Abstecher auf die Autobahn D 1 erreichen. Von der Ausfahrt Liptovský Ján sind es dann noch etwa zwei Kilometer bis zu unserem Parkplatz bei einem Thermalfreibad.

(050) WOMO-Badeplatz: Liptovský Ján – Thermalfreibad

GPS: N 49°02'13" E 19°40'30" **Max. WOMOs**: 2-3.
Ausstattung: Mülleimer, Souvenir- und Imbissbude, Restaurants in der Nähe.
Beschreibung: Teilweise asphaltierter und weitgehend schattenloser Parkplatz in Ortsrandlage. Tagsüber lebhafter Verkehr, nachts ruhig.
Zufahrt: Der Platz liegt links der Straße durch Liptovský Ján beim Thermalfreibad und vor dem Kurviertel.

Der beschauliche Ort Liptovský Ján ist nicht nur ein guter Ausgangspunkt für Wanderungen in das Karsttal **Jánska dolina**, sondern auch bei Badegästen wegen seiner heilsamen Mineralquellen beliebt. Ursprünglich galt das schwefelwasserstoff- und kohlensäurehaltige Thermalwasser sogar als verhext. Wenn Sie es selbst ausprobieren möchten, können Sie in dem schön gelegenen **Thermalfreibad** *Termálne kúpalisko* beim markanten, dreieckigen *Hotel Sorea Máj* einen angenehmen Badetag verbringen.
***Öffnungszeiten**. Von Juni bis September täglich außer Montag von 9 bis 19 Uhr.*

Nur wenige Meter weiter lockt der **Miniaturenpark** *Mini Slovensko* nicht nur Familien mit Kindern. In der liebevoll gepflegten Anlage lässt sich in kurzer Zeit ein Streifzug durch die Hauptattraktionen der Slowakei unternehmen. Auf dem Areal sind 22 Modelle slowakischer Kulturdenkmäler zu sehen, die im Maßstab 1:25 mit viel Liebe zum Detail nachgebaut wurden. Außerdem lässt eine Modelleisenbahn der Spur G mit dem Nachbau originalgetreuer Schienenstrecken die Herzen von Eisenbahnfreunden höherschlagen.
***Öffnungszeiten**: Täglich von 9 bis 17 Uhr. Eintritt: Erwachsene 5,00 Euro, ermäßigt 3,00 Euro, Familien 10,00 Euro. www.minislovensko.sk (Stand. 2020).*

Der Ausflugstag lässt sich mit einer Einkehr in der empfehlenswerten **Koliba Jánska** des *Hotels Strachanovka* abrunden. Im rustikalen Ambiente schmeckt uns die slowakische Hausmannskost wunderbar. *Geöffnet täglich von 8 bis 23 Uhr. www.strachanovka.sk.*

Weiter geht es nun zur letzten Etappe unserer Tour 5. Dazu kehren wir zurück auf die Hauptstraße 18, die uns zu unserem letzten Ziel im Váh-Tal nach **Liptovský Hrádok** führt. Wenn

Sie Bedarf an einem Campingplatz haben, dann steht Ihnen auf dem Weg diese sehr einfache Anlage beim *Hotel Sihot'* zur Verfügung.

(051) WOMO-Campingplatz: *Camping Borová Sihot'*

GPS: N 49°02'17" E 19°42'13", Tel.: +421 4 452 240 31, www.borovasihot.sk, recepcia@borovasihot.sk
Öffnungszeit: April bis Oktober.
Ausstattung: Ver-/Entsorgungsmöglichkeit für Chemietoiletten, Sanitäranlagen im Untergeschoss des Hotels, Restaurant, Spielplatz, kleiner Supermarkt, WLAN kostenlos.
Beschreibung: Großes, unparzelliertes Wiesengelände am Ufer der Váh. Sehr einfach ausgestattet mit überdachtem Picknickbereich, Spülküche, Blockhütten, Zeltplätzen und Feuerstellen.
Zufahrt: An der Straße 18 liegt die beschilderte Zufahrt zum Hotel/Campingplatz rechts in einem Industriegebiet.

Wenige Kilometer weiter erreichen wir die Kleinstadt **Liptovský Hrádok**. Sie entstand am Ufer der Váh aus einem ehemaligen Hafen. Flößer transportierten hier Holz, Kupfer- und Eisenerz, Salz und Waffen bis hinunter zur Donau. Ende des **18. Jahrhunderts** entwickelte sich der Warenumschlagplatz zu einem Ort mit Markt- und Handelsrechten. Es entstanden Eisenhütten und Sägewerke. **1796** etablierte sich die landesweit erste forstwirtschaftliche Schule und **1903** kam für zehn Jahre die Rüstungsindustrie hinzu. Heute zieht es die meisten Besucher an den Nordwestrand der Stadt, wo an einem kleinen Teich eine **Burgruine** samt einem eindrucksvollen **Kastell** *Hrad a kaštiel'* ins Auge fallen. Auch wir finden hier einen angenehmen Stellplatz für unser WOMO.

(052) WOMO-Stellplatz: Liptovský Hrádok

GPS: N 49°02'41" E 19°43'59" **Max. WOMOs**: 2-3.
Ausstattung: Mülleimer, Restaurant in der Nähe.
Beschreibung: Schotterparkplatz, teilweise schattig, am Ortsrand von Liptovský Hrádok gegenüber von Burg und Kastell.
Zufahrt: Von der Hauptstraße 18 in Liptovský Hrádok an einer Tankstelle nach links auf die Straße 537 Richtung Podbanské abbiegen. Hinter einem kleinen Waldstück liegt der Parkplatz rechts vor dem Teich.

Kastell Liptovský Hrádok

Gleich hinter unserem Parkplatz lohnt sich der kurze Aufstieg auf einen **Aussichtsfelsen**. Hier oben bietet sich eine wunderbare Aussicht auf Burgruine und Kastell, das Váh-Tal sowie die Gipfel der Hohen Tatra. Im Renaissanceschloss, das uns so idyllisch zu Füßen liegt, ist heute eine Nobelherberge untergebracht, in der es sich nicht nur stilecht nächtigen, sondern auch speisen lässt. Daneben in den Resten einer gotischen Wasserburg, ist heute das **Liptauer Volksmuseum** mit einem Schäfereimuseum angesiedelt.

***Öffnungszeiten**: Führungen von Juni bis September täglich zwischen 10 und 16 Uhr zu jeder vollen Stunde ab mindestens 6 Personen. Eintritt: Erwachsene 4,00 Euro, ermäßigt 3,00 Euro, www.hradliptovskyhradok.sk (Stand: 2020).*

In Liptovský Hrádok endet nun unsere Tour 5. Nicht weit entfernt verbinden sich hier die *Weiße und die Schwarze Váh* zum längsten Fluss der Slowakei. Von Liptovský Hrádok haben Sie nun die Möglichkeit, über die Straße 537 knapp neun Kilometer nach Norden zum Freilichtmuseum **Pribylina** zu fahren, um uns dort weiter auf Tour 6 durch die Hohe Tatra zu begleiten.

Aussichtspunkt Liptovský Hrádok

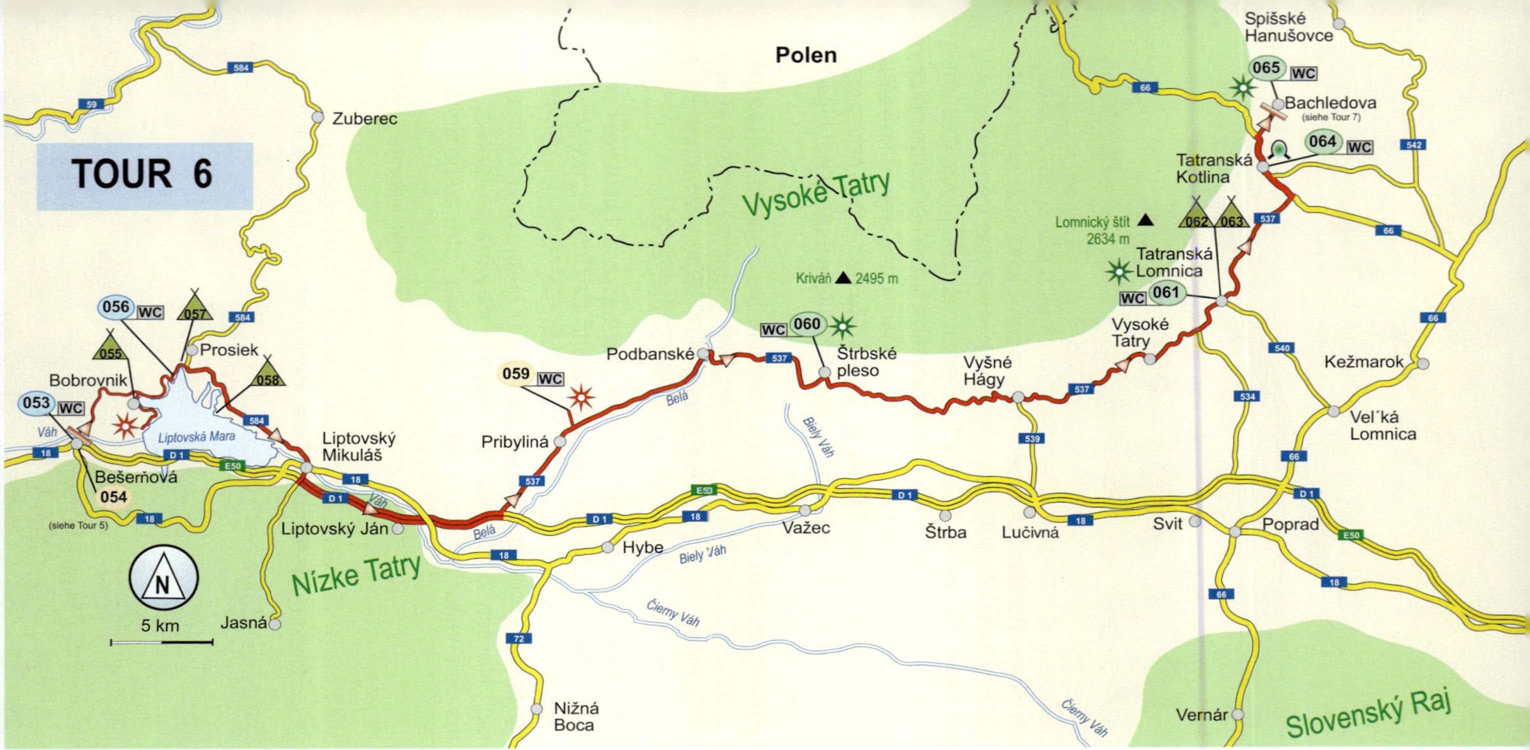

TOUR 6
Polen
Zuberec
Vysoké Tatry
Spišské Hanušovce
Bachledova
(siehe Tour 7)
Tatranská Kotlina
Lomnický štít 2634 m
Tatranská Lomnica
Kriváň 2495 m
Vysoké Tatry
Štrbské pleso
Podbanské
Vyšné Hágy
Kežmarok
Vel´ká Lomnica
Prosiek
Bobrovník
Liptovská Mara
Liptovský Mikuláš
Pribyliná
Bešeňová
(siehe Tour 5)
Liptovský Ján
Hybe
Važec
Štrba
Lučivná
Svit
Poprad
Nízke Tatry
Jasná
5 km
Nižná Boca
Vernár
Slovenský Raj
Váh
Belá
Biely Váh
Čierny Váh
053 WC
054
055
056 WC
057
058
059 WC
060 WC
061 WC
062
063
064 WC
065 WC

Tour 6: Vom Stausee Liptovský Mara in die Hohe Tatra 120 km

Bešeňová – Bobrovník – Liptovský Mikuláš – Pribylina Štrbské Pleso – Tatranská Lomnica – Tatranská Kotlina Bachledova dolina

Stellplätze:	in Bešeňová, Pribylina, Štrbské Pleso, Tatranská Lomnica, Tatranská Kotlina, Bachledova dolina
Campingplätze:	in Bobrovník, am Liptovský Mara, in Tatranská Lomnica
Besichtigen:	Archäologisches Museum Havránok, Liptovský Mikuláš, Freilichtmuseum Pribylina, Höhle Belianska jaskyňa, Baumwipfelpfad Bachledova dolina
Baden:	in Bešeňová, Bobrovník und an mehreren Stellen am Stausee Liptovský Mara
Wandern:	in Štrbské Pleso, Tatranská Lomnica, Bachledova dolina
Essen:	Restaurant *Koliba Bešeňovka* in Bešeňová, *Koliba Patria* in Štrbské Pleso

Die Hohe Tatra, das kleinste Hochgebirge der Welt, ist das Ziel dieser Tour 6. Entlang dem weniger als 30 Kilometer langen Hauptkamm erstreckt sich teilweise die Grenze zu Polen, wobei die polnische Tatra lediglich ein Fünftel des gesamten Gebirges einnimmt. Auf kleinstem Gebiet erwarten uns wild zerklüftete Gipfel mit über 2.500 Metern Höhe, tiefe Schluchten, klare Bergseen, Wasserfälle und ein einzigartiges Hochgebirgs-Panorama. Ausgehend vom Westufer des Stausees Liptovský Mara erleben wir Badefreuden am Wasser, wandeln auf den Spuren der Kelten, erkunden ein Freilichtmuseum mit Bauten aus der Region Liptov, schnüren die Wanderstiefel in der Hohen Tatra, tauchen ab in eine Höhle und erobern schließlich einen Baumwipfelpfad in schwindelerregender Höhe.

Die **Region Liptov** gilt gemeinhin als eine der schönsten Karpatenregionen. Umgeben von mehreren Gebirgszügen und dem Stausee **Liptovský Mara**, dem *Liptauer Meer*, zählt die Region mit ihren vielfältigen Freizeitmöglichkeiten zu den beliebtesten Urlaubsgebieten der Slowakei. Die Wege in die Wander- und Wintersportzentren der Hohen und der Niederen Tatra sind nicht weit. Und zwischendurch locken Bade- und Wassersportvergnügen am See.
So auch am Ausgangspunkt dieser Tour in der Gemeinde **Bešeňová** am Westufer des Stausees Liptovský Mara. Sie verspricht Erholung für Leib und Seele all jenen, die in die Becken des örtlichen Thermalbades eintauchen. Mehrere Bade-

Der Stausee Liptovský Mara mit Aussicht auf die Hohe Tatra

landschaften im Innen- und Außenbereich, Wasserrutschen, Saunen und Wellnessabteilungen bieten Badespaß für Jung und Alt. Sogar FKK-Freunde kommen am eigenen Nacktbadestrand auf ihre Kosten.

Öffnungszeiten: *Täglich von 9 bis 21 Uhr. Eintrittspreise und Pauschalen unter www.besenova.com.*

(053) WOMO-Badeplatz: Bešeňová – Thermal Park

GPS: N 49°06'02" E 19°26'33" **Max. WOMOs**: 5.

Ausstattung: Mülleimer, öffentliche Toiletten, Supermarkt und Restaurants in der Umgebung.
Beschreibung: Ebene, asphaltierte und gebührenpflichtige Parkfläche im Bereich des *Thermal Parks Bešeňová*.
Zufahrt: Im Ort Bešeňová der Beschilderung zum *Thermal Park* folgen. Die Riesenrutschen sind unübersehbar.

Wenn Sie nach der Badepause noch traditionelle, slowakische Küche genießen möchten, so ist befindet sich am Ortseingang vor der Brücke über die Váh die *Koliba Bešeňovká www.besenovka.sk.* Auf Nachfrage und nach Einkehr im Restaurant können Sie hier auch übernachten.

(054) WOMO-Stellplatz: Bešeňová – *Koliba Bešeňovká*

GPS: N 49°05'53" E 19°26'03" **Max. WOMOs**: 1-2.
Ausstattung: Restaurant, Spielplatz, Mülleimer.
Beschreibung: Teilweise schräge Parkfläche am Ortsrand und am Radweg entlang der Váh. Autobahn in Hörweite. Lebhafter Ausflugsverkehr tagsüber.
Zufahrt: Am Ortseingang liegt die Koliba links vor der Brücke über die Váh.

Wir starten nun unsere Tour entlang des Nordufers des **Liptovský Mara**. Mit mehreren Campingplätzen, Badestränden und Ferienanlagen ist der Stausee touristisch sehr gut erschlossen. In den 1950er Jahren sah es hier allerdings noch ganz anders aus. Insgesamt acht Dörfer an der Váh, darunter der Ort Liptovský Mara, nach dem der See benannt wurde, versanken nach dem Bau der 45 Meter hohen Staumauer in den Fluten. Die historischen Bauwerke überließ man jedoch nicht ihrem Schicksal, sondern versetzte sie mit großem Aufwand in das **Freilichtmuseum Pribylina**, dem wir später noch einen Besuch abstatten werden.
Mit insgesamt 22 km² ist das *Liptauer Meer* nach dem **Orava-Stausee** (siehe Tour 3) und dem **Zemplínska Sírava** im Osten des Landes (siehe Tour 8) die drittgrößte Wasserfläche der Slowakei. Machen wir uns also auf den Weg, denn es gibt auf den nächsten 22 Kilometern bis nach **Liptovský Mikuláš** einiges zu entdecken.

Wir starten in Bešeňová nach Norden entlang der Straße 2213, die uns mal mehr, mal weniger direkt am Wasser entlangführt. Schon nach sieben Kilometern lohnt sich ein erster Abstecher. Biegen Sie rechts ab nach **Bobrovník,** der Beschilderung zum **Archeoskanzen Havránok** folgend. Wenige Meter weiter erwartet Sie ein neuer Campingplatz in wunderbarer Aussichtslage auf den See.

(055) WOMO-Campingplatz: Bobrovník – *Marina Liptov*
GPS: N 49°07'08" E 19°28'43", Tel. +421 9 026 056 05, www.marinaliptov.sk. reservacie@marinaliptov.sk.
Öffnungszeit: 1. Mai bis 30. September.
Ausstattung: Ver-/Entsorgungsstation mit Bodeneinlass, neue und moderne Sanitäranlagen, Restaurant, Spielplatz, Fahrradverleih, Waschmaschinen, Küche, Spielzimmer für Kinder, WLAN kostenlos im Bereich des Marina-Restaurants.
Beschreibung: Neu angelegter Campingplatz in Terrassenlage mit Panoramablick auf den See und die umliegenden Berge. Im Bereich der Marina verschiedene Bars, Restaurants und Imbissbuden.
Zufahrt: Ab der Uferstraße ist der Campingplatz ausgeschildert.
Hinweis: Die Auffahrt zu den Stellplätzen ist mit 12prozentiger Steigung und geschottert. Eventuell problematisch für Fahrzeuge mit großem Hecküberhang.

Auch wenn Sie hier nicht übernachten möchten, sollten Sie noch etwa drei Kilometer weiterfahren. Dann erreichen Sie rechts bei [N 49°06'17" E 19°29'13"] einen kleinen Parkplatz, der zum **Archeoskanzen Havránok** gehört. Von hier aus können Sie unterhalb der Straße eines der Wahrzeichen des Liptovský Mara sehen – den einsam am Ufer stehenden **Turm** einer gotischen Kirche aus dem **14. Jahrhundert**, der von den Fluten des Sees verschont geblieben ist. Der Rest der Kirche wurde ins Freilichtmuseum Pribylina versetzt. Beim Kirchturm gibt es ebenfalls einige Parkplätze, die aber meist von Anglern belegt sind.

Wenden wir uns also dem archäologischen Freilichtmuseum zu, für dessen Besuch ein etwa zehnminütiger Fußmarsch steil den Berg hinauf erforderlich ist. Der Weg ist schlecht und, ebenso wie der Rundweg durch das Museumsgelände, leider nicht kinderwagentauglich. Der Besuch der Keltensiedlung ist allerdings umso mehr ein lohnendes Ziel für Familien mit Kindern.

Keltensiedlung im Archeoskanzen Havránok

Mit dem Bau des Stausees in den 1960er Jahren wurde die Region auch archäologisch erforscht. Dabei entdeckten die Wissenschaftler auf dem Burghügel Havránok die Spuren frühzeitlicher Besiedelung aus der **Eisenzeit (300-100 v. Chr.)**. So fand man eine befestigte Keltensiedlung mit einem Druiden-Heiligtum sowie sechs kleinere Dörfer in der Umgebung. Der Burghügel war wohl bis ins **2. Jahrhundert n. Chr.** ununterbrochen bewohnt und die Forscher entdeckten auch Spuren germanischer und slawischer Siedler. Im 12. Jahrhundert wurde auf der Spitze des Hügels eine feudale Burg mit Befestigungsanlagen aus Holz errichtet. Einige der Gebäude wurden rekonstruiert und sind heute Bestandteil des weitläufigen Freilichtmuseums. Es gibt allerhand zu entdecken. Neben einer Hofstelle mit Öfen sind Teile der Befestigungsanlage, Wohntürme und die mystische Opferstelle eines Druiden-Heiligtums zu sehen. An den Gebäuden gibt es mehrsprachige Erklärungstafeln, darunter auch in Deutsch. Immer wieder bieten sich wunderbare Ausblicke auf den See, sowie die Bergwelt der Hohen und der Niederen Tatra. Während der Sommerferien kleiden sich die Museumsbetreuer in keltische Gewänder und zeigen alte Handwerks- und Jagdtechniken.

***Öffnungszeiten**: Mai und September täglich von 9 bis 17 Uhr, Juni bis August täglich von 8.30 bis 18.30 Uhr, Oktober täglich von 9 bis 16 Uhr. Eintritt: Erwachsene 2,00 Euro, Kinder 1,00 Euro. www.liptovskemuzeum.sk (Stand: 2020).*

Keltensiedlung im Archeoskanzen Havranok

Zur Weiterfahrt kehren wir zurück zur Uferstraße, der wir nun nach rechts in Richtung **Liptovský Mikuláš** folgen.

Entlang der Strecke bieten sich – je nach persönlicher Interessenslage – immer wieder Stopps an. Alle paar Kilometer laden Restaurants, Vergnügungsparks, Ferienanlagen und das Spaßbad *Tratralandia* zu Aufenthalten ein. Wenn Ihnen nach einer Badepause am See zumute ist, dann wäre hier eine passende Gelegenheit dazu:

(056) WOMO-Badeplatz: Liptovská Sielnica – Strandbad

GPS: N 49°07'48" E 19°30'28" **Max. WOMOs**: 2-3.

Ausstattung: Mülleimer, während der Saison Imbissbude und Toiletten.

Beschreibung: Parkplätze außerorts, rechts neben der Straße an einem Strandabschnitt.

Zufahrt: Rechts neben der Uferstraße 2213.

Zwei weitere Campingplätze an der Strecke wurden von uns zwar nicht besucht, dennoch hier zu Ihrer Information die Koordinaten:

Campingplatz Villa Betula [**057**: N 49°08'11" E 19°30'38"]

sowie

Autokemping Mara in Liptovský Trnovec [**058**: N 49°06'37" E 19°32'43"].

In Hafen von **Liptovský Trnovec** starten im Juli und August Schiffsrundfahrten über den See. Die Anlegestelle befindet sich gleich neben dem *Autokemping Mara (058)*.

Wir steuern die Bezirkshauptstadt der Region an – **Liptovský Mikuláš**. Einen zentralen und gebührenpflichtigen Parkplatz zur Stadterkundung finden Sie bei [N 49°05'01" E 19°36'30"]. Es sind nur wenige Schritte in die Fußgängerzone und das Altstadtzentrum rund um die beiden Plätze *nám. Mieru* und *nám. Osloboditel'ov*. Neben einigen hübschen Bürgerhäusern befinden sich hier auch die meisten historischen Sehenswürdigkeiten. Ein Blick hinein in die gotische **Kirche des Heiligen Nikolaus** *Kostol sv. Mikuláša* zeigt zwei Flügelaltäre aus dem 15. und 16. Jahrhundert. Auf der Westseite des Gotteshauses befindet sich das **Regionalmuseum**, welches

Liptovský Mikuláš

Regionalmuseum Liptovský Mikuláš

sich unter anderem dem Leben und Werk des einheimischen Dichters *Janko Kráľ' (1822-1876)* sowie der Stadtgeschichte widmet. Liptovský Mikuláš spielte als Zentrum des Protestantismus eine wichtige Rolle und im **Mai 1848** wurde im damaligen evangelischen Pfarrhaus das erste slowakische, nationalpolitische Programm verfasst. Vor dem Regionalmuseum ist der **Doppelsitz Nr. 13** zu sehen. Ein Überbleibsel des **1949** in Betrieb genommenen Sesselliftes auf den **Berg Chopok** in der Niederen Tatra.

***Öffnungszeiten**: Täglich von 10 bis 18 Uhr, www.mjk.sk.*

An die einst jüdische Bevölkerung der Stadt erinnert die **1846** erbaute, klassizistische **Synagoge** *Synagóga* in der *Hollého-Straße*. Das Gebäude versteckt sich hinter dem imposanten *Hotel Europa* und wird heute für Konzerte und Ausstellungen genutzt. Sie gilt als die größte Synagoge der Slowakei, war aber leider während unseres Besuches wegen Renovierungsarbeiten geschlossen. Nach dem Bummel durch das hübsch renovierte Städtchen laden die Straßencafés rund um die Fußgängerzone noch zu einer Einkehr ein.

Synagoge Liptovský Mikuláš

Hier in Liptovský Mikuláš haben Sie Anschluss an Tour 5, die Sie an die südlich des Sees gelegenen Orte und Sehenswürdigkeiten sowie in die **Niedere Tatra** führt.

Wir wenden uns nun aber der **Hohen Tatra** zu und verlassen die Stadt über die Autobahn in Richtung Osten. Nur 20 Kilometer sind es bis zu unserem nächsten Ziel, dem **Freilichtmu-**

seum in Pribylina *Muzeum liptovskej dediny*. Ab der Ausfahrt **Liptovský Hrádok** nehmen wir die Straße 537 nach Nordosten und erreichen wenig später den Besucherparkplatz des Museums links der Straße.

(059) WOMO-Stellplatz: Pribylina – Freilichtmuseum

GPS: N 49°06'19" E 19°48'22" **Max. WOMOs**: 5.

Ausstattung: Mülleimer, während der Saison Souvenir- und Imbissstände, Toiletten im Bereich des Museums. Dort auch ein Gasthof.

Beschreibung: Geschotterte Parkplätze außerorts, teilweise Schatten, nicht überall eben. In der Saison gebührenpflichtig. Tagsüber lebhafter Besucherbetrieb, nachts ruhig.

Zufahrt: Links neben der Straße 537.

Freilichtmuseum Pribylina

Zu einem der jüngeren Freilichtmuseen des Landes gehört das **1991** eröffnete *Muzeum liptovskej dediny* in Pribylina. Es zeigt hauptsächlich Exponate aus dem Überflutungsgebiet des Liptovský Mara, befindet sich aber weiterhin noch im Ausbau. So wird dorzeit an einer historischen Eisenbahnlinie gearbeitet, die zur jüngsten Attraktion des Museums gehört.

Holzlöffel-Schnitzer

Die Anordnung der Gebäude mit einem zentralen Platz in der Mitte wurde den früheren Siedlungsstrukturen größerer Dörfer nachempfunden. Und so wie damals auf dem **Dorfplatz** Märkte, Feste und Zusammenkünfte stattfanden, bereichern auch heute verschiedene Brauchtums-Veranstaltungen und Jahrmärkte das museale Leben. Die größten Bauten am Platz sind die **frühgotische Kirche** mit originaler Innenausstattung aus dem Dorf Liptovský Mara sowie ein **Renaissance-Kastell** aus dem ebenfalls überfluteten Dorf Paržovce. Das ehemalige Jagdschlösschen wird für Ausstellungen und Vorführungen genutzt.

Historische Dampflok im Freilichtmuseum Pribylina

Am nordwestlichen Ende des Museumsgeländes warten in verschiedenen Lokschuppen **historische Dampfzüge** auf ihren Einsatz. An den Wochenenden dampfen sie mit viel Getöse über eine kurze Strecke, die derzeit noch weiter ausgebaut wird. Auf dem gesamten Museumsgelände laufen Ziegen, Schafe, Hühner und Enten frei herum. Auch die fast ausgestorbenen Huzulelen-Pferde werden hier gezüchtet. Zum Abschluss des Rundgangs können Sie sich noch unter schattigen Bäumen in der rustikalen **Dorfschenke** für die Weiterfahrt stärken.

***Öffnungszeiten**: Januar bis April täglich von 9 bis 16 Uhr, Mai und Juni 17.30 Uhr, Juli und August bis 18.30 Uhr, September bis 17 Uhr, Oktober bis Dezember bis 15.30 Uhr. Die Museumsbahn fährt in den Monaten Juni bis September. Eintritt: 6,00 Euro, ermäßigt 3,00 Euro, Fotoerlaubnis 1,00 Euro. www.liptovskemuzeum.sk (Stand: 2020).*

Nach dem Museumsbesuch geht es nun endgültig in die Berge. Wir folgen dazu der Straße 537, die uns stetig bergauf in die Hohe Tatra führt. Sie wird auch die **Straße der Freiheit** genannt und erschließt insgesamt 15 Gemeinden in der Hohen Tatra, die seit **1947** die Stadt **Visoké Tatry** bilden.

Nationalpark Hohe Tatra – TANAP

Bereits im Jahre **1949** gründete man zum Schutz der empfindlichen und einzigartigen Natur den **Tatra Nationalpark** *Tatranský narodny park* – kurz TANAP. In grenzüberschreitender Zusammenarbeit umfasst der Park heute sowohl auf polnischer als auch slowakischer Seite 738 km², auf denen mehr als 1.300 Pflanzenarten gedeihen. Einige davon sind endemisch und kommen nur hier in der Hohen Tatra vor. Das Symboltier, die Tatra-Gämse, ist in ihrem Bestand stark gefährdet und Sie müssen schon großes Glück haben, eines der seltenen Exemplare zu Gesicht zu bekommen. Auch andere Tierarten, wie Braunbär, Wolf und Luchs finden hier noch einen Lebensraum.

Tatra-Gämse

Gegen die Macht der Natur sind aber auch die Naturschützer machtlos. Am **19. November 2004** fegte ein verheerender **Orkan** mit Windgeschwindigkeiten von über 170 Stundenkilometern über die Hohe Tatra hinweg. Jahrhundertealte Bäume wurden geknickt wie Streichhölzer und der Orkan hinterließ eine Schneise der Verwüstung, die bis heute zu sehen ist. Eine Fläche von

46.000 Hektar glich damals einer Mondlandschaft und erholt sich nur langsam. Es wird wohl noch Jahrzehnte dauern, bis die Südhänge wieder so waldreich sind wie früher.

Flora und Fauna der Hohen Tatra

Über die Geschichte, Flora und Fauna sowie die Aufgaben des Nationalparks informiert das **Tatra-Nationalpark-Museum** *Múzeum Tatranského národného parku* in **Tatranska Lomnica**.

***Öffnungszeiten**: Mai bis August täglich von 9 bis 17 Uhr, 1. bis 20. September täglich von 9 bis 15 Uhr. Eintritt: 2,50 Euro Erwachsene, ermäßigt 1,50 Euro. www.lesytanap.sk. (Stand: 2020).*

Etwa 400 Meter vom Museum entfernt liegt der **Botanische Garten** *Expozícia tatranskey prírody*, welcher gesondert besucht werden kann. Hier sind 270 Arten der typischen Tatra Pflanzen zu bewundern, wie sie in den verschiedenen Biotopen der Region vertreten sind.

***Öffnungszeiten**: Mai bis September täglich von 9 bis 17 Uhr, Oktober bis April täglich von 8.30 bis 12 Uhr und von 13 bis 16 Uhr. Eintritt: 3,00 Euro Erwachsene, ermäßigt 1,50 Euro. www.lesytanap.sk. (Stand: 2020).*

Entlang der Straße der Freiheit reihen sich die Tatra-Gemeinden wie Perlen aneinander. Allesamt sind die Orte Ausgangspunkt für Wanderungen in die Hohe Tatra mit entsprechendem touristischem Angebot. Sessellifte und Seilbahnen befördern die Ausflügler bequem in Gipfelregionen, so dass auch weniger ambitionierte Wanderer in den Genuss des Hochgebirgs-Panoramas kommen können. In der Hochsaison sowie an schönen Wochenenden sind die meist kostenpflichtigen Parkplätze oft hoffnungslos überfüllt. Wir können Ihnen deshalb nur raten, die Region möglichst wochentags zu besuchen. Dann geht es in der Regel etwas ruhiger zu. Begleiten Sie uns nun bei unserer Tatra-Erkundung.

Gipfel Kriváň bei Podbanské

Die westlichste Gemeinde ist **Podbanské**. Sie liegt auf etwa 1.000 Metern Höhe und geht zurück auf den Bergbau. Vom

Štrbské Pleso in der Hohen Tatra

15. bis ins 18. Jahrhundert hinein wurde hier Antimon abgebaut. Reste der Gruben sind noch unterhalb des Hausberges **Kriváň** (2.495 Meter) zu finden. Mit dem Berg, der an seiner charakteristischen krummen Spitze zu erkennen ist, verbindet sich eine Tradition, die bis heute erhalten geblieben ist. Unter den Gipfelstürmern des 19. Jahrhunderts befand sich auch der Mitbegründer der Slowakischen Nationalbewegung *L'udovít Štúr (1815-1856).* Mit anderen patriotischen Schriftstellern hatte er die Tour auf den Gipfel Kriváň **1841** ins Leben gerufen, um gegen die Unterdrückung der Slowaken zu kämpfen. Bis heute steigen viele Slowaken ihm zu Ehren Ende August zum Gipfel hinauf.

Die Gemeinde mit dem unaussprechlichen Namen **Štrbské Pleso** ist auf **1.355 Metern** die höchstgelegene Tratra-Gemeinde. Benannt wurde sie nach dem gleichnamigen **Bergsee**, um den sie ab **1872** als heilklimatischer Luftkurort entstand. Auch wenn die Gemeinde auf den ersten Blick durch sozialistische Betonbauten wenig einladend wirkt, ist sie doch ein beliebtes Touristenziel. Und auch wir wollen hier einen ersten Stopp bei unserer Tatra-Erkundung einlegen. Wie schon erwähnt, sind die Parkplätze hier oben häufig überfüllt und ob Sie auf dem nachfolgenden Platz auch übernachten können, hängt vom Zeitpunkt Ihrer Reise und dem Verhandlungsgeschick mit den

Parkplatzwächtern ab. In der Nebensaison und wochentags drücken sie schon mal ein Auge zu.

(060) WOMO-Wanderparkplatz: Štrbské Pleso Skisprungschanzen

GPS: N 49°07'36" E 20°03'35" **Max. WOMOs**: 5.
Ausstattung: Öffentliche Toiletten, Restaurants, Mülleimer, Wanderwege.
Beschreibung: Tagsüber gebührenpflichtige Parkplätze bei den Skisprungschanzen. Teilweise geschotterte, teilweise asphaltierte und überwiegend ebene Fläche. Tagsüber lebhafter Besucherbetrieb, nachts ruhig.
Zufahrt: Von der Straße 537 in den Ort Štrbské Pleso abbiegen und ihn auf der Hauptstraße bis zu einer Schranke durchqueren. Die Parkplätze bei den Sprungschanzen liegen vor der Schranke links.

Hier, am Fuße zweier eindrucksvoller Skisprungschanzen, wurde Sportgeschichte geschrieben. Mit der Austragung der nordischen Skiweltmeisterschaft **1970** rückte Štrbské Pleso ins internationale Rampenlicht und wurde zum bedeutendsten Wintersportzentrum der Slowakei. In Folge fanden viele internationale Wettkämpfe statt. Die höchste Schanze der Slowa-

kei, die bereits vom Váh-Tal aus zu sehen ist, hat inzwischen ausgedient. Dennoch ist **Štrbské Pleso** im Winter ein beliebter Skizirkus und ein Paradies für Langläufer.
In unmittelbarer Nachbarschaft zu den Skisprungschanzen war zum Zeitpunkt unserer Recherchereise im Jahr 2020 als neueste Attraktion ein futuristischer Aussichtsturm im Bau. Nach seiner Fertigstellung werden die Besucher ein einzigartiges Panorama über die Tatra-Gipfel bis ins Váh-Tal genießen können. Wer mag, kann im Anschluss über eine Tunnelrutschbahn in der Mitte des Turmes rasant wieder zu Tal sausen.
Von unserem Parkplatz schnüren wir nun die Wanderstiefel und machen uns auf den Weg zu zwei schönen Touren.

Runde um den Bergsee Štrbské Pleso

Diese kleine Rundwanderung ist eher der Kategorie Spaziergang zuzuordnen und führt uns in rund einer Stunde bequem um den Bergsee **Štrbské Pleso**. Die Runde ist auch kinderwagentauglich, da sie hauptsächlich eben auf geschotterten und asphaltierten Wegen verläuft. Vom südlichen Ende des Parkplatzes führt ein kurzer Anstieg über eine Wiese bergauf, dann liegt uns der See schon zu Füßen. Wir wenden uns nach rechts und folgen nun immer dem Seeufer entlang.

Sprungschanzen Štrbské Pleso

Der *Tschirmer See*, wie er auf Deutsch heißt, ist mit einer Fläche von **19,76 Hektar** der zweitgrößte See in der Hohen Tatra. Entstanden ist er durch das Abschmelzen des mächtigen Gletschers im Tal **Mlynická dolina**. Er hat keinen natürlichen Zu- und Abfluss, wodurch es in der Vergangenheit immer wieder zu Algenbildung und einem erhöhten Stickstoff- und Phosphorgehalt kam. Dennoch tummeln sich im Gewässer zahlreiche Forellen und Barsche. Taucher entdeckten sogar einen großen Albino-Hecht. Informationstafeln rund um den See informieren über Flora und Fauna der Region.

Etwas versteckt auf der rechten Seite des Weges liegt die hübsche *Villa Marina*. Hier lebte über 30 Jahre lang die slowakische Dichterin *Maša Hal'amová* (1908-1995). Der schönste Aussichtspunkt ist schließlich unweit des noblen *Hotels Kempinski* erreicht. Eine Panoramatafel erklärt, welche der Gipfel hier zu sehen sind. Zusammen mit dem spitzgiebligen *Hotel Patria* auf der gegenüberliegenden Seite des Sees ist dies wohl die klassische Postkarten-Idylle, die auch uns begeistert. Wenige Meter weiter können an schönen Sommertagen Ruderboote für eine kleine Seepartie ausgeliehen werden. Für eine **Einkehr** kurz vor Ende des Spazierweges können wir die *Koliba Patria* empfehlen. Von der Terrasse bietet sich nochmals eine wunderschöne Aussicht auf See und Berge.

Wanderung zum Schleier-Wasserfall Vodopád Skok

Unsere zweite Tour erfordert dann schon ein wenig mehr Kondition und führt uns zu einem spektakulären Wasserfall. Doch keine Sorge, die Wanderung ist auch für Schmalspur-Alpinisten, wie dem Autorenpaar, geeignet. Gutes Schuhwerk und Wanderstöcke sind jedoch ein nützliches Utensil.

Diesmal nehmen wir vom Parkplatz die, für den Verkehr gesperrte, Hauptstraße mit der **gelben Markierung** in Richtung des Tales **Mlynická dolina**. Es liegt zwischen den beiden Bergmassiven von **Solisko** und **Patria**. Vorbei an einer Hotelanlage rechts und dem Skiareal mit Sesselliften links halten wir uns auf einem steinigen Weg geradeaus bergauf. Immer der gelben Markierung folgend geht es zunächst durch ein lichtes Waldgebiet. Wenig später wird der Nadelwald dichter und unser Weg anstrengender. Er führt uns nun in einigen Kehren einen steileren Anstieg hinauf.

Nach einem großen Felsblock öffnet sich der Wald mit Latschenkiefern und gibt den Blick frei auf die umliegenden Gipfel und Bergkämme. Von nun an begleitet uns auch das Rauschen des glasklaren Gebirgsbaches, an dem es immer wieder schöne Rastmöglichkeiten gibt. Wenig später ist dann auch schon der Fuß des Wasserfalls **Vodopád Skok** erreicht, der sich **über eine Höhe von 30 Metern** zu Tal stürzt.

Um diesen Wasserfall rankt sich eine Legende. Demnach entstand er aus den Tränen eines Mädchens, dessen Geliebter bei der Jagd nach einer Gämse von der oberen Wasserfallkante in die Tiefe gestürzt war. Wir genießen jetzt einfach den wunderschönen Anblick des Wasserfalls, der sich wie ein silbernes Band über die Felsen zu Tal ergießt. Den Namen *Schleier-Wasserfall* trägt er unserer Meinung nach völlig zurecht.

Wenn Sie jetzt noch ein wenig wagemutig, schwindelfrei und trittsicher sind, dann führt ein mit Eisenketten gesicherter Aufstieg über steile und glatte Felsplatten links am Wasserfall vorbei auf ein Hochplateau und weiter zum See **Pleso nad Skokom**. Dieser Aufstieg ist allerdings anspruchsvoll und nur trittsicheren Wanderern zu empfehlen. Uns genügt es, das Naturschauspiel von unten zu genießen und auf demselben Weg zurückzuwandern, den wir gekommen sind.

Insgesamt sind wir für diese knapp acht Kilometer lange Wanderung etwa drei Stunden unterwegs. Inklusive kleiner Pausen, um die Aussicht zu genießen.

Nach unserem Aufenthalt in Štrbské Pleso kehren wir zurück auf die *Straße der Freiheit*, die uns durch weitere Tatra-Gemeinden ostwärts führt. Je nach Lust, Laune und Zeitbudget können Sie hier weitere Stopps einlegen. In **Tatranská Štrba** überqueren wir die Wasserscheide zwischen dem Schwarzen Meer und der Ostsee und in **Starý Smokovec** ist die älteste Tatra-Gemeinde erreicht. Der Ort wurde **1793** unterhalb der **Schlagendorfer Spitze** *Slavkovský štít* gegründet und nach dem Vorkommen von Mineralquellen zum Kurort ausgebaut. Neben hübschen Jugendstil-Villen, Sanatorien und Pensionen, die uns ein wenig an die Schweiz erinnern, startet hier auch eine Standseilbahn zur Bergstation des **Hrebienok**, von wo aus sich weitere Wanderungen anbieten.

In **Tatranská Lomnica**, der zugleich größten Tatra-Gemeinde, wollen wir einen weiteren Stopp einlegen. Der Ort wurde **1892** gegründet und bereits **1895** mit einem Bahnanschluss versehen. Die teilweise mondänen Gebäude wurden behutsam im Wald errichtet, wodurch der gesamte Ort wie ein großer Park wirkt. Größte Attraktion sind hier allerdings die Seilbahnen zum zweithöchsten Tatragipfel, der 2.632 Meter hohen **Lomnitzer Spitze** *Lomnický štít*. Unser WOMO stellen wir für den Ausflug in die Höhe am großen Parkplatz ab.

(061) WOMO-Wanderparkplatz: Tatranská Lomnica Seilbahnstation

GPS: N 49°10'03" E 20°16'14" **Max. WOMOs**: 5.

Ausstattung: Öffentliche Toiletten in der Nähe, Restaurants, Mülleimer, Seilbahnstation.

Beschreibung: Tagsüber gebührenpflichtige Parkplätze bei den Seilbahnstationen am Ortsrand. Überwiegend ebene, asphaltierte und auf mehreren Terrassen verteilte Parkfläche. Tagsüber lebhaft, nachts ruhig.

Zufahrt: Am ersten Kreisverkehr am Ortseingang der Beschilderung zur Seilbahn *Kabínková lanová dráha* folgen.

Ausflug zur Lomnitzer Spitze *Lomnický štít*

Bereits seit **1940** schweben Kabinenbahnen hinauf auf die Lomnitzer Spitze. Zum wohl spektakulärsten Abschnitt gehört dabei die kleine Gondel, die von der Zwischenstation am **Steinbachsee** *Skalnaté pleso* hinauf auf den Gipfel schwebt. In schwindelerregender Höhe geht es über eine Strecke von 1.665 Metern hinauf. Nur ein einziger Pfeiler trägt das Stahlseil. 861 Höhenmeter werden dabei überwunden. Die atemberaubende Fahrt hinauf dauert etwa 10 Minuten. Oben erwartet die Besucher entweder ein wolkenumhüllter Gipfel oder – mit etwas mehr Glück – ein fantastischer Ausblick. Diesen können Schwindelfreie seit Kurzem von einer Aussichtskanzel genießen, die über den Abgrund hinausragt. Der Aufenthalt am Gipfel ist für die Fahrgäste auf 50 Minuten begrenzt und auch die Tickets gibt es nur in limitierter Anzahl. Online-Reservierungen mehrere Tage im Voraus sind deshalb angeraten. Zumal auch kein Wanderweg auf den Gipfel führt.

Einfacher ist es, bis zur Zwischenstation am **Skalnaté pleso** *Steinbachsee* zu gelangen. Der anstrengendere Weg führt vom Parkplatz über einen grün markierten Wanderweg unterhalb der Seilbahntrasse hinauf. Etwa zweieinhalb Stunden sollten Sie für den Aufstieg einplanen. Wir wählen die bequeme Variante und schweben mit einer Gondel hinauf auf **1.751 Meter** Höhe. Ab der Zwischenstation bietet sich ein kleiner Spaziergang rund um den See an, der allerdings mehr und mehr zu verlanden droht.

Am Steinbachsee Skalnaté pleso

Wir wollen noch ein Stück weiter nach oben und wählen nun den Sessellift, der uns zum **Lomnitzer Kamm** *Lomnické Sedlo* auf **2.190 Metern** Höhe bringt. Eine kurze Wanderung entlang des Kamms bietet wieder einmalige Ausblicke, diesmal auf die beiden Täler **Vel'ká** und **Malá Studená dolina**. Zurück geht es wieder mit Sessellift und Seilbahn. Nicht ohne jedoch einen kleinen Erfrischungstrunk auf der Sonnenterrasse der Zwischenstation einzulegen. **Informationen und Online-Reservierungen** für die Seilbahnen unter *www.vt.sk*. Die Preise und Zeiten variieren je nach Saison.

Sollten Sie noch einen längeren Aufenthalt in der Hohen Tatra einplanen, dann stehen Ihnen bei **Tatranská Lomnica** zwei Campingplätze zur Verfügung, die von uns zwar nicht besucht wurden, deren Koordinaten wir Ihnen aber nicht vorenthalten möchten.

Ganzjährig geöffnet ist der *Campingplatz Intercamp Tatranec* [**062**: N 49°09'30" E 20°18'37"].
Der Platz *Rijo Camping* [**063**: N 49°08'55" E 20°16'54"] ist von Mai bis September offen.

Nach dem Ausflug in die hochalpine Bergwelt, der dank moderner Fortbewegungsmittel auch weniger konditionsstarken Menschen möglich ist, verlassen wir die Hohe Tatra in östliche Richtung. Bevor wir die Bergwelt aber endgültig hinter uns lassen, machen wir noch einen Abstecher in die **Belaer Kalkalpen** *Beliansky Tatry*, die zum östlichen Teil der Hohen Tatra gehören. Dafür fahren wir die *Straße der Freiheit* weiter, bis sie am Ende nach links – immer noch als Straße der Freiheit – in die Straße 66 übergeht. Schon wenig später gelangen wir in den kleinen Kurort **Tatranská Kotlina** und an die dortige **Belaer Tropfsteinhöhle** *Belianska jaskyňa.* Der dazugehörige Parkplatz befindet sich hier:

(064) WOMO-Wanderparkplatz: Tatranská Kotlina Belaer Tropfsteinhöhle

GPS: N 49°13'45" E 20°19'00" **Max. WOMOs**: 2-3.
Ausstattung: Öffentliche Toiletten in der Nähe, Restaurants, Mülleimer.
Beschreibung: Tagsüber gebührenpflichtige Parkplätze bei der Tropfsteinhöhle am Ortsrand. Überwiegend ebene, geschotterte Parkfläche. Tagsüber während der Saison lebhafter Besucherbetrieb, nachts ruhig.
Zufahrt: Der Parkplatz befindet sich links neben der Straße 66 bei der ausgeschilderten Tropfsteinhöhle.

Die **Belaer Tropfsteinhöhle** ist die einzige Schauhöhle im Gebiet der Hohen Tatra und gilt deshalb als größte Sehenswürdigkeit in der Region. Vom Parkplatz aus führt ein Lehrpfad nach etwa 30 Minuten Gehzeit zum Eingang der Höhle. Dass Goldgräber den Zugang bereits im 18. Jahrhundert kannten, verraten die Inschriften an den Felswänden. Erforscht wurde die Höhle jedoch erst im 19. Jahrhundert. Während der 70minütigen Führung müssen 874 Stufen bewältigt werden. Zu sehen bekommen die Besucher dafür eindrucksvolle Tropfsteingebilde, wie der *Weiße Wasserfall* oder *Der schiefe Turm von Pisa*. Die fantastische Unterwelt wird heute auch für Klimakuren genutzt.
***Öffnungszeiten**: Führungen täglich außer montags um 9.30, 11, 12.30 und 14 Uhr. Im Juli und August zusätzlich um 16 Uhr. Von Mitte November bis Weihnachten geschlossen. Eintritt: Erwachsene 9,00 Euro, ermäßigt 8,00 Euro, Kinder 4,50 Euro. Fotoerlaubnis 10,00 Euro, www.ssj.sk (Stand: 2020).*

Wir fahren die Straße 66 nach der Höhlenbesichtigung noch ein Stück weiter. Sie führt übrigens geradewegs nach Polen und für die Erkundung des polnischen Teils der Hohen Tatra empfehlen wir Ihnen den ***WOMO-Führer Nr. 62*** *Mit dem Wohnmobil nach Polen (Süden)* unserer Autorenkollegen *Helmut und Angelika Breidenbach.*
Nach fünf Kilometern ist der Abzweig nach rechts ins versteckt gelegene Skigebiet **Bachledova dolina** erreicht. Am Ende der Straße erwartet uns eine ganz besondere Attraktion – der **2017** eröffnete **Baumwipfelpfad**. Für seine Erkundung stellen wir unser WOMO auf den Parkplätzen am Ende der Straße ab.

(065) WOMO-Wanderparkplatz: Bachledova dolina
GPS: N 49°16'13" E 20°18'29" **Max. WOMOs**: 2-3.
Ausstattung: Öffentliche Toiletten in der Nähe, Restaurants, Mülleimer.
Beschreibung: Tagsüber gebührenpflichtige Parkplätze bei der Seilbahnstation Bachledova dolina. Tagsüber während der Saison lebhafter Besucherbetrieb, nachts ruhig.
Zufahrt: Der Parkplatz befindet sich links am Ende der Zufahrtsstraße nach *Bachledova dolina*.

Um hinauf zum Baumwipfelpfad zu gelangen, gibt es wieder zwei Möglichkeiten. Entweder Sie nehmen den etwas anstrengenderen, 45minüten Fußweg oder Sie wählen wie wir den gemütlichen Weg mit der Seilbahn. Seien Sie versichert – oben gibt es noch reichlich Gelegenheit, sich die Beine zu vertreten. Wir schweben also hinauf auf den Hauptkamm der **Zipser Magura**. Schon an der Bergstation erwartet uns auf 1.130 Metern Höhe ein fantastischer Ausblick auf die östliche Bergwelt der Hohen Tatra sowie hinüber nach Polen, welches nur einen Steinwurf entfernt liegt. Unser nächstes Ziel aus Tour 7 können wir bereits erkennen – die charakteristische Felsformation des **Dreikronen-Berges** im **Pieniny-Nationalpark**. Doch zu viel wollen wir Ihnen an dieser Stelle noch nicht verraten. Jetzt wenden wir uns erst einmal dem Baumwipfelpfad *Chodník korunami stromov* zu.

Aussichtsterrasse am Baumwipfelpfad

Baumwipfelpfad *Chodník korunami stromov*

Im September **2017** eröffnete unter deutscher Beteiligung der erste und bislang einzige Baumwipfelpfad in der Slowakei. Es ist die siebte Einrichtung der *deutschen Erlebnis Akademie AG* in Europa und ähnliche Projekte finden sich unter anderem im Bayrischen Wald, im Hunsrück und an der Saarschleife.

Auf einer Gesamtlänge von insgesamt **1.234 Metern** führt der Pfad aus einer Holzkonstruktion bis hinauf in eine Höhe von **24 Metern** über dem Erdboden. Unterwegs gibt es allerhand zu entdecken. Informationstafeln, spielerische Erklärungen zu Flora und Fauna sowie mehrere Erlebnisstationen, an denen Jung und Alt ihren Mut testen können. Immer wieder jedoch hört man das Rauschen der Baumwipfel und kann den Weitblick genießen. Als Highlight wartet am Ende des Pfades der **32 Meter** hohe **Aussichtsturm** mit einem 360-Grad-Rundumblick auf die überwältigende Naturlandschaft. Von der Plattform aus ist der komplette Verlauf des Pfades zu sehen. Und hier oben wartet dann ein ganz besonderer Adrenalin-Kick auf die Besucher. Wer sich traut, kann über ein 88 Quadratmeter großes, begehbares Netz balancieren. Mitten in der Turmspitze tut sich der Blick hinunter in 32 Meter Tiefe auf. Nur wenige riskieren diesen Balance-Akt.

Schwindelerregender Turm

Immer noch recht aufregend ist die Tunnelrutsche. In ihr kann man in rasantem Tempo wieder hinunter an den Fuß des Turmes rauschen.

Rund um den Baumwipfelpfad haben sich inzwischen ein Restaurant mit Aussichtsterrasse sowie ein Souvenirshop angesiedelt. Der Pfad ist zudem kinderwagen- und rollstuhltauglich angelegt. Ein spannendes Erlebnis für Jung und Alt.

Öffnungszeiten*: Mai, Juni und September täglich von 9 bis 17 Uhr, Juli und August bis 18 Uhr, Oktober bis April bis 16 Uhr. Der Ticketverkauf endet eine Stunde vor Ende der Öffnungszeit. Eintrittspreise inklusive (ohne) Seilbahnfahrt: Erwachsene 20,00 (10,00) Euro, ermäßigt 16,00 (7,50) Euro, Familien 49,00 (25,00) Euro. Pfandgebühr für Chipkarte 2,00 Euro, www.chodnikkorunamistromov.sk (Stand: 2020).*

Hier, am eindrucksvollen Baumwipfelpfad, endet nun Tour 6. Sie können uns auf Tour 7 weiter in Richtung Osten begleiten, oder 30 Kilometer zurück nach **Poprad** fahren, wo Sie Anschluss an unsere Touren 10 und 11 haben.

TOUR 7
Polen
Polen
Dunajec
Dunajec
Pieninský národný
Spišsko - šarišské medzihori
Červený Kláštor
Halígovce
Stráňany
Hniezdne
Vyšné Ružbachy
Stará Ľubovňa
Podolínec
Rel´ov
Ždiar
Bachledova
(siehe Tour 6)
Tatranská Kotlina
Tatranská Lomnica
Spišská Belá
Kežmarok
Vysoké Tatry
Vel´ká Lomnica
Svit
Poprad
Levoča
Spišské Podhradie
Ľubotin
Malcov
Lipany
Sabinov
Široké
Veľký Šariš
Prešov
Hervartov
Bardejov
Bardejovské Kúpele
Kl´ušov
Raslavice
Kapušany
Zborov
Vyšny Mirošov
Nižný Polianka
Ladomirová
Svídník
Vyšny Komárnik
(siehe Tour 8)
Stropkov
Soboš
Lomné
Bystré
vodná nádrž Vel´ká Domaša
065
066
067
068
069
070
071
072
073
074
075
076
WC
WC
5 km
N

Tour 7: Von der Hohen Tatra über den Pieniny-Nationalpark in die Ostslowakei 225 km

Kežmarok – Červený Kláštor – Vyzné Ružbachy – Stará L'ubovňa – Bardejov – Hervartov – Bardejovské Kúpele Svídník – Vyšný Komárnik (Dukla-Pass)

Stellplätze:	in Vyzné Ružbachy, Stará L'ubovňa, Svídník, Dukla-Pass
Campingplätze:	in Haligovce und Červený Kláštor
Ausflüge:	Floßfahrt auf dem Fluss Dunajec
Besichtigen:	Kežmarok, Kloster Červený Kláštor, Whiskey-Destille rie *Nestville-Village*, Burg und Freilichtmuseum Stará L'ubovňa, Bardejov, Holzkirchen in Hervatov und Ladomi rova, Freilichtmuseen in Bardejovské Kúpele und Svídník, Aussichtsturm am Dukla-Pass
Baden:	in Červený Kláštor, Vyzné Ružbachy, Bardejovské Kúpele
Fahrradtour:	Červený Kláštor im Pieniny-Nationalpark
Essen:	Burgcafé in Kežmarok, Restaurant *Pltník* in Červený Kláštor, Gaststätte *Madjedówka* in Szczawnica (PL), *Nestville-Village,* Café *Padre* in Bardejov

Auf geschichtsträchtigen Spuren geht es in dieser Tour 7 in den Osten der Slowakei. Immer in kurzer Entfernung zum Nachbarland Polen besuchen wir zunächst die sehenswerte Stadt Kežmarok im Zipser Land. Im Pieninsky-Nationalpark erwartet uns eine wahlweise rasante oder gemütliche Floßfahrt nach Polen. Der weitere Weg führt uns in die UNESCO-Weltkulturerbestadt Bardjeov, wir verkosten slowakischen Whiskey und wir besuchen verträumte Kurstädtchen, interessante Freilichtmuseen sowie die ersten Holzkirchen. Unsere Tour endet schließlich am geschichtsträchtigen Dukla-Pass an der Grenze zu Polen.

Vorbemerkung zu dieser Tour: *da die Dichte an Campingplätzen in Richtung Osten deutlich abnimmt, empfehlen wir Ihnen eine rechtzeitige Ver- und Entsorgung auf einem der beschriebenen Plätze.*

Von unserem letzten Übernachtungsplatz in **Bachledova** aus Tour 6 kehren wir zurück auf die *Straße der Freiheit* und fahren die nächsten zehn Kilometer zurück, wie wir gekommen sind. Sie führt uns hinaus aus der Region der Hohen Tatra und hinein in die Region **Spiš** (deutsch: *Zips*). Eine Landschaft mit multikultureller Prägung, in der nicht zuletzt deutsche Siedler ihre Spuren hinterlassen haben. Neben der Schönheit der

Natur, wie dem **Pieniny-Nationalpark**, ist die Dichte an Kulturdenkmälern ein Charakteristikum des Gebietes östlich der Hohen Tatra. Auf dieser Tour werden wir zunächst den nördlichen Teil der Region erkunden. Tour 10 führt uns zu weiteren kulturellen Highlights im südlichen Bereich des Zipser-Landes.

Die Region Spiš (deutsch: *Zips*)

Generationen von Slowaken, Deutschen, Ungarn, Goralen und Ruthenen prägten die Kultur und Gesellschaft im Nordosten der Slowakei. Ihre verschiedenen Kulturen bereicherten Kunst, Wissenschaft, Handel und Handwerk. Ein entscheidendes Jahr in der Zipser Geschichte war **1412**, als **König Sigismund von Luxemburg** (1368-1437) durch seine kostspieligen Feldzüge in finanzielle Nöte geriet. Um wieder an Geld zu kommen, verpfändete er die reichen Zipser Städte an Polen. Dieser Zustand dauerte länger als erwartet bis **1772**. Für die Städte erwies sich die Verpfändung in vielerlei Hinsicht als vorteilhaft. Zum einen waren sie nur Polen gegenüber steuerpflichtig und blieben unabhängig von den Feudalherren des damaligen Ungarn. Auch politischen und kriegerischen Auseinandersetzungen konnten die Städte ohne Einmischung und Handlungszwang gelassen zusehen. Nach 1772 schlossen sie sich in Selbstverwaltung zur **Provinz der 16 Zipser Städte** zusammen. Erst **1876** löste sich diese Allianz auf. Heute spielt die einst wohlhabende Region wirtschaftlich eine noch eher untergeordnete Rolle. Neben der Landwirtschaft und der Holzindustrie ist der Tourismus einer der bedeutenden Wirtschaftszweige.

Unser erstes Ziel im Zipser Land ist die Stadt **Kežmarok**. Von der Straße 66 zweigt bei [N 49°12‘37“ E 20°22‘15“] eine Straße nach rechts ab. Wir passieren nun erstmals auf dieser Reise Dörfer, in denen sich Sinti und Roma am Ortsrand angesiedelt haben. Zu befürchten haben Sie hier sicher nichts, aber auf das Bild, das sich Ihnen bietet, sollten Sie gefasst sein. Hier zeigen sich zweifellos die Schattenseiten des ansonsten so herausgeputzten Landes. Wir sehen aber auch riesige Getreide- und Sonnenblumenfelder. Im Sommer ein Augenschmaus mit der Kulisse der Hohen Tatra im Hintergrund.

Kežmarok ist nach zehn Kilometern erreicht. Einen zentralen und an Werktagen kostenpflichtigen Parkplatz zur Stadterkundung finden Sie bei [N 49°07‘58“ E 20°25‘44“] in unmittelbarer Nähe zu den eindrucksvollsten Sehenswürdigkeiten der Stadt. Auch die Fußgängerzone ist nur einen Steinwurf entfernt.

Burg in Kežmarok

Durch das **1269** verliehene Stadtrecht entwickelte sich die aus drei slawischen und einer deutschen Siedlung entstandene Gemeinde schnell zu einer angesehenen Stadt im Zipser Land. Von der Verpfändung der Zipser Städte an Polen war Kežmarok nicht betroffen. Handel und Handwerk florierten und kaum ein anderer Ort konnte sich zwischen dem **15.und 19. Jahrhundert** so vieler **Zünfte** rühmen wie Kežmarok. Zudem etablierte sich bereits im **14. Jahrhundert** eine **Bildungseinrichtung**, die landesweit einen herausragenden Ruf genoss. Doch die Stadtentwicklung verlief nicht immer reibungslos. Mehr als 100 Jahre lang lag Kežmarok im Zwist mit der nahen Stadt Levoča. Es ging dabei um das sogenannte *Stapelrecht*, welches damals ein Garant für Reichtum war. Durchziehende Kaufleute waren dadurch verpflichtet, in der Stadt Quartier zu machen und ihre Waren anzubieten. Ohne dieses Stapelrecht konnte Kežmarok nicht am einträglichen Handel zwischen Polen und Ungarn partizipieren und letztlich behielt Levoča in diesem Streit die Oberhand. Heute profitiert die Stadt durch ihre günstige Lage am Fuß der Hohen Tatra vom Tourismus. Der mittelalterliche Stadtkern blieb nahezu vollständig erhalten und steht seit den **1950er** Jahren unter Denkmalschutz.

Neue evangelische Kirche

Stadtspaziergang Kežmarok

Vielleicht haben Sie sich bei der Anfahrt zum Parkplatz bereits über das imposante Bauwerk direkt neben der Hauptstraße gewundert. Auf den ersten Blick wirken der roséfarbene Turm und die grüne Kuppel eher wie eine islamische Moschee. Es handelt sich dabei jedoch um die **neue evangelische Kirche** *Nový evanjelický kostol*. Sie entstand zwischen **1872** und **1892** neben der alten **Artikularkirche**, nachdem diese zu klein geworden war. Die Pläne stammen vom Wiener Architekten **Theophil Freiherr von Hansen (1813-1891)**. Er hatte das neobyzantinische Gotteshaus ursprünglich für Jerusalem entworfen. Nachdem die Kirche dort jedoch nicht gebaut wurde, schenkte er die Pläne der Stadt Kežmarok.

Gleich daneben befindet sich die eindrucksvolle **Artikularkirche** *Drevený artikulárny kostol* aus dem Jahr **1687**. Sie entstand in einer Zeit der religiösen Unterdrückung der Protestanten und ihr Bau war an strenge Auflagen geknüpft (siehe auch in unserer Tour 5). Schon im Jahr **1717** wurde die Kirche mit finanzieller Beteiligung von Protestanten aus ganz Europa, darunter die Könige von Schweden und Dänemark, zu ihrer heutigen Gestalt erweitert. Sie ist die zweitgrößte Holzkirche der Slowakei und gehört seit **2008** zum UNESCO-Weltkulturerbe. Da sie eine der wenigen Holzkirchen mit regelmäßigen Öffnungszeiten ist, sollten Sie unbedingt einen Blick hineinwerfen.

Öffnungszeiten *beider Kirchen: Montag bis Samstag von 9 bis 12 Uhr und von 14 bis 17 Uhr. Sonntags geschlossen.*

Evangelisches Lyzeum

Etwas versteckt hinter diesen beiden Kirchen liegt ein ganz besonderes Kleinod – die Bibliothek des **evangelischen Lyzeums** aus dem Jahr **1776**. Diese Bildungseinrichtung mit ausgezeichnetem Ruf weit über die Stadtgrenzen hinaus gab es in Kežmarok schon sehr viel länger. Allerdings musste die Schule mehrmals umziehen. Viele Persönlichkeiten aus Ungarn und den Anrainerstaaten drückten hier unter Aufsicht eines internationalen Professorenkollegiums die Schulbank. Ein besonderer Schatz ist die **größte Schulbibliothek Mitteleuropas** mit mehr als **150.000 Bänden** und zum Teil wertvollen, mittelalterlichen Handschriften. Darunter eine Chronik der Stadt Köln aus dem Jahr **1437** und eine Hochzeitsordnung der Stadt Augsburg aus dem Jahr **1387**. Auch weniger bibliophilen Leserinnen

Rathaus Kežmarok

und Lesern sei ein Besuch hier ans Herz gelegt. Die perfekt deutschsprechende Bibliothekarin weiß beim Rundgang durch diese Schatzkammer Wissenswertes aus der Geschichte der Stadt und der Bibliothek zu berichten.

Öffnungszeiten*: Montag bis Freitag von 8.30 bis 12 Uhr und von 12.30 bis 15 Uhr. Eintritt: 2,00 Euro.*

Auf der gegenüberliegenden Seite der Hauptstraße geht es hinein in die Altstadt und in die Fußgängerzone. Rund um den Platz *Hlavné námestie* gruppieren sich das **Rathaus** *Radnica* aus dem **15. Jahrhundert**, die arkadengesäumte **Redoute** *Reduta* aus dem Jahr **1818**, der **Renaissance-Glockenturm** *Renesančná zvonica* und die **Heilig-Kreuz-Basilika** *Bzilika sv. Kríža* aus dem **15. Jahrhundert** mit wertvollem Interieur. Der Hauptaltar wird der Werkstatt des Bildhauers **Veit Stoß** (um 1447-1533) zugeordnet.

Wenn Sie nun die von hübschen Giebelhäusern gesäumte *Hradné-Straße* bis ans Ende gehen, gelangen Sie zum mächtigen Bollwerk der Stadt. **Burg** *Hrad* aus dem **15. Jahrhundert** wurde mehrfach umgestaltet. Heute ist in einigen Räumen das Stadtmuseum untergebracht. Im Rahmen des Museumsbesuches ist auch die barocke Burgkapelle zu sehen.

Öffnungszeiten: *Das Burgmuseum ist nur im Rahmen einer Führung zu besichtigen. Diese finden von Mai bis September täglich zu jeder vollen Stunde zwischen 9 und 16 Uhr statt. Letzte Führung im Sommer ist um 16.30 Uhr. Von Oktober bis April nur werktags zwischen 9 und 15 Uhr.*

Eintritt: Erwachsene 6,00 Euro, ermäßigt 3,50 Euro, Kinder 2,50 Euro. www.kezmarok.com. (Stand: 2020).

Wir beenden unseren Stadtspaziergang hier im Burgcafé und genießen noch einmal den Blick auf die Gipfel der Hohen Tatra, bevor wir zurück zum Parkplatz und zu unserem WOMO schlendern. Kežmarok verlassen wir auf der Straße 66 entlang des Poprad-Tales in Richtung **Spisská Bela** und weiter auf der Straße 77 in Richtung **Podolinec**.

Bei [N 49°14'47" E20°30'30"] etwa zweieinhalb Kilometer vor Podolinec, zweigt ein Sträßchen nach links ab in Richtung **Červený Kláštor** und in den **Pieniny-Nationalpark**. Die Strecke führt uns durch nette, kleine Dörfer und eine landwirtschaftlich geprägte Region. Wir überqueren die Höhenzüge der **Zipser Magura** *Spišská Magura* und erreichen nach 18 Kilometern die Gemeinde **Haligovce**. Hier biegen wir nach links auf die Straße 543 ab. Wenig später erreichen wir einen Campingplatz, der bereits mehrfach als slowakisches Camp des Jahres ausgezeichnet wurde und auch gehobenen Ansprüchen gerecht werden dürfte.

(066) WOMO-Campingplatz: Haligovce
Camping Goralský Dvor

GPS: N 49°22'47" E 20°26'22", Tel. +421 9 077 649 82, www.goralskydvor.sk, info@goralskydvor.sk.
Öffnungszeit: 1. Mai bis 31. Oktober.
Ausstattung: Ver-/Entsorgungsmöglichkeit für Chemietoiletten, moderne Sanitäranlagen, Restaurant, Einkaufsmöglichkeit mit regionalen Produkten, Spielplatz, kleiner Pool, Fahrradverleih, Waschmaschinen, Küche, WLAN kostenlos, Streichelzoo, kleines Freilichtmuseum und Mietunterkünfte in traditionellen Blockhütten.
Beschreibung: Mehrfach als Camp des Jahres ausgezeichneter Platz mit Stellplätzen auf einem Wiesengelände an einem Bach. Der Platz bietet ein Animationsprogramm für Kinder, organisierte Floßfahrten auf dem Dunajec und weitere Informationen zu geführten Wanderungen, Radtouren und Ausflugsmöglichkeiten.
Zufahrt: In Haligovce ist der Campingplatz ausgeschildert. Er liegt rechts neben der Straße 543.

Uns zieht es aber noch ein paar Kilometer weiter nach **Červený Kláštor**. Dort stehen Ihnen zwei Campingplätze direkt am Fluss Dunajec zur Auswahl. Der erste ist ein sehr einfacher und von der Nationalpark-Verwaltung betriebener Platz am Ortseingang von Červený Kláštor. Die Einfahrt rechts von der Straße wird leicht übersehen. Wenn Sie am Kloster sind, haben Sie die Zufahrt bereits verpasst. Das schmale Sträßchen zweigt hier ab [N 49°23'42" E 20°25'10"].

(067) WOMO-Campingplatz: Červený Kláštor
Autokemping Štátne lesy

GPS: N 49°24'04" E 20°24'58", Tel. +421 9 039 874 15, www.pieniny.sk/autokemping.
Öffnungszeit: Je nach Wetter ab etwa Mitte Mai bis Mitte September.
Ausstattung: Ver-/Entsorgungsmöglichkeit für Chemietoiletten, neues und einfaches Sanitärgebäude, Lage direkt am Rad- und Wanderweg, Restaurants und Einkaufsmöglichkeiten in der Nähe.

Beschreibung: Einfacher und sehr naturnaher Campingplatz mit Stellplätzen auf einem sonnigen Wiesengelände. Lage am Ortsrand mit wunderschönem Blick auf das Gebirgsmassiv *Tri Koruny*. Der Wander- und Radweg führt über den Platz.
Zufahrt: Wie im Text beschrieben. Ab dem Abzweig von der Hauptstraße noch etwa 500 Meter auf einem schmalen Sträßchen bis zum Eingang des Campingplatzes.

Am Ortsende von Červený Kláštor befindet sich ein weiterer Campingplatz, auf dem wir nun auch Quartier beziehen.

(068) WOMO-Campingplatz: Červený Kláštor
Camping Dunajec

GPS: N 49°23'26" E 20°23'50", Tel. +421 9 158 909 37, www.campingdunajec.sk, info@campingdunajec.sk.
Öffnungszeit: Anfang April bis Ende Oktober.
Ausstattung: Ver-/Entsorgungsmöglichkeit für Chemietoiletten, Stromanschlüsse über den Platz verteilt, ältere, aber saubere Sanitäranlagen, Restaurant, Sportplatz, Spielplatz, Feuerstellen an den Stellplätzen mit Holzvorrat für Campinggäste, WLAN kostenlos im Bereich von Rezeption und Restaurant, Fahrrad- Kanu- und Kajakverleih, Organisation von Floßfahrten und Rafting-Touren.

Beschreibung: Großzügig angelegter Campingplatz am Ortsrand, der zur *Pension Pltnik* gehört. Dort auch Anmeldung. Die Stellplätze sind unparzelliert auf einem Wiesengelände. Einfache, aber zweckmäßige Sanitäranlagen, empfehlenswertes Restaurant.
Zufahrt: Die Hauptstraße von Červený Kláštor bis zum Ortsende durchqueren. Der Campingplatz liegt rechts der Straße bei der Floßanlegestelle. Einfahrt durch einen großen Holztorbogen.

In der wilden und zugleich romantischen Naturkulisse des **Pieniny-Nationalparks** *Pieninský národný park* (kurz: PANAP) wollen wir ein paar Tage verweilen. Es gibt einiges zu erleben, wofür der Campingplatz eine sehr gute Ausgangsbasis darstellt. An erster Stelle steht die Eroberung des **Flusses Dunajec**, der da so idyllisch an unserem Stellplatz vorbeirauscht. Bereits aus unserem Campingstuhl können wir das bunte Treiben auf dem Wasser beobachten und müssen uns nur noch entscheiden, mit welchem Transportmittel wir am nächsten Tag flussabwärts schippern wollen. Abenteuerlustige wählen die rasante Raftingtour über Stromschnellen, sportlich kann der Fluss mit Kanu oder Kajak erobert werden und ganz gemütlich geht es mit einem der traditionellen, hölzernen Flöße. Für alle Varianten gibt es vor den Toren des Campingplatzes die passenden Anbieter.

Der Pieniny-Nationalpark und der Fluss Dunajec

Der Pieniny-Nationalpark ist ein Beispiel dafür, wie sehr der Tourismus und der Naturschutz durch die offenen Grenzen des Schengen-Raumes profitieren kann. Namensgeber des im nördlichsten Winkel der Region Zips gelegenen Nationalparks, ist ein wild zerklüfteter Gebirgszug zwischen Polen und der Slowakei. Häufig auch noch *Drei Kronenberge* oder *Tri Koruny* (981 Meter) genannt. Auf slowakischer Seite stellte man **1967** ein rund **21 km²** großes Gebiet unter Naturschutz. Grund dafür war nicht nur die Schönheit der Natur, sondern auch eine Vielzahl seltener Pflanzen und die artenreiche Fauna. Heute ist die Region ein beliebtes Ziel für Radfahrer und Wanderer, die sich seit **2006** über eine grenzüberschreitende Fußgängerbrücke zwischen Červený Kláštor und dem polnischen **Sromowce Niżne** freuen können.

Eine **Floßfahrt** auf dem **Dunajec** ist zweifellos das touristische Aushängeschild sowohl in Polen als auch der Slowakei. Kaum ein Reiseführer oder Prospekt, in dem nicht die Flößer in ihrer traditionellen Goralen-Tracht abgebildet wären. Die Quelle des Dunajec liegt westlich von **Zakopane** auf polnischem Gebiet. Von dort sucht er sich seinen Weg durch eine spektakuläre Landschaft mit üppigem Grün und zerklüfteten Felsen. Der aufregendste Teil ist der **Prielom Dunajca**, der Durchbruch des Dunajec im Grenzbereich beider Länder. Auf rund drei Kilometern Luftlinie legt das Wasser in wilden Schleifen und vorbei an hoch aufragenden, steilen Felswänden neun Kilometer zurück. An manchen Stellen schwillt es zu Wildwasser mit starken Strudeln an, die angeblich bis zu 20 Meter tief sein sollen. Als Grenzfluss zu Polen verlässt der Dunajec nach nur 18 Kilometern die Slowakei.

Im **18. Jahrhundert** dienten die Flöße dem Transport von Holz und anderen Waren. Manche Flößer fuhren sogar bis zur Ostsee und bereits vor unserer Zeitrechnung sollen Bernsteinhändler den Dunajec befahren haben.

Floßfahrt auf dem Dunajec

Ganz so weit ist die Strecke heute jedoch nicht. Von den Ablegestellen in Červený Kláštor dauert das Vergnügen – je nach Wasserstand – anderthalb bis zwei Stunden bis zum Ziel in **Lesnica**. Traditionell werden jeweils vier oder fünf schmale Holzboote vor jeder Fahrt miteinander vertäut. Das Tannenreisig an den Booten ist nicht nur hübsche Dekoration. Es dient auch dazu, die Passagiere vor Spritzwasser zu schützen. Die Flößer sind häufig in der typischen **Goralen-Tracht** gekleidet. Mit bunt bestickten Westen und einer Adlerfeder am Hut. Die Goralen sind eine im Grenzgebiet lebende Volksgruppe, deren Dialekt häufig auch Slowaken unverständlich bleibt. Am Zielort in Lesnica gibt es verschiedene Möglichkeiten für den Rücktransport. Per Bus, Taxi, Mietfahrrad oder ganz romantisch mit der Pferdekutsche. Die Flöße werden hier wieder zerlegt und per LKW zurück nach Červený Kláštor transportiert. Ebenfalls ein spannendes Schauspiel.

Flößer in Goralen-Tracht

Die Saison für die Floßfahrten beginnt Mitte April und dauert bis Ende Oktober. Bei sehr hohem oder sehr niedrigem Wasserstand werden die Fahrten eingestellt. Je nach Anbieter und Rückfahrt-Option müssen Sie mit einem Preis von etwa 10,00 bis 12,00 Euro pro Personen rechnen. Kinder bezahlen zwischen 6,00 und 10,00 Euro. (Stand: 2020).

Sollte Ihnen der Ausflug auf dem Wasser zu abenteuerlich oder aufgrund der Witterung keine Floßfahrt möglich sein, dann bietet

Rotes Kloster und die Drei Kronenberge in Červený Kláštor

sich eine aussichtsreiche Fahrradtour entlang des Flusses bis nach Polen an. Wir besichtigen auf dieser Tour auch das **Rote Kloster** *Červený Kláštor,* nach dem der Ort benannt wurde.

Fahrradtour von Červený Kláštor nach Szczawnica in Polen

Wir starten unsere Fahrradtour ab dem Campingplatz 068 und durchqueren den Ort Červený Kláštor auf der Hauptstraße. Unter den mächtigen Linden vor dem **Roten Kloster** zweigt der rot markierte Radweg ab und folgt nun dem Lauf des Dunajec. Der einzige Weg durch die Engstelle des Tales verläuft auf slowakischer Seite. **Kaiserin Maria Theresia** ließ ihn im **18. Jahrhundert** von einem italienischen Wegebaumeister anlegen, um den Transport von Salz aus dem polnischen *Wieliczka* nach Österreich sicherzustellen.

Bevor wir allerdings in den Genuss dieses schönen Weges kommen, legen wir einen ersten Besichtigungsstopp am *Roten Kloster* ein. Es wurde im **14. Jahrhundert** von der streng asketisch lebenden Glaubensgemeinschaft der **Kartäuser** gegründet. Nach einem Überfall der **Hussiten 1431,** die das Kloster niederbrannten, verließen die Mönche den Ort. Im **16. Jahrhundert** übernahmen die weltoffeneren **Kamadulenser** das Kloster und bauten es zu einem kulturellen Zentrum der nördlichen Zips-Region aus. Einer der bekanntesten Vertreter war der **Mönch Cyprián (1724-1775)**, der auch als fliegender Mönch und erster Drachenflieger der Welt in die Geschichte einging. Er konstruierte einen Flugapparat, dessen Tauglichkeit er, angeblich erfolgreich, mit einem Sprung von den Gipfeln der Felsen *Tri Koruny* testete. Cyprián, der auch *Doktor des Handwerks und der Wissenschaften* genannt wurde, widmete sich zudem der Pharmazie und Kräuterkunde. Bekannt ist sein in Leder gebundenes Herbarium, welches heute im Nationalparkmuseum in Tatranska Lomnica ausgestellt ist. Im Klostermuseum werden die Besucher mit der Klostergeschichte sowie dem Leben der Mönche vertraut gemacht.

Mittelalterliche Mönchszelle

Unter anderem sind eine mittelalterliche Apotheke sowie archäologische Funde zu sehen.

***Öffnungszeiten**: Januar/Februar und November/Dezember täglich von 10 bis 16 Uhr, März/April und September/ Oktober täglich von 9 bis 17 Uhr, Mai bis August täglich von 8 bis 19 Uhr. Letzter Einlass jeweils eine Stunde vor Ende der Öffnungszeit. Eintritt: Erwachsene 3,00 Euro, ermäßigt 2,00 Euro. www.muzeumcervenyklastor.sk. (Stand: 2020).*

Nach dem Besuch im Kloster schwingen wir uns auf die Räder und machen uns auf den Weg in Richtung Polen. Die Strecke verläuft immer dicht am Ufer des Dunajec und überwiegend unter schattigen Bäumen. Wir empfehlen Ihnen eine warme Jacke, denn hier kann es mitunter recht kühl sein. Immer wieder bieten sich Stopps an, um die Aussicht auf die wildromantische Landschaft zu genießen oder die Füße ins Wasser zu tauchen. Sitzgelegenheiten und Informationstafeln zu Flora und Fauna gibt es am Wegesrand reichlich. An schönen Sommerwochenenden herrscht hier reger Ausflugsverkehr. Wanderer und Radfahren teilen sich den Weg. Unterwegs sind zwei kurze, aber steile Anstiege zu meistern. Nach etwa neun Kilometern ist **Lesnica** erreicht. Die Anlegestelle für die slowakischen Flöße. Wenn Sie hier der Straße nach rechts bergauf folgen, dann erreichen Sie mehrere Ausflugsgaststätten, Souvenirstände und den Parkplatz für den Rücktransport der Floßfahrer.

Wir wollen aber bis nach Polen und folgen dem Radweg für weitere zwei Kilometer bis nach **Szczawnica**. Das Tal weitet sich nun und sowohl auf polnischer als auch slowakischer Seite informieren Nationalparkzentren über die Region. Der Radweg wird nun zur breiten und hübsch gestalteten Flaniermeile.

Unweit der polnischen Anlegestelle erwartet uns eine wohlverdiente **Einkehr** im Restaurant *Madejówka*. Hier können wir Ihnen die gebackenen Forellen und andere Fischspezialitäten sehr empfehlen. Einfach köstlich! Euro werden als Zahlungsmittel akzeptiert.

Einkehr im polnischen Szczawnica

Nach dieser Rast geht es auf gleicher Strecke wieder zurück, so dass wir die Landschaft diesmal aus anderer Perspektive genießen können. Am Ende der Tour stehen knapp 25 Kilometer Genussradeln auf dem Tachometer.

Nach unseren Erholungstagen am Fluss Dunajec zieht es uns weiter. Dafür verlassen wir Červený Kláštor auf der Straße

543 wie wir gekommen sind und folgen ihr ab Haligovce etwa 20 Kilometer weiter bis nach **Hniezdne**. Die Strecke führt uns wieder durch die hügelige und liebliche Landschaft der **Zipser Magura** *Spišská Magura*. Sollte Ihnen jetzt schon nach einer Rast zumute sein, dann können Sie hier eine wunderschöne Aussicht hinunter ins Tal des Poprad genießen.

(069) WOMO-Picknickplatz: Poprad-Blick

GPS: N 49°18'59" E 20°38'23" **Max. WOMOs**: 1-2.
Ausstattung: Mülleimer, überdachter Picknickplatz.
Beschreibung: Ebener und geschotterter Parkplatz in Aussichtslage, außerorts bei einer Kapelle.
Zufahrt: Links neben der Straße 543.

In **Hniezdne** fallen uns bereits die ausgedehnten Firmengebäude von **Nestville** ins Auge. Bevor wir der einzigen Whiskey-Destillerie des Landes aber einen Besuch abstatten, machen wir noch einen Abstecher in den beschaulichen Kurort **Vyšné Ružbachy**. Dafür halten wir uns in Hniezdne auf der Straße 77 zunächst nach rechts. Nach etwa sieben Kilometern in **Nižne Ružbachy** zweigt die Straße in den Kurort rechts ab. Ihr WOMO können Sie für einen Bummel durch den Ort auf einem großen Waldparkplatz abstellen und gegebenenfalls auch ruhig übernachten.

(070) WOMO-Badeplatz: Vyšné Ružbachy – Am Kurpark

GPS: N 49°18'14" E 20°33'39" **Max. WOMOs**: 3-4.
Ausstattung: Mülleimer, Restaurants, Thermalbad und Naturfreibad in der Nähe.
Beschreibung: Ebener, asphaltierter, teilweise schattiger und in der Saison gebührenpflichtiger Parkplatz am Kurpark.
Zufahrt: In der Ortsmitte links am Fußballplatz vorbei, dann rechts halten. Dort ist der Parkplatz bereits zu sehen.

Die Reize des kleinen, verschlafenen Kurortes **Vyšné Ružbachy** erschließen sich erst auf den zweiten Blick. Zunächst wirken die teilweise sozialistisch geprägten Gebäude entlang der Zufahrtsstraße wenig einladend. Doch der Bummel durch

Travertinkrater im Kurort Vyšné Ružbachy

Weißes Haus – Biely Dom

den Kurpark zeigt den morbiden Charme vergangener Epochen. Einst gehörte der traditionsreiche Ort an den bewaldeten Ausläufern der Zipser Magura zu dem größten Mineralbädern Europas. 14 warme Heilquellen sprudeln hier aus 150 Metern Tiefe empor. Eine der stärksten Mineralquellen Mitteleuropas ist die **Isabellaquelle** *prameň Izabela*.

Rund um den Kurpark verteilen sich mehrere **Travertinkrater**. Einer davon ist der Kratersee *Travertínové jazierko kráter*, unweit der hübschen, historischen Logierhäuser. Offiziell ist das Baden hier verboten, doch die Einheimischen scheint es nicht zu kümmern. Eine legale Möglichkeit in die Fluten abzutauchen finden Sie im Sommer im Thermalfreibad neben dem **Grand Hotel Strand**. Sehenswert ist auch das inzwischen etwas angegraute **Weiße Haus** *Biely Dom*, das in einer interessanten Architektur ebenfalls aus Travertin gebaut wurde.

Historische Logierhäuser im Kurviertel

Nachdem wir in diesem Heilbad etwas für die Gesundheit getan haben, wenden wir uns nun dem Hochprozentigen zu. Von Vyšné Ružbachy fahren wir zurück nach **Hniezdne** wie wir gekommen sind. Die Einfahrt zum **Nestville-Park** der größten und auch einzigen Whiskey-Destillerie des Landes, können Sie gar nicht verfehlen. Ein Hauch von Wild-West-Romantik, gepaart mit slowakischer Volkskunst, umgibt das gesamte Gelände am Ufer des Flusses Poprad. Parkplätze für Ihr WOMO gibt es reichlich und auf Nachfrage können Sie hier bestimmt auch übernachten. Nach Whiskey-Verkostung und Einkehr lässt die Null-Promille-Grenze ohnehin keine Weiterfahrt mehr zu.

(071) WOMO-Stellplatz: Hniezdne – *Nestville-Park*

GPS: N 49°18'10" E 20°38'20"

Max. WOMOs: 3-4.

Ausstattung: Mülleimer, Restaurant, Chocolaterie, Spielplatz, Erlebniswelt mit Firmenbesichtigung.

Beschreibung: Parkplätze auf dem Areal von Nestville-Park.

Zufahrt: Wie im Text beschrieben. Die Einfahrt liegt in Hniezdne an der Straße 77.

Mit der im Jahr **2012** eröffneten Erlebniswelt **Nestville-Park** wird an die historische Tradition des Brennereihandwerkes angeknüpft. Bereits im **18. Jahrhundert** gab es die Erwähnung von Brennereien in der Region, ebenso wie die der Bierbrauerei. Heute ist die Erlebniswelt neben der industriellen Whiskey-Destillation ein Besuchermagnet für Gäste aus aller Welt. Wer sich für die Historie und die moderne Whiskeyproduktion interessiert, sollte sich eine Führung nicht entgehen lassen. Der Rundgang führt zunächst durch ein kleines Freilichtmuseum, in dem historisches Handwerk rund um das Brennereigewerbe präsentiert wird. Danach geht es in eine der modernsten, industriellen Brennereien Mitteleuropas. Am Ende steht eine Whiskey-Verkostung auf dem Programm, welche im beeindruckenden Schnitzerei-Saal stattfindet – ein üppig mit Holzschnitzereien dekorierter Raum, der unter anderem das größte, handgeschnitzte Bild Europas enthält. Gefertigt von regionalen Handwerkern. Hinter Glas lagert der Whiskey in mächtigen Eichenfässern. Für Süßschnäbel gibt es eine **Chocolaterie** mit eigener Schokoladenproduktion und in der Lokalbrauerei

Schnitzerei-Saal der Whiskey-Destillerie Nestville-Village

Nestville Taberna lässt sich der Besuch mit einem Rindersteak aus eigener Landwirtschaft und einem Glas ungefiltertem und nicht pasteurisierten Bier abrunden.

***Öffnungszeiten**: Mai, Juni und September Montag bis Freitag von 9 bis 17 Uhr, am Wochenende von 10 bis 17 Uhr. Juli und Augst jeweils bis 19 Uhr. Oktober bis April Dienstag bis Sonntag von 10 bis 16 Uhr. Eintritt: 8,00 Euro, ermäßigt 6,00 Euro, Kinder 3,00 Euro. www.nestvillepark.sk (Stand: 2020).*

Unser nächstes Ziel ist **Stará L'ubovňa**. Hier, in etwa fünf Kilometern Entfernung zum *Nestville-Park*, soll das Brennereihandwerk seinen Ursprung haben, denn auf der Burg wurde die älteste erhaltene Brennerei der Slowakei entdeckt. Folgen Sie in Stará L'ubovňa der Beschilderung zur **Burg** *Hrad L'ubovňa* und zum **Freilichtmuseum** *L'ubovniansky skanzen*, die Sie direkt zum Parkplatz führt.

(072) WOMO-Stellplatz: Stará L'ubovňa Burg und Freilichtmuseum

GPS: N 49°18'59" E 20°41'37".
Max. WOMOs: 3-4.
Ausstattung: Mülleimer, öffentliche Toiletten in der Saison, Restaurant, Imbissbuden, Souvenirstände.
Beschreibung: Asphaltierte, teilweise schräge und gebührenpflichtige Besucherparkplätze bei Burg und Freilichtmuseum. Eine Übernachtungspauschale kann mit dem Parkplatzwächter verhandelt werden. Außerorts, tagsüber lebhaft, nachts ruhig.
Zufahrt: Wie im Text beschrieben in Stará L'ubovňa den Hinweisschildern folgen.

Für die Besichtigung von Freilichtmuseum und Burg sollten Sie sich ein wenig Zeit nehmen. Sehr gute Erfahrungen haben wir damit gemacht, das Museum am späten Nachmittag und die Burg nach der Übernachtung am frühen Morgen zu besuchen. Die Besucherströme halten sich dann in Grenzen und die morgendliche Stimmung mit Blick auf die östlichen Gipfel der Hohen Tatra ist besonders schön.

Burg und Freilichtmuseum Stará L'ubovňa

Die Silhouette der Burg ist schon von weitem zu sehen. Ende des **13. Jahrhunderts** wurde sie als nördliche Grenzfestung Ungarns und zum Schutz der Handelsstraße nach Polen erbaut. Nach der Verpfändung an Polen im Jahr **1412** residierten hier polnische Statthalter, die alle Zipser Städte verwalteten. Während der Bedrohung Polens durch die Schweden **1655** verwahrte man auf

Holzkirche und Burg Stará L'ubovňa

der Burg für einige Jahre die königlichen Kroninsignien. Nach Auflösung der Verpfändung **1772** ging die Burg in Privatbesitz über, seit **1948** ist sie Staatsbesitz. Die in weiten Teilen restaurierte Anlage beherbergt heute ein Museum mit Waffen, Mobiliar und Kunstgegenständen. Der etwas mühsame Aufstieg auf den ältesten Teil, den frühgotischen Turm, lohnt sich unbedingt. Die Aussicht ist bei klarem Wetter überwältigend und wir können unsere zurückliegenden Ziele, wie die Gipfel der Hohen Tatra und den Dreikronenberg in der Ferne erkennen. Die Beschilderungen sind mehrsprachig und am Eingang zur Burg gibt es eine deutsche Broschüre mit weiteren Erklärungen.

Griechisch-katholische Ikonostase

Der Burg zu Füßen liegt das hübsche **Freilichtmuseum** mit der traditionellen Architektur der nördlichen Region Zips. Die Anlage umfasst etwa zwei Dutzend Gebäude, einschließlich einer **griechisch-katholischen Holzkirche** aus dem Jahr **1833**. Sie ist vollständig mit Holzschindeln verkleidet und enthält im Inneren eine prächtige Ikonostase.

***Öffnungszeiten**: Juni Dienstag bis Freitag von 11 bis 17 Uhr, am Wochenende von 9 bis 19 Uhr. Juli bis September täglich von 9 bis 19 Uhr. Letzter Einlass eine Stunde für Ende der Öffnungszeit. Eintritt für Burg und Museum: Erwachsene 6,00 Euro, ermäßigt 4,50 Euro, Kinder 3,00 Euro, Familien 12,50 Euro. www.hradlubovna.sk. (Stand: 2020).*

In unmittelbarer Nähe zur Burg war bei unserer Rechercheреise eine Gaststätte mit Lokalbrauerei kurz vor der Fertigstellung. (Beschilderung: *Pálencia – Castle distillery*). Vermutlich ein Ableger der *Nestville-Park-Betreiber*. Vielleicht dürfen Sie sich bei Ihrer Reise schon über ein frischgezapftes Bier auf der herrlichen Aussichtsterrasse freuen.

Unser Weg geht nun weiter in Richtung Osten. Die Region ist zunehmend dünner besiedelt. Bis zu unserem nächsten Ziel **Bardejov** sind es rund 60 Kilometer, die wir über die Straßen 68 und 77 hinter uns bringen. Die Strecke ist wunderschön und führt uns teilweise dicht entlang der polnischen Grenze. Die Gegend ist hügelig und waldreich, wir kommen durch Dörfer mit alten Holzhäusern und die Ortsschilder sind bereits zweisprachig mit kyrillischen Buchstaben beschriftet. Ein Zeichen für die ukrainische Minderheit der Ruthenen, die hier lebt. Die Region wird nun zunehmend osteuropäischer.
Die Stadt **Bardejov** umfahren wir zunächst auf einer neuen, mehrspurigen Umgehungsstraße. Schon bald können wir die von mittelalterlichen Bastionen umgebene Altstadt erkennen. Einen großen, gebührenpflichtigen Parkplatz finden Sie bei [N 49°17'40" E 21°16'39"]. Biegen Sie dazu von der Straße 77 bei einem Shoppingcenter links ab, dann erreichen Sie den Parkplatz an der Stadtmauer wenige Meter weiter auf der linken Seite. Vom Parkplatz sind es nur wenige Schritte in die Altstadt, die seit dem Jahr **2000** auf der **UNESCO-Welterbeliste** steht.

Stadtspaziergang Bardejov

Walzerklänge aus Lautsprechern empfangen die Besucher auf dem kopfsteingepflasterten Rathausplatz *Radničné námestie* von Bardejov. Wohl kaum ein anderer Stadtkern der Slowakei zeigt sich so authentisch. Umrahmt von hübschen Bürgerhäusern, einem alten Rathaus und der alles dominierenden Basilika schwebt hier über allem noch ein Hauch von Mittelalter. Die Sehenswürdigkeiten liegen also nah beieinander und können bei einem kleinen Stadtspaziergang erkundet werden. Gleich zu Beginn bietet sich die Besichtigung der **Ägidius-Basilika** *Bazilika svätého Egídia* an. Sie wurde vermutlich um das Jahr **1376** an Stelle eines ehemaligen Zisterzienserklosters errichtet. In ihrem Inneren weist sie gleich elf gotische Flügel-

Mittelalterliches Bardejov

Ägidius-Basilika Bardejov

altäre auf – so viel wie keine andere Kirche Mitteleuropas. Ein Aufstieg auf den 76 Meter hohen Kirchturm lohnt sich unbedingt. Von oben bietet sich eine wunderschöne Gesamtsicht auf den Rathausplatz und die umliegende Region. Die Glocken wurden **1995** ausgetauscht. Die alten Glocken stehen heute vor dem Hauptportal.

Öffnungszeiten: *Montag bis Freitag von 10 bis 16 Uhr, Samstag von 10 bis 15 Uhr, Sonntag von 11.30 bis 15 Uhr. Eintritt: 1,50 Euro, Fotoerlaubnis 1,00 Euro (Stand: 2020).*

Ein weiteres nationales Kulturdenkmal ist das **historische Rathaus** *Historická radnica*. Das freistehende Gebäude mitten auf dem Platz stammt aus dem Jahr **1511** und ist ein Schmuckstück der Spätrenaissance. Einst war es der Sitz des Stadtrates und Zentrum des kulturellen Lebens. Im Erdgeschoss wurde Handel betrieben und als Symbol der Gerechtigkeit blickt eine Plastik des Ritters Roland vom Giebel herunter. Etwas versteckt auf der Ostseite des Gebäudes, unter dem Giebel eines Treppenerkers, streckt ein Knabe dem Betrachter sein nacktes Hinterteil entgegen. Angeblich soll dies die Rache eines italienischen Baumeisters gewesen sein, der sich über ausstehenden Lohn geärgert hat. Heute ist im alten Rathaus ein Teil des Regionalmuseums untergebracht.

Weitere Sehenswürdigkeiten verteilen sich rund um den Rathausplatz und in den Seitengassen. Gegenüber vom alten Rathaus steht der **Gantzaughof**. Das älteste gotische Bürgerhaus trägt auf seiner Fassade ein Auge, das Tag und Nacht über die Menschen wacht. Im Gebäude werden heute Wechselausstellungen präsentiert.

Am südwestlichen Ende des Platzes beherbergt ein Eckbürgerhaus ein **Ikonenmuseum** *Šarišské muzeum ikony* mit über

160 Ikonen, welche zwischen dem 16. und 19. Jahrhundert geschaffen wurden.

***Öffnungszeiten und Informationen**: Die Museen der Stadt sind saisonal unterschiedlich geöffnet. Genauere Informationen zu Öffnungszeiten und Eintrittspreisen gibt es unter www.muzeumbardejov.sk. Die Touristeninformation am südlichen Ende des Platzes im Gebäude Nr. 21 hält Stadtpläne mit weiteren Informationen bereit. Zudem werden täglich Stadtführungen auch in deutscher und englischer Sprache angeboten. www.tik.bardejov.travel.*

Sehenswert ist zudem die mittelalterliche **Stadtbefestigung**, von der mehrere Basteien sowie das **Obere Tor** *Horná brána* im Süden sowie das **Untere Tor** *Dolná brána* im Nordosten erhalten geblieben sind. Den Stadtspaziergang können Sie mit einer Einkehr im *Café und Bar Padre* auf den Mauern der südlichen Stadtbefestigung verbinden. Von der Terrasse bietet sich ein schöner Blick auf die Stadt und den Kalvarienberg. Werfen Sie aber auch gerne einen Blick hinein. Durch den modernen Glaskasten geht es eine Etage tiefer, wo Sie im unterirdischen Bereich der Stadtmauer Platz nehmen können.

Tipp zum Besuch der Holzkirchen in der Ostslowakei

Rund um Bardejov gibt es mehrere der für die Ostslowakei typischen Holzkirchen. Sie entstanden nach der Union von griechisch-orthodoxer und römisch-katholischer Kirche im **17. und 18. Jahrhundert**. Viele von ihnen liegen in landschaftlich schöner Umgebung, häufig etwas abseits der üblichen Route und sind nur über kleine Sträßchen zu erreichen. Leider sind viele der Holzkirchen nur unregelmäßig für eine Besichtigung geöffnet. An den Pforten sind zwar Telefonnummern angegeben, aber nicht immer ist jemand erreichbar oder es scheitert an der Sprachbarriere.

Um Ihnen Umwege und Enttäuschungen zu ersparen, empfehlen wir Ihnen den Besuch der Holzkirchen in einem der Freilichtmuseen. Sie sind nicht minder sehenswert und die Türen stehen immer offen. Dennoch möchten wir einige der Holzkirchen, die entlang unserer Route liegen, nicht außer Acht lassen und kurz erwähnen, so dass Sie selbst entscheiden können, ob Sie einen Abstecher unternehmen.

Holzkirche in Hervatov

Rund sieben Kilometer südwestlich von Bardejov und über die Landstraße 545 in Richtung Prešov zu erreichen, befindet sich in **Hervatov** die älteste Holzkirche der Slowakei [N 49°14'48" E 21°12'13"]. Sie wurde um **1500** überwiegend aus Lärchenholz errichtet und ist dem heiligen **Franz von Assisi** geweiht. Mit ihren weitgehend original erhaltenen Wandmalereien wurde die Kirche im Jahr **2008** zum **UNESCO Weltkulturerbe** erklärt.

Nur sechs Kilometer nordwestlich von Bardejov liegt das älteste Kurbad der Slowakei **Bardejovské Kúpele**. Eingebettet in das Grün der **Niederen Beskiden** verstecken sich hier nicht nur ein kleines Freilichtmuseum mit zwei Holzkirchen, sondern auch einige imposante Jugendstilgebäude. Hier wandeln wir auch auf den Spuren von **Kaiserin Sissl**. Von der Straße 77 zweigt eine kleine Straße links ab und endet an einem zentralen Parkplatz.

(073) WOMO-Stellplatz: Bardejovské Kúpele

GPS: N 49°19'35" E 21°16'30" **Max. WOMOs**: 3-4.
Ausstattung: Mülleimer, öffentliche Toiletten in der Nähe.
Beschreibung: Asphaltierte, gebührenpflichtige und große Parkfläche am Ortseingang von Bardejovské Kúpele. Bezahlbar am Parkscheinautomaten. Ortsmitte mit Kurpark, Restaurants, Thermalbad und Freilichtmuseum in wenigen Minuten zu Fuß erreichbar.
Zufahrt: Wie im Text beschrieben ab der Straße 77 der Beschilderung in den Kurort bis zum Ende der Hauptstraße folgen. Der Parkplatz liegt links der Straße.
Wichtiger Hinweis: Die 24-Stunden-Parkgebühr von 5,00 Euro gilt nur für PKWs und eventuell noch für kleinere WOMOs in VW-Bus-Größe. Ein Höhendetektor klassifiziert größere Fahrzeuge als Bus, wodurch saftige Parkgebühren bei einer Übernachtung zustande kommen können. In unserem Fall waren es 30,00 Euro.

Bardejovské Kúpele

Bereits die Mönche des Zisterzienserklosters in Bardejov wussten die Wohltat der zehn kalten Mineralquellen von Bardejovské Kúpele zu

Kaiserin Sissi in Bardejovské Kúpele

schätzen. Seit **1505** mussten Erholungssuchende einen Obolus für das Badevergnügen entrichten und die Heilkraft der Bardejover Quellen sprach sich weit herum. Ab dem Beginn des **18. Jahrhunderts** entstanden Kureinrichtungen, Gästehäuser und Villen. Unter anderem gehörte der ungarische Hochadel zu den Stammgästen. Ende **1895** trug sich **Kaiserin Sissi** zum Abschied im Gästebuch ein, was dem Heilbad zusätzlichen Aufschwung verlieh. Heute trägt das Kurhaus, in dem sie weilte, den Namen *Alžbeta* und auch eine Quelle wurde nach der Kaiserin benannt. Besonders eindrucksvoll ist jedoch das **1867** erbaute neoklassizistische Kurhaus *Astória* mit seinen prächtigen Jugendstilausschmückungen.

Um allerdings zu diesen prachtvollen Kurhäusern zu gelangen, führt der Weg zunächst vorbei an eher weniger attraktiven Gebäuden. Betonsünden der sozialistischen Ära. Auch die **Kolonnade** ist ein eher nüchterner Zweckbau, unter deren Dach acht Heilquellen in unterschiedlicher Zusammensetzung sprudeln. Über dem Ort weht zudem ein zarter Duft nach Zimt und Zucker. Wie in vielen anderen Kurorten werden auch hier die klassischen **Oblaten** *Kúpel'né oblátky* frisch gebacken. Sie müssen nur der Nase nach gehen und können die noch ofenwarmen Oblaten in unterschiedlichen Geschmacksrichtungen genießen. Wenn Sie noch ein wenig Zeit mitgebracht haben, dann lohnt sich ein Besuch im kleinen **Freilichtmuseum** *Múzeum šarišske dediny*. Zu sehen sind hier neben den typischen Wohn- und Wirtschaftsgebäuden der Regionen Zemplin und Šariš auch zwei besonders hübsche **griechisch-orthodoxe Holzkirchen**. ***Öffnungszeiten***: *Mai bis September täglich von 10 bis 12 Uhr und von 12.30 bis 17.30 Uhr. Von Oktober bis April täglich außer Montag nur bis 15 Uhr. Eintritt: 2,50 Euro Erwachsene. www.muzeumbardejov.sk. (Stand: 2020).*

Von Bardejovské Kúpele kehren wir zurück auf die Straße 77, der wir nun weiter in Richtung **Svidník** folgen. Die Region wird immer einsamer und ist geprägt von Hügeln, Feldern und Wäldern. Die langen Straßendörfer wirken zunehmend osteuropäisch und in der Sonne glänzen die silbernen Zwiebeltürme der Kirchen. Bei der Gemeinde **Nižná Polianka** lädt ein Naturfreibad im Sommer zu einer Badepause ein.

(074) WOMO-Badeplatz: Naturfreibad *Makovica*

GPS: N 49°23'56" E 21°23'39", www.makovica.sk.
Max. WOMOs: 5.
Ausstattung: Mülleimer.
Beschreibung: Asphaltierte, ebene und große Parkfläche bei einem Naturfreibad. Im Winter befindet sich hier ein Skilift. Lage außerorts. Im Freibad während der Saison Kiosk und Toiletten. .
Zufahrt: Der Parkplatz liegt rechts der Straße 77.

Die Kleinstadt **Svidník** wirkt auf den ersten Blick wenig einladend. Schmucklose Plattenbauten und heruntergekommene Vorstadtsiedlungen verleiten zum schnellen Durchfahren. Doch ein Stopp lohnt in mehrfacher Hinsicht. Die überwiegend von der ukrainischen Minderheit der *Ruthenen* bewohnte Stadt am **Dukla-Pass** lag nach dem Zweiten Weltkrieg in Schutt und Asche. Hier fand eine der erbittertsten Schlachten statt, wovon heute zahlreiche Soldatenfriedhöfe, Denkmäler und ein Militärmuseum zeugen.
Bevor wir uns allerdings den Gräueltaten des Krieges zuwenden, besuchen wir zunächst ein Freilichtmuseum, in dem sich eine weitere hübsche Holzkirche befindet. Die Zufahrt zum Museum liegt etwas versteckt, hinter einem marode wirkenden Amphitheater, am nordwestlichen Stadtrand. Folgen Sie dazu ab der Straße 77 bei [N 49°18'30" E 21°33'47"] den Hinweisschildern zum **Skanzen**. Ein schmales und steiles Sträßchen führt zwischen einem Toilettengebäude und einem Festplatz durch den Wald hinauf zum Museumseingang. Sie können Ihr WOMO entweder auf dem Museumsgelände parken oder etwas unterhalb auf einer Wiese. Hier könnten Sie auch eine ruhige Nacht verbringen.

(075) WOMO-Stellplatz: Svidník Freilichtmuseum

GPS: N 49°18'16" E 21°33'24", Festivalová 2036 **Max. WOMOs**: 1-2.
Ausstattung: Keine.
Beschreibung: Halbwegs ebene Wiese vor dem Eingang zum Museum. Lage außerorts.
Zufahrt: In Svidník der Beschilderung zum Skanzen folgen.

Auf dem rund 19 Hektar großen Areal an einem Berghang oberhalb von Svidník sind derzeit etwa 40 Wohn- und Wirtschaftsgebäude der **Ruthenen** zu sehen. Einige davon sind mit Stroh gedeckt und authentisch eingerichtet. Zu sehen sind unter anderem eine Wassermühle, eine Schmiede und eine Dorfschenke. Hauptanziehungspunkt ist jedoch die griechisch-katholische Holzkirche aus dem Jahr **1766** die einst im Dorf **Nová Polianka** stand.

***Öffnungszeiten**: Mai bis Oktober Montag bis Freitag von 8.30 bis 18 Uhr, Samstag und Sonntag von 10 bis 18 Uhr. Eintritt: 3,00 Euro Erwachsene, ermäßigt 1,50 Euro, Fotografiererlaubnis 2,00 Euro (Stand: 2020).*

Vom Berghügel des Museums ist bereits ein monumentales **Denkmal** zu sehen. Es liegt in einem kleinen Park auf der linken Seite der Straße 77 und wurde zum Gedenken an die zahlreichen Gefallenen der Sowjetarmee errichtet. Gleich daneben befindet sich in einem modernen Betonbau ein **militärhistorisches Museum** *Vojenské múzeum 1914-1945*. Auf einem Außengelände sind Panzer, Flugzeuge und Haubitzen frei zugänglich zu besichtigen.

Gedenkstätte in Svidník

Uns zieht es jedoch noch ein Stück weiter zum **Dukla-Pass** *Duklianský priesmyk* und an den Grenzübergang zu Polen. Von Svidník sind das über die Straße 21 knapp 20 Kilometer. Es handelt sich dabei um eine stark vom Schwerlastverkehr befahrene Route, an der Sie auch mit Polizeikontrollen rechnen müssen. In der Gemeinde **Ladomírová** können Sie eine weitere **Holzkirche** besuchen. Die Kirche des **Heiligen**

Gedenkstätte und Soldatenfriedhof am Dukla-Pass

Erzengels Michael aus dem Jahr **1742** befindet sich bei [N 49°19'41" E 21°37'34"]. Auch sie gehört zum UNESCO-Weltkulturerbe und enthält unter anderem eine fünfteilige Ikonenwand.

Die Region um den Dukla-Pass (563 Meter) war als strategisch bedeutsamer Ort bereits im Ersten Weltkrieg hart umkämpft. Vom **8. September bis zum 30. November 1944** fand hier eine der verheerendsten Schlachten des Zweiten Weltkrieges statt. Sowjetisch-tschechoslowakische Truppen auf der einen und deutsche Verbände auf der anderen Seite lieferten sich erbitterte Kämpfe um den Übergang in den Mittleren Karpaten. Vermutlich verloren mehr als 150.000 Soldaten ihr Leben. Entlang der Route erinnern immer wieder Denkmäler und Soldatenfriedhöfe an das sinnlose Morden. Im Dorf **Hunkovce** ruhen über 3.000 deutsche Soldaten.

Aussichtsturm am Dukla-Pass

Das Gebiet auf dem Dukla-Pass ist heute eine monumentale Gedenkstätte. Um das Gebiet zu besichtigen, biegen Sie kurz vor dem slowakisch-polnischen Grenzübergang bei [N 49°25'00" E 21°41'49"] rechts auf eine kleine Nebenstraße ab. Hier ist die Zufahrt zu einem Aussichtsturm ausgeschildert. Das Sträßchen durch den Wald endet bei einem großen Parkplatz.

(076) WOMO-Stellplatz: Aussichtsturm am Dukla-Pass

GPS: N 49°25'01" E 21°42'09"

Max. WOMOs: 5.

Ausstattung: Keine.

Beschreibung: Asphaltierter Parkplatz außerorts. Nachts einsam und ruhig. Durch die Grenznähe zu Polen schauen Zoll- und Grenzschutz auf dem Parkplatz vorbei. Wanderwege zum Aussichtsturm und zur Gedenkstätte sind ausgeschildert.

Zufahrt: Vor dem Grenzübergang der Beschilderung zum Aussichtsturm folgen.

Hinweis: Da sich rund um den Dukla-Pass in den letzten Jahren wieder Bären heimisch fühlen, lassen Sie bitte keine Lebensmittel oder Mülltüten vor dem WOMO.

Vom Parkplatz sind es nur wenige Fußminuten zu einem Aussichtsturm, der **1974** errichtet wurde und eine Außenstelle des militärhistorischen Museums von Svidník ist. Im Erdgeschoss ist eine Ausstellung der Kriegshistorie gewidmet. Vom **49 Meter** hohen Turm aus kann man das damalige Schlachtfeld überblicken. Oder einfach nur die Aussicht auf die heute zum Glück friedliche Region beiderseits der Grenze genießen.

***Öffnungszeiten**: 1. Mai bis 15. Oktober täglich außer Montag von 9 bis 17 Uhr. Letzter Einlass um 16.30 Uhr. Eintritt: 1,00 Euro, ermäßigt 0,50 Euro (Stand: 2020).*

Vom Aussichtsturm führt ein Wanderweg in etwa 20 Minuten zur monumentalen Gedenkstätte mit Massengräbern für mehr als 9.000 Soldaten.

Hier, an diesem nachdenklich stimmenden Ort, endet unsere Tour 7. Leserinnen und Leser, die ihre Reise in Polen fortsetzen möchten, verabschieden wir an dieser Stelle. Wer mit uns weiter in den Osten der Slowakei reisen möchte, den laden wir nun zur Tour 8 ein.

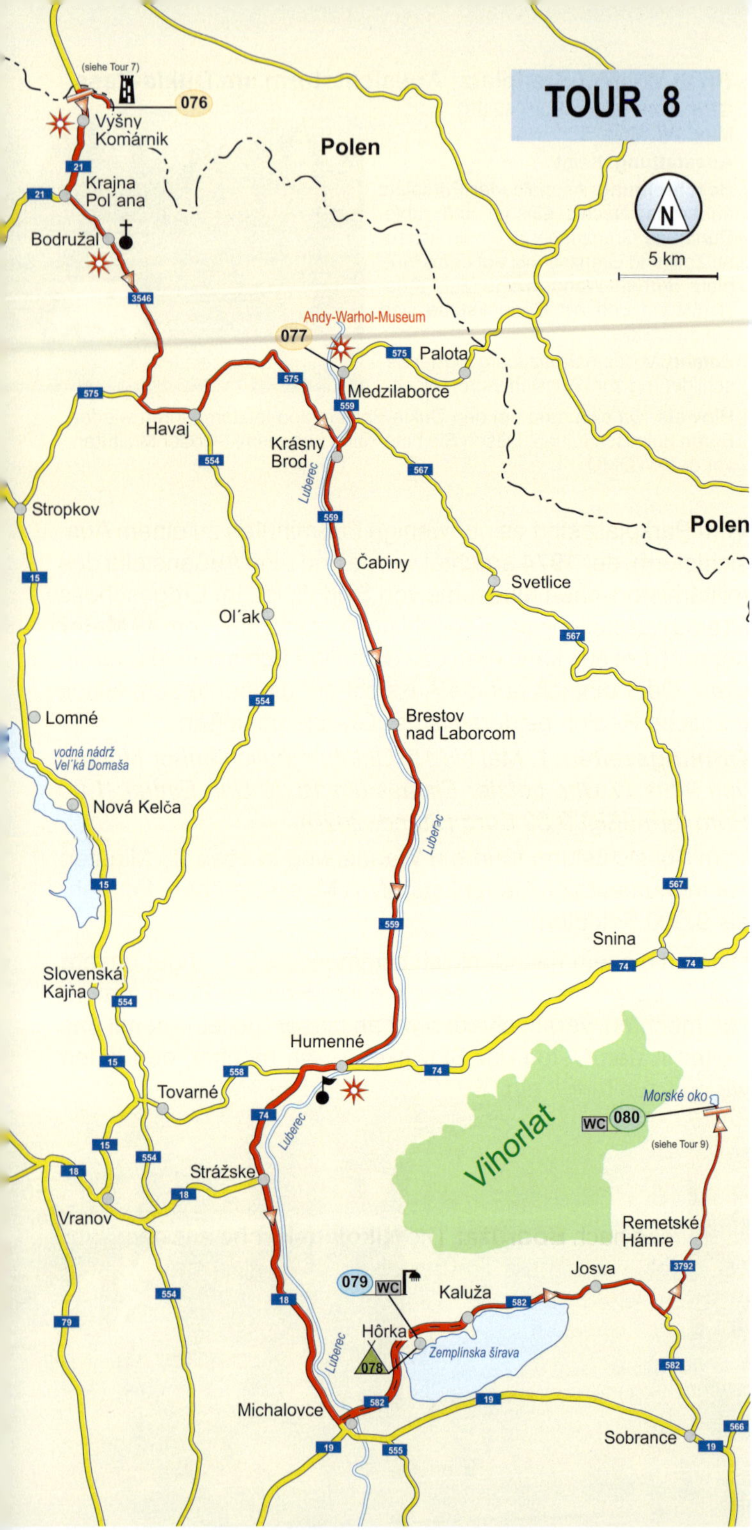
TOUR 8
Polen
Polen
5 km
N
(siehe Tour 7)
076
Vyšny Komárnik
Krajna Pol'ana
Bodružal
Andy-Warhol-Museum
077
Palota
Medzilaborce
Havaj
Krásny Brod
Luberec
Stropkov
Čabiny
Svetlice
Ol'ak
Lomné
Brestov nad Laborcom
vodná nádrž Vel'ká Domaša
Nová Kelča
Snina
Slovenská Kajňa
Humenné
Tovarné
Vihorlat
Morské oko
WC 080
(siehe Tour 9)
Strážske
Vranov
Remetské Hámre
079 WC
Josva
Kaluža
Hôrka
078
Zemplínska šírava
Michalovce
Sobrance
21
3546
575
559
554
567
15
74
558
18
79
582
3792
19
555
566

Tour 8: Zu den Buchen-Urwäldern im tiefen Osten der Slowakei 150 km

Bodružal – Medzilaborce – Humenné – Michalovce Stausee Zemplínska šírava – Vihorlat-Gebirge

Stellplätze:	in Medzilaborce, am Morské oko
Campingplätze:	mehrere am Stausee Zemplínska šírava
Besichtigen:	Holzkirche in Bodružal, Andy Warhol-Museum in Medzi laborce, Freilichtmuseum und Schloss in Humenné
Baden:	Stausee Zemplínska šírava
Wandern:	im Vihorlat-Gebirge am Morské oko
Essen:	Wanderhütte *Chata Morské oko*

Diese Tour führt uns in den tiefen Osten der Slowakei. Unweit der Grenze zur Ukraine erstrecken sich die östlichen Karpaten mit dem Poloniny-Nationalpark und dem Vihorlat-Gebirge mit ihren fantastischen Buchen-Urwäldern. Einst bedeckten sie weite Teile Europas und sie stehen heute auf der UNESCO-Weltnaturerbeliste. Auf dem Weg in diese entlegene Ecke des Landes besuchen wir das einzige Andy-Warhol-Museum Europas in Medzilaborce, wir staunen über eines der größten Renaissanceschlösser der Ostslowakei in Humenné, wir genießen Badefreuden im Stausee Zemplínska šírava und wir entdecken den Meeraugen-See Morské oko im Vihorlat-Gebirge.

Vorbemerkung zu dieser Tour: *da die Dichte an Campingplätzen in Richtung Osten deutlich abnimmt, empfehlen wir Ihnen eine rechtzeitige Ver- und Entsorgung auf einem der beschriebenen Plätze.*

Von unserem letzten Übernachtungsplatz am **Dukla-Pass** an der polnischen Grenze kehren wir zurück auf die Hauptstraße 21 und fahren knapp sieben Kilometer retour bis in den Ort **Krajná Pol'ana**. Hier zweigt ein kleines Sträßchen links ab zur Holzkirche nach **Bodružal**. Die **Nikolauskirche** aus dem Jahr **1658** gehört ebenfalls zu den UNESCO-Denkmälern und ist ein dreiteiliger Bau, mit hübschen Schindeldächern. Innen sind prächtige Ikonostasen zu bewundern. Einen Parkplatz finden Sie bei [N 49°21'08" E 21°42'29"].

Wir folgen dem Sträßchen weiter durch ein idyllisches Bachtal mit kleinen Dörfern. Einsam ist es hier, wir sehen kaum Menschen. Dafür üppig blühende Vorgärten und einfache, aber gepflegte Häuschen.

Unser nächstes Ziel, die Stadt **Medzilaborce** am Fluss Laborec, erreichen wir nach 30 Kilometern. Sie ist die nordöstlichste slowakische Stadt und hat immer noch den Ruf, ein wenig hinterwäldlerisch zu sein. Tatsächlich hat die Kleinstadt mit ihren mehr oder minder einladenden Geschäften und Kneipen auf den ersten Blick nicht allzu viel zu bieten. Luxushotels oder angesagte Cafés sind hier nicht zu finden. Doch dafür ein zentraler Parkplatz, auf dem Sie notfalls auch übernachten könnten. Zwar etwas charmefrei, aber zweckmäßig.

(077) WOMO-Stellplatz: Medzilaborce Andy-Warhol-Museum

GPS: N 49°16'05" E 21°54'18", Dobrianskeho 760, **Max. WOMOs**: 3-4.
Ausstattung: Mülleimer.
Beschreibung: Ebener und asphaltierter Parkplatz in Zentrumslage hinter dem Museumsgebäude. Einkaufsmöglichkeiten und Restaurants in der Nähe, Toiletten im Museum.
Zufahrt: An der Hauptstraße 559 liegt die Zufahrt zum Parkplatz rechts gegenüber dem Tesco-Supermarkt.

Warum dennoch Touristen aus ganz Europa und Übersee in diesen hintersten Winkel der Slowakei pilgern, erschließt sich erst auf den zweiten Blick. In einem unscheinbaren und etwas in die Jahre gekommenen Betonbau ist das **Museum für moderne Kunst** *Múzeum moderného umenia* untergebracht. Ausgestellt werden hier die Werke des weltweit bekannten US-amerikanischen **Pop-Art-Künstlers Andy Warhol** – das einzige seiner Art in Europa. Grund genug, einmal hineinzuschauen. Wie kommt nun ein Andy Warhol nach Medzilaborce?

Andy Warhol und Medzilaborce

Andy Warhol, eigentlich *Andrej Varchola (1928-1987)*, hat seine Wurzeln im kleinen Dorf **Miková** unweit von Medzilaborce.

Dort lebten seine ruthenischen Eltern bis nach dem Ersten Weltkrieg. Anfang **1920** wanderten sie nach Amerika aus und ließen sich in Pittsburgh nieder, wo Andy Warhol am **6. August 1928** geboren wurde.

Warhol wurde zu einem der berühmtesten und einflussreichsten Künstler des 20. Jahrhunderts. Er galt als Universalgenie, schrieb Bücher, drehte Filme, gründete mit dem Sänger *Lou Reed* die Popgruppe *Velvet Underground* und er erfand eine ganz neue Kunstrichtung – die **Pop-Art**. Seinen künstlerischen Durchbruch hatte Warhol **1962** mit *Campbell's Soup Cans.* Er fertigte 32 fast identische Bilder im Siebdruckverfahren, weil es die Suppenkonserve in 32 verschiedenen Geschmacksrichtungen gab.

Das Museum in Medzilaborce wurde **1991** von Warhols Familie und dem slowakischen Kulturministerium gegründet. Zu sehen sind viele Originalwerke, die meisten davon Leihgaben der *Andy Warhol Foundation for Visual Arts in New York*. Unter den mehr als 200 Ausstellungsstücken sind auch Werke von Andy Warhols Bruder *Paul Warhola* und dessen *Sohn James*, die beide ebenfalls Illustratoren waren. Der Schwerpunkt des Museums liegt

Orthodoxe Kirche in Medzilaborce

jedoch auf Andy Warhol, seinem Leben, seiner Familie, seiner Kunst und Karriere. Ein weiterer Bereich des Museums ist dem Pop-Art- und Graffiti-Künstler *Keith Haring* gewidmet, der die New Yorker Straßenkunstkultur der 1980er Jahre vertritt und eng mit Andy Warhol befreundet war.

Andy Warhol hat – im Gegensatz zu seiner Familie – nie slowakischen Boden betreten. Vielleicht hätte ihm jedoch gefallen, dass sich eine ganze Stadt in ein Andy-Warhol-Denkmal verwandelt hat. Vor dem Museum steht eine Andy-Warhol-Skulptur, es gibt ein kleines Andy-Hotel und in der Volksgruppe der Ruthenen gilt er als Nationalheld.

***Öffnungszeiten**: Oktober bis April täglich von 10 bis 16 Uhr, am Wochenende 12 bis 16 Uhr. Von Mai bis September täglich außer Montag von 10 bis 16 Uhr. Eintritt: Erwachsene 4,00 Euro, ermäßigt 2,00 Euro, Familien 8,00 Euro. www.muzeumaw.sk (Stand: 2020).*

Nach dem Museumsbesuch heißt unser nächstes Ziel **Humenné**. Die Kleinstadt ist nach etwa 40 Kilometern erreicht, die wir auf der Straße 559 und entlang dem Fluss Luberec zurücklegen. Die Kleinstadt liegt als Zentrum der Region **Oberes Zemplín** am Zusammenfluss von Luberec und Cirocha am Rand des **Vihorlat-Gebirges**.

Die Geschichte der Stadt bestimmte im Spätmittelalter maßgeblich die **Adelsfamilie Drugeth**. Sie zählte während ihrer Herrschaft zu den mächtigsten Großgrundbesitzern der Ostslowakei. Nachdem die Stadt im Zweiten Weltkrieg weitgehend zerstört wurde, beherrschen heute die in den Nachkriegsjahren errichteten Zweckbauten das Stadtbild. Ein Stopp lohnt sich trotzdem. Parkplätze – insbesondere für kompaktere Fahrzeuge – finden sich im Zentrum beiderseits der Fußgängerzone bei [N 48°56'15" E 21°54'25"] in der *Mierová* oder bei

[N 48° 56‘16“ E 21°54‘34“] in der *Gorkého*. Von hier ist das historische Juwel Humennés nur wenige Schritte entfernt.

Schloss Humenné *Humenský kaštieľ*

Das Schloss Humenné gilt als schönste Anlage der Ostslowakei. Bereits nach dem Krieg wurde es renoviert und auch bei unserem Besuch im Spätsommer 2020 standen weitere Sanierungsarbeiten kurz vor dem Abschluss. Somit erstrahlt der repräsentative Renaissancebau heute in frischem Glanz. Der vierflügelige Komplex wurde **1610** von **Gabriel Drugeth** in Auftrag gegeben. Im **19. Jahrhundert** kam das Schloss mit seinem arkadengesäumten Innenhof und insgesamt fünf Türmen in den Besitz der **Adelsfamilie Andrássy**, die sich vor allem der luxuriösen Gestaltung der Innenausstattung widmete. Außerdem ließen sie es nach dem Vorbild französischer Barockschlösser umbauen. **1946**, ein Jahr nach der Enteignung der Andrássys, brannte das Schloss aus und nur ein Teil der wertvollen Einrichtung und die Bibliothek blieben erhalten. Nach einem umfangreichen Wiederaufbau beherbergt das Schloss heute das **Vihorlatmuseum** *Vihorlatské múzeum* mit einer kunsthistorischen und einer naturwissenschaftlichen Sammlung, die im Rahmen einer Führung besichtigt werden können.

Renaissanceschloss Humenné

***Öffnungszeiten**: Montag 10 bis 16 Uhr, Dienstag bis Freitag bis 18 Uhr, Samstag und Sonntag von 14 bis 18 Uhr. Die Führungen beginnen zu jeder vollen Stunde. Eintritt: Erwachsene 4,00 Euro, ermäßigt 2,00 Euro. www.muzeumhumenne.sk (Stand: 2020).*

Etwa 200 Meter vom Schloss entfernt liegt im Bereich des wunderschönen Schlossparks ein kleines **Freilichtmuseum** mit volkstümlicher Architektur der östlichen Karpatenregion. Ein besonderes Schmuckstück ist die im **18. Jahrhundert** erbaute **griechisch-katholische Holzkirche** aus der Ortschaft **Nová Sedlica**. Im Inneren ist eine wertvolle Ikonostase zu bewundern.

Ostalgie in Humenné

***Öffnungszeiten**: Mai bis Oktober täglich außer Montag von 10 bis 18 Uhr. Samstag und*

Sonntag ab 14 Uhr. Eintritt: Erwachsene 3,00 Euro, ermäßigt 2,00 Euro, Familien 6,00 Euro, Fotoerlaubnis 2,00 Euro, Videoerlaubnis 5,00 Euro, www.muzeumhumenne.sk (Stand: 2020).

Nach so viel Kultur wollen wir ein wenig abtauchen. Was wäre dafür besser geeignet als das **Slowakische Meer**. Dass das Wasser nicht salzhaltig ist, soll uns nicht stören. Aber ein wenig maritimes Riviera-Feeling kommt schon auf, am 33 km² großen **Zempliner See** *Zemplínska šírava*. Zumindest bei schönem Wetter. Der Stausee liegt 35 Kilometer südlich von Humenné. Ab der Stadt **Michalovce** ist er über die Straße 582 schnell zu erreichen. Michalovce selbst können Sie für einen Einkaufs- oder Tankstopp nutzen. Dann steuern wir auch schon das Nordufer des zweitgrößten Sees des Landes an, welches touristisch sehr gut erschlossen ist. Ein langer Sandstrand und durchschnittlich 2200 Sonnenstunden im Jahr vermitteln den Eindruck eines mediterranen Strandurlaubs. Inklusive der scheinbar unvermeidlichen Disco- und Partybeschallung in den Sommermonaten Juli und August. Aber es gibt auch stillere Ecken. So ist das Ostufer mit einer ornithologischen Station ein Vogelschutzgebiet und für Badefreuden tabu. Und auch jenseits der Partymeilen zwischen den Ortschaften **Kaluža** und **Klokočov** geht es etwas geruhsamer zu. Insgesamt neun Campingplätze gibt es am Nordufer, die teilweise jedoch eher als rustikal bis rudimentär zu beschreiben sind. Am ehesten empfehlen können wir Ihnen einen Aufenthalt im westlichen Uferbereich in der Gemeinde **Hôrka**.

(078) WOMO-Campingplatz: *Camping Hôrka*

GPS: N 48°47'40" E 21°58'07", Tel. + 421 9 117 610 85, www.campinghorka.sk, info@campinghorka.sk.
Öffnungszeit: 1. Mai bis 30. September.
Ausstattung: Ver-/Entsorgungsmöglichkeit für Chemietoiletten, einfache und in der Nebensaison saubere Sanitäranlagen, Waschmaschine, Küche, Gemeinschaftsraum, Spielplatz, Beachvolleyball, Grillplatz mit Sitzbänken, WLAN kostenlos.
Beschreibung: Einfacher und gut erreichbarer Campingplatz mit Stellflächen auf einem teilweise schattigen Wiesengelände. Restaurants, Bars und ein Supermarkt sind fußläufig erreichbar. Zum Strand sind es nur wenige Meter.
Zufahrt: Von der Straße 582 ist der Campingplatz in Hôrka ausgeschildert.

Unterhalb des Campingplatzes befindet sich eine weitere Möglichkeit, direkt am Seeufer zu übernachten. Es handelt sich dabei nicht um einen Campingplatz im eigentlichen Sinn. Vielmehr ist das leicht schräge Wiesengelände ganzjährig frei zugänglich.

(079) WOMO-Badeplatz: Hôrka – Strandbad

GPS: N 48°47'35" E 21°58'19"
Max. WOMOs: 5.
Öffnungszeit: Ganzjährig.
Ausstattung: Sanitärgebäude am Strand mit Dusche und WC gegen Gebühr. Eventuell im Winter nicht nutzbar. Keine Ver- oder Entsorgungsmöglichkeit.
Beschreibung: Stell-/Übernachtungsmöglichkeit für eher kompakte Fahrzeuge im Uferbereich. Die Stellflächen sind leicht schräg, es gibt offene Feuerstellen. Außerhalb der Saison sind die Stellflächen direkt am Wasser den Anglern mit ihren Booten vorbehalten. Bars, Kiosk und Restaurants in der Nähe, aber in der Nebensaison geschlossen. Während der Saison ist die Übernachtung gebührenpflichtig.
Zufahrt: Von der Straße 582 zunächst der Beschilderung zum Campingplatz in Hôrka folgen. Dann aber nicht rechts abbiegen, sondern noch einige Meter geradeaus weiter bis zum nächsten Abzweig rechts. Dort abbiegen und durch ein Gebiet mit Feriensiedlungen und Restaurants geradewegs bis zum Seeufer fahren.

Nach unserem Badeaufenthalt am See geht es nun zu einer Wanderung ins **Vihorlat-Gebirge**. Im Vergleich zum umtriebigen Strandleben erwartet uns nun eine Oase der Ruhe und Beschaulichkeit. Selbst auf Mobilfunkempfang müssen Sie dort verzichten. Eine Seltenheit in der Slowakei, denn normalerweise ist die Abdeckung im Land überall besser als zuhause in Deutschland.

Um in die Einsamkeit zu gelangen, fahren wir zunächst auf der Uferstraße 582 entlang des Zempliner Sees in Richtung Osten. Dabei genießen wir noch einmal das Riviera-Feeling. Rechts der See mit seinen Restaurants, Buden, Bars und Freizeitanlagen. Links ziehen sich hübsche Häuser und Weinberge am Hang hinauf. Bei der Gemeinde **Jovsa** am Nordostufer verlässt die Straße die Uferlinie und wendet sich nach Norden. An einer Kreuzung biegen wir links ab nach **Remetské Hamre** und folgen dann den Hinweisschildern zum **Morské oko**, dem Meerauge-See. Nach der Ortsdurchfahrt von Remetské Hamre geht es noch etwa sechs Kilometer auf einer kleinen, aber gut ausgebauten Straße durch den Wald. Sie endet schließlich an einem großen Parkplatz.

(080) WOMO-Wanderparkplatz: Morské oko

GPS: N 48°54'24" E 22°12'09" **Max. WOMOs**: 4-5.
Ausstattung: Öffentliche Toiletten und Kiosk in der Saison, überdachte Picknickplätze, Mülleimer.
Beschreibung: Asphaltierter und teilweise leicht schräger Wanderparkplatz außerorts im Wald. Tagsüber lebhaft, nachts ruhig und sehr einsam. Keinerlei Mobilfunk-Empfang.
Zufahrt: Wie im Text beschrieben. Die Straße ab Remetské Hamre endet am Parkplatz.

Wanderung zum Morské oko und auf den Aussichtsfelsen Sninský kameň (1.006 Meter)

Das **Vulkangebirge Vihorlat** *Vihorlatské vrchy,* in dem wir uns nun befinden, hat seine Vulkantätigkeit bereits vor neun Millionen Jahren eingestellt. Dennoch sind noch Spuren davon sichtbar. Neben vulkanischem Andesit-Gestein befindet sich der zentrale Teil mit dem ursprünglichen Krater auf dem Gebiet des kleines Sees **Morské oko**, den wir nun erwandern möchten. Das dicht bewaldete Bergmassiv wurde **1973** zum Landschaftsschutzgebiet erklärt und die höchste Erhebung ist der **Berg Vihorlat** mit **1.076 Metern**. Ganz im Osten erstreckt sich ein 2.500 Hektar großes **Urwaldgebiet**, welches durch seine einzigartige Flora und Fauna auf der UNESCO Welterbeliste steht. Neben ausgedehnten Buchenwäldern fühlen sich hier auch Braunbären, Wölfe, Luchse und Elche heimisch.

Am Sedlo Tri tablý

An unserem Parkplatz informieren Wanderkarten und Lehrtafeln über die Region. Zunächst nehmen wir die asphaltierte, aber für den öffentlichen Verkehr gesperrte Straße, die uns in etwa 20 Gehminuten bergauf zum See **Morské oko** (619 Meter) bringt. Der See entstand in der Zeit des Vulkanismus im Vihorlatgebirge durch einen massiven Bergsturz, der einen natürlichen Stausee gebildet hat, mit dem **Fluss Okna** als einzigem Abfluss aus dem See. Seine Umgebung gehört zu den landschaftlich attraktivsten Teilen des Naturschutzgebietes. Baden ist verboten – hier fühlen sich ausschließlich Fische wohl. Und die in so großer Zahl, dass man sich fast mit Händen eine der Forellen greifen möchte, die sich da tummeln.

An der Staumauer halten wir uns nun links und gehen weiter auf der bequemen Straße. Entlang des Weges gibt es immer wieder Schautafeln, die auch in englischer Sprache über die Besonderheiten des Naturschutzgebietes informieren. Wenig später taucht rechts das idyllische Schlösschen **Kaštielik Morské oko** auf. Es ist zwar in Privatbesitz, aber man kann auf einem öffentlichen Pfad hinunter an den See gehen.

Das Schlösschen wurde **1924** auf Veranlassung von *Gladys Moore Vanderbilt*, besser bekannt als *Gräfin Széchenyi de Sárvár-Felsövidék* erbaut. Ihre kränkliche Tochter sollte sich hier erholen, was in dieser wunderschönen Umgebung auch von Erfolg gekrönt war.

Aussichtsfels Sninský kameň

Am Ende der Asphaltstraße zweigt bei einem Informationszentrum ein blau markierter Wanderpfad nach links ab zum dominanten Aussichtsfelsen **Sninský kameň**. Jetzt wird es sportlich, denn der Weg führt durch die Laubwälder zunächst steil bergauf. Am **Sedlo Tri tablý** auf 823 Metern ist das steilste Stück geschafft. Picknickbänke laden zu einer ersten Rast ein. Das nächste Wegstück verläuft recht angenehm über einen Bergrücken, bevor es nochmal steil bergauf zu unserem Ziel geht. Die 1006 Meter hohe Andesit-Felsformation Sninský kameň bietet Schwindelfreien bei gutem Wetter eine lohnende Aussicht auf die Theiß-Tiefebene und die benachbarten Gebirge in der Ukraine. Die Felsen müssen allerdings über Leitern und Stufen erklommen werden. Wundern Sie sich auch nicht, wenn Ihr Mobilfunknetz Sie in der Ukraine begrüßt und schalten Sie die mobilen Daten ab. Sonst könnte es teuer werden.

Den Abstieg zum See Morské oko legen wir auf demselben Weg zurück. Unten angekommen setzen wir die Umrundung weiter fort, zumal wenige Meter weiter die Wanderhütte **Chata Morské oko** zu einer wohlverdienten Rast einlädt. Hier können Sie köstliche slowakische Käsespezialitäten genießen. Der weitere Weg entlang des Seeufers verläuft zwar weitgehend eben, ist nun aber ein schmaler Pfad mit vielen Wurzeln, Felsen und kleinen Holzbrücken. Der Urwald-Charakter lässt sich hier deutlich erkennen – auch ohne den anstrengenden Aufstieg zum Sninský kameň. An der Staumauer angelangt, geht es nun die asphaltierte Straße wieder zurück bis zum Parkplatz.

Am Ende der Wanderung haben wir rund **11 Kilometer** zurückgelegt. Mit Pausen und Einkehr waren wir viereinhalb Stunden unterwegs. Festes Schuhwerk und Wanderstöcke sind sehr empfehlenswert.

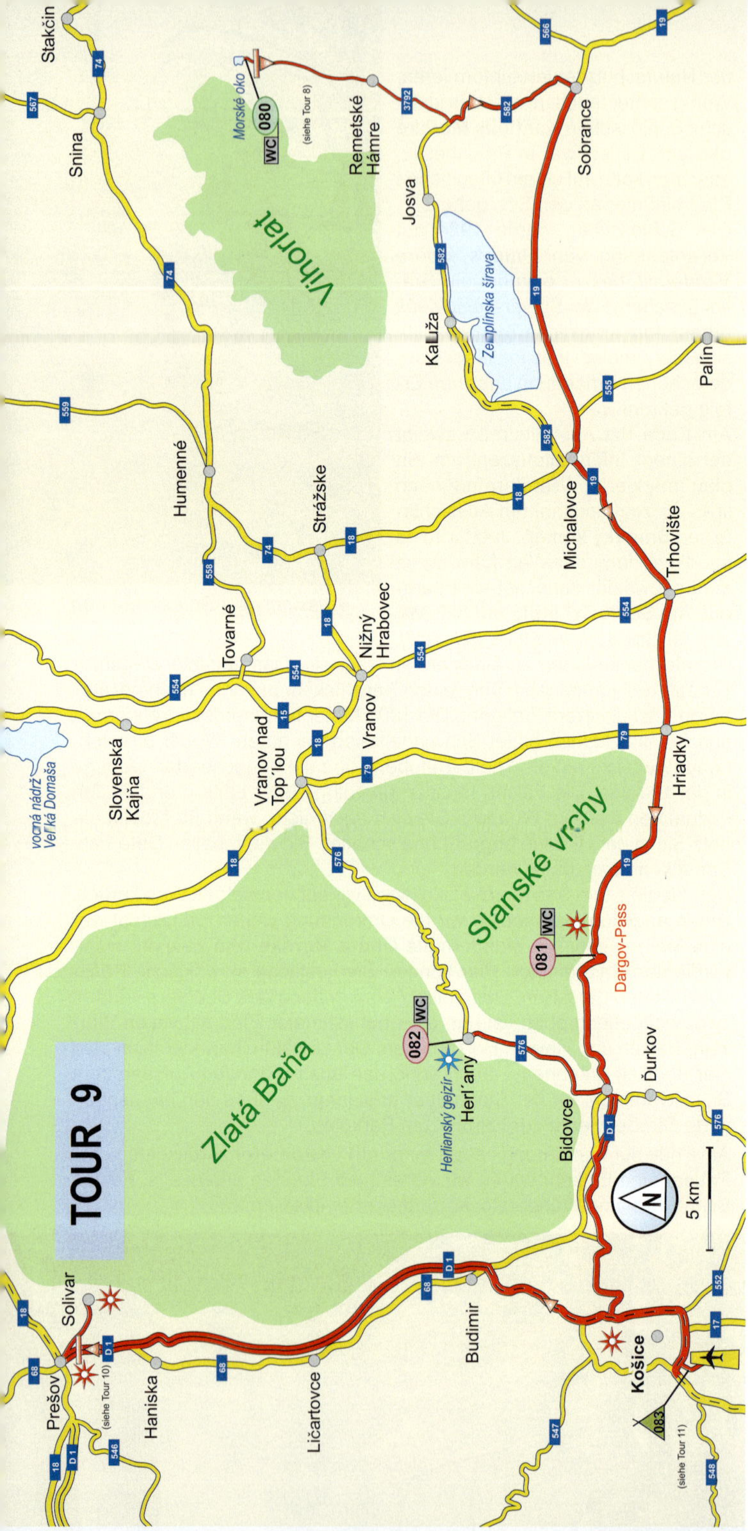
TOUR 9
Zlatá Baňa
Slanské vrchy
Vihorlat
Prešov
Solivar
(siehe Tour 10)
Haniska
Ličartovce
Budimir
Košice
083
(siehe Tour 11)
Herľany
Herliansky gejzír
082
WC
Bidovce
Ďurkov
Dargov-Pass
081
WC
Hriadky
Trhovište
Michalovce
Vranov nad Topľou
Vranov
Nižný Hrabovec
Tovarné
Slovenská Kajňa
vodná nádrž Veľká Domaša
Strážske
Humenné
Kaluža
Zemplínska šírava
Josva
Remetské Hámre
Sobrance
Palín
Snina
Stakčín
Morské oko
080
WC
(siehe Tour 8)
N
5 km

Tour 9: Zu den Metropolen der Ostslowakei Košice und Prešov 175 km

Herl'any – Košice – Solivar – Prešov

Stellplätze: am Dragov-Pass, in Herl'any

Campingplatz: in Košice

Besichtigen: Geysir von Herl'any, Košice und das slowakische Luftfahrtmuseum, Salzstadt Solivar, Prešov

Essen: Restaurant *Med Malina* in Košice, Café und Konditorei *Cukráreň Victoria* in Prešov

Aus dem tiefen Osten der Slowakei geht es in dieser Tour wieder in Richtung Westen und zu den beiden Metropolen der Ostslowakei – den Städten Košice und Prešov. Entlang der Route erwartet uns in dem kleinen Dorf Herl'any ein ganz besonderes Naturschauspiel – ein Geysir, den man sonst vielleicht nur in Island vermuten würde. Košice, die europäische Kulturhauptstadt 2013 und heimliche Hauptstadt der Slowakei, bezaubert uns mit ihrem Flair. Nur 40 Kilometer entfernt liegt die zweite Metropole des Ostens, die Stadt Prešov. Der Stadtteil Solivar steht ganz im Zeichen des weißen Goldes. Welche von beiden Städten die charmantere ist? Uns fällt ein Urteil schwer – entscheiden Sie also selbst!

In dieser Tour verlassen wir nun die einsamen Regionen des Ostens und machen uns wieder auf den Weg in Richtung Westen. Wir wollen dabei ein wenig Strecke machen und kehren von **Remetské Hámre** zurück auf die Hauptstraße 19. Die gut ausgebaute Fernstraße verbindet den Osten des Landes mit der Ukraine und dem Grenzübergang **Uschhorod**. Wir verzichten jedoch auf einen Abstecher ins Nachbarland, halten uns in Richtung **Michalovce**, passieren dabei den Stausee **Zemplínksa širava** auf südlicher Seite und haben nun etwa 60 Kilometer vor uns. Sie führen uns zunächst durch eine weite, landwirtschaftlich geprägte Ebene mit ausgedehnten Getreide- und Sonnenblumenfeldern. Dieses **ostslowakische Tiefland** *Východoslovenská nížina* ist Bestandteil der großen ungarischen Tiefebene und tatsächlich erinnert uns die Region sehr an Ungarn. In südlicher Richtung liegt das **Weinbaugebiet Tokaj** und auch auf slowakischem Boden wird der edle Tropfen von mehreren Weingütern angebaut.

Im Westen wird die Tiefebene vom Gebirgszug **Slanské vrchy** begrenzt, den wir über den **Dargov-Pass** *Dargovský priesmyk* überqueren. Obwohl nur 473 Meter hoch, schraubt sich

Memorial am Dargov-Pass

die Straße kräftig hinauf. Der Pass ist in der Slowakei insbesondere durch Frontkämpfe im Zweiten Weltkrieg bekannt geworden. Ende **1944** bis Januar **1945** lieferten sich die Rote Armee und die deutsche Wehrmacht erbitterte Schlachten. Am 18. Januar 1945 gelang es der Roten Armee, die deutsche Schutzlinie zu durchbrechen und den Weg nach Košice frei zu machen. An die mehr als 20.000 Gefallenen erinnert heute eine Gedenkstätte. Zudem sind auf dem Pass mehrere Bunkeranlagen, Panzer und Informationstafeln zu sehen.

(081) WOMO-Picknickplatz: Dargov-Pass

GPS: N 48°44'21" E 21°32'06" **Max. WOMOs**: 3-4.
Ausstattung: Mülleimer, Toiletten, Picknickbänke, Restaurant.
Beschreibung: Asphaltierter Parkplatz außerorts auf der Passhöhe mit Picknickbänken und einem Restaurant. Gleich daneben befindet sich eine Gedenkstätte für die Opfer des Zweiten Weltkrieges mit Informationen zur Geschichte des Dargov-Passes.
Zufahrt: An der Hauptstraße 19.

Etwa acht Kilometer nach der Passhöhe erreichen wir den Abzweig nach **Herl'any**. Uns stehen nun neun Kilometer auf der Straße 576 bevor, die leider in einem bedauernswerten Zustand ist. Schlagloch reiht sich an Schlagloch, so dass Sie hier gut durchgeschüttelt werden und etwas mehr Fahrzeit einplanen sollten. Doch der Abstecher lohnt sich, denn in dem ehemaligen Kurort erwartet uns ein Naturschauspiel der besonderen Art: der **Kaltwassergeysir von Herl'any** *Herlianský gejzír*. Einen angenehm ruhigen Übernachtungsplatz gibt es hier ebenfalls.

(082) WOMO-Picknickplatz: Herl'any – Am Geysir

GPS: N 48°48'04" E 21°28'34".
Max. WOMOs: 3-4.
Ausstattung: Mülleimer, Picknickbänke, im Sommer Imbissstände und Toiletten.
Beschreibung: Asphaltierter, teilweise leicht schräger Parkplatz innerorts. Von Mai bis September gebührenpflichtig. Restaurant und Wanderwege in der Nähe.
Zufahrt: In Herl'any ausgeschildert.

Der Kaltwassergeysir von Herl'any

Ein Besuch bei einem der seltenen kalten Geysire dieser Welt setzt das richtige Timing voraus. Nur etwa alle 33 Stunden begeistert er für etwa 30 Minuten die Zuschauer mit einem einzigartigen Naturschauspiel. Dann kehrt für die nächsten 33 Stunden Ruhe ein und der Park des ehemaligen Kurortes führt wieder ein eher verschlafenes Dasein.

Der Geysir von Herl'any ist einem Zufall zu verdanken. Er entstand in den **1870er** Jahren, als man auf der Suche nach Mineralquellen Bohrungen bis in eine Tiefe von rund 400 Metern durchführte. Dabei stieß man auf kohlensäurehaltiges Grundwasser, welches seitdem über den Bohrkanal als Fontäne an die Erdoberfläche aufsteigt. Das Prinzip ist vergleichbar mit dem Aufschäumen von Sekt oder Mineralwasser beim Öffnen der Flasche.

Geysir von Herl'any

In der Anfangszeit schleuderte der Geysir von Herl'any alle 15 Stunden sein kaltes Wasser aus der Tiefe empor. Mittlerweile sind die Eruptionen seltener geworden, doch immer noch sprudelt das Wasser. Etwa 30 Minuten dauert das Spektakel und der Wasserstrahl erreicht eine Höhe von bis zu 20 Metern.

***Hinweis**: Um den richtigen Zeitpunkt zu erwischen, können Sie sich auf der Internetseite der Gemeinde Herl'any unter **www.herlany.sk** einen Tag vorher über die nächste Eruptionszeit informieren.*

Von Herl'any hoppeln wir auf der Schlaglochstrecke wieder zurück zur Hauptstraße 19, der wir nun bis nach **Košice** folgen. Mit rund 240.000 Einwohnern ist sie die zweitgrößte Stadt des Landes und für viele Slowaken auch die heimliche Hauptstadt. In Städten dieser Größenordnung bevorzugen wir für eine entspannte Sightseeing-Tour den Aufenthalt auf einem Campingplatz. Und da hat Košice ein kleines, aber sehr feines Plätzchen zu bieten. Trotz seiner verkehrsgünstigen Lage an der Stadtautobahn haben wir hier zwei erstaunlich ruhige Nächte verbracht. Die Einrichtungen sind nagelneu und die junge Crew hilft gerne mit Informationen zur Stadt und der Region weiter.

(083) WOMO-Campingplatz: Košice
Camp Košice – Route E58

GPS: N 48°41'15" E 21°15'21", Tel. + 421 9 083 493 13, www.camp-kosice.sk, info@camp-kosice.sk.
Öffnungszeit: Ganzjährig.
Ausstattung: Neue Ver-/Entsorgungsstation mit Bodeneinlass, moderne und saubere Sanitäranlagen, Waschmaschine, Wäschetrockner, Küche, Gemeinschaftsraum, Spielplatz, kleiner Streichelzoo, Grillplatz mit Sitzbänken, Bar mit einfachen Speisen, Fahrradvermietung, WLAN kostenlos.

Beschreibung: Kleiner, zentrumsnaher und verkehrsgünstig gelegener Campingplatz mit sehr engagierter, junger Mitarbeiter-Crew. Neben Mietunterkünften stehen etwa 20 unparzellierte Stellplätze auf einem Wiesengelände zur Verfügung.
Zufahrt: Der Campingplatz liegt im Süden der Stadt Košice direkt an der Stadtautobahn E58 / R2 und die Zufahrt ist ausgeschildert. Wenn Sie aus Richtung Osten kommen, müssen Sie zunächst am Campingplatz vorbei bis zur nächsten Ausfahrt fahren. Dort wenden und etwa zwei Kilometer wieder zurück bis zum Abzweig des Platzes.

Hinweis für die Stadtbesichtigung: In etwa 15 Gehminuten Entfernung liegt die Haltestelle *VSS križovatka* der Straßenbahn in Richtung Stadtmitte. Achtung: NICHT die Haltestelle *Autokemping* nehmen, sondern weiter bis zur großen Verkehrskreuzung gehen. Hier verkehren die Linien 3, 4 und 7 direkt ins Zentrum. Eine Fahrt dauert knapp zehn Minuten, kostet 0,90 Euro und die Fahrscheine sind an Automaten am Bahnsteig erhältlich (Stand: 2020).

Stadtspaziergang Košice

An der Straßenbahnhaltestelle *Námestie osloboditel'ov* sind wir bereits am Startpunkt unseres Stadtspaziergangs. Nördlich schließt sich die zentrale Flanier- und Einkaufsmeile **Hlavná** an und hier pulsiert das Großstadtleben. Rund um den langgezogenen Hauptplatz gruppieren sich stolze Paläste und Bürgerhäuser mit eindrucksvoll renovierten Fassaden, hübsche Blumenrabatten, Wasserspiele, moderne Straßencafés, urige Restaurants und historische Kulturdenkmäler.

Dass sich die Altstadt heute so herausgeputzt präsentiert, war nicht immer so. Ende des **20. Jahrhunderts** erlebte die multikulturelle Metropole des Ostens eine Metamorphose vom hässlichen Entlein zum stolzen Schwan. Zu verdanken ist dies dem damaligen Oberbürgermeister und späteren Staatspräsidenten **Rudolf Schuster** (geb. 1934). Er trieb die Sanierung der Altstadt trotz der damit verbundenen hohen Verschuldung voran. Die Auszeichnung zur **europäischen Kulturhauptstadt 2013** bedeutete so etwas wie die Krönung seiner Bemühungen und auch uns verzaubert die Stadt mit ihrem fast schon mediterranen Flair. Doch gehen wir zunächst zurück in die Geschichte der Stadt.

Košice – Aussicht vom Elisabethdom

Im **Mittelalter** waren es Bergbau und der Tokajer-Wein, die der Stadt zu Reichtum und Wohlstand verhalfen. **1248** erhielt Košice die Stadtrechte und **1369** als erste europäische Stadt eine Wappenurkunde. Bedrohungen durch die Osmanen, antihabsburgische Aufstände, Reformation und Gegenreformation sowie der eine oder andere Stadtbrand setzten der Stadtentwicklung jedoch immer wieder Grenzen. Erst das **19. Jahrhundert** brachte mit der Anbindung an die **1869** erbaute Eisenbahnlinie einen erneuten Aufschwung. Nach dem **Zweiten Weltkrieg** wurde Košice ein bedeutender Standort der Stahlindustrie. Der gigantische Konzern *US-Steel* vor den Toren der Stadt ist seit 1995 der wichtigste Arbeitgeber der Region. Zudem ist Košice Universitätsstadt.

Unteres Tor und Elisabethdom in Košice

Wir beginnen unseren Stadtspaziergang am südlichen Zipfel des Platzes **Hlavné námestie**. Hier müssen wir schon ein wenig genauer hinschauen, um die Treppen zum Eingang des unterirdischen **Archäologischen Museums Unteres Tor** *Dolná brána* zu finden. In den Ausgrabungsanlagen erfahren Sie Details zu den historischen Stadttoren und Befestigungsanlagen aus dem 13. Jahrhundert. 1996 entdeckten Arbeiter bei Ausbesserungen der Hlavná zufällig diese alten Mauern.

***Öffnungszeiten**: Mai bis September täglich außer Montag von 10 bis 18 Uhr. Eintritt: 1,00 Euro (Stand: 2020).*

Auf der linken Seite beeindruckt der **Forgách-Palast** *Forgácsovský palác,* der heute die Landesbibliothek beherbergt. Er bildet den Auftakt zu einer langen Reihe stattlicher Häuser. Werfen Sie auch einen Blick in die Innenhöfe. Kleine Restaurants, Weinstuben und Läden laden zum Bummeln und Verweilen ein.

Wahrzeichen der Stadt und landesweit größter Sakralbau ist der gotische **Elisabethdom** *Dóm sv. Alžbety*. Bevor Sie einen Blick hineinwerfen, sollten Sie hier einen, zugege-

ben etwas beschwerlichen, Aufstieg auf den Nordturm unternehmen. Sie werden mit einem einzigartigen Ausblick über die Stadt belohnt.

Der Dom wurde im Stil der Hochgotik gebaut und ist der heiligen **Elisabeth von Thüringen (1207 – 1231)** geweiht. Wann genau mit dem Bau begonnen wurde, ist nicht belegt. Es war vermutlich um das Jahr **1380** und man unterteilt in mehrere Bauphasen. Fertiggestellt wurde er **1508**, aber wie so viele Gebäude blieb auch der Dom im Laufe seiner Geschichte nicht von Unheil verschont. Mehrere Brände, Unwetter und ein Erdbeben setzten dem Bauwerk zu, so dass immer wieder Umbauten und Sanierungsarbeiten stattfanden. Bedeutendes Kunstwerk im Inneren ist der **Hauptaltar der heiligen Elisabeth** aus dem Jahr **1477**. Insgesamt 48 Bildtafeln zeigen Szenen aus dem Leben der Heiligen.

Eintritt inkl. Turmbesteigung und Fotoerlaubnis: Erwachsene 5,00 Euro, ermäßigt 3,00 Euro (Stand: 2020).

Zum Dom-Areal gehören noch die **Michaelskapelle** aus dem 14. Jahrhundert, die als Grabkirche diente, sowie der **Urbanturm**, der als Glockenturm für den Dom gebaut wurde

Mitten auf dem Hauptplatz erhebt sich hinter dem Dom das **Staatstheater** *Štátne divadlo* im Sezessionsstil. Erbaut wurde es von **1897 bis 1899**. Davor versammeln sich die Flaneure gerne an den Fontänen der **Musikwasserspiele**. Unter schattigen Bäumen lässt sich hier eine kleine Verschnaufpause einlegen.

Auf der Ostseite ist im **Alten Rathaus** (Hausnummer 59) die **Touristeninformation** untergebracht. Hier können Sie sich mit

Musikwasserspiele am Staatstheater in Košice

Zentrale Flaniermeile Hlavná

weiteren Empfehlungen und Stadtplänen versorgen. Die Damen sprechen perfekt Deutsch und sind Ihnen auch gerne bei der Organisation einer der thematischen Stadtführungen behilflich. Hier erhalten Sie zudem Informationen zu den zahlreichen Museen der Stadt. Mit einem Museumsbesuch lassen sich in Košice gut und gerne auch ein paar Regentage überbrücken.

***Öffnungszeiten**: Montag bis Freitag von 9 bis 17 Uhr, Samstag und Sonntag von 10 bis 15 Uhr. Tel. +421 5 562 588 88, www.visitkosice.org.*

Beim Bummel vorbei an der reich verzierten **Pestsäule** zum nördlichen Ende der Altstadt passieren wir einige Museen und mehrere Kirchen, wie etwa das **Technische Museum** *Slovenské technické múzeum* im Rákóczi-Palast und die gelb-weiße **Franziskanerkirche** *Kostol Františkánov.* Das Hauptgebäude des **Ostslowakischen Museums** *Východoslovenské múzeum* befindet sich auf der Nordseite des Platzes. Hier lagert im Keller hinter dicken Panzertüren der **Košicer Goldschatz**. Er gilt als einer der bedeutendsten und wertvollsten Goldschätze Europas. Die Goldstücke wurden **1935** beim Umbau der Finanzbehörde entdeckt und **1991** fand man in der Nähe der Stadt weitere Goldmünzen. Sie wurden zwischen dem 15. und 17. Jahrhundert in den Münzstätten 24 europäischer Länder geprägt und heute sind knapp 3.000 Goldmünzen in Vitrinen zu bestaunen.

***Öffnungszeiten**: Mai bis Oktober täglich außer Montag von 9 bis 17 Uhr, Sonntag von 14 bis 18 Uhr. Von November bis April täglich außer Montag von 9 bis 17 Uhr, Sonntag von 13 bis 17 Uhr.*

Weitere Sehenswürdigkeiten der Stadt konzentrieren sich im Bereich der östlichen Stadtmauer. Wir bummeln dort über die **Handwerkergasse** *Hrnčiarska* wieder stadteinwärts. Hier reihen sich einige kleinere Manufakturen und Handwerksbetriebe aneinander, in denen man hübsche, kunsthandwerkliche Souvenirs erstehen kann. Die Gasse endet an einem Platz mit der kleinen **Kalvinistenkirche** und dem **Nikolausgefängnis** *Miklušova väznica*. Es beherbergt heute eine Zweigstelle des städtischen Museums. Gruselfaktor ist garantiert, denn neben der Wohnung des Scharfrichters sind eine Folterkammer und mittelalterliche Gefängniszellen zu sehen. Nur wenige Schritte entfernt liegt die **Henkersbastei** *Katova bašta*. Der Rest der einstigen Stadtbefestigung enthält heute ein kleines Militärmuseum.

Töpferei in der Handwerkergasse

Uns zieht es nun zurück zum Marktplatz, wo wir unseren Stadtrundgang mit einer **Einkehr** im hübschen Restaurant *Med Malina* in der *Hlavná 81* abrunden. Hier werden schmackhafte polnisch-slowakische Gerichte in einem urgemütlichen Ambiente serviert. Selbst wenn Sie nicht hier speisen möchten – einen Blick hinein sollten Sie nicht versäumen.
Täglich geöffnet von 11 bis 23 Uhr, Sonntag nur bis 22 Uhr. www.medmalina.sk.

Für den Stadtbummel in der Altstadt von Košice sollten Sie mindestens einen halben, wenn nicht sogar einen ganzen Tag einplanen. Auch außerhalb der Stadt warten noch einige Attraktionen darauf, entdeckt zu werden. So etwa der **Zoo**, der **botanische Garten** oder das für Kinder und Jugendliche interessante Experimentiermuseum **Steel Park**. Die entsprechenden Informationen dazu erhalten Sie teilweise auch in deutscher Sprache auf der Internetseite *www.visitkosice.org*.

Bevor wir die Stadt Košice verlassen, schauen wir uns aber noch ein ziemlich einzigartiges Museum an. Es befindet sich beim **Internationalen Flughafen** von Košice, nicht weit vom Campingplatz Nr. 083 entfernt. Da wir auf der Weiterfahrt zu unserer Tour 11 ohnehin daran vorbeifahren, bietet sich ein Besuch des **Luftfahrtmuseums Košice** *Múzeum letectva* an. Und auch für die Fortsetzung dieser Tour 9 ist es nur ein kleiner Umweg von sechs Kilometern.

Lassen Sie sich bei der Anfahrt zum Flughafen nicht von der schlechten Straße und auch nicht von den etwas heruntergekommenen Außenanlagen des Museums abschrecken. Ein Blick hinein lohnt sich unbedingt – und das nicht nur für Technikfreunde. Der Eingang mit einem Parkplatz befindet sich bei [N 48°40‘05“ E 21°14‘03“].

In mehreren ehemaligen Hangars und Werkstatthallen wird die Geschichte der Luftfahrt von den Anfängen der Flugpioniere bis hin zu modernen Jagd- und Verkehrsflugzeugen präsentiert.

Oldtimer im Luftfahrtmuseum Košice

Teilweise zwar leicht angestaubt und nicht immer mit Erklärungstafeln versehen, aber in seiner Art mit vielen skurrilen Objekten dennoch sehenswert. Einige der Exponate sind Geschenke von Staatsbesuchen, wie etwa die *Phantom II F-4F*, ein Mitbringsel des damaligen deutschen Bundespräsidenten Johannes Rau. Zudem sind etliche Flugzeuge aus russischer Fabrikation sowie altehrwürdige Fahrzeuge und Limousinen zu bestaunen.

Öffnungszeiten*: Täglich außer Montag von 9 bis 16 Uhr, am Wochenende von 10 bis 17 Uhr. Eintritt: Erwachsene 5,00 Euro, ermäßigt 2,00 Euro, Familien 8,00 Euro. Fotoerlaubnis 1,00 Euro. www.stm-ke.sk (Stand: 2020).*

An dieser Stelle haben Sie nun die Möglichkeit, auf der Schnellstraße R 2 die Reise mit der Tour 11 fortzusetzen. Auch ein Abstecher ins Nachbarland **Ungarn** ist von Košice aus gut möglich. Hierzu empfehlen wir Ihnen gerne den ***WOMO-Führer Ungarn – Band 34*** unserer Autorenkollegen *Silvia Sussmann und Peter Simm*.

Tour 9 geht jedoch weiter in Richtung Norden, wo wir unser nächstes Ziel, die Stadt **Prešov** ansteuern. Wir wählen dazu den bequemsten Weg über Schnellstraße und Autobahn. Knapp 40 Kilometer sind es bis zur Ausfahrt nach **Solivar**, einem Vorort im Süden von Prešov. Hier ist die **alte Salztabrik** unser erstes Anlaufziel. Für den Besuch dieses technischen Denkmals können Sie Ihr WOMO auf dem Parkplatz bei [N 48°58'45" E 21°16'28"] abstellen.

Solivar und die Alte Salzfabrik

Hinter dem Namen Solivar verbergen sich gleich mehrere Gebäude, die mit der Tradition der Salzgewinnung zusammenhängen. Bereits seit dem Mittelalter wurde an diesem Ort das weiße Gold gefördert. Erste Urkunden belegen die Salzgewinnung seit dem **13. Jahrhundert**. Aus oberirdischen Salzquellen wurde das Salz damals durch Verdampfung gewonnen. Im Jahr **1571** begann man mit dem Abbau unter Tage. Im 150 Meter tiefen **Schacht Leopold** wurde 200 Jahre lang das Steinsalz gefördert. Zeitweise war diese Salzfabrik führend in ganz Europa. Nachdem die Gruben im Jahr **1752** vom Grundwasser geflutet wurden, musste eine neue Technologie zum Einsatz kommen. Aus der Grube wurde ein unterirdischer Salzsee und man beförderte die Sole in Ledersäcken mit Hilfe eines sogenannten **Gápelj** *Göpel* zutage, einer mit Pferde- oder Ochsengespannen angetriebenen Pumpe. Eine dieser Pumpen aus dem

Lore in der Alten Salzfabrik Solivar

19. Jahrhundert blieb bis heute erhalten und ist im barocken Salzlager mit dem mehrstöckigen Göpelwerk zu sehen. Außerdem können bei einem kleinen Spaziergang rund um das Salzlager noch der Leopoldschacht, eine Siederei, der Klopfturm und die Kapelle des Heiligen Rochus besichtigt werden. Die jahrhundertelange Tradition der Salzherstellung in Solivar endete im Jahr **2009**. Heute sind die Gebäude der historischen Salzproduktion ein Museum und werden nach und nach weiter rekonstruiert.

***Öffnungszeiten**: Von November bis März jeweils Dienstag bis Samstag von 8 bis 16 Uhr, Führungen um 10.30, 12.30 und 14 Uhr. Von April bis Oktober jeweils Dienstag bis Samstag von 9 bis 17 Uhr, Führungen um 10.30, 12.30, 15 und 15.30 Uhr. An jedem ersten Sonntag im Monat von 10 bis 17 Uhr freier Eintritt. In der Wintersaison nur bis 16 Uhr. Eintritt: Erwachsene 2,50 Euro, ermäßigt 1,50 Euro. www.stm-ke.sk (Stand: 2020).*

Nach dem Besuch der historischen Salzfabrik machen wir uns auf den kurzen Weg nach **Prešov**. Leider gibt es hier keinen geeigneten Camping- oder Stellplatz für eine Übernachtung. Auch Parkplätze sind dünn gesät. Da wir unseren Kühlschrank auffüllen müssen, empfehlen wir Ihnen einen Parkplatz bei einem großen Kaufland-Einkaufscenter. Von dort ist die Altstadt in etwa zehn Gehminuten zu erreichen. Sie finden den Parkplatz im Nordwesten von Prešov an der Hauptstraße 18 *Levočská bei* [N 49°00‘09“ E 21°13‘40“].

Kompakte Fahrzeuge haben vielleicht auch noch ein kleines Stück stadteinwärts an der *Levočská* auf dem bewachten und gebührenpflichtigen Parkplatz bei [N 49°00‘01“ E 21°14‘03“] eine Chance.

Um zu Fuß ins Zentrum zu gelangen, folgen Sie einfach der Hauptstraße *Levočská* nach Osten bis Sie rechts eine markante, spiralförmige Fußgängerbrücke sehen. Sie führt mitten ins Altstadtzentrum.

Prešov

Handel, Handwerk und die Salzgewinnung verhalfen der einstigen, slawischen Siedlung zu Wohlstand und machten sie auch für Deutsche und Ungarn interessant. Es waren vor allem deutsche Siedler, die die Stadt nach einem Mongoleneinfall ab **1248** wiederaufbauten. Bereits **1299** erhielt Prešov die Stadtrechte, **1374** wurde sie zur freien Königsstadt. Rund um den zentralen Platz *Hlavná námestie* entstanden prächtige Bürgerhäuser,

Prächtige Fassaden in Prešov

Adelspaläste und eine Stadtbefestigung. Prešov entwickelte sich zu einem kulturellen Zentrum, aus dem vor allem während der **Reformationszeit** Anhänger des neuen Gedankengutes hervorgingen. Die Beteiligung an den antihabsburgischen Aufständen bezahlte Prešov im **17. Jahrhundert** mit einem hohen Preis. **Kaiser Leopold I. (1640-1705)** verbot den Salzhandel und ließ 24 protestantische Bürger öffentlich hinrichten. Noch heute erinnert eine Gedenktafel im Zentrum an das *Eperieser Blutgericht*. Kriege, die Pest und mehrere Stadtbrände sorgten dafür, dass Prešov zu einem unattraktiven Provinznest mit schwindenden Einwohnerzahlen wurde. Erst ab **1816** kam es zu einem Aufschwung, als die griechisch-katholische Diözese ihren Sitz in Prešov einrichtete. Mit dem Zuzug von Ruthenen und Juden entwickelt die Stadt ihren multikulturellen Charakter.

Stadtspaziergang Prešov

Heute ist Prešov mit etwa 91.000 Einwohnern die drittgrößte Stadt der Slowakei. Industrieunternehmen und eine Universität haben hier ihren Sitz. Ähnlich wie die große Schwester Košice wurde das historische Zentrum in den letzten Jahren zur Fußgängerzone umgestaltet und die meisten Sehenswürdigkeiten gruppieren sich um den zentralen Platz *Hlavná námestie*. Hier flanieren Einwohner und Besucher, hier trifft man sich, hier verweilt man bei einem Glas Wein oder einem Café. Der Platz versprüht viel Charme und auch der 49. Breitengrad – in Deutschland auch gerne als *Weißwurst-Äquator* betitelt – führt über den spindelförmigen Marktplatz.

Prešov Altstadtzentrum

Den Mittelpunkt bildet die mächtige **Nikolauskirche** aus der ersten Hälfte des **14. Jahrhunderts**. Bemerkenswert sind die Ausmaße dieses dreischiffigen Sakralbaus.

Altes Rathaus mit Weinmuseum

Durch eine Fläche von rund 1.800 m² und das 16 Meter hohe Hauptschiff handelt es sich hier um eine der größten Kirchen der Slowakei. Von Mai bis Ende August ist auch eine Turmbesteigung möglich, um die Aussicht über die Region zu genießen.

Etwas im Schatten hinter der mächtigen Nikolauskirche befindet sich die **evangelische Kirche der Heiligen Dreifaltigkeit** *Kostol sv. Trojice*. Im Stil der Spätrenaissance erbaut gibt sie sich im Gegensatz zu ihrer prachtvollen Nachbarin eher bescheiden.

Johannesdom in Prešov

Rund um den Marktplatz gruppieren sich stattliche Gebäude mit prächtigen Fassaden. Besonders ins Auge fällt auf der Ostseite des Platzes der **Rákóczi-Palast**, in dem heute das Kreismuseum *Krjské múzeum* untergebracht ist.

Auf der Westseite befindet sich das **Alte Rathaus**. Vom Balkon wurde nach dem Ersten Weltkrieg die Slowakische Räterepublik ausgerufen. Ein Schatz für die Liebhaber eines guten Tropfens befindet sich im Untergeschoss. Hier lagern rund 400 Fässer mit slowakischen Weinen. Der Eingang zur **Weinhandlung**

mit einem kleinen **Weinmuseum** liegt in der Seitenstraße *Floriánova ulica.* Es werden auch Weinproben angeboten – aber denken Sie an die Null-Promille-Grenze und den fehlenden Übernachtungsplatz in Prešov.

Öffnungszeiten*: Montag bis Samstag von 9 bis 12.30 Uhr und von 13 bis 17 Uhr. Eintritt 2,00 Euro. www.muzeumvin.sk (Stand: 2020).*

Wenn Ihnen nach einer Erfrischung zumute ist, dann suchen Sie den **Neptunbrunnen** auf. Er ist ein beliebter Spielplatz bei Kindern, die mit den wasserspeienden Tierfiguren gerne ihren Schabernack treiben. Beim Ausruhen auf den Bänken kann es schon mal zu einer unfreiwilligen, kalten Dusche kommen. Am südlichen Ende der Flaniermeile lohnt sich ein Blick hinein in den **griechisch-katholischen Johannesdom** *Katedrálny chrám sv. Jána Krstitel'a* mit einigen schönen Ikonostasen.

Auf dem Rückweg zum WOMO-Parkplatz stärken wir uns noch mit einer Einkehr im altehrwürdigen **Café *Cukráreň Victoria.*** Die Tortenauswahl ist riesig und wir haben die Qual der Wahl. Besonders zu empfehlen sind die Sachertorte und die köstliche Maronentorte. Bei Kaffee oder Tee lassen sich die Leckereien in stilvollem Ambiente genießen.

Unsere Tour 9 endet nun mit diesem Besuch in Prešov. Haben Sie ihre persönliche Favoritin unter den beiden Städten gefunden? Aus unserer Sicht hat – trotz vieler Ähnlichkeiten – jede Stadt ihren eigenen Reiz. Wer eher das großstädtische Flair mag, wird wohl Košice den Vorzug geben. Überschaubarer, gemütlicher und vielleicht ein wenig provinzieller geht es dagegen in Prešov zu.

Wie schon eingangs erwähnt, haben wir hier keine brauchbare Übernachtungsmöglichkeit gefunden. Deshalb empfehlen wir Ihnen an dieser Stelle, gleich unsere Tour 10 in Angriff zu nehmen und uns über die Autobahn knapp 40 Kilometer zu unserem nächsten Stellplatz Nr. 084 im **Zipser-Land** zu folgen. Das ist auch am späteren Nachmittag noch gut zu schaffen.

TOUR 10
Spišsko - šarišské medzihori
Slovenský Kras
Slovenský Raj
Prešov
(siehe Tour 9)
Haniska
Ličartovce
5 km
Veľký Šariš
Sabinov
Margecany
Gelnica
Široké
Krompachy
Spišské Vlachy
Spišský hrad
084
085
086
WC
Siva brada
Spišská Kapitula
Spišské Podhradie
087
088
Levoča
Nálepkovo
Spišská Nová Ves
Kežmarok
Spišský Štvrtok
Hrabušice
089
Veľká Lomnica
AquaCity
090
(siehe Touren 6/7/11)
Vysoké Tatry
Poprad
Svit
Vernár

Tour 10: Durch das südliche Zipser-Land von Prešov nach Poprad 95 km

Spišské Podhradie – Spišská Kapitula – Levoča Spišska Nová Ves – Poprad

Stellplätze: in Spišské Podhradie, Spišská Kapitula, Poprad

Campingplätze: in Levoča und Hrabušice

Besichtigen: Zipser Burg, Spisská Kapitula, Levoča, Spišska Nová Ves

Baden: *Aqua City* in Poprad

Wandern: Spišská Kapitula, im Nationalpark Slowakisches Paradies

Essen: Restaurant *Spišský salaš* bei Spišská Kapitula, *Leutschau Café* in Levoča

In dieser Tour kommen wir zu den Superlativen der historischen Region Zips. Während wir in Tour 7 bereits die nördliche Region erkundeten, geht es nun im südlichen Bereich zur größten Burganlage Europas – der Zipser Burg. Bereits in Sichtweite liegt westlich davon Spišská Kapitula – das Sinnbild kirchlicher Autorität und der „Vatikan der Slowakei". Weiter in Richtung Westen erreichen wir Levoča, die besterhaltene mittelalterliche Stadt des Landes. Die ehemalige Bergbaustadt Spišska Nová Ves gilt als Tor zum Paradies – dem Nationalpark Slowakisches Paradies. Zum Abschluss dieser Tour gönnen wir uns ein wenig Wellness in der Badelandschaft Aqua City in Poprad.

Von Prešov wählen wir den schnellsten Weg, um zum ersten Highlight dieser Tour zu gelangen. Über die gut ausgebaute Autobahn D 1 sind wir nach knapp 40 Kilometern rasch am Ziel, das bereits von weitem sichtbar auf einem 634 Meter hohen Travertinkegel aufragt – die **Burg Zips** *Spišský hrad*. Die größte Burganlage Europas wartet darauf, von uns erobert zu werden. Doch Vorsicht: während der Hauptsaison werden Sie nicht allein unterwegs sein und Parkplätze rund um die Burg sind dann Mangelware. Auch sollten Sie das Wochenende meiden und stattdessen einen Wochentag für Ihren Besuch einplanen. Dann haben Sie gute Chancen einen kostenlosen

Park- und Übernachtungsplatz direkt unterhalb der Burg zu ergattern. Von hier bietet sich auch eine wunderbare Kulisse mit dem in der Nacht eindrucksvoll beleuchteten Gemäuer.

(084) WOMO-Stellplatz: Zipser Burg

GPS: N 48°59'54" E 20°46'14" **Max. WOMOs**: 5.
Ausstattung: Mülleimer, während der Saison Imbissstand und Toiletten.
Beschreibung: Asphaltierter, teilweise leicht schräger Parkplatz außerorts.

Der Aufstieg zur Burg dauert etwa zehn Minuten. Dort während der Öffnungszeiten weitere Toiletten und Restaurants.
Zufahrt: An der Autobahn D 1 die Ausfahrt 370 nehmen und auf der Straße 18 in Richtung Beharovce/Poprad folgen. Nach zwei Kilometern links abbiegen und der Beschilderung zur Burg folgen.

Ein weiterer, allerdings gebührenpflichtiger Parkplatz befindet sich am Ortsrand von **Spišské Podhradie** zwischen dem Friedhof und einem Fußballplatz. Schöner und ruhiger schläft es sich jedoch auf dem oberen Platz.

(085) WOMO-Stellplatz: Spišské Podhradie – Friedhof

GPS: N 48°59'49" E 20°45'27" **Max. WOMOs**: 5.
Ausstattung: Mülleimer, Toiletten.
Beschreibung: Geschotterter, ebener und in der Saison gebührenpflichtiger Parkplatz am Ortsrand von Spišské Podhradie. Aufstieg zur Burg etwa 60 Gehminuten, Restaurants und Einkaufsmöglichkeiten etwa 15 Minuten entfernt.
Zufahrt: Wie oben beschrieben, nur der Straße 18 weiter bis nach Spišské Podhradie folgen. Dort auf die 547 abbiegen. Der Parkplatz liegt links hinter den Bahngleisen zwischen Friedhof und Sportplatz.

Schon beim Aufstieg zum Eingang der Burg werden die Dimensionen der Anlage deutlich. Über mehr als vier Hektar dehnt sich das gesamte Areal aus und bietet damit eine perfekte Kulisse für die Ritter des 21. Jahrhunderts. Während der Sommermonate werden hier regelmäßig mittelalterliche Reit-

turniere und Ritterspiele ausgetragen. Eine Attraktion für Besucher aus nah und fern. Wir sind in der Nachsaison hier und können eine ganz andere, magische Atmosphäre genießen. Herbstliche Nebelschwaden umwehen die Burg, lassen Mauern und Türme verschwinden oder ganz plötzlich wieder aus dem Wolkenmeer auftauchen. Und man spürt die Geschichte hier förmlich aus jedem Stein atmen.

Die Zipser Burg *Spišský hrad*

Ursprünglich wurde die Burg als Grenzfestung zwischen Polen und Ungarn hoch über der Gemeinde Spišské Podhradie errichtet und erstmals **1209** urkundlich erwähnt. Der 634 Meter hohe Travertinkegel war aber vermutlich bereits seit der Jungsteinzeit besiedelt. Das zumindest belegen Ausgrabungsfunde. Zu allen Zeiten war der Burgberg Schauplatz einer wechselvollen Geschichte. So konnte die Anlage im **13. Jahrhundert** erfolgreich gegen die Mongolen und später gegen die Osmanen verteidigt werden. Durch rege Bautätigkeiten und wechselnde Besitzverhältnisse veränderte die Burg stetig ihr Gesicht. Zuletzt versuchte das Adelsgeschlecht der **Csáky** der Festungsanlage ein wohnliches und luxuriöses Aussehen zu verleihen. Was aber wohl nicht zur Zufriedenheit gelang, denn zu Beginn des **18. Jahrhunderts** entschlossen sich die Burgbesitzer, in ein repräsentatives und komfortables Kastell umzuziehen. Im Jahr **1780** wurde die Burg durch eine verheerende Feuersbrunst nahezu vollständig zerstört und ist seitdem eine Ruine. Erst in den **1970er** Jahren begannen umfangreiche Renovierungsarbeiten und heute dokumentieren mehrere Museumsräume anschaulich die wechselvolle Geschichte des Burgbergs.

Den besten Überblick über die Anlage mit insgesamt fünf Burghöfen hat man vom Turm. Hier schweift der Blick auch hinüber zu weiteren Kulturdenkmälern der Region, die zusammen mit der Zipser Burg als Ensemble seit **1993** zum **UNESCO-Weltkulturerbe** gehören.

Zipser Burg

Burg Zips bei Nacht

Die Besichtigung der Burganlage kann sowohl im Rahmen einer Führung als auch individuell erfolgen. Dabei leistet eine App gute Dienste, die Sie am Eingang kostenlos auf Ihr Smartphone herunterladen können. In deutscher Sprache begleitet sie mit zahlreichen Informationen, Geschichten und Legenden auf dem Rundgang durch das riesige Areal.

***Öffnungszeiten:** Von Mai bis September täglich von 9 bis 19 Uhr. April und Oktober von 9 bis 16 Uhr, November 10 bis 15 Uhr. Letzter Eintritt ist jeweils eine Stunde vor Kassenschluss. Im Juli und August finden samstags ab 20.30 Uhr auch Nachtführungen statt. Eintritt: Erwachsene 8,00 Euro, ermäßigt 6,00 Euro, Kinder 4,00 Euro, Familien 19,00 Euro. Die Turmbesteigung kostet jeweils 1,00 Euro extra (Stand: 2020).*

***Hinweis**: Achten Sie unbedingt auf festes Schuhwerk. Die steilen Wege über die glatten Travertinsteine können insbesondere bei feuchter Witterung zur Rutschpartie werden.*

Von den Mauern der Zipser Burg konnten wir unser nächstes Ziel bereits erkennen. Die Türme der romanischen Martinskathedrale sind das Wahrzeichen der **Kirchenstadt Spišská Kapitula** (deutsch: *Zipser Kapitel*). Sie liegt westlich der Burg und der kleinen Stadt **Spišské Podhradie**, was wörtlich übersetzt so viel wie *unter der Zipser Burg* heißt. Tatsächlich wurde das Städtchen als Wohnort für die Bediensteten der Burg gegründet. Nach den Mongoleneinfällen Mitte des **13. Jahrhunderts** waren es deutsche Kolonisten, die den Ort belebten und seinen Charakter durch Landwirtschaft und Handel prägten. Einige deutsche Spuren sind bis heute erkennbar. Unter anderem warnt eine Inschrift auf dem Renaissance-Rathaus vor *Föllerei*. Einen Kilometer weiter erreichen wir den gerne auch als *slowakischen Vatikan* betitelten Ort **Spišská Kapitula**. Auch hier waren es deutsche Siedler, die den Ort zur Errichtung der Zipser Probstei wählten. Eine dicke Ringmauer mit nur zwei Eingängen schützt diese stattliche Kirchenburg, die bis heute ein Ort der Ruhe, Erholung und Besinnung ist.

Um sich hier ein wenig genauer umzuschauen, steht ein großer, kostenfreier Parkplatz in Aussichtslage zur Verfügung.

(086) WOMO-Wanderparkplatz: Spišská Kapitula

GPS: N 49°00'07" E 20°44'26", Levočká cesta
Max. WOMOs: 5.
Ausstattung: Mülleimer.
Beschreibung: Großer, asphaltierter Besucher-/Wanderparkplatz in Ortsrandlage. Restaurants sind fußläufig erreichbar. Tagsüber teilweise lebhaft, nachts überwiegend ruhig. Je nach Windrichtung ist die Autobahn zu hören.
Zufahrt: Der Parkplatz befindet sich hinter der Kirchenstadt an der Straße *Levočká cesta* auf der rechten Seite.

Spišská Kapitula entstand im Umfeld eines ehemaligen Benediktinerklosters. Isoliert und bis heute auf der grünen Wiese gelegen, war es ab **1198** Sitz des Zipser Probstes und damit das geistliche Zentrum der Deutschen in Zips. **1776** wurde die Probstei von Kaiserin Maria Theresia zu einer bischöflichen Diözese aufgewertet. Von **1815** bis **1950** gab es hier ein Priesterseminar und das Kirchenstädtchen überstand die Zeiten nahezu ohne Zerstörung. Lediglich nach dem kommunistischen Umsturz nutzte der Staat den Ort für andere Zwecke. Seit **1989** befinden sich die Gebäude wieder im Besitz der Kirche, sie unterhält hier eine katholische Fakultät und Wohnungen für Priester, Ordensschwestern und Geistliche im Ruhestand. Wahrzeichen des Ortes ist die im **13. Jahrhundert** errichtete, romanische **Kathedrale des heiligen Martin** *Katedrála sv. Martina*, welche nur im Rahmen einer Führung besichtigt werden kann. Dabei ist über dem Nordeingang ein farbiges Fresko mit der Krönungsszene **König Karl Roberts von Anjou (1317)** zu sehen. Ebenfalls am Nordeingang befindet sich der Weiße Löwe aus Travertin, *Leo albus*. Eine der wenigen erhaltenen romanischen Skulpturen im Land.

***Öffnungszeiten**: Führungen finden von Montag bis Freitag zwischen 9 und 17 Uhr sowie am Wochenende zwischen 13 und 17 Uhr zu jeder vollen Stunde statt. Eintrittskarten zum Preis von 2,00 Euro (ermäßigt 1,00 Euro) sind im Infozentrum im Gebäude unterhalb der Kirche erhältlich.*

Martinsdom und Zipser Kapitel

Wanderung zu den Mineralquellen im Naturschutzgebiet Sivá brada

Vom Westtor bei der Martinskathedrale, führt uns eine schöne Wald- und Wiesenwanderung ins Naturschutzgebiet **Sivá brada** mit seinen Glaubersalzquellen und einem Mini-Geysir. Ohne Einkehr sind wir dafür rund anderthalb Stunden unterwegs.

Über einen Wiesenweg (rote Markierung) gegenüber der Martinskathedrale halten wir uns zunächst leicht bergauf in Richtung zweier Kapellen. Beide sind Bestandteil des Glaubensweges *Spišský Jeruzalem*. Rechts liegt die Kapelle *Kaplnka sv. Rozálie*, die wir als erstes passieren. Sie ist das älteste Bauwerk des Kalvarienkomplexes und geht auf das Jahr **1666** zurück. Der weitere Weg führt uns nach links zur *Kaplnka sv. Jána Nepomuckého*. Hier bieten sich wunderschöne Ausblicke auf die Zipser Region, die Burg und die umliegenden Berge. Wir folgen dem gut erkennbaren Wiesenweg weiter geradeaus und der Wegmarkierung zum Naturschutzgebiet *Sivá brada*. Das kleine Wäldchen lassen wir dabei rechts liegen. Auf dem Kalkplateau bildet sich noch heute Kalktuff, das Travertingestein, für das die Region bekannt ist. Schon bald wird uns auch klar, warum das Gebiet Sivá brada – *Graubart* – heißt. Hier blubbern, über einen kleinen Hügel verteilt, mehrere glaubersalzhaltige Mineralquellen, die einen grauweißen Bart aus Stein talwärts gebildet haben. Orientierungspunkt auf dem Hügel ist eine weitere Kapelle – die *Kaplnka sv. Križa*. An ihr vorbei, bergab in Richtung eines Parkplatzes an der Straße nach Levoča, sprudelt ein **Mini-Geysir**.

Mini-Geysir und Glaubersalz-Quelle

Nicht ganz so spektakulär wie der Geysir von Herl'any aus unserer Tour 9, aber immerhin auch dies ein faszinierendes Naturphänomen.

Vom Parkplatz aus halten wir uns nun nach rechts und wieder zurück in Richtung **Spišská Kapitula.** Schon nach wenigen Metern erreichen wir den Parkplatz des **Gasthauses Spišský salaš**, wo wir uns nun stärken können. Eine Einkehr bei traditioneller, slowakischer Küche ist sehr empfehlenswert. Spezialität hier sind Hammelgerichte. An einem Verkaufsstand werden zudem Wurst- und Käsespezialitäten sowie Honig und Marmelade angeboten. Mitwandernde Kinder werden sich über einen Spielplatz samt Streichelzoo freuen *www.spisskysalas.sk.*

Nach unserer Einkehr nehmen wir den gut erkennbaren Weg über die Wiese, parallel zur Straße bergauf und gelangen so wieder zurück zu unserem Ausgangspunkt beim Besucherparkplatz der Kirchenstadt.

Bei einer Reise in die historische Region Zips darf ein Besuch in der Stadt **Levoča** nicht fehlen. Auch sie gehört zum UNESCO-Weltkulturerbe. Ihr komplett von einer 2,5 Kilometer langen Stadtmauer umgebener, mittelalterlicher Altstadtkern ist der größte und am besten erhaltene der Slowakei. Wir erreichen dieses Schmuckstück nach 14 Kilometern über die Straße 18, die uns direkt ins Zentrum führt. Einen Parkplatz, der auch gut für eine innerstädtische Übernachtung geeignet ist, finden Sie an der Stadtmauer.

(087) WOMO-Stellplatz: Levoča – An der Stadtmauer

GPS: N 49°01'31" E 20°35'34".
Max. WOMOs: 2-3.
Ausstattung: Keine.
Beschreibung: Teilweise leicht schräge Parkplätze auf Kopfsteinpflaster an der Stadtmauer in Zentrumslage. Restaurants, öffentliche Toiletten und Einkaufsmöglichkeiten in der Nähe.
Zufahrt: Der Hauptstraße 18 ins Zentrum folgen. Die Einfahrt zum Parkplatz liegt gegenüber dem Krankenhaus bei einer Apotheke auf der rechten Seite. Dann gleich wieder rechts. Größere Stellflächen befinden sich im hinteren Bereich.

Stadtspaziergang Levoča (deutsch: *Leutschau*)

Erstmals urkundlich erwähnt wurde Levoča im Jahre **1249** unter dem deutschen Namen *Leucha*. Der Legende nach soll der Name zur Zeit der Mongoleneinfälle aus dem Warnruf *„Leut´ schaut“* entstanden sein. Der spätere Wohlstand begründete sich durch die günstige Lage an wichtigen Handelsrouten zwischen Ungarn und Polen. Levoča entwickelte sich schnell zu einer Stadt mit

Levoča – Renaissance-Rathaus

mehreren Privilegien, wie etwa dem Markt- und Mautrecht. Von großer Bedeutung war dabei das schon **1317** zuerkannte Stapelrecht. Rund 100 Jahre lang lag Levoča deshalb mit Neidern im nahen Kežmarok (siehe Tour 7) im Streit. Nach dem Stapelrecht waren durchreisende Kaufleute verpflichtet, ihre Waren zuerst den örtlichen Händlern anzubieten, die daraus Vorteile ziehen konnten.

Nach einem Hussiten-Angriff im Jahr **1431** brannte die Stadt nieder. Eine weitere gewaltige Feuersbrunst legte die Stadt im Jahr **1550** in Schutt und Asche. Dennoch bildeten das **15. und 16. Jahrhundert** den Höhepunkt der städtischen Entwicklung. In dieser Zeit blühte der Kupferhandel, mit dem die Familie **Thurzo** berühmt geworden ist, und die Bürger handelten mit Krakau, mehreren Hansestädten und Venedig. Dem Niedergang nach der Feuersbrunst folgte ein Bauboom, der den Stadtkern im Stil der Renaissance prägte. Levoča wurde außerdem zu einer Hochburg von Kunst, Kultur und Bildung. Bekannte Persönlichkeiten dieser Epoche sind der Bildhauer **Paul von Leutschau**, der englische Dichter **Leonard Cox** und der Humanist **Johann Henkel**. Religionskonflikte, antihabsburgische Aufstände und die Pest zwangen die einst blühende Handelsstadt jedoch langsam in die Knie. Die wirtschaftliche Bedeutung verringerte sich im **19. Jahrhundert** weiter, als die neu gebaute Eisenbahnlinie Bohumín-Košice die Stadt südlich umging und stattdessen Spišská Nová Ves bediente. Der Lage abseits der neuen Verkehrswege und der nur bescheidenen Industrialisierung ist es aber auch zu verdanken, dass das mittelalterliche Stadtbild bis heute erhalten blieb und seit **2009** zum **UNESCO-Weltkulturerbe** gehört.

Machen wir uns nun auf zum **Stadtspaziergang** durch Levoča. Die meisten Sehenswürdigkeiten gruppieren sich rund um den größten Ringplatz der Slowakei, den *Nám. Majestra Pavla*. An der nördlichen Stirnseite des Platzes stehen das **Kleine** *Malý župný dom* und das **Große Kommitatshaus** *Veľký župný dom*.

Einst waren sie der Verwaltungssitz und das Gericht der Zipser Region.

In der nordwestlichen Ecke des Platzes befindet sich die **Touristeninformation** mit weiteren Tipps und Plänen zur Stadtbesichtigung.

***Öffnungszeiten**: Mai bis September täglich von 9 bis 16 Uhr, Januar bis April und Oktober bis Dezember Montag bis Freitag von 9 bis 16 Uhr. www.levoca.sk.*

Gesäumt wird der Platz von weiteren 60 Häusern im Gotik- und Renaissancesstil. Darunter das **Thurzo-Haus** (Nr. 7) mit seiner dunklen Fassade und Sgraffito im Stil italienischer Neorenaissance, das grün getünchte **Krupek-Haus** (Nr. 11) aus dem 15. Jahrhundert oder das **Haus von Meister Paul** (Nr. 21), das heute ein Museum zu Leben und Werk des Holzbildhauers enthält.

Die größte Sehenswürdigkeit ist die **gotische Jakobskirche** *Kostol sv. Jakuba.* Sie ist der zweitgrößte Sakralbau der Slowakei und beherbergt mit einer Gesamthöhe von 18,62 Metern den weltweit höchsten, gotischen Altar. Entstanden ist das Juwel aus Lindenholz in den Jahren **1508** bis **1517** in der Werkstatt des *Meisters Paul aus Levoča*. Das Gotteshaus ist nur im Rahmen einer Führung zu besichtigen.

Prächtige Giebelfassade des Thurzo-Hauses

***Öffnungszeiten**: Die Führungen finden ganzjährig täglich und meist halbstündlich statt. Kurzfristige Änderungen bei Trauungen oder Gottesdiensten sind möglich. Informationen und Eintrittskarten sind im Gebäude gegenüber dem Nordeingang erhältlich. Achten Sie auf angemessene Kleidung. Shorts und Träger-Tops sind nicht erwünscht. Es gibt deutschsprachige Begleitbroschüren zur Führung. Eintritt: Erwachsene 3,00 Euro, ermäßigt 2,00 Euro.*

Zu den wohl meistfotografierten Gebäuden in Levoča gehört sicherlich das hübsche **historische Renaissance-Rathaus** *Historická radnica* aus dem **15. Jahrhundert**. Nach den beiden Stadtbränden war es stark beschädigt und wurde **1615** mit doppelstöckigen Renaissance-Arkaden wiederaufgebaut. Die Wandmalereien an der Südfassade versinnbildlichen anhand der fünf Frauendarstellungen die Tugenden Mäßigkeit, Vorsicht, Tapferkeit, Geduld und Gerechtigkeit. An der Südostecke befindet sich ein **Pranger** aus dem 16. Jahrhundert, an dem früher Menschen für kleinere Vergehen dem Spott der Öffentlichkeit ausgesetzt wurden. Werfen Sie auch einen Blick hinein in das kleine Café samt Souvenirgeschäft unter den Arkaden. Hier werden in wunderschönem Ambiente kunsthandwerkliche Produkte der Region angeboten.

Kunsthandwerk im Alten Rathaus

Das Obergeschoss des Rathauses dient als Raum für Wechselausstellungen. Unter anderem ist hier auch eine Tür mit dem Bildnis der **Weißen Frau von Levoča** zu sehen, um die sich eine Legende rankt.

Legende von der Weißen Frau von Levoča

Während der Belagerung der Stadt durch kaiserliche Armeen im Jahr **1710** soll die hübsche *Julia Géczy-Korponay* dem Feind zum Sieg verholfen haben. Es heißt, sie habe ihren in den Kampf ziehenden Ehemann unter Tränen verabschiedet, um anschließend eine große Party zu veranstalten. Dabei habe sie unbemerkt die Schlüssel zu einer Geheimtür gestohlen, durch die sie feindliche Soldaten in die Stadt ließ. Grund für diesen Verrat war angeblich ihre große Liebe zu einem Kommandanten der kaiserlichen Armee. Erwidert wurden ihre Gefühle wohl kaum, denn er brachte Julia später ins Verlies der Burg Červený Kameň und veranlasste ihre Hinrichtung im heutigen Györ in Ungarn.

Hin und wieder begegneten die Bewohner Levočas einer Frauengestalt im weißen Gewand, so dass sie glaubten, Julias Geist wäre in die Stadt zurückgekehrt. Ob es sich tatsächlich so oder auch anders zugetragen hat, weiß heute niemand genau und selbstredend gibt es auch andere Versionen der Legende.

Beim Stadtrundgang fällt der Blick in nordöstlicher Richtung auf den **Kalvarienberg** *Marianská hora*. Gekrönt wird der Berg von der **Marienbasilika**, die zu den größten, slowakischen Wallfahrtsorten zählt. Papst Johannes Paul II. erhob das Gebäude **1984** zur *Basilica minor* und hielt **1995** vor etwa 650 000 Gläubigen den bisher größten Gottesdienst des Landes ab.

Wir beenden unseren Stadtspaziergang nun mit einer wohlverdienten Einkehr. Rund um den Platz laden mehrere Cafés und Restaurants dazu ein. Köstliche Torten zum Kaffee konnten wir im *Leutschau Café* auf der Ostseite der Jakobskirche genießen.

Wenn Sie noch ein wenig länger in der Region verweilen möchten, dann steht Ihnen drei Kilometer nördlich des Zentrums im Tal **Levočská dolina** ein einfacher Campingplatz zur Verfügung. Für größere Fahrzeuge ist er jedoch nur bedingt geeignet.

(088) WOMO-Campingplatz: *Autocamping Levoča*

GPS: N 49°02'56" E 20°35'13", Kováčova vila 798/2, Tel. + 421 4 512 705, www.autocamplevoca.sk, info@autocamplevoca.sk.
Öffnungszeit: Ganzjährig.
Ausstattung: Keine Entsorgungsmöglichkeit, veraltete und sehr einfache Sanitäranlagen, Spielplatz, Mietunterkünfte, Restaurant.
Beschreibung: Landschaftlich sehr schön gelegener Platz mit Stellplätzen auf einem teilweise recht schrägen, terrassierten Wiesengelände. Die Sanitäranlagen sind sehr veraltet. Im Restaurant sind während der Sommermonate einfache Gerichte erhältlich.
Zufahrt: Der Campingplatz befindet sich nördlich der Stadt Levoča und ist dort ausgeschildert.

Unsere Reise geht nun weiter. Wieder sind es nur wenige Kilometer, die uns von Levoča über die Straße 533 in Richtung Süden nach **Spišská Nová Ves** (deutsch: *Zipser Neudorf*) bringen. Im Gegensatz zu den anderen Zipser Städten beruhte der Reichtum hier nicht auf Handel und Handwerk, sondern auf dem Kupferbergbau, dessen Blütezeit in das 14. und 15. Jahrhundert fiel. Der Erzreichtum der Umgebung bildete später

Spišska Nová Ves

die Basis für Metallverarbeitungsbetriebe, so dass Spišska Nová Ves den Übergang ins moderne Industriezeitalter schaffte. Für einen kleinen Stadtspaziergang können Sie Ihr Fahrzeug auf einem gebührenpflichtigen Parkplatz bei [N 48°56'44" E 20°33'45"] abstellen. Dann sind es nur wenige Schritte ins Zentrum.

Wie auch in den anderen Zipser Städten gibt es hier einen zentralen **Marktplatz**, den *Radničné nám.*, um den sich die Sehenswürdigkeiten gruppieren. Der Platz ist einer der größten seiner Art in Europa und als grüner Park angelegt, so dass es sich abseits vom Straßenverkehr schön flanieren lässt. Mittelpunkt ist die **katholische Kirche Maria Himmelfahrt** *Kostol Nanobovzatia Panny Marié*. Ihr 87 Meter aufragender Turm ist der höchste des Landes und bietet einen wunderschönen Blick auf die Stadt und die Umgebung.

Öffnungszeiten*: Von Mai bis September Montag bis Freitag um 10, 11, 13, 14, 15 und 16 Uhr, Samstag um 10 und 12 Uhr, Sonntag um 15 und 17 Uhr. Im Oktober und November sowie März und April nur wochentags. Von Dezember bis Februar um 11, 13 und 15 Uhr. Eintrittskarten sind in der Touristeninformation erhältlich.*

Auf der Ostseite des Platzes fällt die als Theater genutzte **Redoute** ins Auge. Ein Jugendstilbau aus dem Jahr **1905**. Auf der Nordseite befindet sich im ehemaligen Provinzialhaus heute das **Museum der Zips** *Múzeum Spiša,* welches über die Zipser Geschichte und Natur informiert. Von außen beeindruckt das Rokokogebäude mit einer reichen Stuckdekor-Fassade und einem Bogendurchgang.

Museum der Zips im Provinzialhaus

Im westlichen Bereich des Marktplatzes befinden sich noch die klassizistische **evangelische Kirche** *Evanjelický kostol* sowie das ebenfalls klassizistische **neue Rathaus**. Eine Skulptur davor erinnert an die Tradition der Glockengießer in der Stadt.

Neues Rathaus Spišska Nová Ves

Die Stadt Spišska Nová Ves gilt auch als Tor zum **Nationalpark Slowakisches Paradies** *Slovensky raj*. Der Nationalpark wartet mit wilden Schluchten, Wasserfällen, abenteuerlichen Wanderwegen und tiefen Höhlen auf. Wer das Abenteuer sucht, der wird es hier finden. Wir werden einige der Highlights in unserer nachfolgenden Tour 11 erkunden. Wer jedoch schon jetzt einen Abstecher zu einer der populärsten Schluchten des Slowakischen Paradieses **Suchá Belá** unternehmen möchte, der sollte den nächsten Campingplatz Nr. 089 ansteuern. Er wurde zwar nicht von uns persönlich besucht, uns aber von Reisenden als guter Ausgangpunkt für eine Wanderung in diese spektakuläre Schlucht empfohlen. Der Platz liegt etwa 18 Kilometer westlich von Spišska Nová Ves und ist über die Straße 536 und die Gemeinde **Spišský Štvrtok** zu erreichen.

Zehn Highlights im Slowakischen Paradies

Abenteuerlicher Klettersteig im Slowakischen Paradies

(089) WOMO-Campingplatz: *Autokemping Podlesok*

GPS: N 48°57'51" E 20°23'05", Podlesok 573/33, Hrabušice, Tel. + 421 5 342 991 64, www.podlesok.sk, recepcia@podlesok.sk.
Öffnungszeit: 1. April bis 30. September.
Ausstattung: Ver-/Entsorgungsstation mit Bodeneinlass, sehr einfache Sanitäranlagen mit Münzduschen, Feuerstellen auf dem Platz, Waschmaschine, Wäschetrockner, Küche mit Kochmöglichkeiten, Mietunterkünfte, WLAN kostenlos.

Beschreibung: Landschaftlich sehr schön gelegener Platz auf einem großen Wiesengelände. Die Sanitäranlagen sind zweckmäßig. An der Rezeption sind Wanderkarten und Informationen zu Touren ins Slowakische Paradies erhältlich.
Zufahrt: Ab der Gemeinde Hrabušice ist der Campingplatz ausgeschildert.

Wir setzen unsere Reise ab Spišska Nová Ves in Richtung **Poprad** fort. 25 Kilometer sind über die Straßen 536 und 18 in Richtung Westen zu bewältigen und uns wird schnell klar, warum Poprad (deutsch: *Deutschendorf*) auch das *Tor zur Hohen Tatra* genannt wird. Die majestätischen Gipfel erheben sich wie aus dem Nichts vor uns und auf der schnurgeraden Straße halten wir direkt darauf zu.
Poprad ist ein zentraler Verkehrsknotenpunkt, den wir gut für einen Einkauf nutzen können. Touristisch stand und steht Poprad immer noch im Schatten anderer Zipser Städte. Seit dem Jahr **2004** lockt hier vor allem das am nordöstlichen Stadtrand gelegene, riesige Freizeit- und Badezentrum **AquaCity**. Der Name *City* trifft es durchaus, denn mit mehreren Thermal- und Badelandschaften im Innen- und Außenbereich, Restaurants,

Bars und Hotels sowie Sport- und Freizeiteinrichtungen ist dies tatsächlich eine Stadt für sich. Auch wir wollen uns zum Abschluss dieser Tour dort ein wenig verwöhnen lassen und mit dem Blick auf die Tatra-Gipfel im warmen Wasser entspannen. Einen geeigneten Parkplatz finden Sie hier auch.

(090) WOMO-Badeplatz: Poprad Freizeitzentrum *AquaCity*

GPS: N 49°03'37" E 20°18'32", Športová, **Max. WOMOs**: 5.

Ausstattung: Keine.

Beschreibung: Mehrere große Parkplätze im Bereich des Freizeitzentrums *AquaCity*. Größere Sportarenen (Eissporthalle) befinden sich in der Nachbarschaft, so dass es bei Großveranstaltungen etwas lauter sein kann. Restaurants und Bars in der Nähe.

Zufahrt: In Poprad der Straße 66 stadtauswärts in Richtung Autobahn/Kežmarok folgen. Das Freizeitzentrum ist ausgeschildert.

Über das breit gefächerte Angebot von *AquaCity* können Sie sich vorab bereits im Internet unter **www.aquacity.sk** informieren und dort auch schon Eintrittskarten lösen. Kinder unter 120 Zentimetern Körpergröße haben übrigens freien Eintritt.

Hier endet nun unsere Tour 10. Poprad ist auch für uns ein Knotenpunkt, so dass Sie die Möglichkeit haben, ab hier unsere Touren in Richtung Norden, Süden oder Westen auf kurzem Wege zu erreichen.

TOUR 11
Slovenský Raj
Vernár
Dedinky
Palcmanská Maša
Telgárt
(siehe Touren 7/10/12)
096
097
095
Dobšiná
Spišská Nová Ves
Spišské Vlachy
Margecany
Jaklovce
Haniska
Košická Belá
Budimir
Bidovce
Ďurkov
Košice
(siehe Touren 9/10)
Hanísca
083
Smolník
Medzev
Jasov
091
092
093
Slovenský Kras
Turňa nad Bodvou
Moldava nad Bodvou
Krásnohorské Podhradie
Rožňava
Betliar
Štítnik
094
WC
Revúca
Jelšava
Slovenský Kras
Ungarn
Aggtelek
5 km
N
67
66
531
533
535
536
547
546
549
548
550
16
17
19
68
D 1
552
576
587
526
532
50

Tour 11: Von Košice zu den Höhlen im Slowakischen Karst 190 km

Jasov – Krásnohorské Podhradie – Rožňava Argonithöhle Ochtiná – Betliar – Dedinky Eishöhle von Dobšiná

Stellplätze:	in Jasov, an der Argonithöhle Ochtiná, in Dedinky, an der Eishöhle von Dobšiná
Campingplätze:	in Jasov, und Vyšný Medzev
Besichtigen:	Höhle und Kloster in Jasov, Andrássy-Mausoleum in Krásnohorské Podhradie, Argonithöhle Ochtiná, Kastell von Betliar, Eishöhle von Dobšiná
Baden:	Stausee Palcmanská maša
Wandern:	Nationalpark Slowakisches Paradies
Essen:	*Koliba Soroška* am Jablonovské sedlo, Restaurant *Pelle* in Dedinky

Nach dem Besuch der Stadt Košice führt uns diese Tour entlang der ungarischen Grenze zu den Hauptattraktionen des Slowakischen Karstes – den auf der UNESCO-Welterbeliste stehenden, faszinierenden Höhlen. Die Nähe zum Nachbarland Ungarn lässt sich in einigen architektonischen Juwelen entdecken. Wir besuchen das Mausoleum der Adelsfamilie Andrássy – auch das Taj Mahal der Slowakei genannt. Im Kastell von Betliar wandeln wir auf den Spuren des ungarischen Hochadels. Weiter geht es in das Wanderparadies des Slowakischen Paradieses und zum Höhepunkt dieser Tour, der Eishöhle von Dobšiná.

Haben Sie mit uns in Tour 9 die Stadt **Košice** und das Luftfahrtmuseum am Flughafen besucht? Dann sind Sie bereits auf dem richtigen Weg und können dieser Tour über die Schnellstraße R2/16 aus der Stadt hinaus folgen. Vorbei geht es am riesigen Industriekomplex von *U.S. Steel*, dem größten Arbeitgeber Košices. Etwa 20 Kilometer später zweigt in **Moldava**

nad Bodvou die Straße 550 nach **Jasov** ab. Sie ist zunächst etwas holprig, doch es sind nur knapp neun Kilometer bis zu unserem ersten Touren-Highlight am östlichen Rand des Slowakischen Karstes zu bewältigen.

Slowakischer Karst, Slowakisches Paradies und Slowakisches Erzgebirge

Der **Slowakische Karst** *Slovenský kras* ist mit 440 km² das größte Karstgebiet Mitteleuropas. Zusammen mit dem **Slowakischen Paradies** *Slovenský raj* und weiteren Teilgebirgen

wird das Gebiet südlich der Region Zips und der ungarischen Grenze auch unter dem geographischen Oberbegriff **Slowakisches Erzgebirge** *Slovenské rudohorie* zusammengefasst.

Der **Nationalpark Slowakischer Karst** umfasst gleich mehrere Naturschutzgebiete mit fantastischen Felsformationen und einer außergewöhnlich vielfältigen Flora und Fauna. Während sich die Attraktionen des Slowakischen Paradieses mit zahlreichen, spektakulären Wanderwegen über Eisenleitern, Klettersteigen und durch tiefe Schluchten eher oberirdisch befinden, liegen die Sehenswürdigkeiten des Slowakischen Karstes unter der Erde. Über Jahrtausende haben sich in diesem Karstgebiet mehrere Höhlensysteme mit beeindruckenden Tropfsteinphänomenen ausgebildet. Bislang wurden mehr als 1.000 Höhlen entdeckt, wovon natürlich nur ein Bruchteil als Schauhöhlen für Besucher zugänglich sind.

Hier, am östlichen Rand des Slowakischen Karstes, wollen wir der **Jasovská-Höhle** *Jasovská jaskyňa* einen Besuch abstatten. Einen zentrumsnahen Parkplatz, der auch übernachtungstauglich ist, finden Sie hier:

(091) WOMO-Stellplatz: Jasov – Jasovská-Höhle

GPS: N 48°40'43" E 20°58'36", Mlynská 51/8, **Max. WOMOs**: 1-2.
Ausstattung: Keine.
Beschreibung: Geschotterter, ebener Besucherparkplatz für die Jasovská-Höhle. Tagsüber lebhaft, nachts ruhig. Restaurant in der Nähe.
Zufahrt: In Jasov der Beschilderung zur *Jasovská jaskyňa* folgen. Der Parkplatz liegt vor der Bahnunterführung rechts.

Ein Mönch des nahe gelegenen **Prämonstratenserklosters** stieß im **12. Jahrhundert** am Westrand der Gemeinde Jasov auf den Eingang einer Höhle. Zahlreiche Funde belegen, dass hier bereits während der Eiszeit Höhlenbären und Höhlenhyänen überwinterten. Auch Menschen diente die Höhle seit der Jungsteinzeit als Wohnort und Versteck. Im Laufe der Geschichte suchten Einheimische immer wieder Schutz in der Höhle, wie etwa in der Zeit der Mongoleneinfälle **1241/42**. Während der beiden Weltkriege verbargen sich hier Flüchtlinge, Desserteure und Soldaten. Aus diesem Grund sind an den Höhlenwänden auch zahlreiche Inschriften und Zeichnungen erhalten geblieben, die Zeugnis ablegen über die historischen Ereignisse in der Region. Das älteste Höhlendokument bezieht sich auf eine Schlacht der Hussiten **1452**. Für Besucher wurde die Höhle **1846** zugänglich gemacht.

Eingang zur Jasovská-Höhle

Bei der 45minütigen Führung sind 340 Treppenstufen zu bewältigen und zahlreiche, beeindruckende Sintergebilde zu sehen. Darunter steinerne Wasserfälle, hauchdünne Tropfsteine und säulenförmige Stalagmiten von beeindruckender Stärke. Die Höhle ist zudem ein bedeutendes Winterquartier für Fledermäuse. Neben der Großen Hufeisennase wurden noch 18 weitere Gattungen nachgewiesen.

Öffnungszeiten: *Die Führungen finden von Juni bis August täglich außer Montag von 9 bis 16 Uhr zu jeder vollen Stunde statt. Im April und Mai sowie September und Oktober um 10, 11.30, 13 und 14.30 Uhr. Eintritt: Erwachsene 6,00 Euro, ermäßigt 5,00 Euro, Kinder 3,00 Euro. Fotoerlaubnis 7,00 Euro. www.ssj.sk (Stand: 2020).*

In Jasov kann außerdem das barocke **Prämonstratenserkloster** *Premonštrátsky kláštor* besichtigt werden. In seiner Architektur mit der doppeltürmigen Klosterkirche erinnert es an süddeutsche und österreichische Klosteranlagen. Während unserer Reise im Sommer 2020 waren umfangreiche Sanierungsarbeiten im Gang, so dass keine Besichtigung möglich war. Vielleicht können Sie sich schon über eine

Prämonstratenserkloster in Jasov

Anlage in neuem Glanz erfreuen, die eine Klosterbibliothek mit rund 80.000 Bänden und einen Barockgarten im Stil eines französischen Parks umfasst.
In unmittelbarer Nähe des Klosters befindet sich ein einfacher, kleiner Campingplatz an einem Angelsee. Die Stellplätze befinden sich auf einem Wiesengelände am See. Leider war der Platz aufgrund der Corona-Pandemie im Jahr 2020 geschlossen, so dass wir ihn nicht näher besichtigen konnten. Da es in der Region jedoch nur sehr wenige Campingplätze gibt, möchten wir Ihnen die Koordinaten nicht vorenthalten.

Autokemping Jasov, geöffnet von Mai bis September [**092**: N 48°40'50" E 20°58'01"].

Einen weiteren, kleinen Campingplatz in idyllischer Umgebung gibt es neun Kilometer weiter in Richtung **Medzev**. Allerdings ist dieser nur für sehr kompakte Fahrzeuge unter 3,00 Metern Höhe geeignet. Unter niederländischer Leitung stehen auf dem Gelände eines ehemaligen Bauernhofes im Obstgarten mehrere Stellplätze zur Verfügung.

Kemping Penzión Sokol, Vyšný Medzev, www.sokol2.sk, geöffnet von April bis September [**093**: N 48° 42'54" E 20°54'08"].

Für die Weiterfahrt kehren wir über Jasov und Moldava nad Bodvou zurück auf die Hauptstraße 16, der wir nach Westen in Richtung **Rožňava** folgen. Die gut ausgebaute Schnellstraße bringt uns entlang der ungarischen Grenze rasch voran. Zunächst geht es noch durch ein landwirtschaftlich und industriell geprägtes Tal. Rechts kommt die Burgruine **Turniansky hrad** ins Blickfeld. Hier zweigt auch ein Sträßchen ins Tal **Zádielska dolina** ab. Ein beliebtes Wandergebiet mit einem engen Canyon, der an der schmalsten Stelle nur sieben Meter breit ist. Einen Wanderparkplatz finden Sie bei [N 48°37'03" E 20°49'56"]. Für uns geht es auf der Straße 16 weiter und hinauf auf die Höhen des Slowakischen Karstes. Die **Passhöhe Jablonovské sedlo** ist bei [N 48°37'09" E 20°37'47"] erreicht. Hier lädt die *Koliba Soroška* zu einer Mittagsrast ein. Frisch gestärkt für das nun bevorstehende Kulturerlebnis sind es nur noch sechs Kilometer bis zum *Taj Mahal der Slowakei*, dem **Mauseoleum der Adelsfamilie Andrássy** bei **Krásnohorské Podhradie**. Um Ihr Fahrzeug zu parken, müssen Sie erst an der Attraktion vorbeifahren. Dann steht Ihnen rechts der Straße bei [N 48°38'46" E 20°36'08"] ein großer Parkplatz vor einem Industriegebäude zur Verfügung. Zu Fuß sind es dann wenige Meter zurück bis zum Kassengebäude auf der anderen Straßenseite.

Das Taj Mahal der Slowakei – Andrássy-Mausoleum

Es muss schon wahre Liebe gewesen sein, als der aus der einflussreichen, ungarischen Adelsfamilie stammende **Dionýz Andrássy** (*1835-1913*) **1866** die tschechische Opernsängerin **Františka Hablavcová** ehelichte. Für die damalige Zeit der arrangierten Ehen war diese Verbindung aus Sicht der Familie eine Mesalliance. Deshalb durfte die Bürgerliche Františka nach ihrem Tod **1902** auch nicht in der Familiengruft der Andrássys auf der nahegelegenen Burg Krásna Hôrka beigesetzt werden. Ihr Ehemann war nach der 36jährigen, glücklichen, aber kinderlosen Ehe untröstlich und beschloss, seiner großen Liebe ein prächtiges Mausoleum aus weißem Carrara-Marmor zu errichten. Er selbst legte den Grundstein und beaufsichtigte persönlich die Bauarbeiten. Als das Mausoleum **1904** fertig gestellt war, ließ er die sterblichen Überreste seiner Frau aus München dorthin umbetten.

Andrássy-Mausoleum

Von außen betrachtet sieht der schlichte und relativ bescheiden wirkende Sandsteinbau eigentlich gar nicht so spekta-

kulär aus. Öffnen sich allerdings die Türen, dann erstrahlt dieses Pantheon im byzantinischen Stil in Gold und Marmor. Aus aller Welt wurden hier Steine und Edelsteine zu einem prachtvollen Interieur verarbeitet, so dass dieses Mausoleum zu den wertvollsten Jugendstilbauten des Landes gehört. Dionýz Andrássy wurde **1913** ebenfalls hier, an der Seite seiner großen Liebe beigesetzt.
Auf der Rückseite des Mauseoleums ist in einem kleinen Park die Statue des Lieblingshundes *Tascherl* zu sehen. Ursprünglich waren seine Augen aus Edelsteinen, die allerdings einem Diebstahl zum Opfer fielen.

***Öffnungszeiten**: Führungen von Mai bis Oktober täglich außer Montag von 10 bis 18 Uhr, von November bis April täglich außer Montag von 9 bis 14 Uhr. Eintritt: Erwachsene 3,00 Euro, ermäßigt 1,50 Euro, Fotoerlaubnis 2,00 Euro. www.muzeumbetliar.sk (Stand: 2020).*

Die nahegelegene **Burg Krásna Hôrka**, die sich trutzig auf einem kegelförmigen Berg erhebt, war der Stammsitz einer der beiden Linien des Andrássy-Geschlechtes. Die aus dem Siebenbürgen stammende Familie gehörte zu den bedeutendsten Adelsfamilien des Königreichs Ungarn. Im Laufe der Jahrhunderte hat dieses Geschlecht etliche bedeutende Politiker und Militärs hervorgebracht. Die Burg, in der Dionýz Andrássy ein Familienmuseum einrichten ließ, wurde bei einem Großbrand im **März 2012** schwer beschädigt. Die aufwändigen Sanierungs- und Wiederaufbauarbeiten dauern wohl noch mehrere Jahre an, so dass die Burg derzeit nicht besichtigt werden kann. Aktuelle Informationen unter *www.hradkrasnahorka.sk*.

Dem Schloss der zweiten Andrássy-Linie, dem **Kastell in Betliar**, werden wir im Laufe dieser Tour ebenfalls einen Besuch abstatten.
Zuvor machen wir uns aber auf den Weg zu einer weiteren Höhle der UNESCO-Weltnaturerbeliste – der **Aragonithöhle Ochtiná**. Über die ehemalige Bergbaustadt **Rožňava**, in deren Umgebung seit dem 12. Jahrhundert Gold, Silber und Kupfer gefördert wurden, sind es knapp 30 Kilometer. In Rožňava folgen wir der Straße 526 bis **Štítnik**, wo Sie eine gotische Dorfkirche mit der landesweit ältesten Orgel des Landes aus dem Jahr **1492** besichtigen können.

Weiter geht es in Richtung **Jelšava** und den Schildern zur Höhle *Ochtinská aragonitová jaskyňa* folgend. Die Strecke ist teilweise etwas holprig und führt uns kurvenreich durch eine hügelige und von Wäldern geprägte Landschaft. Teilweise geht uns hier auch das Mobilfunknetz verloren, aber idyllisch ist es allemal. Bei [N 48°38'56" E 20°17'45"] ist der Abzweig zur Höhle und zur **Feriensiedlung Hrádok** erreicht. Folgen Sie der erstaunlich guten Straße für weitere zwei Kilometer in die Einsamkeit, dann stehen Sie auf dem Besucherparkplatz der Aragonithöhle. Hier können Sie eine wunderbar ruhige Nacht verbringen.

(094) WOMO-Wanderparkplatz: Aragonithöhle Ochtiná

GPS: N 48°39'48" E 20°18'17" **Max. WOMOs**: 3-4.

Ausstattung: Mülleimer, Picknickbänke überdacht, Toiletten im Besuchergebäude der Höhle.

Beschreibung: Asphaltierter, teilweise leicht schräger Besucherparkplatz außerorts und einsam gelegen. Tagsüber während der Hauptsaison gebührenpflichtig. Nachts sehr ruhig. Das Restaurant im *Hotel Hrádok* ist in etwa 15 Gehminuten erreichbar.

Zufahrt: Von der Straße 526 der Beschilderung zur Höhle folgen. Der Parkplatz liegt am Ende der Zufahrtsstraße.

Diese Schauhöhle sollten Sie sich auf keinen Fall entgehen lassen, denn Sie gehört zu einer der spektakulärsten und weltweit einzigartigen Aragonithöhlen. Vergleichbare Naturphänomene gibt es nur noch in Argentinien und Mexiko. Entdeckt wurde die Höhle zufällig im Jahr **1954** beim Vortrieb eines geologischen Sondierungsstollens. Die Mitarbeiter der ostslowakischen Forschungsstelle für Erzuntersuchungen dürften beim Anblick der fantastischen, korallenähnlichen Gebilde aus Stein nicht schlecht gestaunt haben. In den vielfältigen Kristallstrukturen aus Kalziumkarbonat liegt die Besonderheit dieser Höhle. Die filigranen Formen entstanden beim Einsickern des Oberflächenwassers durch den Kalkstein. Der älteste Aragonit dürfte stolze 138.000 Jahre alt sein und der Prozess der Aragonitbildung dauert immer noch an.

Faszinierende Welt der Kristalle

1972 wurde die Höhle für die Öffentlichkeit zugänglich gemacht und heute sind verschiedene Räume mit den klingenden Namen *Milchstraße*, *Sternensaal* und *Zaubergang* zu bewundern. Auch diese Höhle ist nur im Rahmen einer etwa 30minütigen Führung zu besichtigen.

***Öffnungszeiten**: Die Führungen finden ab mindestens vier Personen von Juni bis August täglich außer Montag von 9 bis 16 Uhr zu jeder vollen Stunde statt. Im April und Mai sowie September und Oktober um 9.30, 11, 12.30 und 14 Uhr. Eintritt: Erwachsene 6,00 Euro, ermäßigt 5,00 Euro, Kinder 3,00 Euro. Fotoerlaubnis 10,00 Euro. www.ssj.sk (Stand: 2020).*

Für alle, die von Höhlen noch nicht genug haben: in rund 35 Kilometern Entfernung liegt an der slowakisch-ungarischen Grenze die **Domica-Höhle** *Domica jaskyňa*. Auch sie gehört zum UNESCO-Welterbe. Sie ist die bekannteste und längste Höhle des Nationalparks Slowakischer Karst. Die besondere Attraktion liegt in einer 140 Meter langen Bootsfahrt auf dem *unterirdischen Fluss Styx*. Leider konnten wir diese Höhle im Rahmen unserer Reise nicht mehr besuchen. Der Vollständigkeit möchten wir Ihnen dennoch die Basis-Informationen geben.

Kastell von Betliar

Domica-Höhle *Domica jaskyňa* [N 48°28'39" E 20°28'06"]. Führungen finden täglich außer Montag von Juni bis August zu jeder vollen Stunde zwischen 9 und 16 Uhr statt. Von September bis Dezember und von Februar bis Mai um 9.30, 11, 12.30 und 14 Uhr. Eintritt (mit Bootsfahrt): Erwachsene 6,00 (8,00) Euro, ermäßigt 5,00 (7,00) Euro, Kinder 3,00 Euro, Fotoerlaubnis 7,00 Euro. www.ssj.sk (Stand: 2020).

Von unserem letzten Übernachtungsplatz bei der Aragonithöhle fahren wir nach **Rožňava** zurück, wie wir gekommen sind. Dort nehmen wir die Straße 67 nach Norden in Richtung **Dobšina** zu unserem nächsten Ziel, dem **Kastell von Betliar** *Kaštieľ Betliar*. Einen gebührenpflichtigen Parkplatz für die Besichtigung finden Sie bei [N 48°42'16" E 20°30'32"].

Das **Kastell von Betliar** gehört zweifelsohne zu einem der schönsten Herrenhäuser der Slowakei. Eingebettet in einem weitläufigen Schlosspark ließ es **Štefan Andrássy** zu Beginn des 18. Jahrhunderts auf den Fundamenten eines ehemaligen Wasserschlosses errichten. Im Laufe der Jahrzehnte wurde es mehrfach umgestaltet, erweitert und nach den unterschiedlichen Vorlieben der jeweiligen Schlossherren verändert. Heute hat es den Charakter eines französischen Renaissanceschlosses und

Üppige Wohnkultur des ungarischen Hochadels im Kastell Betliar

beherbergt ein Museum mit allerhand Kuriositäten. Als eines der wenigen Anwesen wurde das Schloss **1945** nach der Enteignung der Familie Andrássy nicht geplündert. Somit blieben die Einrichtungs- und Kunstgegenstände im Original erhalten. Neben einer üppigen Ausstattung, welche die Wohnkultur des Adels im 18. und 19. Jahrhundert zeigt, ist im Obergeschoss eine beeindruckende Privatbibliothek mit fast 20.000 Bänden zu sehen. Beeindruckend ist auch die Sammlung mit Jagdtrophäen und skurrilen Reisesouvenirs. Die meisten davon stammen aus Asien und Afrika. Neben ausgestopften Elefantenfüßen und einem Schrumpfkopf aus Neuguinea ist im Keller eine 4.000 Jahre alte Mumie aus Ägypten zu bestaunen. Die Vorliebe der Andrássys für Exotik spiegelt sich auch im Schlosspark wider. Vorbei an seltenen Bäumen und Pflanzen lässt es sich zu künstlichen Wasserfällen, Springbrunnen und Skulpturen aus fernen Ländern spazieren.

***Öffnungszeiten**: Führungen im April, Mai, September und Oktober täglich außer Montag um 9.30, 11, 12.30, 14 und 15.30 Uhr. Von Juni bis August finden die Führungen täglich zwischen 10 und 16.30 nach Bedarf statt. Von November bis März täglich außer Montag um 9.30, 11, 12.30 und 14 Uhr. Eintritt: Erwachsene 8,00 Euro, ermäßigt 5,00 Euro, www.muzeumbetliar.sk (Stand: 2020).*

Über die Hauptstraße 67 geht es nun weiter in Richtung **Dobšina**. Die nächsten 30 Kilometer führen uns durch kleine Dörfer, die einst vom Bergbau geprägt waren. Davon zeugen auch mehrere *Lost Places* – verlassene Fabrikruinen am Wegesrand. Hinter dem Städtchen Dobšina windet sich die Straße in spektakulären Kurven bergauf. Eine beliebte Strecke nicht nur bei Motorradfahrern. Sie ist auch Austragungsort der *FIA European Hill Climb Championship,* einem europäischen Automobil-Bergrennen. Sie müssen es den PS-starken Boliden aber nicht gleichtun, sondern können es mit Ihrem WOMO bergauf eher entspannt angehen. Einen wunderbaren Blick über die kurvenreiche Straße und die Berge der Umgebung haben Sie beim Aussichtspunkt auf dem **Dobschauer Berg** *Dobšinský kopec.*

(095) WOMO-Picknickplatz: Aussichtspunkt Dobschauer Berg

GPS: N 48°50'48" E 20°22'39"
Max. WOMOs: 1-2.
Ausstattung: Mülleimer, überdachte Picknickbänke, Infotafeln.
Beschreibung: Parkplatz in Aussichtslage an der Straße.
Zufahrt: An der Straße 67 befindet sich der Parkplatz auf der Passhöhe links.

Kurz nach dem Rastplatz zweigt die Straße 535 rechts ab nach **Dedinky**. Der kleine Ort am Stausee **Palcmanská Maša** gehört bereits zum **Slowakisches Paradies** und ist Ausgangspunkt für Wanderungen im südlichen Teil des Nationalparks. Während der Sommermonate lockt zudem ein Badestrand am See mit Ruder- und Tretbootverleih. Zum Ende der Sommersaison machte der Ort auf uns jedoch einen eher verschlafenen Eindruck. Im Frühling und Herbst gehört der See einzig den Anglern. Viele Restaurants und Pensionen waren bereits geschlossen und auch der Sessellift auf die Karsthochebene **Geravy** war wegen Bauarbeiten außer Betrieb. Der örtliche

Dedinky im Slowakischen Paradies

Campingplatz ist nur für Zelte oder PKWs mit Dachzelt tauglich, aber wir haben dennoch ein schönes Plätzchen am See für Sie entdeckt.

(096) WOMO-Badeplatz: Dedinky – Am Seeufer

GPS: N 48°51'58" E 20°22'44"
Max. WOMOs: 1-2.
Ausstattung: Mülleimer.
Beschreibung: Unbefestigter Parkplatz am Seeufer in Ortsrandlage.
Zufahrt: Den Ort Dedinky auf der Hauptstraße durchqueren. Nach dem zentralen Platz im Ort noch eine Brücke überqueren, dann geht es links zu den Stellflächen am Seeufer.

Auch einen **Einkehrtipp** in Dedinky haben wir noch zu bieten. In der Nähe der Liftstation lädt das Restaurant *Pelle* in urig-gemütlichem Ambiente zur Einkehr ein. Neben einfachen slowakischen Gerichten kommen Burger-Variationen auf den Tisch – gegenwärtig wohl der Essenstrend in der Slowakei.

Von Dedinky führen mehrere Wanderwege unterschiedlicher Schwierigkeitsgrade zu den Zielen im südlichen Teil des slowakischen Paradieses. Unter anderem durch die einzige Schlucht in dieser Region, der **Zejmarská roklina**. Über abenteuerliche Tritthilfen, Leitern und Klettersicherungen endet diese Wanderung auf der Hochebene Geravy (1.032 Meter). Wir verweisen an dieser Stelle gerne auf den Bergwanderführer *Niedere Tatra und Slowakisches Paradies* aus dem Rother-Verlag (siehe auch unter *Tipps und Infos*). Hierin sind einige der spektakulärsten Wanderwege beschrieben.

Wanderung durch die Klamm Stratenský kaňon

Für weniger Schwindelfreie gibt es entlang unserer weiteren Fahrtroute einen hübschen Spazierweg, der sogar kinderwagentauglich ist und uns zumindest einen kleinen Einblick in die großartige Natur mit ihren bizarren Felsformationen bietet.

Um den Startpunkt zu erreichen, fahren wir von Dedinky zurück auf die Hauptstraße 67 und hier in Richtung **Stratená**. Nach etwa neun Kilometern befindet sich, unmittelbar vor einem Straßentunnel, links ein kleiner Parkplatz bei [N 48°52'23" E 20°19'44"]. Auf der gegenüberliegenden Straßenseite

beginnt bereits der Wanderweg. Er führt auf einem asphaltierten Weg durch die Klamm **Stratenský kaňon**. Begleitet vom Rauschen des Flusses *Hnilec* ist dies ein angenehmer und entspannter Spaziergang, der auch sehr gut mit kleinen Kindern unternommen werden kann. Insgesamt acht Schautafeln informieren über die Geschichte, die Höhlen, Flora und Fauna sowie die Geologie der Region. Alle Tafeln sind so platziert, dass sie auch von Rollstuhlfahrern und Kindern betrachtet werden können. Der Weg wurde sogar als erster, behindertengerechter Lehrpfad der Slowakei ausgezeichnet. Hin und zurück sind es rund drei Kilometer Genusswandern.

Nach diesem Spaziergang sind es nur noch vier Kilometer bis zum letzten Highlight dieser Tour – der **Eishöhle von Dobšiná** *Dobšinská l'adová jaskyňa*. Sie ist ein Besuchermagnet in der Region und rund um den Höhleneingang haben sich Restaurants, Pensionen und ein Informationszentrum zum Nationalpark Slowakisches Paradies angesiedelt. Einen Übernachtungsplatz können wir Ihnen ebenfalls anbieten. Trotz seiner Lage an der Hauptstraße ist es hier nachts ruhig und eventuelle Verkehrsgeräusche werden vom Rauschen des Gebirgsbaches übertönt.

(097) WOMO-Stellplatz: Eishöhle von Dobšiná

GPS: N 48°52'27" E 20°18'10" **Max. WOMOs**: 5.

Ausstattung: Mülleimer, Infotafeln, Picknickbänke, Restaurant, Nationalpark-Infocenter und öffentliche Toiletten in unmittelbarer Nähe.

Beschreibung: Mehrere Besucherparkplätze, in der Saison tagsüber gebührenpflichtig. Teilweise schattig am Waldrand, teilweise auch leicht schräg. Tagsüber lebhaft, nachts ruhig.

Zufahrt: Wie beschrieben links und rechts der Hauptstraße 67.

Vor die Wunderwelt aus Eis hat die Natur zunächst eine sportliche Herausforderung gestellt. Der Höhleneingang liegt auf etwa 970 Metern Höhe und vom Parkplatz ist ein 25minütiger Aufstieg zu bewältigen. Damit der nicht allzu langweilig wird, können unterwegs ein Lehrpfad zur Bergbaugeschichte der Region sowie der Hochseil-Klettergarten *Tarzania* besucht werden. Damit lässt sich der Höhlenbesuch ohne Weiteres zu einem ganzen Tagesaufenthalt ausbauen. Ein Besuch in der Eishöhle von Dobšiná gehört sicherlich zu den Höhepunkten

einer Slowakeireise und auch wir haben dieses eindrucksvolle Naturwunder auf unsere persönliche Top-Ten-Liste gesetzt. Sie zählt zu den größten Eishöhlen der Welt und wurde nicht zuletzt deshalb im Jahr 2000 auf die UNESCO-Welterbeliste gesetzt.

Eishöhle von Dobšiná

Unter den Einheimischen war das *Eisloch*, wie es damals genannt wurde, schon lange bekannt. Doch erst im Jahr **1870** wagten es drei Abenteurer, tiefer in diese geheimnisvolle Unterwelt vorzudringen. Kaum ein Jahr später wurde die Eishöhle der Öffentlichkeit zugänglich gemacht und **1887** war sie die erste, künstlich beleuchtete Höhle der Welt.

Eine faszinierende Welt aus Eis

Schon bald nach ihrer Entdeckung zog sie die Aufmerksamkeit von Fachleuten auf sich und die Höhle wurde von vielen bedeutenden Persönlichkeiten der damaligen Zeit besucht. Unter anderem dem Polarforscher **Fridtjof Nansen**. Beliebt war auch der Eislauf in der Höhle. Schon **1893** frönte man dem Eissport und in den **1950er** Jahren trainierten hier die tschechoslowakischen Eiskunstläufer.

Das Eis in der Höhle hat ein Volumen von etwa 110.000 Kubikmetern und kommt in Form von Bodeneis, gefrorenen Wasserfällen, Säulen und Stalagmiten vor. Bis in den Frühsommer hinein sind die Wände mit Raureif bedeckt und die Eisdicke beträgt rund 26 Meter. Da versteht es sich von selbst, dass eine warme Jacke und festes Schuhwerk bei der rund 30minütigen Führung unverzichtbar sind. Die Besichtigungstrasse ist etwa 500 Meter lang und führt durch Tunnels aus Eis, Treppen und Stege. Ein wahrlich faszinierendes Königreich aus Eis!

***Öffnungszeiten**: Führungen finden vom 15. bis 31. Mai und im September um 9.30, 11, 12.30 und 14 Uhr statt. Von Juni bis August zu jeder vollen Stunde zwischen 9 und 16 Uhr. Eintritt: Erwachsene 8,00 Euro, ermäßigt 7,00 Euro, Kinder 4,00 Euro, Fotoerlaubnis 10,00 Euro. www.ssj.sk (Stand: 2020).*

Unterirdische Schönheit – die Eishöhle von Dobšiná

Damit wären wir am Ende dieser Tour 11 angelangt. Im Anschluss kommen Eisenbahn-Nostalgiker in der Tour 12 voll auf ihre Kosten. Wen es aber zurückzieht, der kann der gut ausgebauten Straße 66 durch die Bergwelt des Slowakischen Paradieses in Richtung **Poprad** folgen. Dort gelangen Sie über die Autobahn rasch in Richtung Heimat oder Sie können uns auf den Touren 7 und 10 begleiten.

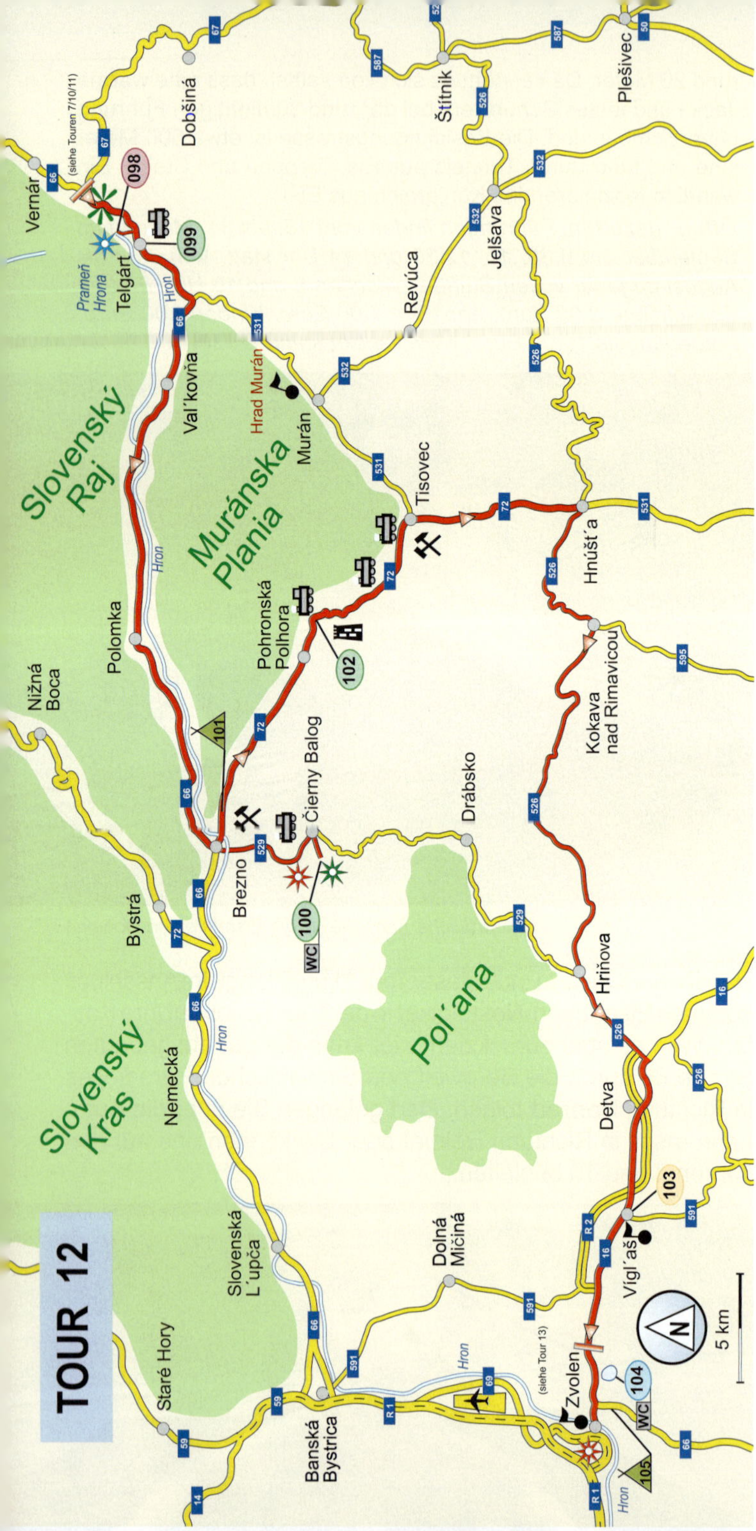
TOUR 12
Slovenský Raj
Slovenský Kras
Muránska Planía
Pol´ana
Vernár
Dobšiná
(siehe Touren 7/10/11)
Prameň Hrona
Telgárt
Štítnik
Plešivec
Revúca
Jelšava
Val´kovňa
Hrad Murán
Murán
Tisovec
Hnúšt´a
Polomka
Pohronská Polhora
Nižná Boca
Čierny Balog
Drábsko
Kokava nad Rimavicou
Brezno
Bystrá
Hriňova
Nemecká
Detva
Slovenská L´upča
Dolná Mičiná
Staré Hory
Vígl´aš
Banská Bystrica
Zvolen
(siehe Tour 13)
Hron
5 km
N
WC
098
099
100
101
102
103
104
105

Tour 12: Von der Hron-Quelle über Čierny Balog nach Zvolen 200 km

Hron-Quelle – Telgárt – Brezno – Čierny Balog – Tisovec Detva – Vígľaš – Zvolen

Stellplätze:	an der Hron-Quelle, in Telgárt, Čierny Balog, am Sedlo Zbojská, in Vígľaš, Zvolen
Campingplätze:	in Brezno-Rohozná und Zvolen
Ausflüge:	Schmalspurbahn Čierny Balog
Besichtigen:	Telgárt, Jagdschloss Vígľas, Zvolen
Wandern:	Forstmuseum Čierny Balog, in Zbojnícky Dvor
Essen:	*Depo Café* Telgárt, Gasthaus *Salaš Zbojská*, Café *Spoon & Bakery* Zvolen

Auf dieser Tour werden Eisenbahn Romantiker voll auf ihre Kosten kommen. Im Herzen der Slowakei und im Bergland der Niederen Tatra folgen wir auf den nächsten Kilometern dem Lauf des Flusses Hron. Mehrere technische Sehenswürdigkeiten säumen den Weg, wie etwa die spektakulären Eisenbahnviadukte bei Telgárt, die historische Waldbahn in Čierny Balog und dic Zahnradbahn bei Tisovec. Wir erkunden ein Waldmuseum, überqueren die Höhen des Muráň-Nationalparks und beenden diese Tour schließlich in der Stadt Zvolen, die mit einem Schloss und dem größten Marktplatz Europas aufwarten kann.

Von unserem letzten Stellplatz Nr. 097 bei der Eishöhle von Dobšiná führt uns der Weg in cine Region der Slowakei, die bei ausländischen Touristen eher unbekannt ist. Sowohl die Wandergebiete im Süden der Niederen Tatra als auch die kleinen Städte sind weniger überlaufen, was die Region aber nicht minder reizvoll macht.

Quelle des Flusses Hron

Wir verlassen also unseren Stellplatz bei der Eishöhle in Richtung Westen auf der Straße 67. Nach wenigen Kilometern mündet sie in die Straße 66, der wir nun nach Süden in Richtung **Telgárt** folgen. Auf dem Pass **Sedlo Besník** bietet sich auf 1.042 Metern Höhe bei schönem Wetter eine wunderbare Fernsicht auf die Bergwelt der Niederen Tatra und des Slowakischen Erzgebirges. Wenig später erreichen wir den Abzweig zur **Quelle des Flusses Hron** *Prameň Hrona*. Wer mag, kann jetzt schon eine erste Kaffeepause einlegen. Im überdachten Picknickbereich finden Sie in einem Briefkasten ein Gästebuch, in dem Sie gerne eine Nachricht hinterlassen können.

(098) WOMO-Picknickplatz: Hron-Quelle

GPS: N 48°51‘30” E 20°12‘55”.

Max. WOMOs: 1-2.

Ausstattung: Picknickbänke überdacht, Quellwasser, Mülleimer, Info-Tafeln.

Beschreibung: Unbefestigter, teilweise schräger Parkplatz an der Quelle. Lage außerorts.

Zufahrt: Die Einfahrt zum Parkplatz liegt an der Straße 66 rechts.

Hier am Berg **Kráľova hoľa** entspringt auf 935 Metern Höhe der 298 Kilometer lange Fluss Hron (deutsch: *Gran*). Er verläuft

Eisenbahnviadukt bei Telgárt

zunächst westwärts und mäandert durch prächtige Bergwiesen. Dabei trennt er die Niedere Tatra im Norden vom Slowakischen Erzgebirge im Süden. Während seines Verlaufs ändert er mehrmals die Richtung, bevor er schließlich in der Nähe der Stadt **Štúrovo** und gegenüber der ungarischen Stadt **Esztergom** in die Donau mündet. Bis in die 1930er Jahre wurde auf dem Fluss Holz geflößt und wir werden ihm im Laufe unserer nachfolgenden Touren noch einige Male begegnen. Unter anderem am Ende dieser Tour in der Stadt Zvolen.

Einfahrt in den Kehrtunnel

Wenig später nach unserer Rast an der Quelle ist der kleine Ort **Telgárt** (deutsch: *Thiergarten*) erreicht. Werfen Sie bei der Fahrt einen Blick nach rechts, um zwei eindrucksvolle **Eisenbahnviadukte** zu entdecken. Sie gehören zur Bahnstrecke Brezno – Košice und für Bahnreisende sind die Tunnelfahrten bei Telgárt eine besondere Attraktion. Auf etwa 36 Kilometern werden acht Tunnel durchquert. Dabei muss die Bahn einen großen Höhenunterschied überwinden, was hier mit einem sogenannten *Kehrtunnel* gelingt. Die Schienen beschreiben im Berg eine Schleife, wodurch die Trasse künstlich verlängert und der Höhenunterschied überwunden wird. Die nächstgelegene Station bei **Vernár** ist auf 930 Metern der höchstgelegene Bahnhof des Landes.

Willkommene Einkehr im nostalgischen Eisenbahn-Waggon

Einen Parkplatz, um die technischen Sehenswürdigkeiten rund um Telgárt zu besuchen, gibt es auch. Er befindet sich vor einem ausrangierten, grünen Eisenbahnwaggon, der heute das *Depo Café* beherbergt. Werfen Sie unbedingt einen Blick hinein. Stilecht ausgestattet lässt es sich hier bei Kaffee und selbstgebackenen Kuchen mit Blick auf historische Fotografien angenehm verweilen.

(099) WOMO-Wanderparkplatz: Telgárt

GPS: N 48°51'08" E 20°12'12" **Max. WOMOs**: 2-3.
Ausstattung: Keine.
Beschreibung: Geschotterter Parkplatz in Ortsrandlage bei einem Skilift. Einkehrmöglichkeiten in der Nähe. Ausgangspunkt für Wanderungen und zu den Sehenswürdigkeiten von Telgárt.
Zufahrt: Die Einfahrt zum Parkplatz liegt an der Straße 66 links.

Nach der Rast geht es weiter durch das Hron-Tal bis nach **Brezno**. Gut 50 Kilometer sind auf der Hauptstraße 66 zu bewältigen, die uns durch eine sehr reizvolle Region führt. Zunächst ist das Tal noch eng und waldreich. Wir sind im Spätsommer unterwegs und die Laubfärbung hat bereits eingesetzt. Ein richtiger Augenschmaus, der sich uns hier bietet. In den kleinen Dörfern entlang der Strecke gibt es auch noch einige Gebäude in der typischen Holzarchitektur zu sehen. Bei [N 48°49'10" E 20°08'33"] zweigt die Straße 531 in den **Muráň-Nationalpark** und zur höchstgelegenen Burgruine *Hrad Murán* ab. Leider war die Straße während unserer Reise wegen Bauarbeiten gesperrt, so dass wir diesen Abstecher nicht unternehmen konnten.

Herbstfarben im Hron-Tal

Weiter geht es also auf der Hauptstraße 66. Das Hron-Tal wird allmählich breiter und ist nun zunehmend industriell geprägt. Vor allem die Holzindustrie ist hier angesiedelt. Wohl auch ein Relikt der Flößer-Tradition. Heute allerdings befördern PS-starke Langholztransporter den Rohstoff aus den Wäldern zu den Sägewerken.

Mit der Kleinstadt **Brezno** erreichen wir das Zentrum der Region **Obere Hron**. Ursprünglich war dies eine Bergbaustadt und in der Umgebung wurden Gold, Silber und Kupfer abgebaut. Allerdings nie so rentabel wie in den anderen Bergbaustädten der mittleren Slowakei. Einige hübsche Gebäude, wie etwa der klassizistische Stadtturm, sind rund um den zentralen Platz *Námestie generála Milana Rastislava Štefánika* gruppiert. Wir durchqueren das Zentrum jedoch zügig, denn unser nächstes Ziel liegt etwa zehn Kilometer südlich der Stadt. Das Örtchen **Čierny Balog** erreichen wir über die Straße 529 und hier steuern wir zunächst den Bahnhof bei [N 48°44'47" E 19°39'23"] an.

Die Waldeisenbahn Čierny Hron

Dass es in dem beschaulichen Örtchen Čierny Balog insbesondere während der Sommermonate recht turbulent zugeht, hat einen besonderen Grund. Hier verkehrt mit viel Dampf und Getöse die historische **Waldeisenbahn Čierny Hron** *Ciernohronská lesná železnica*. Früher transportierte sie Holz durch das malerische

Dampflok im Forstmuseum

Tal des Flusses Čierny Hron. Heute befördert sie Touristen. Der erste 10 Kilometer lange Streckenabschnitt mit einer Spurweite von 760 Millimetern wurde im Jahr **1908** in Betrieb genommen. Nach und nach gliederte man immer mehr Teilstrecken in die Schmalspurbahn ein, so dass sich das Netz auf stattliche 132 Kilometer verlängerte. Bis ins Jahr **1985** wurde die Bahn für den Holztransport und den Personenverkehr genutzt, dann wurde der Betrieb aus Rentabilitätsgründen eingestellt und das Schienennetz demontiert. Nur einem glücklichen Umstand ist es zu verdanken, dass ein Teilabschnitt zwischen den Orten Chvatimech, Čierny Balog und Vydrovo erhalten geblieben ist. **1999** wurde die Schmalspurbahn zu touristischen Zwecken wieder reaktiviert und verkehrt heute mit Diesel- und Dampfloks auf drei Abschnitten zwischen Čierny Balog und Vydrovo, Dobroč und Šánske.

Die Saison geht von Mitte April bis Ende September. Im Juli und August verkehren die Bahnen täglich, sonst nur samstags. Informationen zu den Fahrplänen und Strecken auch in englischer Sprache unter www.chz.sk. (Stand: 2020).

Eine der Haltestellen ist das im Jahr 2003 eröffnete **Forstmuseum Lesnícky Skanzen**, welches wir nun mit unserem WOMO ansteuern. Das Museum ist ab Čierny Balog ausgeschildert und einen Übernachtungsplatz finden wir hier:

(100) WOMO-Wanderparkplatz: Forstmuseum *Lesnícky Skanzen*

GPS: N 48°44'03" E 19°38'40"

Max. WOMOs: 5.

Ausstattung: Mülleimer, Toiletten, in der Saison Restaurant.

Beschreibung: Großer, asphaltierter Besucherparkplatz außerorts beim Forstmuseum und an der Haltestelle der Waldeisenbahn. Tagsüber lebhaft, nachts sehr ruhig und einsam.

Zufahrt: Ab Čierny Balog ist die Zufahrt zum Museum über die Straße 529 ausgeschildert.

Wanderung im Forstmuseum *Lesnícky Skanzen*

Für dieses sehr interessant aufgemachte Waldmuseum lohnt es sich, einen ganzen Tag einzuplanen. Das Gelände ist ganzjährig zugänglich und wartet mit einer Fülle von Informationen und Attraktionen auf. Neben meist zweisprachigen Schautafeln zu Flora und Fauna gibt es auch Stationen, an denen man selbst aktiv werden kann. Das weitläufige Gelände ist mit drei unterschiedlich langen, farbig markierten Rundwegen erschlossen. Je nach persönlicher Kondition und Wetterlage führt der Weg entweder über eine Asphaltstraße (kinderwagentauglich) oder immer wieder auch hinein in den Wald. In zwei Gehegen lassen sich Wildschweine und Damwild beobachten, ein Pfad mit Holzstegen und kleinen Brücken entlang eines Bachlaufs lädt zum Versteckspiel ein und immer wieder gibt es Rastmöglichkeiten mit Tischen und Bänken. Zu sehen sind außerdem Maschinen und Fahrzeuge, die mit der Forst- und Waldwirtschaft zu tun haben. Was macht ein Hubschrauber mitten im Wald? Und welche Aufgabe hatte die Waldeisenbahn? Diesen und noch viel mehr Fragen gilt es auf die Spur zu kommen. Ein rundum tolles Erlebnis, nicht nur für Familien mit Kindern.

Falkner mit einem Habicht

***Öffnungszeiten**: Ganzjährig bis zum Einbruch der Dunkelheit. Von Mai bis September wird ein kleiner Eintritt in Höhe von 1,00 Euro für Erwachsene und 0,70 Euro für Kinder erhoben (Stand: 2020).*

Für uns gehört der Besuch in diesem ungewöhnlichen Forstmuseum, verbunden mit einer Fahrt im Dampfzug, zu den persönlichen Top-Ten-Erlebnissen unserer Slowakeireise. Vielleicht hat Ihnen der Aufenthalt in dieser wunderschönen Region ja ähnlich gut gefallen? Dann kann die Reise jetzt weitergehen.

Dazu kehren wir zunächst zurück bis nach **Brezno**, wie wir gekommen sind. Dort wechseln wir auf die Hauptstraße 72, der wir in Richtung **Tisovec** folgen. Die Straße ist leider auf den ersten Kilometern in einem haarsträubend schlechten Zustand. Bei unserer Reise waren jedoch Bauarbeiten im Gange, so dass es nur besser werden kann.
Sollte Ihnen der Sinn nach einem Aufenthalt auf einem Bauernhof stehen, so haben Sie nach wenigen Kilometern im Stadtteil **Rohozná** die Möglichkeit, auf einem idyllisch gelegenen Campingplatz Station zu machen. Das funktioniert allerdings nur, wenn Sie ein kompaktes WOMO unter 3,5 Tonnen haben. Für unser Dickschiff leider nicht möglich, aber für Sie der Vollständigkeit halber hier die Koordinaten:

Kemping Sedliacky dvor, geöffnet von Mitte April bis Oktober, www.sedliackydvor.com [**101**: N 48°47‘45“ E 19°43‘43“].

Für uns geht die Fahrt noch 12 Kilometer weiter in Richtung **Tisovec** und in den westlichen Bereich des **Muráň-Nationalparks**. Parallel zu unserer Fahrstrecke verläuft hier die **Zahnradbahn** von **Podbrezová** nach **Tisovec**. Eine weitere Attraktion für Eisenbahnfreunde, denn diese Normalspur-Zahnradbahn ist einzigartig auf dem europäischen Kontinent. Auf den rund 30 Kilometern überquert die Bahn mehrere hohe Brücken und weitere, anspruchsvolle Konstruktionen. Auf einem fünf Kilometer langen Abschnitt ist ein Zahnstangensystem integriert, um die Steigung von bis zu fünf Prozent zu bewältigen.
Besonders gut erkennen wir dieses System von unserem Stellplatz, den wir auf dem Bergsattel **Sedlo Zbojská** (729 Meter) erreichen. Werfen Sie hier einfach einen Blick auf die Gleise, die mit einem *Krönchen-Schild* gekennzeichnet sind.

Am Beginn des Zahnstangen-Systems

(102) WOMO-Wanderparkplatz: Sedlo Zbojská

GPS: N 48°44'38" E 19°51'04"

Max. WOMOs: 1-2.

Ausstattung: Keine.

Beschreibung: Unbefestigte Parkflächen an einem kleinen Weiher bei der Bahnstation *Sedlo Zbojská*. Restaurants in der Nähe.

Zufahrt: Auf dem Bergsattel liegt die Zufahrt zum Parkplatz links der Straße 72.

Weitere Parkplätze gibt es weiter oben beim Gasthof *Salaš Zbojská.* Diese sind jedoch sehr schräg und sollten den Tagesgästen vorbehalten bleiben. Besser ist es, sich direkt hinter der Bahnlinie auf die teilweise befestigten Parkflächen zu stellen.

Spaziergang zum Aussichtsturm Jakub Surovec

Wir möchten uns nach der Autofahrt ein wenig die Beine vertreten und unternehmen einen kleinen Spaziergang auf den Aussichtsturm aus Holz, den man bereits vom Parkplatz sehen kann. Auf der gegenüberliegenden Straßenseite führt ein gut erkennbarer Weg über die Bergwiese hinauf. Der Turm ist dem Räuberhauptmann **Jakub Surovec (1715-1740)** gewidmet. Um ihn ranken sich ähnlich viele Legenden wie um den Nationalhelden *Juraj Jánošik* (siehe Tour 4) und auch er gilt vielen Slowaken als Volksheld im Kampf gegen die Feudalherrschaft.

Huzulen- und Norikerpferde auf den Bergwiesen

Im Turm ist neben einer kleinen Kapelle auch eine Ausstellung zu Flora und Fauna zu sehen. Der Aufstieg auf den Turm lohnt sich unbedingt, denn er bietet eine wunderbare Aussicht über den Bergsattel und weiter hinaus auf das Gebiet des Nationalparks. Nicht nur Kinder läuten hier oben gerne die Glocke, deren Klang weithin zu hören ist.
Im Wäldchen hinter dem Turm beginnt der **Jakub-Surovec-Pfad**. Der grün markierte, vier Kilometer lange Rundwanderweg führt in das Tal *Čertova dolina* und auf gegenüberliegender Seite wieder zurück auf den Bergsattel. Das Tal wird von einem weiteren Eisenbahnviadukt überquert, welches wir später auch noch bei der Weiterfahrt sehen werden.

Für uns ist es schon etwas spät geworden und wir runden den Tag mit einer Einkehr im gegenüberliegenden Gasthof *Salaš Zbojská* ab. Auf der Aussichtsterrasse lassen sich nicht nur ein wunderschöner Sonnenuntergang, sondern auch köstliche slowakische Küche genießen. Die Spezialität sind Lammgerichte.

Abendstimmung in der Salaš Zbojská

Der Gasthof ist zugleich ein Erlebnisbauernhof mit Schafzucht, einer Hofkäserei und dem Verkauf von regionalen Spezialitäten. Es werden zudem Ausflüge und Führungen angeboten. Werfen Sie unbedingt auch einen Blick hinein in die urig-gemütliche Gaststube.
Auf den Bergwiesen rund um den Hof weiden die für die Region charakteristischen *Huzulen- und Norikerpferde*. Kräftige und ausdauernde Kaltblüter, die für Kutschfahrten und zum Holzrücken eingesetzt werden.

Herdenschutzhunde im Dienst

Wundern Sie sich auch nicht, wenn Sie und Ihr WOMO plötzlich von einer Schar großer, weißer Hunde umzingelt werden. Es handelt sich dabei um die Herdenschutzhunde des Berghofes, die sich hier frei bewegen und noch ihrer ganz ursprünglichen Aufgabe nachgehen. In den Abend- und Nachtstunden bewachen sie die Viehherden auf den Weiden und schlagen Bären, Wölfe und andere Eindringlinge lautstark in die Flucht. Menschen gegenüber sind die eindrucksvollen Hunde absolut friedlich, solange sie respektvoll Abstand halten. Rechnen Sie aber damit, ordentlich verbellt zu werden.

Fast ein wenig wehmütig nehmen wir Abschied von dieser wunderschönen Almregion und fahren am nächsten Morgen weiter nach **Tisovec** (deutsch: *Theissholz*). Unterwegs passieren wir noch einige sehenswerte Eisenbahnbrücken und die Fahrt hinunter ins Tal ist auch für Autofahrer ein Erlebnis. In Tisovec lohnt sich an Tagen mit Dampfzugverkehr ein Abstecher zum Bahnhof. Dort befindet sich bei [N 48°41'28" E 19°56'08"] ein kleines Museum zur Geschichte der Zahnradbahn. Aber auch ohne Museumsbesuch versprüht dieser Bahnhof noch den Charme längst vergangener Zeiten.

Weichen-Stellanlage in Tisovec

Informationen zur Zahnradbahn gibt es in deutscher Sprache unter www.zubacka.sk.

Von Tisovec nach Hnúšt'a ist die Route über die Straße 72 nicht allzu aufregend. Die Region gehört wohl zu den vergessenen Gebieten der Slowakei, die Dörfer sind einfach und es gibt etliche Industrieruinen. Es sind aber auch noch einige aktive Bergbau- und Stahlverarbeitungsbetriebe zu sehen. In **Hnúšt'a** zweigt die Straße 526 nach Westen in Richtung **Hriňova** ab. Kurvenreich und einsam führt uns die Strecke hinauf auf Höhen von rund 1.000 Metern und wir kommen durch mehrere Wintersportgebiete. Allerdings machen sie einen gemütlichen und überschaubaren Eindruck ohne Schneekanone und Hüttengaudi. Dann geht es wieder bergab und rund acht Kilometer nach Hriňova möchte uns das Navigationssystem bei der Gemeinde **Kriváň** auf ein neues Teilstück der Autobahn in Richtung **Zvolen** lotsen. Wir bleiben jedoch standhaft und wählen die parallel verlaufende Straße 16 in Richtung **Detva**. In der Gemeinde begann **1787** die industrielle Verarbeitung des Brimsen-Käses und alljährlich findet hier im Juli eines der größten Folklorefestivals des Landes statt.

Neun Kilometer später weckt ein braunes Touristikschild zum **Schloss Vígľaš** *Zámok Vígľaš* unser Interesse. Wir folgen der Beschilderung in den Ort und finden hier einen Stellplatz, der auch übernachtungstauglich wäre.

(103) WOMO-Stellplatz: Schloss Vígľaš

GPS: N 48°33'16" E 19°17'59" **Max. WOMOs**: 1-2.

Ausstattung: Keine.

Beschreibung: Geschotterte Parkflächen am kleinen Zufahrtssträßchen zum Schloss.

Zufahrt: Ab der Straße 16 der Beschilderung zum Schloss und Grand-Hotel Vígľaš folgen.

Das ehemalige **Jagdschloss Vígľaš** thront auf einem Hügel über dem Fluss *Slatina* zwischen Zvolen und Detva. Auch wenn Sie keinen Abstecher hierher machen, können Sie das eindrucksvolle Gemäuer von der Hauptstraße 16 aus bewundern. Bereits die ungarischen Könige suchten hier Erholung, denn die umliegenden Wälder boten viele Möglichkeiten zur Entspannung und Jagd. Zudem war das Schloss Treffpunkt für die Mitglieder des **Drachenordens**, einem katholischen Adelsorden, der **1408** von **König Sigismund von Luxemburg** und seiner Frau Barbara gegründet wurde. Später ging das Schloss, das während der Bedrohung durch die Osmanen zur Festung erweitert wurde, in den Besitz mehrerer Adelsfamilien über. Zuletzt der ungarischen

Jagdschloss Vígľaš

Adelsfamilie Ezterházy. Während des Zweiten Weltkriegs brannte das Gemäuer vollständig nieder. Die Ruine wurde im Jahr **2007** zum symbolischen Preis von einer Slowakischen Krone verkauft. Die neuen Besitzer mussten sich jedoch zu umfangreichen Instandsetzungsarbeiten verpflichten. Seit **2013** erstrahlt es nun in neuer Pracht und beherbergt heute das vornehme **Grand Hotel Vígľaš**. An der Rezeption werden regelmäßig Führungen auch für Nicht-Hotelgäste durch das Gebäude angeboten.

Führungen ab mindestens 4 Personen von Oktober bis Juni täglich um 11 und 14 Uhr, von Juli bis September täglich um 11, 13 und 15 Uhr. Eintritt: Erwachsene 5,00 Euro, ermäßigt 3,00 Euro. Dauer: 40 Minuten. www.grandviglas.com (Stand: 2020).

Nach dem Schlossbesuch erwartet uns vor den Toren der Stadt **Zvolen** (deutsch: *Altsohl*) ein angenehmer Stellplatz bei einem Sportzentrum. Hier können Sie den Tag im Freibad und mit Blick auf den **Stausee** *Vodná nádrž Môtová* ausklingen lassen.

(104) WOMO-Badeplatz: Zvolen – *Aqua beach Orlík*

GPS: N 48°33'12" E 19°10'17", www.orlik-zv.sk **Max. WOMOs**: 2-3.

Ausstattung: Mülleimer, Freibad, Sport- und Freizeitgelände, Restaurant/Bar mit Toiletten.

Beschreibung: Befestigte Parkflächen bei einem Sport- und Freizeitzentrum am Ortsrand. Tagsüber lebhaft, nachts ruhig.

Zufahrt: Ab der Straße 16 der Beschilderung zum *Športový areál Orlík* durch ein Wohngebiet folgen.

Hinweis: Die Einfahrt zum Parkplatz liegt beim Restaurant Orlík scharf links bergab in Richtung Sportplätze. Kann leicht übersehen werden und später gibt es für größere WOMOs erst am Ende der schmalen Straße nach etwa zwei Kilometern eine Wendemöglichkeit.

Wenn Sie den Aufenthalt auf einem Campingplatz vorziehen, dann steht Ihnen am südlichen Stadtrand von Zvolen dieser Platz zur Verfügung. Wir haben ihn nicht besucht, möchten Ihnen aber die Daten nicht vorenthalten.

ATC Neresnica, Zvolen, www.kolibaneresnica.sk, ganzjährig geöffnet [**105**: N 48°33'51" E 19°08'04"].

Mit der Stadt **Zvolen** (deutsch: *Altsohl*) erreichen wir nun auch wieder den Fluss Hron, denn die Stadt liegt am Zusammenfluss von Slatina und Hron. Die Stadt hat keine Vergangenheit als Bergbaustadt, sondern vielmehr als Schutzburg und als Verwaltungszentrum. Davon zeugt unter anderem die Ruine der

Zvolen – evangelische Dreifaltigkeitskirche

Wachtburg **Pústy hrad**, die außerhalb im Südwesten der Stadt an einem Berghang thront. Ein Stopp in dem 42.000 Einwohner zählenden, lebendigen Städtchen lohnt sich in mehrerlei Hinsicht. Kunstfreunde wird es in die Slowakische Nationalgalerie ziehen und Flaneure ins schmuck herausgeputzte Zentrum mit dem **größten Marktplatz Europas**. Begleiten Sie uns auf unserem kleinen Rundgang. Ihr WOMO können Sie direkt am Schloss auf dem gebührenpflichtigen Parkplatz bei [N 48°34'25" E 19°07'43"] abstellen.

Stadtspaziergang Zvolen

Die Stadt Zvolen wurde **1135** zum ersten Mal urkundlich erwähnt und gehört zu den ältesten, frühgeschichtlichen Siedlungen der Slowakei. An strategisch günstiger Stelle kreuzten sich schon seit alters her, wichtige Handelswege. Unter **König Bela IV**. erhielt Zvolen **1243** die Stadtrechte, **1274** folgten weitere Privilegien.

In der zweiten Hälfte des **14. Jahrhunderts** ließ **König Ludwig I. von Ungarn (1326-1382)** das mächtige **Jagdschloss** *Zvolenský zámok* als Sommersitz erbauen. Ganz im Stil eines italienischen Stadtkastells sollte es sein. Seinem Wunsch gemäß entstand in seinen letzten Lebensjahren ein vierflügeliges Gebäude mit rechteckigem Grundriss. Zwei Ecktürme säumen die Westseite und im Nordflügel entstand zu Repräsentationszwecken der gotische Rittersaal. Heute zählt er zu den schönsten Sälen des Landes.

Das Schloss wurde im Laufe seiner Geschichte mehrmals umgebaut und erweitert. Heute ist es der Sitz der **Slowakischen Nationalgalerie,** die hier ihre bedeutenden Sammlungen mit Werken alter Meister bis hin zu zeitgenössischer Kunst präsentiert.

Öffnungszeiten: *Mittwoch bis Sonntag von 10 bis 17.30 Uhr. Eintritt: Erwachsene 2,70 Euro, ermäßigt 1,00 Euro, Familien 5,40 Euro. Führung: 4,00 Euro. www.sng.sk (Stand: 2020).*

Zvolen – Slowakische Nationalgalerie im alten Schloss

Durch den Bahnanschluss **1871** entwickelte sich die Stadt zu einem modernen Verkehrsknotenpunkt und Zentrum der Industrie. Am Eindrucksvollsten lassen sich die Gleisanlagen von den Mauern des Schlosses erkennen. **1950** wurde die Technische Universität Zvolen gegründet und die Stadt ist heute Sitz einer Hochschule für Forstwesen und Holzwirtschaft.

Wir überqueren die vielbefahrene Hauptstraße und gelangen direkt in die Fußgängerzone sowie zum langgestreckten **Marktplatz**. Er zählt zu den größten in Europa und wurde in den vergangenen Jahren hübsch herausgeputzt. Gesäumt wird der Platz von einigen schönen Renaissancehäusern. Das ehemalige Rathaus an der westlichen Seite des Marktplatzes beherbergt heute ein **Forst- und Holzmuseum** *Vlastivedné múzeum* mit Möbeln, Trachten und altertümlichen Forstwirtschaftsgeräten.

Ebenfalls auf der Westseite steht **die evangelische Dreifaltigkeitskirche** *Evanjelický kostol svätej Trojice*, die zuletzt in den 1920er Jahren im neugotischen Stil umgebaut wurde.

Die Dominante an der Stirnseite des Platzes ist die **katholische Elisabethkirche** *Kostol sv. Alžbety* mit einer Sakristei aus dem 13. Jahrhundert. Bei den jüngsten Renovierungsarbeiten des Marktplatzes wurden bei der Kirche auch mit Ausgrabungsarbeiten begonnen. Die Funde weisen auf die Existenz einer christlichen Grabstätte hin. Auch Teile der alten Stadtbefestigung sind noch zu sehen.

Zum Abschluss unseres Stadtspaziergangs wird es auch wieder Zeit für eine kleine Stärkung. Rund um den großen Marktplatz laden mehrere Restaurants und Cafés zum Verweilen ein. Eine besonders leckere Törtchenauswahl konnten wir in dem jungen und freundlichen Café *Spoon & Bakery* auf der westlichen Seite des Platzes genießen. Hier endet nun auch unsere Tour 12. In der nächsten Etappe möchten wir Sie mitnehmen zu den berühmten Bergbaustädten der Mittleren Slowakei.

TOUR 13

(siehe Tour 5)
Mošovce
109
Veľká Fatra
Turčianske Teplice
108
65
14
59
Staré Hory
Horný Harmanec
107
Špania Dolina
106
WC
Harmanec
Ráztočno
Banská Bystrica
Kremnické vrchy
Kremnické Bane
Krahule
Handlová
591
Hron
110
Kremnica
50
Badin
Hronsek
Bartošova Lehotka
R1
69
Silač
Ziar nad Hronom
(siehe Tour 12)
Zvolen
Hronska Breznica
16
104
105
(siehe Touren 14/15)
Revište
Bzenica
Štiavnické vrchy
428
115
Kozelník
Breziny
Žarnovica
Banská-Hodruša
Hodruša-Hámre
2530
113
114
111
Banská Štiavnica
Dobrá Nivá
524
Svätý Anton
112
Babiná
N
2 km

Tour 13: Zu den Bergbaustädten der Mittleren Slowakei 190 km

**Hronsek – Banská Bystrica – Špania Dolina
Harmanec – Turčianske Teplice – Krahule – Kremnica
Banská Štiavnica – Svätý Anton – Hodruša – Revište**

Stellplätze:	in Špania Dolina, Harmanec, Krahule, Banská Štiavnica, Svätý Anton, Hodruša
Campingplätze:	in Mošovce, Hodruša, Revište
Besichtigen:	Artikularkirche Hronsek, Banská Bystrica, Špania Dolina, Tropfsteinhöhle von Harmanec, Kremnica, Banská Štiavnica, Jagdschloss in Svätý Anton, Mineralienmuseum in Hodruša
Baden:	in Turčianske Teplice
Wandern:	Bergbau-Lehrpfad in Špania Dolina
Essen:	Restaurant *Čierna Ovca*, *Koliba Zuzanka* in Turčianske Teplice, *Teestube Klopacka* in Banská Štiavnica, Gourmetrestaurant im Hotel *Salamandra* bei Hodruša

Begleiten Sie uns in dieser Tour zu den berühmten Bergbaustädten der Mittleren Slowakei. Seit dem Mittelalter wurden in Orten wie Banská Bystrica und Kremnica wahre Reichtümer durch den Bergbau angehäuft. Viele der Spuren sind heute noch zu sehen und die zauberhaften Altstädte zeugen von einer reichen Vergangenheit. Die UNESCO-Welterbestadt Banská Štiavnica gilt sogar als schönste Stadt der Slowakei. Wir begeben uns auf Spurensuche, entdecken den Mittelpunkt Europas, genießen ein warmes Thermalbad, prägen goldene Münzen, besuchen ein Jagdschloss und staunen über eine beeindruckende Mineraliensammlung. Um es mit den Bergleuten zu sagen: Glück auf!

Bevor wir nun abtauchen in die unterirdische Welt der künstlich geschaffenen Stollen und Schächte, besuchen wir noch einen oberirdischen Schatz. Von unserer letzten Station in **Zvolen** machen wir uns dafür auf den Weg durch das Hron-Tal in Richtung Norden. Auf kleinen Nebenstraßen gelangen wir nach 14 Kilometern und vorbei am kleinen Kurort **Silač** nach **Hronsek**. Auf einer Flussinsel wurde dort im Jahr **1726** eine **Artikularkirche** eingeweiht, die **2008** zusammen mit sieben weiteren Holzkirchen des Karpatenbogens in die UNESCO-Welterbeliste eingetragen wurde. Einen Parkplatz finden Sie direkt an der Ortsdurchfahrt bei [N 48°38‘59“ E 19°09‘21“]. Wenn die Kirche verschlossen ist, hilft ein Anruf bei einer der angegebenen Telefonnummern. In unserem Fall war eine Nachbarin mit dem Schlüssel schnell zur Stelle.

Artikularkirche von Hronsek

Wie auch die anderen Artikularkirchen im Land entstand die evangelische Holzkirche von Hronsek in einer Zeit der religiösen Unterdrückung der Protestanten und ihr Bau war an strenge Auflagen geknüpft (siehe auch Tour 5).

Altar in der Artikularkirche Hronsek

Zwischen mächtigen Linden eingebettet wirkt der Sakralbau von außen betrachtet ungewöhnlich schlank und hoch. Dass im Inneren tatsächlich 1.100 Gläubige Platz finden, überrascht dann doch. Wie in einem Amphitheater hat man von jedem Sitzplatz eine gute Sicht und aufgrund der hervorragenden Akustik wird die Kirche auch als Konzertsaal genutzt. Innen ist das Gotteshaus eher schlicht gehalten. Das tonnenförmige Gewölbe erinnert an ein umgedrehtes Schiff. Eine Besonderheit sind die sieben Altarbilder, welche wechselweise und dem Lauf des Kirchenjahres folgend im Altar eingesetzt werden. Die besondere Fachwerkkonstruktion lässt auf skandinavische Einflüsse schließen. Etwas abseits der Kirche steht ein hübscher Glockenturm im Barockstil.

Unmittelbar gegenüber unserem Parkplatz wird gegenwärtig ein weiterer Schatz aus dem Dornröschenschlaf erweckt. Ein Renaissance-Schlösschen wurde während unserer Reise umfangreich saniert. Die Parkanlagen sind bereits fertiggestellt und laden zum Verweilen ein. Uns hat sich aber nicht erschlossen, welchem Zweck das Gebäude künftig zugeführt werden wird.

Unser nächstes Ziel liegt nur 16 Kilometer entfernt. Durch eine Region mit schmucken Neubauvierteln erreichen wir die Stadt **Banská Bystrica** über die Hauptstraße 69. Banská Bystrica liegt ziemlich genau in der Landesmitte am Fluss Hron und ist mit 79.000 Einwohnern das lebendige, wirtschaftliche Zentrum der Region. Entlang der Einfallstraße gruppieren sich alle namhaften Einkaufszentren, Supermärkte, Automobilvertretungen und Tankstellen. Wenn Sie also Besorgungen zu erledigen haben, dann ist jetzt eine gute Gelegenheit dazu.

Museum des Slowakischen Nationalaufstandes SNP in Banská Bystrica

Wir steuern das Zentrum an und finden einen gebührenpflichtigen und bewachten Parkplatz, der auch für größere Wohnmobile tauglich ist. Er liegt an der Hauptstraße 66 unterhalb des **SNP-Museums** bei [N 48°44'02" E 19°09'02"]. Nun sind es nur wenige Schritte in die historische Altstadt, für die Sie sich ein wenig Zeit nehmen sollten. Hier schlägt das wahre Herz des Landes und gerne wird die Stadt auch als *Sommerhauptstadt der Slowakei* bezeichnet. Begleiten Sie uns also auf unserem Stadtspaziergang.

Stadtspaziergang Banská Bystrica (deutsch: *Neusohl*)

Die Geschichte von Banská Bystrica ist untrennbar mit dem Abbau von Silber und Kupfer verbunden. Dem Rohstoffreichtum ist es zu verdanken, dass die slawische Siedlung rasch an Bedeutung gewann und sie **1255** vom ungarischen **König Béla IV.** durch die Erteilung umfangreicher Privilegien zur königlichen Bergstadt erhoben wurde. Die deutschen Bergleute, die sich hier ansiedelten, gaben der Stadt den Namen *Neusohl*.

Die goldene Ära in der Geschichte war das **15. und 16. Jahrhundert**, als hier die erfolgreiche **Thurzo-Fugger'sche Kupfergesellschaft** tätig war. Die Gesellschaft wurde **1494** gegründet und war das erste kapitalistische Unternehmen Europas. Den historischen Kern von Banská Bystrica schmücken heute zahlreiche architektonische Kleinode aus dieser wichtigen Zeit, die der Stadt den Namen *Kupferstadt* verliehen hat.

Die neuzeitliche Geschichte ist insbesondere mit dem **Slowakischen Nationalaufstand 1944** verbunden, wovon ein Denkmal und das Museum des Slowakischen Nationalaufstandes zeugen.

Und genau hier, am **Museum des Slowakischen Nationalaufstandes**, beginnen wir unseren Spaziergang. Das futuristische Gebäude aus Beton und Stahl wurde im Jahr **1969** fertig-

Figurengruppe im SNP-Museum

gestellt. Es ist ein Werk des Architekten **Dušan Kuzma**, der das Gebäude architektonisch in zwei Teile trennte. Dabei hatte der Architekt einen *širák* vor Augen – den traditionellen Hirtenhut, mit dem sich die Partisanen identifizierten. Verbunden über eine Brücke brennt im Innenhof vor der Figurengruppe *Vermächtnis für den Frieden* eine ewige Flamme. Das Museum dokumentiert mit Fotografien, Uniformen, Waffen und zahlreichen weiteren Exponaten die Geschichte des slowakischen Widerstands. In Banská Bystrica konzentrierten sich im Sommer 1944 die militärischen und politischen Führungskräfte des Nationalaufstands. Die Stadt wurde im **Oktober 1944** von der Deutschen Wehrmacht besetzt und im **März 1945** von der Roten Armee befreit. Rund um das Museum ist im Außenbereich etliches schweres Kriegsgerät zu sehen.

***Öffnungszeiten**: Von Mai bis September täglich außer Montag von 9 bis 18 Uhr, von Oktober bis April nur bis 16 Uhr. Eintritt: Erwachsene 2,00 Euro, ermäßigt 1,00 Euro, Fotoerlaubnis 2,50 Euro. www.muzeumsnp.sk (Stand: 2020).*

Unweit des Museums erinnert, etwas versteckt in einer kleinen Grünanlage gelegen, eine Gedenkstätte an die Opfer des Holocaust und an die Widerstandskämpferin **Marta Reick (1914-1944)**.

Über die kopfsteingepflasterte Straße *Kapitulská ulica* gehen wir hinauf zur zentralen Flaniermeile. Rund um den **Altmarkt** *Námestie SNP* gruppieren sich Gebäude und Häuser, die allesamt unter Denkmalschutz stehen. Jedes davon erzählt eine eigene Geschichte und wir verschaffen uns zunächst einen Überblick von oben.

Der **Uhrenturm** am oberen Ende des Altmarkts stammt aus dem Jahr **1552** und verfügt über eine Aussichtsplattform auf 20 Metern Höhe. Der Aufstieg über 101 Treppenstufen lohnt sich unbedingt, denn hier oben bietet sich ein wunderbarer Panoramablick auf die Stadt und die umliegenden Berge.
Der Turm hat eine leichte Schräglage, weshalb er auch *Schiefer Turm* genannt wird. Einer Legende zufolge sind Engel an dieser Neigung schuld. In einer pechschwarzen Nacht sollen sie nicht gesehen haben, wo sie hinfliegen und prallten zusammen. Um nicht abzustürzen, hielt sich die Engelsschar am Dach des Turmes fest, wodurch er in Schieflage geriet. Eine, wie wir finden, ganz reizende Erklärung.

Altmarkt in Banská Bystrica

***Öffnungszeiten**: Mai, Juni und September täglich außer Montag von 13 bis 19 Uhr. Im Juli und August täglich von 10 bis 19 Uhr. Eintritt: Erwachsene 2,00 Euro, ermäßigt 1,00 Euro. (Stand: 2020).*

Nachdem wir wieder festen Boden unter den Füßen haben, tun wir es den Einheimischen gleich und flanieren einmal rund um den Platz. Gleich links lohnt sich ein Blick in die **Kathedrale des heiligen Franziskus Xaverius** *Katedrála sv. Františka Xaverskeho*. Sie diente mehr als 200 Jahre lang dem Bischof von Banská Bystrica als Kathedralkirche. Daneben befindet sich das **Rathaus** aus dem **15. Jahrhundert**, in dem Sie sich in der Touristeninformation mit deutschsprachigen Unterlagen zur Stadtbesichtigung versorgen können.

***Öffnungszeiten**: Von Mai bis Oktober Montag bis Freitag von 9 bis 18 Uhr, Samstag bis 15 Uhr, Sonntag von 14 bis 18 Uhr. Von November bis April nur wochentags geöffnet. www.icbb.sk und www.visitbanskabystrica.sk (Stand: 2020).*

Die **Mariensäule** wurde im Jahr **1719** zum Dank für das Ende der Pestepidemie errichtet. Es soll ein besonderer, geomantischer Kraftort sein, an dem man mit positiver Energie aufgeladen wird. Das markanteste Kraftfeld befindet sich in Blickrichtung der Marienfigur. Probieren Sie es aus – positive Energie kann nie schaden.

Wenige Meter weiter sorgt der **steinerne Springbrunnen** für eine Erfrischung. An lauen Sommerabenden ist er stimmungsvoll beleuchtet und die Wasserspiele sind mit Musik untermalt. Der **schwarze Obelisk** stammt aus dem Jahr **1945** und erinnert an die sowjetischen und rumänischen Soldaten, die bei der Befreiung der Stadt im Zweiten Weltkrieg gefallen sind. Ein weiteres markantes Gebäude auf der linken Seite des Platzes ist das **Thurzo-Haus** *Thurzov dom*. Es gilt als eines der schönsten Häuser der Altstadt. Bis ins 16. Jahrhundert hinein führte hier die *Thurzo-Fugger-Gesellschaft* ihre Geschäfte. Seit **1958** nutzt das **Mittelslowakische Museum** *Stredovslovenské múzeum* das Gebäude für regionalgeschichtliche Ausstellungen. *www.stredoslovenskemuzeum.sk*.

Am Ende der Fußgängerzone ist die **Kirche der heiligen Elisabeth** *Kostol sv. Alžbety* aus dem Jahr **1303** der älteste, gotische Sakralbau der Stadt. Von hier aus geht es auf der anderen Seite des Platzes wieder zurück in Richtung Uhrenturm. Hier fällt uns das **Benický-Haus** *Benického dom* mit seiner Arkadenloggia auf. Lust auf eine kleine Pause? Das dortige Straßencafé lädt zu einer Rast ein.

Einladende Konditorei am Altmarkt

Nach der Kaffeepause spazieren wir ans obere Ende der Fußgängerzone. Über den Platz *Námestie Štefana Moyzesa* gelangen wir zur ehemaligen **Stadtburg** *Hradný areál* aus dem **15. Jahrhundert**. Einst war sie komplett von einer Mauer umgeben, von der heute jedoch nur noch einzelne Gebäudeteile zu sehen sind. Über die Vorburg, der **Barbakane** *Barbakan*, gelangte man einst in die Burg. Heute ist hier ein modernes Restaurant angesiedelt. Die Treppen davor führen hinauf zu einem kleinen **Wochenmarkt**. An den Marktständen werden täglich frisches Obst und Gemüse sowie regionale Produkte angeboten.

Die **Kirche Maria Himmelfahrt** *Kostol Panny Márie* aus dem **13. Jahrhundert** ist das älteste Bauwerk der Stadt. Eine gotische Steinmetzarbeit an der südwestlichen Außenwand wird dem Meister *Veit Stoß* zugeordnet, der zu jener Zeit auf der Rückreise aus Krakau war. Im Inneren ist der Barbara-Altar in der Nordkapelle unbedingt einen Besuch wert. Er stammt aus der Werkstatt des *Meisters Paul aus Levoča*. Die benachbarte **Kirche des Heiligen Kreuzes** *Kostol sv. Kríža* stammt aus dem **15. Jahrhundert**. Das hohe, fünfstöckige **Matthias-Haus** *Matejov dom* war früher der Sitz königlicher Beamter und trägt

an seiner Fassade das Wappen des **Königs Matthias Corvinus (1443-1490)**. Er soll während seiner Amtszeit zwei Mal in der Stadt gewesen sein. Das ehemalige **Rathaus** *Radnica* im sogenannten **Prätorium** erfüllt heute seinen Zweck als Ausstellungsstätte der Mittelslowakischen Galerie *www.ssgbb.sk*.

An dieser Stelle können Sie nun wieder über die *Kapitulská ulica* zurück zum Parkplatz schlendern. Sollten Sie noch ein wenig Lust, Zeit und Energie übrighaben, können Sie sich auch noch ein wenig im nördlichen Bereich der Altstadt umsehen. Nur wenige Schritte vom Altmarkt entfernt befinden sich weitere hübsche Gebäude mit kleinen Geschäften und Galerien. Darunter das **Literarisch-Musikalische Museum** *Literárno-Hudobné Múzeum*. Das auf den ersten Blick eher unscheinbare Museum sollten Musikliebhaber nicht verpassen. Neben regionaltypischen Instrumenten sind auch die ersten Techniken des Musizierens anhand von Videoaufzeichnungen und Tondokumenten dargestellt. Zudem sind Marionettenbühnen und Stabpuppen zu bewundern.

***Öffnungszeiten**: Montag und Dienstag von 10 bis 17 Uhr, Mittwoch bis Freitag von 10 bis 18 Uhr. Eintritt: Erwachsene 3,00 Euro, ermäßigt 2,00 Euro, Kinder 1,00 Euro. www.svkbb.eu (Stand: 2020).*

Vielleicht geht es Ihnen wie uns. Wir waren von Banská Bystrica sehr angetan und konnten hier

an einem sonnigen Spätsommertag eine fast schon mediterran-entspannte Atmosphäre genießen.
Nun zieht es uns elf Kilometer weiter zu einem Abstecher in das alte Bergmannsdorf **Španja Dolina** (deutsch: *Herrengrund*). Wir verlassen die Stadt auf der breit ausgebauten Hauptstraße 59 in Richtung Norden. Bei [N 48°46'44" E 19°06'59"] zweigt eine kurvige Straße hinauf zu der schönen Siedlung Špania Dolina ab, die heute vielen Städtern als Wochenenddomizil dient. Die Zufahrtsstraße endet am zentralen Dorfplatz, wo Sie Ihr WOMO gebührenpflichtig auch über Nacht abstellen können.

(106)
WOMO-Wanderparkplatz: Špania Dolina

GPS: N 48°48'26" E 19°08'02".
Max. WOMOs: 1-2.
Ausstattung: Restaurants und öffentliche Toiletten in der Nähe.
Beschreibung: Asphaltierter, gebührenpflichtiger Parkplatz im Zentrum des Ortes. Bezahlung am Parkautomaten.
Zufahrt: Die Zufahrtsstraße endet am zentralen Dorfplatz.

Špania Dolina

Das malerische Bergmannsdorf auf 728 Metern Höhe und in einem Seitental der Berge *Starohorske vrchy* gelegen, war im **16. Jahrhundert** das Zentrum der Kupfererzgewinnung. Damals lebten rund 2.000 Einwohner hier, um das schwarze Kupfer mit einem Silbergehalt von 60 Prozent ans Tageslicht zu befördern. Einer der weltweit begehrtesten Rohstoffe. Im Jahr **1998** entdeckte man Kupfer aus Špania Dolina bei der Bergung eines Schiffswracks vor der kubanischen Küste. Kapitän soll kein Geringerer als **Christoph Kolumbus** gewesen sein. Mit den Jahren erschöpfte sich das Erzvorkommen und **1888** schlossen viele Minen.

Špania Dolina

Nach dem Rückgang der Kupfererzgewinnung wurden **Klöppelspitzen** zum bedeutendsten Produkt des Ortes. Noch heute beherrschen einige Frauen diese alte Handwerkstechnik, die sie bei Schauvorführungen gerne demonstrieren. Die Spitzen sind auch heute noch ein beliebtes Souvenir. Außerdem war Špania Dolina für Trinkbecher aus Eisen bekannt, die mit Kupfer aus den Abwässern des Bergbaus beschichtet wurden.

Wanderung rund um Špania Dolina

Ab dem Dorfplatz führt uns eine etwa anderthalbstündige Rundwanderung zu einigen Relikten des Bergbaus. Wir verlassen den Ort rechts vorbei am ehemaligen **Klopfturm** *Klopačka*. Über 600 Jahre lang diente er dazu, die Bergleute zu ihrer Schicht zu rufen. Heute beherbergt er ein kleines Museum und eine Pension. Daneben liegt der Eingang zum **Ferdinandschacht** *Šachta Ferdinand*, der bereits Ende des 15. Jahrhunderts bis in eine Tiefe von 295 Metern und vier Kilometern Länge vorangetrieben wurde. Über die asphaltierte Dorfstraße steigt der mit einem grünen Balken markierte Weg nach dem letzten Haus kurz, aber sehr steil an. Ab einer Linkskurve geht es nahezu eben auf der Anhöhe weiter und schon bald ist der Abzweig zur **Maximilianshalde** *Halda Maximilián* erreicht. Der riesige Steinhaufen ist bereits 500 Jahre alt und von hier bietet sich ein großartiger Ausblick auf das Dorf, das Tal sowie im Hintergrund die Berge der Großen Fatra. Eine Rasthütte lädt zu einer kleinen Pause ein. Der Pfad steigt nun wieder einige Höhenmeter an, bis wir auf einen breiten Waldweg treffen. Wir folgen ihm nach links bis zu seinem Ende. Nun wechseln wir auf einen rot markierten Forstweg bergab bis zum Wegzeichen *Alžbeta*. Bei einigen Loren beginnt der Asphaltweg, der uns wieder zurück zur Ortsmitte bringt. Zuvor passieren wir jedoch noch die **Dorfkirche**, die dem *Heiligen Clement* geweiht ist und sowohl von katholischen als auch evangelischen Gläubigen genutzt wird. Von den Mauern der Kirche bietet sich noch einmal ein schöner Blick auf das Dorf. Zurück können wir nun entweder die pittoreske, überdachte Holzstiege mit 160 Treppenstufen wählen, die direkt am Parkplatz endet. Oder Sie gehen zwischen den Mauern des Kirchhofes links hin-

Pfarrstiege in Špania Dolina

durch über einen schmalen, steilen Trampelfad zu einem weiteren technischen Denkmal. Dem einst 26 Kilometer langen Wasserversorgungsnetz. Die hölzernen Rinnen und Wassergräben dienten dem Antrieb der Bergbaumaschinen und der Entwässerung der Gruben. Gegenwärtig wird ein Teil des Systems rekonstruiert. Den weiteren Weg hinunter ins Dorf suchen wir uns zwischen den Häusern und Gärten, bis wir wieder zu unserem Ausgangspunkt am Klopfturm gelangen. Informationen zu weiteren Wanderwegen sowie eine Wanderkarte ist unter *www.spaniadolina.sk* verfügbar.

Nicht weit entfernt von Špania Dolina liegt unser nächstes Ziel, die **Schauhöhle von Harmanec** *Harmanecká jaskyňa.* Wieder zurück im Tal auf der Hauptstraße Richtung Norden zweigt nach wenigen Kilometern die Straße 14 in Richtung **Harmanec/ Martin** links ab. Wir sind nun im **Naturschutzgebiet Große Fatra** und beziehen auf dem großen Besucherparkplatz bei der Höhle unser Quartier für die Nacht. Obwohl direkt an der Straße gelegen ist es hier nachts recht ruhig. Zudem lässt es sich im angrenzenden Restaurant *Čierna Ovca* vorzüglich speisen. Auf der Speisekarte des angenehmen, etwas gehobeneren Restaurants stehen Produkte regionaler Erzeuger und es werden saisonale, kulinarische Schwerpunkte gesetzt. Täglich von 10 bis 21 Uhr geöffnet *www.ciernaovca.sk.*

(107) WOMO-Wanderparkplatz: Höhle von Harmanec

GPS: N 48°49'07" E19°02'18" **Max. WOMOs**: 2-3.

Ausstattung: Mülleimer, Haltestelle für Wanderbusse.

Beschreibung: Großer, asphaltierter Besucherparkplatz. Während der Sommersaison tagsüber gebührenpflichtig und lebhaft. Nachts ruhig, außerorts gelegen.

Zufahrt: Rechts der Straße 14 den Schildern zur Höhle *Harmanecká jaskyňa* folgen.

Die Höhle von Harmanec

Wie bei so vielen Höhlen der Slowakei hat die Natur vor das Vergnügen auch hier zunächst einen schweißtreibenden Anstieg gesetzt. Zum Höhleneingang gelangt man über einen Serpentinenweg mit einem Höhenunterschied von 260 Metern. Der Aufstieg dauert etwa 45 Minuten, die Sie

für Ihren Besuch einkalkulieren sollten. Unterwegs informieren Schautafeln zu Flora und Fauna der Region, so dass Sie immer wieder eine kleine Verschnaufpause einlegen können. Sie werden jedoch mit einer wunderschönen, eindrucksvollen Höhlenbesichtigung belohnt.
Den Einwohnern der Gegend war der, vergleichsweise große, Eingangsbereich schon lange als Schutzhütte bekannt. Das ganze Ausmaß der Höhle wurde aber erst **1932** beim Weitergraben entdeckt. Die fast drei Kilometer lange und 75 Meter breite Tropfsteinhöhle erstreckt sich auf zwei Ebenen, die durch Gänge und riesige Dome miteinander verbunden sind. Für die Besucher erschlossen ist eine Strecke von rund einem Kilometer, auf der 1.042 Treppenstufen bewältigt werden müssen. Besonders beeindruckend sind die mächtigen Pagoden im Großen Dom *Veľký dóm* mit einem Durchmesser von drei Metern. Aber auch Sinterwasserfälle, unterirdische Seen und mit etwas Glück auch einige Fledermäuse sind hier zu bestaunen.

***Öffnungszeiten**: Die Führungen finden von Mitte Mai bis Ende Oktober täglich außer Montag um 10, 11.30, 13 und 14.30 Uhr statt. Im Juli und August zwischen 10 und 17 Uhr zu jeder vollen Stunde. Eintritt: Erwachsene 7,00 Euro, ermäßigt 6,00 Euro, Kinder 3,50 Euro, Fotoerlaubnis 7,00 Euro. www.ssj.sk (Stand: 2020).*

Wieder zurück am Tageslicht und bei unserem WOMO geht die Fahrt nun weiter durch eine wunderschöne, waldreiche Bergregion. Auf der Passhöhe am **Sedlo M. Šturec** (890 Meter) bietet sich bei [N 48°50‘18“ E 18°59‘55“] ein Wanderparkplatz rechts der Straße für eine kurze Rast an. Es liegen aber nur noch 15 Kilometer bis zu unserem nächsten Stopp in dem Kurort **Turčianske Teplice** vor uns. Eingebettet in die Hügelketten der Großen und der Kleinen Fatra gehört er landesweit zu den Bädern mit der längsten Tradition. Schon **1281** fanden die heißen Quellen eine urkundliche Erwähnung. Bis sich die Stadt jedoch als Kurort etablierte, gingen noch einige Jahrhunderte ins Land. Im **16. Jahrhundert** kaufte die nahe Bergbaustadt Kremnica das Areal samt seiner Heilquellen und baute den Kurbetrieb aus. Ab dem **17. Jahrhundert** beherbergte Turčianske Teplice Gäste von Rang und Namen. Auf deren Spuren wollen wir nun ein wenig wandeln und Sie haben die Möglichkeit, Ihr WOMO auf einem der gebührenpflichtigen Park-

Blaues Bad in Turčianske Teplice

plätze rund um das Kurzentrum bei [N 48°51'48" E 18°51'31"] abzustellen. Wenn Sie länger verweilen und im Thermalbad eine Entspannungspause einlegen möchten, dann stehen Ihnen hier Parkflächen zur Verfügung:

(108) WOMO-Badeplatz: Turčianske Teplice *Spa & Aquapark*

GPS: N 48°51'37" E 18°51'29" **Max. WOMOs**: 1-2.
Ausstattung: Keine.
Beschreibung: Zentrumsnahe Parkplätze für Besucher des Thermalbades. Informationen zu Anwendungen und Eintritten unter *www.aquapark.therme.sk*.
Zufahrt: Im Zentrum von Turčianske Teplice der Beschilderung zum *Spa & Aquapark* folgen.

Auf uns machte der Kurort im Spätsommer einen eher verschlafenen Eindruck und der einstige Charme ging wahrscheinlich durch die sozialistischen Neubauten der Kureinrichtungen während der 1970er und 1980er Jahre verloren. Trotzdem lohnt sich ein Bummel durch den Kurpark, denn hier lässt sich noch ein wenig vom mondänen Glanz vergangener Jahrzehnte erahnen.

Kurpark in Turčianske Teplice

Das bekannteste Gebäude am nördlichen Rand des Kurparks ist das spätklassizistische **Blaue Bad** *Modrý kúpel* aus dem Jahr **1885**, das heute zum 5-Sterne-Hotel *Royal Palace* gehört. Wenn Sie noch ein wenig mehr Glanz verspüren möchten und das nötige Kleingeld mitbringen, können Sie sich hier einer **Gold-Kur** unterziehen, die weltweit einmalig ist. Nach einem Bad im warmen Mineralwasser, welches mit feinen Goldflocken angereichert ist, wird der betuchte Kurgast in Goldfolie eingewickelt, damit das Edelmetall noch besser in die Haut eindringen kann. Anschließend gibt es eine Ganzkörpermassage mit Goldöl und zum Schluss als Sahnehäubchen eine Gold-Gesichtsmaske. Die Prozedur dauert dreieinhalb Stunden und schon Kleopatra soll ihre sagenumwobene Schönheit der Pflege mit Goldpartikeln verdankt haben. Etwa 400 Euro

Kunst im Kurpark

sollte Ihnen dieser Luxus wert sein. Dann können Sie sich an strafferer Haut, jugendlicherem Aussehen und strahlender Schönheit erfreuen. Die Wirkung ist jedoch nach spätestens drei Wochen wieder verflogen.

Der Legende nach entdeckte der **König Sigismund von Luxemburg (1368-1437)** die heilende Kraft des Goldes. Er weigerte sich, während der Bäder seine Krone abzulegen und erreichte so ein für damalige Verhältnisse hohes Alter von 69 Jahren. Ob Legende oder Wahrheit – wir hüllen uns anstatt in Gold in eine schnöde Regenjacke und spazieren noch ein wenig durch den Kurpark, wo uns neben einigen ungewöhnlichen Draht-Koniferen-Figuren auch noch besonders hübsche Sitzgelegenheiten ins Auge fallen. Nicht alle der Bänke sind tatsächlich für eine entspannte Pause geeignet. Vielmehr handelt es sich dabei um ein Kunstprojekt, das zum Schmunzeln und Staunen einlädt.

Zum Abschluss können wir Ihnen noch eine **Einkehr** in der *Koliba Zuzanka* empfehlen. In dem rustikalen Blockhaus am Rande des Kurparks stehen preiswerte und regionale Mittagsmenüs auf der Speisekarte. Geöffnet täglich von 10 bis 16 Uhr, Freitag bis Sonntag 10 bis 20 Uhr *www.koliba-zuzanka.sk*.

Wenn Sie nun noch Bedarf an einem Campingplatz haben, dann sollten Sie etwa sieben Kilometer nördlich von Turčianske Teplice den kleinen Ort **Mošovce** ansteuern. Hier liegt bei einem großzügigen Sport- und Freizeitareal ein recht einfacher Campingplatz in schöner Umgebung.

(109) WOMO-Campingplatz: Mošovce
Kemping Na Drienok

GPS: N 48°54'10" E 18°53'30", Tel. +421 9 054 428 31, www.drienok.sk, info@drienok.sk.
Öffnungszeit: 1. April bis 31. Oktober.
Ausstattung: Ver-/Entsorgungsmöglichkeit für Chemietoiletten, veraltete Sanitäranlagen, Restaurant, Spielplatz, Freibad, Küche, WLAN kostenlos, Mietunterkünfte in traditionellen Blockhütten.
Beschreibung: Großzügig angelegter Campingplatz bei einem Sport- und Freizeitgelände mit Stellplätzen sowohl auf einer Wiese als auch teilweise befestigten Flächen. Die Sanitäranlagen sind sehr einfach und im Sommer

nicht immer sauber. Da der Platz im Sommer auch für Festivals genutzt wird, kann es unter Umständen etwas voll und laut sein.
Zufahrt: Der Platz liegt nördlich von Turčianske Teplice und ist an der Hauptstraße 65 und in Mošovce ausgeschildert. Die Anfahrt führt über eine kleine Nebenstraße.

Nach dem Besuch in Turčianske Teplice und/oder dem Aufenthalt auf dem Campingplatz Nr. 109 können Sie rasch über die Hauptstraße 65 nach **Martin** und dort nach knapp 30 Kilometern auf die Autobahn oder zur Tour 5 gelangen.

Zur Fortsetzung dieser Tour fahren wir jedoch auf der Hauptstraße 65 Richtung Süden. Dort wollen wir uns auf die Suche nach dem **Mittelpunkt Europas** machen, den wir 18 Kilometern später, nördlich von **Kremnica,** tatsächlich auch finden. Unser Abzweig nach links in die **Kremnitzer Berge** *Kremnické vrchy* und ins **Wintersportgebiet Skalka** liegt in **Kremnické Bane** bei [N 48°44'18" E 18°54'15"]. Nur wenig später auf der linken Seite führt ein schmaler Weg hinunter zu einer kleinen Kirche. Dort, an der **Johanneskirche** *Kostol sv. Jána Krstitel'a,* finden Sie die **geografische Mitte Europas**. Auch wenn uns hier, an diesem abgeschiedenen Ort, das Gefühl beschleicht, nie weiter davon entfernt zu sein. Ein Gedenkstein markiert die Stelle, die aufgrund verschiedener Berechnungsverfahren gleich mehrere Regionen in Europa für sich beanspruchen. Tatsächlich reicht Europa, in West-Ost-Richtung betrachtet, von der französischen Atlantikküste bis in den Ural. Und da liegt die Slowakei genau in der Mitte. Die genauen Koordinaten lauten an dieser Stelle [N 48°44'37" E 18°54'49"].

Geographischer Mittelpunkt Europas

Nur wenige Kilometer sind es nun bis zum Ort **Krahule**, der den schönen deutschen Namen *Blaufuss* trägt. Und genau dort wollen wir heute auf 900 Metern Höhe unser Nachtlager aufschlagen. Am Ortsrand in der Nähe eines Ski- und Wandergebietes liegt ein großer, asphaltierter und ruhiger Parkplatz. Nachts kann es hier recht frisch werden und Ende September wurden wir vom ersten Schnee überrascht.

(110) WOMO-Wanderparkplatz: Krahule

GPS: N 48°43'50" E 18°56'11" **Max. WOMOs**: 5.
Ausstattung: Keine.
Beschreibung: Großer, asphaltierter Parkplatz in Ortsrandlage. Ausgangspunkt für Wanderungen und in der Nähe eines Skiliftes.
Zufahrt: An der Ortsdurchfahrt von Krahule liegt der Parkplatz rechts.

Das Karpatendorf Krahule wurde **1331** als Waldhufendorf von deutschen Bergleuten angelegt, die ihm den hübschen Namen *Blaufuss* gaben. Noch im Jahr **2011** gab rund ein Viertel der damals 200 Einwohner an, Karpatendeutsche zu sein. Damit gilt die Gemeinde als die einzige slowakisch-deutsche Ortschaft, in der Deutsch die zweite Amtssprache neben Slowakisch ist. Heute ist Krahule ein Wintersport- und Wandergebiet. Zudem wird hier ein schmackhafter Schafskäse hergestellt, den Sie im Ort in der *Salaš Opov dvor* probieren und kaufen können. Ganz in der Nähe liegt die **Skalka-Arena**, die für den größten Skilanglaufwettbewerb des Landes bekannt ist.

Wir kehren nach unserer ruhigen Nacht in Krahule zurück zur Hauptstraße 65 wie wir gekommen sind und steuern nun die Goldstadt **Kremnica** an. Der Legende nach führte eine Jagdtrophäe zur Gründung der Stadt. Ein Jäger fand im Kropf eines erlegten Rebhuhnes ein Korn aus reinem Gold. Grund genug, fortan nach dem Edelmetall zu schürfen. Die reichen Goldvorkommen brachten der Stadt den Namen *goldenes Kremnitz* ein und im Mittelalter waren die *Kremnitzer Dukaten* die härteste Währung Mitteleuropas. Bis heute werden in der Stadt Münzen geprägt.

Förderturm Andreasstollen

An diese goldene Bergbauvergangenheit erinnert der **Andreasstollen** *Štôlna Andrej* am nördlichen Stadtrand. Hier wurde eine 650 Meter lange Route für die Öffentlichkeit zugänglich gemacht. Ausgerüstet mit Helm und Schutzumhang geht es in die kalten, dunklen und nassen Stollen hinein. Die Besichtigung vermittelt einen Eindruck von der schweren Arbeit in der Grube unter Tage.

Zu erreichen ist das Schaubergwerk ab der Hauptstraße 65 bei [N 48°42'30" E 18°54'53"] am Gasthaus *Zlatý Sivoň*. Hier

zweigt rechts die *Banská cesta* ab und führt durch ein Wohngebiet steil bergauf. Der Andreasstollen ist ausgeschildert. Oben gibt es Parkplätze auf dem Museumsgelände sowie entlang der Zufahrtsstraße.

***Öffnungszeiten**: Führungen ab mindestens 5 Personen von Montag bis Freitag um 9, 11, 13 und 15 Uhr. Samstag und Sonntag 13 und 15 Uhr sowie im Juli und August auch um 11 Uhr. Eintritt: Erwachsene 6,00 Euro, ermäßigt 3,00 Euro, Familientickets zwischen 14,00 und 19,00 Euro. www.banskamuzeum.sk (Stand: 2020).*

Nach einer eindrucksvollen Führung geht es nun ins Zentrum von Kremnica. Trotz seiner zentralen Lage im Land finden nur wenige Touristen hierher, aber ein Besuch der malerischen Altstadt lohnt sich. Einen zentralen, gebührenpflichtigen Parkplatz finden Sie bei [N 48°42‘08“ E 18°55‘04“]. Selbst wenn die Zufahrt durch die enge Ortsmitte ein wenig abenteuerlich ist – der Parkplatz ist auch für größere WOMOs tauglich.

Stadtgründer Karl Robert v. Anjou

Stadtspaziergang Kremnica

Die malerisch im Tal des Flusses *Rudnica* gelegene Kleinstadt lockt mit einem geschlossenen und gut erhalten, mittelalterlichen Ortszentrum. Der Zutritt in die Altstadt ist von Süden nur über das **Untere Tor** *Dolná brána* und die gotische **Barbakane** *Barbakan* möglich. Dank dieser doppelten Befestigung wurde Kremnica nie erobert. Hier finden Sie auch die städtische **Touristeninformation**, in der Sie sich mit vielen, auch

Münzprägestätte Kremnica

deutschsprachigen Unterlagen zur Region versorgen können.

Nach wenigen Metern erreichen wir den leicht ansteigenden **Hauptplatz** *Štefánikovo nám.* Rund um diesen, mit Grünflächen und Bäumen angelegten Platz, stehen stattliche Bürgerhäuser. Prunkstück ist die barocke **Pestsäule** *Morový stĺp*. Sie wurde in der zweiten Hälfte des 18. Jahrhunderts zum Gedenken an die Opfer des Schwarzen Todes geschaffen und ist die höchste Pestsäule des Landes.

Vorbei an einem **Franziskanerkloster** mit barocker Kirche *Klástor a kostol sv. Františka* gelangen wir zur **Münzprägestätte** *Mincovňa*. Davor steht eine Statue des ungarischen Königs **Karl Robert von Anjou (1288-1342)**, der Kremnica **1328** zur freien Königsstadt erhob und die Münzstätte gründete. Schon ein Jahr später prägten hier Münzmeister, die der König aus *Kutná Hora* in Böhmen holte, die ersten ungarischen Groschen. Ab **1355** wurden jährlich 400.000 der berühmten Kemnitzer Dukaten aus reinem Gold geprägt. Das Münzhaus arbeitet bis heute ohne nennenswerte Unterbrechung und ist damit eine der weltweit ältesten Münzprägestätten.

Während einer rund einstündigen Führung bekommt man Einblicke in die Geschichte und Gegenwart der Münzprägung. Zu sehen sind unter anderem auch der alte und der neue Prägesaal.

Öffnungszeiten*: Der Münz- und Medaillenladen mit einer kleinen Ausstellung ist Montag bis Freitag von 8.30 bis 16 Uhr bei freiem Eintritt geöffnet. Die geführten Touren finden von Montag bis Freitag um 9, 11 und 12.30 Uhr statt. Im Juni und August auch samstags um 9, 10 und 11 Uhr. Eintritt: Erwachsene 3,00 Euro, ermäßigt 1,50 Euro www.mint.sk (Stand: 2020)*

Auf der gegenüberliegenden Seite des Platzes dokumentiert das **Münz- und Medaillenmuseum** im Alten Rathaus *Múzeum mincí a medailá* die eng mit dem Bergbau verbundene Stadtgeschichte und ihre Entwicklung als Münzstätte.

Öffnungszeiten*: Oktober bis April Dienstag bis Samstag von 9 bis 13 und 14 bis 16 Uhr. Mai, Juni und September täglich außer Montag von 9 bis 13 und 14 bis 16.30 Uhr, Juli und August täglich außer Montag von 10 bis 13 und 14 bis 17.30 Uhr. Eintritt: Erwachsene 3,00 Euro, ermäßigt 1,50 Euro. www.muzeumkremnica.sk (Stand: 2020).*

Rathaus und mittelalterliche Gassen in Kremnica

Als eines der bedeutendsten Kulturdenkmäler überragt die **Stadtburg** *Mestský hrad* auf einer Anhöhe im Norden des Platzes die Stadt. Sie ist über eine überdachte Treppe zugänglich und der Komplex besteht aus mehreren Gebäuden. Rundherum von einer mächtigen Doppelmauer geschützt konnte sich hier die Bevölkerung in Zeiten der Bedrohung mit den Gold- und Münzvorräten verschanzen. Einige der alten Befestigungstürme sind noch erhalten und heute sind hier unter anderem ein Glockengießermuseum, ein Beinhaus sowie eine archäologische Ausstellung zu sehen. Dominantes Gebäude im Schlosshof ist die **Katharinenkirche** *Kostol sv. Kataríny* aus dem **15. Jahrhundert**. Auf dem alles überragenden Kirchturm erfüllte ein Turmwächter rund um die Uhr seine Pflicht und warnte mit Trommeln und Trompeten vor heraufziehenden Gefahren. Heute führt eine Wendeltreppe in das Zimmer des Turmwächters. Ein schönerer Blick auf die Stadt und die Umgebung als von hier ist kaum denkbar.

***Öffnungszeiten**: Oktober bis April Dienstag bis Samstag von 9 bis 12 und von 13 bis 16 Uhr. Im Mai, Juni und September täglich außer Montag von 9 bis 12 und 13 bis 16.30 Uhr. Im Juli und August täglich außer Montag von 10 bis 12 und von 13 bis 17.30 Uhr. Eintritt: Erwachsene 3,00 Euro, ermäßigt 1,50 Euro. www.muzeumkremnica.sk (Stand: 2020).*

Wieder zurück am Parkplatz lohnt sich noch ein Einkauf bei lokalen Erzeugern. Neben einigen Marktständen mit Obst und Gemüse werden in einem unscheinbaren Container Fleisch, Wurst, Käse und andere regionale Spezialitäten zu günstigen Preisen angeboten. Gerne greifen wir zu und füllen unseren Kühlschrank vor der Weiterfahrt.

Unser nächstes Ziel ist die 45 Kilometer entfernte, letzte und zugleich älteste Bergbaustadt im Bunde: **Banská Štiavnica**, die Silberstadt, gilt auch als schönste Stadt im Land. Um sie zu erreichen, folgen wir der Hauptstraße 65 weiter in Rich-

Relikte des Bergbaus in den Schemnitzer Bergen

tung Süden bis nach **Žiar nad Hronom**. Dort geht es auf die autobahnähnlich ausgebaute Schnellstraße R1 in Richtung Zvolen, die wir nach etwa zehn Kilometern bei der Ausfahrt 137 wieder verlassen. Nun folgen wir der Straße 51 in Richtung Süden und hinein in das Vulkangebirge der **Schemnitzer Berge** *Štiavnické vrchy*. Die Straße schlängelt sich durch ein romantisches Bachtal und schnell wird deutlich, dass Banská Štiavnica abseits großer Verkehrswege liegt. Schmal, kurvig und bergig geht es durch diese reizvolle Landschaft. Bevor die Straße steil hinunter in Richtung Stadtmitte abfällt, biegen wir links zu unserem auserkorenen Übernachtungsplatz ab. Er liegt unweit der ersten Sehenswürdigkeit, die wir von hier aus erkunden möchten.

(111) WOMO-Wanderparkplatz: Banská Štiavnica

GPS: N 48°28'02" E 18°54'12", Hájik **Max. WOMOs**: 1-2.
Ausstattung: Keine.
Beschreibung: Unbefestigter Parkplatz in Ortsrandlage.
Zufahrt: Vor der Abfahrt ins Zentrum von Banská Štiavnica an einer Bushaltestelle liegt links die Einfahrt in ein Wohngebiet und zum Parkplatz.

Auch um die Gründung der Stadt **Banská Štiavnica**, deutsch: *Schemnitz*, die **1156** erstmals als **Terra Banesium** – *Land der Bergleute* erwähnt wurde, rankt sich eine Legende. Ein mit Silberstaub bedeckter Lurch soll es gewesen sein, der einem Hirtenjungen den Weg zu den Gold- und Silberadern zeigte. Bis heute spielt der Salamander für die Stadt eine wichtige Rolle, wie etwa bei den *Salamandertagen*, die alljährlich im September mit einem nächtlichen Umzug gefeiert werden. Halten Sie die Augen auf – wir werden dem Salamander im Laufe unserer Stadterkundung einige Male begegnen.
Zunächst allerdings wollen wir den 749 Meter hohen **Kalvarienberg** *Kalvária* besuchen und uns einmal mehr einen Überblick von oben auf die Stadt und die Region verschaffen. Der Kalvarienberg gehört zu den schönsten und meistbesuchten

Kalvarienberg Banská Štiavnica

Orten der Gegend. Bereits von unserem Stellplatz können wir die obere Kirche auf dem Hügel **Scharffenberg** *Ostrý vrch* sehen. Es handelt sich dabei um einen Komplex mehrerer barocker Sakralbauten aus den Jahren **1744** bis **1751**. Die beiden Kirchen und 24 Kapellen ziehen sich malerisch und weithin sichtbar über steile Serpentinen den ehemaligen Vulkanschlot hinauf. Von oben bietet sich eine spektakuläre Aussicht auf die Stadt und die Umgebung, die wir als nächstes erkunden möchten. Hier wird auch die topographische Lage des Ortes deutlich. Banská Štiavnica liegt terrassenförmig im Zentrum eines ehemaligen Vulkankessels und für die Erkundung benötigen wir ein wenig Ausdauer. Ein stetiges Auf und Ab erwartet uns.

Sie können dazu Ihr WOMO auf dem oben beschriebenen Stellplatz stehen lassen und sich zu Fuß in etwa 15 Minuten auf den Weg ins Tal machen. Alternativ dazu steht Ihnen im Zentrum bei [N 48°27'14" E 18°54'11"] ein gebührenpflichtiger Parkplatz zur Verfügung, der jedoch für Fahrzeuge über sechs Meter Länge ungeeignet ist. Sich weiter ins Zentrum vorzuwagen, ist mit einem großen Fahrzeug nicht ratsam. Die Straßen sind steil, eng und kurvig.

Eingang zum Stollen Glanzenberg

Mit fast 350 ausgewiesenen Denkmälern steht die Stadt seit **1993** auf der UNESCO-Weltkulturerbeliste. Sie alle zu beschreiben, würde den Rahmen dieses WOMO-Führers

Altes Schloss in Banská Štiavnica

sprengen. Deshalb nehmen wir Sie nun mit zu unserem ganz persönlichen Stadtspaziergang.

Stadtspaziergang Banská Štiavnica

Vom obigen Parkplatz machen wir uns auf den kurzen Weg in Richtung Zentrum. Schon bald kommen wir links vor dem *Hotel Kachelmann* am Eingang zum **Stollen Glanzenberg** *Štôlna Glanzenberg* vorbei. Er stammt aus dem **14. Jahrhundert** und ist einer der ältesten Stollen. Über 450 Meter verläuft er unter der historischen Altstadt. Um ihn zu besichtigen, ist eine Anmeldung in der Touristeninformation erforderlich.

Wenige Meter weiter liegt ebenfalls auf der linken Seite der **Kammerhof** *Komorský dvor*. Das große Gebäude entstand durch die Verbindung dreier gotischer Bürgerhäuser und war bis ins **19. Jahrhundert** hinein Sitz der Bergbaukammer. Heute befindet sich hier die Hauptstelle des **Bergbaumuseums** *Banícke múzeum Komorský dvor*. Zu sehen sind unter anderem die Repräsentationsräume der Kammergrafen und der einst weltberühmten **Bergbauakademie**.

Neues Schloss oberhalb der Stadt

Öffnungszeiten*: Mai bis September täglich außer Montag von 9 bis 17 Uhr. Oktober bis April Montag bis Freitag von 8 bis 16 Uhr. Eintritt: Erwachsene 2,00 Euro, ermäßigt 1,00 Euro, Familien 5,00 Euro. www.muzeumbs.sk (Stand: 2020).*

Schräg gegenüber etwas unterhalb des Kammerhofes zweigt rechts die *Akademická* ab. Einige Meter bergauf sind die **Forst-**

Dreifaltigkeitsplatz in der Bergbaustadt Banská Štiavnica

akademie und die ehemalige **Bergbauakademie** *Banícka akadémia* schnell erreicht. Im **18. Jahrhundert** war Banská Štiavnica das wichtigste Bergbaugebiet der Habsburger Monarchie. Wie so oft gingen Wohlstand und Bildung Hand in Hand. **1735** gründete man hier die älteste Bergbauschule Ungarns, die im Jahr **1762** von **Kaiserin Maria Theresia** zur Bergbauakademie erhoben wurde. Damit war sie die erste Hochschule ihrer Art weltweit. Im Jahr **1846** kam es zur Zusammenlegung mit der Forstakademie, die **1808** gegründet wurde.
Über ein Eingangstor gelangen wir in den **Botanischen Garten** *Botanická záharda*. Auf knapp acht Hektar Fläche wurden fast 300 heimische und exotische Gehölzarten gepflanzt, um die Wiederaufforstung in den Bergbaugebieten zu erforschen. Darunter einige stattliche Mammutbäume und japanische Zedern. Hinter dem Botanischen Garten sind noch einige Villen der Professoren erhalten geblieben. Durch schmale Gassen, die von alten Bergmannshäusern gesäumt werden, gelangen wir über Treppen und Stiegen hinunter auf den **Dreifaltigkeitsplatz** *Námestie svätej Trojice,* der zusammen mit dem **Rathausplatz** *Radničné námstie* das Herz der Altstadt bildet. Überragt werden die Plätze vom **Alten Schloss** *Starý zámok*, das seine heutige Form etappenweise zwischen dem **13. und 16. Jahrhundert** erhielt. Unter anderem befindet sich hier eine romanische Basilika, ein Pfeifenmuseum so wie eine archäolo-

gische Ausstellung. Eine Besichtigung war während unserer Reise aufgrund von Restaurierungsarbeiten, die wohl noch einige Zeit andauern werden, leider nicht möglich.
Ziemlich genau gegenüber liegt seit **1571** am südlichen Stadtrand das **Neue Schloss** *Nový zámok* erhaben auf einem Hügel. Auch hier sind Ausstellungsräume des Bergbaumuseums untergebracht.
Rund um die beiden Plätze reihen sich weitere Sehenswürdigkeiten, wie die **Heilige Dreifaltigkeitssäule** sowie repräsentative Häuser der früheren Gruben- und Grundbesitzer. Eines davon ist das barocke **Hellenbach-Haus**, das einstige Domizil des Berggerichts. Heute beherbergt es neben der Touristeninformation auch ein **Mineralienmuseum** sowie Zutritt zum 76 Meter langen **Michael-Stollen**. Insgesamt ist die ganze Altstadt wie ein Schweizer Käse von solchen Gängen untertunnelt.
***Öffnungszeiten**: Mai bis September täglich von 9 bis 17 Uhr. Von Oktober bis April Mittwoch bis Sonntag von 8 bis 16 Uhr. Eintritt: Erwachsene 2,50 Euro, ermäßigt 1,50 Euro, Familien 6,50 Euro. www.muzeumbs.sk (Stand: 2020).*

Nicht nur für Verliebte – das Marína-Haus

Eine Attraktion der neueren Art ist die **Bank der Liebe** *Banka lásky*. In einer Art Romeo-und-Julia-Drama hatte der arme Student *Andrej Sladkovic* im Herbst **1844** ein Liebesgedicht für seine Angebetete *Marína* begonnen, welches er im Sommer **1846** als längstes Liebesgedicht der Welt vollendete. Den beiden Liebenden war kein Happyend beschert, denn die Tochter aus reichem Hause wurde mit einem anderen Mann verheiratet. Im ehemaligen Wohnhaus von Marína wurde im Jahr **2018** ein multimediales Museum eröffnet. Kernstück ist ein unterirdischer Tresor, in dem Paare ihre persönlichen Liebeserklärungen aufbewahren können.
***Öffnungszeiten**: Führungen beginnen zu jeder vollen Stunde von Montag bis Freitag zwischen 9.30 und 18 Uhr, samstags bis 19 Uhr. Eintritt: Erwachsene 12,00 Euro, ermäßigt 8,00 Euro. www.bankalasky.sk (Stand: 2020).*

Hier am südlichen Ende des Dreifaltigkeitsplatzes lohnt sich noch ein Blick auf das **Rathaus** mit seinem Uhrenturm sowie

Salamander mit Goldklumpen – das Symbol für Banská Štiavnica

die **Katharinenkirche** *Kostol sv. Kataríny* aus dem **15. Jahrhundert**.

Unseren Stadtspaziergang können Sie nun noch mit einer Einkehr in einem der stimmungsvollen Restaurants und Cafés abrunden. Besonders gut hat uns die *Teestube im Klopfturm* gefallen. Im historischen Gemäuer, das einst die Bergarbeiter zu ihrer Schicht rief, lässt es sich heute in gemütlichem Ambiente bei einer Tasse Tee entspannen. *www.klopacka.com*

Bergbaumuseum Freilichtgelände

Weitere Attraktionen und Sehenswürdigkeiten sind außerhalb der Stadt zu finden. So sollten Sie ihren Besuch in Banská Štiavnica nicht ohne einen Ausflug unter die Erde beenden. Wir haben uns für den Schluss als besonderes Schmankerl das **Freilichtgelände des Bergbaumuseums** *Banské múzeum v prírode* aufgehoben. Etwa zwei Kilometer südlich der Stadt sind hier bei [N 48°27'03" E 18°53'12"] neben oberirdischen Gebäuden und Exponaten aus der Bergbaugeschichte auch zwei Stollen zu besichtigen. Ausgerüstet mit Schutzhelm, Bergmannskittel und Stirnlampe ist dies ein ganz besonderes Erlebnis, das insbesondere Familien mit Kindern nicht versäumen sollten. Festes Schuhwerk und warme Jacken nicht vergessen – im Stollen herrschen kühle 8 Grad.

***Öffnungszeiten**: Führungen finden ab mindestens 5 Personen statt. Im Mai, Juni und September täglich außer Montag um 9, 11, 13, 15 Uhr und 17 Uhr. Im Juli und August Montag um 12, 14 und 16 Uhr. Dienstag bis Sonntag zwischen 9 und 20 Uhr zu jeder vollen Stunde. Eintritt: Erwachsene 8,00 Euro, ermäßigt 4,00 Euro, Familien 20,00 Euro. www.muzeumbs.sk (Stand: 2020).*

In unmittelbarer Nähe des Besucherbergwerks gibt es eine weitere Besonderheit: die **Tajche** und hier den **Tajch Klinger**. Rings um die Stadt verteilt wurden annähernd 60 Teiche angelegt, die dem Bergbau dienten. Dieses Bewässerungssystem war mit den Stollen über ein Netz von Zuleitungsrinnen verbunden und ist weltweit einmalig. Man konnte das Wasser dorthin fließen lassen, wo es gerade gebraucht wurde. Heute sind noch etwa zwei Dutzend dieser Teiche erhalten, die zum Schwimmen, Rudern, Angeln und im Winter zum Schlittschuhlaufen einladen. Die ehemaligen Zuleitungsrinnen sind ein beliebtes Terrain für Mountainbiker.

Nichts mit dem Bergbau zu tun hat das vier Kilometer südlich von Banská Štiavnica gelegene **Schloss Svätý Anton** *Kaštiel' Svätý Anton*. Da wir dort auch einen ruhigen Stellplatz finden, schauen wir uns das Kleinod genauer an.

(112) WOMO-Stellplatz: Svätý Anton

GPS: N 48°25'18" E 18°56'30" **Max. WOMOs**: 1-2.
Ausstattung: Keine.
Beschreibung: Tagsüber gebührenpflichtige Besucherparkplätze am Schloss und in Zentrumsnähe. Dort Einkaufsmöglichkeiten, kleiner Kiosk in der Nähe.
Zufahrt: Die Stadt Banksá Štiavnica auf der Straße 51 nach Süden verlassen. Nach vier Kilometern liegt der Parkplatz links der Straße.

Schlosspark Svätý Anton

Das vierflügelige Barockschloss auf einem Hügel ist schon von weitem zu erkennen. Erbaut wurde es von **1744** bis **1750** und es diente dem letzten Schlossherrn, dem bulgarischen Zaren **Ferdinand von Sachsen-Coburg-Gotha (1861-1948)**, als Sommerresidenz. Heute ist hier das historische Jagdmuseum zu besichtigen, denn der Zar war ein begeisterter Jäger. Davon künden mehr als 2.000 Geweihe und Trophäen in den Gängen des ersten Stockwerks. In seinem Arbeitszimmer steht ein Holztisch, den der Zar eigenhändig im Lauf von vielen Jahren mit Pflanzenstudien bemalte. Im Gegensatz zu vielen anderen Herrenhäusern blieben nach dem Zweiten Weltkrieg große Teile der Originalausstattung erhalten, so dass einige wertvolle Repräsentationsmöbel zu bestaunen sind.

Zum Abschluss des Tages lohnt sich noch ein Spaziergang durch den weitläufigen Park mit kleinen Teichen, künstlichen Wasserfällen und mehreren Holzskulpturen.

***Öffnungszeiten**: Von April bis Juni sowie September und Oktober Dienstag bis Sonntag von 9 bis 16 Uhr. Im Juli und August täglich von 9 bis 17.30 Uhr. Von November bis März Dienstag bis Samstag von 8 bis 15 Uhr. Eintritt: Erwachsene 9,00 Euro, ermäßigt 7,00 Euro. www.msa.sk (Stand: 2020).*

Langsam wird es Zeit, diese wunderschöne Region zu verlassen. Doch wie Sie sich vielleicht noch erinnern: zu Beginn hatten wir Ihnen nochmals eine Begegnung mit dem sagenumwobenen Salamander von Banská Štiavnica versprochen. Den werden wir nun aufsuchen und fahren dazu wieder zurück bis zu unserem Stellplatz Nr. 111 beim Kalvarienberg. Dort zweigt eine kleine Straße nach links zum **Hotel und Skiresort Salamandra** ab. Das Sträßchen in Richtung **Hodruša** schlängelt sich hinein in eine waldreiche Bergwelt. Fahrer von größeren WOMOs brauchen ein wenig Nervenstärke. Insbesondere bei Gegenverkehr ist auf der kurvenreichen Berg- und Talfahrt Vorsicht angebracht. Und es wird noch ein bisschen enger. Bei [N 48°28'02 E 18°50‘20“] zweigt in einer Spitzkehre eine noch kleinere Straße nach links zum *Skiresort Salamandra* ab. Auch ein Campingplatz ist ausgeschildert. Diesen erreichen wir nach knapp einem Kilometer.

(113) WOMO-Campingplatz: *Kemp Konibar* bei Hodruša

GPS: N 48°27'55" E 18°50'47".
Öffnungszeit: Mitte Mai bis September (wetterabhängig).
Ausstattung: Ver-/Entsorgungsmöglichkeit Chemietoiletten, sehr einfache, aber saubere Sanitäranlagen, Restaurant, Strom gegen Gebühr.

Beschreibung: Einfacher, naturnaher Zelt- und Campingplatz in landschaftlich wunderschöner Umgebung. Wander- und Angelmöglichkeiten sowie ein kleiner See in der Nähe. Die Stellplätze befinden sich auf einer Wiese. Gutes Restaurant am Platz.
Zufahrt: Wie im Text beschrieben der Beschilderung zum *Skiresort Salamandra* folgen. Der Campingplatz liegt links der kleinen Straße.

Wenn Sie auf diesem Sträßchen noch etwa 500 Meter weiterfahren, dann öffnet sich der Wald zu einer riesigen Lichtung. Hier liegt das **Hotel und Skiresort Salamandra** an einem kleinen See vor Ihnen. Und da haben wir ihn auch gefunden, den sagenumwobenen Lurch aus der Sage. Als kleine Skulptur auf einem Stein bewacht er den Hoteleingang.
Neben dem modernen 4-Sterne-Sport- und Wellnesshotel befindet sich hier ein Skizirkus mit Sessellift, Schneekanonen, Eislaufbahn und allem, was des Skifahrers Herz beim Après-Ski erfreut. Inklusive eines großzügigen Parkplatzes, auf dem es sich außerhalb der Wintersaison ruhig nächtigen lässt. Zudem kann die Region auf mehreren markierten Wegen zu Fuß oder per Mountainbike erkundet werden. Da das Hotel auch über eine ausgezeichnete Gourmet-Küche verfügt, lassen wir den Tag hier genussvoll ausklingen.

(114) WOMO-Wanderparkplatz: *Salamandra* Hotel und Skiresort

GPS: N 48°27'48" E 18°50'56", www.salamandra.sk **Max. WOMOs**: 5.
Ausstattung: Mülleimer.
Beschreibung: Große, asphaltierte Parkfläche außerorts bei einem Skizentrum und an einem kleinen See. Gourmetrestaurant und Wellnesseinrichtungen im angrenzenden Sporthotel.
Zufahrt: Wie im Text beschrieben. Die Zufahrtsstraße endet am Parkplatz.

Mineralienmuseum und Schaubergwerk

Ziemlich tiefenentspannt machen wir uns am nächsten Morgen auf den Weg zur letzten Etappe dieser Tour. Dafür kehren wir zurück bis zu unserem Abzweig und fahren nun nach links weiter in Richtung **Banská Hodruša**. Die Strecke führt uns durch ein Tal, das ebenfalls von einer reichen Bergbau-Vergangenheit erzählt. In den Gruben von Hodruša wurden Gold und Silber gefördert, doch das Dorf blieb immer im Schatten des nahen Banská Štiavnica und hat sich nie zur Stadt entwickelt. Pompöse Gebäude sucht man hier also vergeblich. Doch dafür gibt es einige technische Denkmäler zu entdecken. So etwa bei [N 48°27'52" E 18°49'43"], wo ein hübsches Gebäude am Wegesrand unsere Neugier weckt. Wir sind hier an der **Baňa Starovšechsvätých**, einer 700 Jahre alten Grube aus dem Mittelalter. Normalerweise kann dieser Stollen im Rahmen einer erlebnisreichen Führung besichtigt werden, bei der die Besucher anschließend selbst Gold schürfen dürfen. Doch das Wetter mit anhaltenden Regenfällen hat uns hier einen Strich durch die Rechnung gemacht. Die Grube ist geflutet, wie uns ein freundlicher Herr in Gummistiefeln bedauernd erklärt. Doch dafür öffnet er uns die Tür zu einem anderen Schatz: einer privaten Mineraliensammlung, die uns zum Staunen bringt. Unter dem Dach sind Fundstücke aus aller Welt zu bewundern. Der Schwerpunkt liegt auf Mineralien aus der Region, die sein Vater über 40 Jahre lang zusammengetragen hat. Bergkristalle, Aragonit und Co. glitzern um die Wette.

Klöppelspitzen aus Hodruša

Wir erfahren noch, dass der Bergbau im Jahr **1952** eingestellt wurde und nur noch eine kleine Grube beim *Salamandra-Hotel* in Betrieb ist. Und wir erfahren auch,

dass hier, in diesem kleinen Ort Hodruša, die Klöppelspitzen des Hochzeitskleides der britischen **Queen Elizabeth II**. gefertigt wurden. Ein wirkliches Kleinod, das wir am Wegesrand entdeckt haben. Halten Sie hier einfach an. Mit etwas Glück ist geöffnet und Sie können selbst auf Entdeckungstour gehen.

Nun sind es noch zehn Kilometer bis in die Kleinstadt **Žarnovica** im Hron-Tal. Hier folgen wir der Straße 428 in Richtung Norden zum kleinen Weiler **Revište**. Am Fuße einer Burgruine, neben einem kleinen See und direkt am Flussufer des Hron gelegen erwartet uns ein Campingplatz in schöner Umgebung, auf dem wir einige Tage entspannen können.

(115) WOMO-Campingplatz: Revište
Autocamping Drevenica

GPS: N 48°31'14" E 18°43'44", Revištské Podzámčie, Tel. +421 9 514 321 28, www.drevenicareviste.sk, revistedrevenica@gmail.com.

Öffnungszeit: Ganzjährig.

Ausstattung: Ver-/Entsorgungsmöglichkeit für Chemietoiletten, einfache Sanitäranlagen, Restaurant, Spielplatz, WLAN kostenlos, Grillmöglichkeiten, Kanuverleih.

Beschreibung: Großzügig angelegter Campingplatz mit Stellplätzen auf einer Wiese am Flussufer. Die Sanitäranlagen sind sehr einfach in einem Container neben dem Restaurant.

Zufahrt: Von Žarnovica der Straße 428 über etwa vier Kilometer in Richtung Norden folgen. Der Campingplatz ist ausgeschildert.

Ganz in der Nähe des Campingplatzes befindet sich ein Wildtiergehege, die nahe Burgruine kann erobert werden und mit dem Kanu lässt sich eine Paddeltour auf dem Hron unternehmen. Wir lassen die Tour 13 hier ausklingen und Sie haben im Anschluss die Möglichkeit, die Reise mit Tour 14 in Richtung Norden oder mit Tour 15 in Richtung Süden fortzusetzen.

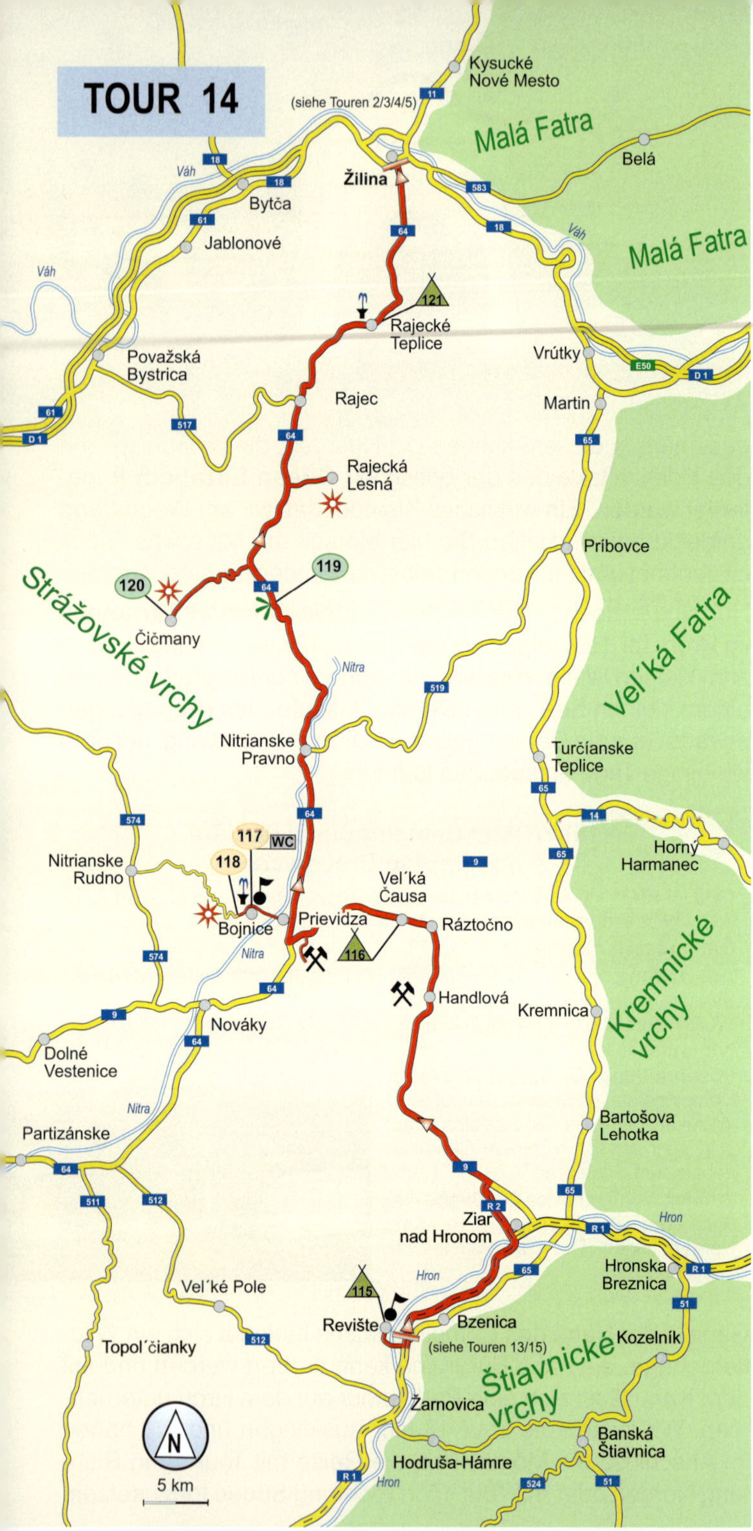
TOUR 14
(siehe Touren 2/3/4/5)
Kysucké Nové Mesto
Malá Fatra
Belá
Žilina
Bytča
Jablonové
Váh
Malá Fatra
Rajecké Teplice
121
Považská Bystrica
Vrútky
Martin
Rajec
Rajecká Lesná
Príbovce
120
119
Čičmany
Strážovské vrchy
Veľká Fatra
Nitra
Nitrianske Pravno
Turčianske Teplice
Horný Harmanec
117
WC
118
Nitrianske Rudno
Veľká Čausa
Bojnice
Prievidza
Ráztočno
116
Handlová
Kremnica
Kremnické vrchy
Nováky
Dolné Vestenice
Bartošova Lehotka
Partizánske
Ziar nad Hronom
Hron
Hronska Breznica
Veľké Pole
115
Revište
Bzenica
(siehe Touren 13/15)
Kozelník
Topoľčianky
Štiavnické vrchy
Žarnovica
Banská Štiavnica
Hodruša-Hámre
N
5 km

Tour 14: Unterwegs zwischen den Flüssen Hron, Nitra und Váh 156 km

Handlová – Baňa Cigel' – Bojnice – Čičmany
Rajecká Lesná – Rajecké Teplice – Žilina

Stellplätze:	in Bojnice, auf der Passhöhe Fačkovské Sedlo, in Čičmany
Campingplätze:	in Veľká Čausa und Rajecké Teplice
Besichtigen:	Schaubergwerk in Baňa Cigel', Schloss Bojnice mit Zoo und Baumwipfelpfad, Čičmany, Slowakisches Bethlehem in Rajecká Lesná
Baden:	in Bojnice
Essen:	Restaurant *Motorest Korzár* bei Handlová, *Koliba Pacho* in Veľká Čausa, Restaurant *Javorina* in Čičmany

Mit dieser Tour zwischen den Flüssen Hron, Nitra und Váh kehren wir zurück in die westlichen Landestelle der Slowakei. Wir starten am Ufer des Flusses Hron in Richtung Norden und lassen allmählich die Bergbauzentren des Landes hinter uns. In Baňa Cigel' fahren wir ein letztes Mal ein in die Tiefen eines Bergwerks. Wenige Kilometer weiter erwartet uns der Höhepunkt dieser Tour: das Schloss Bojnice – gerne auch das Schloss Neuschwanstein der Slowakei genannt. Die Region rund um den Kurort lockt mit weiteren Attraktionen, die es zu entdecken gilt. Wir folgen dem Fluss Nitra in Richtung Norden und besuchen das zauberhafte Dörfchen Čičmany, das sich malerisch in den Hügeln der Rajetzer Berge versteckt. Zum Abschluss genießen wir die Kurbad-Atmosphäre in Rajecké Teplice, bevor diese Tour in Žilina am Fluss Váh endet.

Die Attraktionen dieser Tour 14 liegen nah beieinander und eigentlich könnten Sie die Strecke bequem an einem Tag hinter sich bringen. Doch das wäre grob fahrlässig. Allein der Ort **Bojnice** lohnt einen längeren Aufenthalt. Und auch unterwegs gibt es einiges zu entdecken. Los geht es also bei unserem letzten Campingplatz Nr. 115 aus Tour 13 am Ufer des Flusses Hron. Hier folgen wir der der gut ausgebauten Schnellstraße R1 nach

Stausee Handlovský rybník

Norden, die wenig später in die Straße 9 übergeht. Nach etwa 30 Kilometern können Sie bereits eine erste Pause einlegen. Links der Straße liegt bei [N 48°41'33" E 18°44'23"] der kleine Stausee **Handlovský rybník**. Er ist bei Anglern sehr beliebt und im angrenzenden Restaurant *Motorest Korzár* kommt der frische Fisch gegrillt oder gebraten auf die Teller.

Wenige Kilometer weiter erreichen wir die Kleinstadt **Handlová**. Auch dies ist eine Bergbaustadt, in der Ihnen vielleicht der hübsche Kirchturm auffällt. Traurige Berühmtheit erlangte die Stadt im August 2009, als sich hier eines der schwersten Grubenunglücke der Slowakei ereignete. Bei einem Brand in einer Kohlegrube verloren damals 20 Menschen ihr Leben, etliche wurden verletzt.

Die weitere Strecke führt auf gut ausgebauter Straße durch hübsche Dörfer und das idyllische Handlovká-Tal. Kurz nach dem Ort **Veľká Čausa** befindet sich links der Straße ein neuer Campingplatz, der auch gehobenen Ansprüchen gerecht werden dürfte. Da der Campingplatz im elf Kilometer entfernten Bojnice nach unserer Information im Jahr 2020 dauerhaft geschlossen wurde, ist dies eine gute Ausgangsbasis, um die Region zu erkunden.

(116) WOMO-Campingplatz: Veľká Čausa
Camping Pacho

GPS: N 48°46'52" E 18°41'09", Tel. +421 9 074 410 11, www.kolibapacho.sk, pacho@kolibapacho.sk.
Öffnungszeit: Ganzjährig.
Ausstattung: Ver-/Entsorgungsstation mit Bodeneinlass, neue und moderne Sanitäranlagen, Sauna und Wellnessangebote, Restaurant, Spielplatz, Streichelzoo, Küche, Waschmaschine und Trockner, WLAN kostenlos, Mietunterkünfte in traditionellen Blockhütten, Verkaufsstände mit regionalen Produkten und Souvenirs.
Beschreibung: Großzügig angelegter, im Jahr 2019 neu eröffneter Campingplatz mit Stellplätzen sowohl auf einer Wiese als auch auf teilweise befestigten Flächen. Alle Einrichtungen sind modern, neu und werden mit Freizeitangeboten noch erweitert.
Zufahrt: Der Platz liegt an der Straße 9 rund elf Kilometer südlich von Bojnice.

Bevor wir zum Höhepunkt dieser Tour kommen, lohnt sich noch ein Abstecher zum **Bergbaumuseum Hornonitriansky banský skanzen**. Das Museum liegt etwa vier Kilometer südlich der Stadt **Prievidza** und ist ab dem Verkehrsknotenpunkt der Straßen 9 und 64 ausgeschildert. Die letzten Kilometer

Slowakischer Bergmannsgruß Zdar Boh! – Glück Auf!

verlaufen auf einer etwas holprigen Nebenstraße durch den Wald, dann ist der Parkplatz des Bergwerkes bei [N 48°44'03" E 18°38'24"] erreicht.

Das **Obere Nitratal** *Horní Nitra*, in dem wir uns hier befinden, war einst das Zentrum des Braunkohlebergbaus und der Stromgewinnung aus Kohle. Immer mehr Zechen stehen jedoch vor der Schließung, da die Rohstoffe erschöpft sind und das Land den Kohleausstieg für das Jahr 2023 geplant hat. Auch die **Zeche Cigel'** ist von der Schließung betroffen. Doch hier versucht man, die Relikte des Braunkohleabbaus touristisch zu erschließen und als technisches Denkmal zu erhalten. Im Jahr **2003** wurde die Zeche deshalb für die Öffentlichkeit zugänglich gemacht und heute fahren die Besucher, in Bergmannsmontur gekleidet, mit dem Grubenzug in die Zeche ein. Bei dem knapp dreistündigen Rundgang durch die unterirdischen Stollen und Gänge wird schnell klar, welchen Gefahren und Anstrengungen die Kumpel einst und heute unter Tage ausgesetzt waren und sind.

Wegweiser zum Bergbaumuseum

***Öffnungszeiten**: Das Bergbaumuseum kann nur im Rahmen einer Führung besichtigt werden. Die Führungen finden ab mindestens 6 Personen täglich um 10 und 14 Uhr statt. Eine vorherige Reservierung im Tourismusbüro Prievidza tik@prievidza.sk wird empfohlen. Eintritt: 9,00 Euro, ermäßigt 6,50 Euro, Kinder 4,50 Euro. www.banskyskanzen.sk (Stand: 2020).*

Wenden wir uns nun den oberirdischen Schätzen zu. Und da wartet im nahen Kurort **Bojnice** am westlichen Stadtrand von **Prievidza** das wohl schönste und meistbesuchte Schloss der

Slowakei auf unseren Besuch. Wie das mit den Superlativen aber so ist – während der Sommermonate ist diese Attraktion hoffnungslos überlaufen. Rund um das Märchenschloss, das gerne auch als das *Neuschwanstein der Slowakei* bezeichnet wird, hat sich ein Touristenzentrum angesiedelt und das Ganze mutet ein klein wenig wie Disneyland an. Souvenirmeilen, Vergnügungsparks, ein Zoo und ein Thermalbad sorgen dafür, dass hier keine Langeweile aufkommt. Wer derart touristisches Treiben nicht mag, dem sei ein Besuch außerhalb der Ferienzeiten empfohlen. Sehenswert ist das Märchenschloss in jedem Fall und Sie sollten für die Besichtigung mindestens einen Tag einplanen.

Die Zufahrt zu mehreren gebührenpflichtigen Groß-Parkplätzen rund um das Schloss ist ab **Prievidza** ausgeschildert. Die meisten liegen am Ortsrand, doch außerhalb der Ferienzeit können Sie getrost bis an das weithin sichtbare Schloss heranfahren. Wir fanden hier eine Park- und Übernachtungsmöglichkeit direkt vor den Toren des Schlossparks.

Märchenschloss Bojnice

(117) WOMO-Stellplatz: Schloss Bojnice

GPS: N 48°46'38" E 18°34'34", Zámok a okolie, **Max. WOMOs**: 3-4.
Ausstattung: Restaurants und öffentliche Toiletten in der Nähe.
Beschreibung: Geschotterter und tagsüber gebührenpflichtiger Parkplatz am Eingang zum Schlosspark und zu den Attraktionen rund um Schloss Bojnice. Eine Übernachtungspauschale kann mit dem Parkplatzwächter ausgehandelt werden.
Zufahrt: Der Parkplatz liegt oberhalb des großen, offiziellen Besucherparkplatzes an der Straße 1774.

Unterhalb dieses Parkplatzes befindet sich bei [N 48°46'29" E 18°34'39"] an der Straße *Kúpeľná* ein großer Besucherparkplatz. Hier ist die Zufahrt über eine Schranke geregelt, die Parkgebühr ist am Automaten zu bezahlen. Da ein Höhenscanner installiert ist, werden Wohnmobile ab einer gewissen Höhe als Bus berechnet. Eine Übernachtung ist deshalb eher nicht zu empfehlen.

Märchenhaftes Schloss Bojnický zámok

Das weithin sichtbare Schloss mit seinen romantischen Türmchen und Erkern wurde auf einem Travertinfelsen erbaut. Die erste schriftliche Erwähnung einer mittelalterlichen Holzburg stammt aus dem Jahr **1113**. Später wurde sie durch eine Burg aus Stein ersetzt und im Laufe ihrer Geschichte mehrfach umgestaltet. Burgherren waren unter anderem der ungarische **Großherzog Matúš Čák (1260-1321)** und **König Matthias Corvinus (1443-1490)**. Danach gelangte das Schloss in den Besitz berühmter Adelsfamilien, zuletzt der **Familie Pálffy. Graf Ján František Pálffy (1829-1908)** ließ das gesamte Objekt Ende des **19. Jahrhunderts** durch den Budapester Architekten *Jozef Hubert* nach dem Vorbild der gotischen Schlösser an der Loire in Mittelfrankreich umbauen. Graf Pálffy hatte selbst die Pläne gezeichnet und auch die Bauarbeiten, die 22 Jahre dauerten, geleitet.
Graf Pálffy erlebte die Fertigstellung seines Märchenschlosses nicht mehr. Er starb am 2. Juni 1908 in Wien. Da er nie verheiratet war, hinterließ er auch keine Erben. In seinem Testament hatte er aber verfügt, dass mehrere seiner Wohnsitze, darunter das Schloss Bojnice, mit allen Kunstwerken für die Öffentlichkeit erschlossen werden sollten.

Nach dem Zweiten Weltkrieg fiel der gesamte Besitz dem Staat zu. Heute befinden sich im Schloss Sammlungen des kunsthistorischen Museums. Ausgestellt werden die ursprüngliche Einrichtung sowie Kunstgegenstände aus der Wende des 19. und 20. Jahrhunderts. Zur Schlossbesichtigung gehört auch ein Besuch der Tropfsteinhöhle unter dem Schloss, mit der ein 26 Meter tiefer Schlossbrunnen verbunden ist. Bereichert wird das Leben rund um das Schloss durch zahlreiche kulturelle Veranstaltungen

Herrschaftliche Gemächer im Schloss

und Themenführungen. Am bekanntesten ist das Internationale Geister- und Gespensterfestival, das regelmäßig Ende April und Anfang Mai stattfindet. In dieser Zeit wird das Schloss Bojnice zum Treffpunkt von Geistern, Hexen und Vampiren aus der ganzen Welt.

***Öffnungszeiten**: Oktober bis Mai täglich außer Montag von 10 bis 15 Uhr. Im Juni bis 16 Uhr. Juli bis September täglich von 9 bis 17 Uhr. Eintritt: Erwachsene 10,00 Euro, ermäßigt 7,00 Euro, Kinder 4,00 Euro. Für die Schlossbesichtigung gibt es deutschsprachige Begleitbroschüren. www.bojnicecastle.sk (Stand: 2020).*

Bojnice hat jedoch noch mehr zu bieten als nur das Schloss. Zum Areal im weitläufigen Park gehören unter anderem die **Falknerei Aquila**, in der im Sommer regelmäßig Vorführungen mit den Raubvögeln stattfinden. Außerdem befindet sich hier der älteste und größte **Zoo** der Slowakei mit fast 300 Tierarten.

***Öffnungszeiten**: April bis September täglich von 9 bis 19 Uhr, Oktober und März bis 18 Uhr, November bis Februar bis 16 Uhr. Kassenschluss jeweils eine Stunde vor Ende der Öffnungszeit. Eintritt: Erwachsene 8,00 Euro, ermäßigt 4,00 Euro. www.zoobojnice.sk (Stand: 2020).*

Bojnice ist zudem ein Kurort mit warmen, sulfathaltigen Quellen. Das **Freibad Čajka** *Termálne kúpalisko* neben dem Schloss wird von Thermalwasser gespeist. Während unserer Recherchereise befand sich das Bad im Umbau, so dass Sie sich bei Ihrer

Hoch hinaus geht es auf dem Baumwipfelpfad bei Bojnice

Reise vielleicht schon über ein modernes und rundum erneuertes Badevergnügen freuen können.

Eine weitere, recht neue Attraktion liegt am nördlichen Rand von Bojnice – der **Baumwipfelpfad** *Čajka v oblakoch*. Eingebettet in einen Park mit Restaurants, Spielplätzen und weiteren Freizeiteinrichtungen erreichen Sie das Areal über die Straße 1774 in Richtung Norden. Einen großen Parkplatz finden Sie gegenüber des ehemaligen Campingplatzes *Autokemping Bojnice*, der im Mai 2020 jedoch dauerhaft geschlossen wurde. Rund um den Parkplatz waren ebenfalls Bauarbeiten im Gange, so dass wir Ihnen nicht verlässlich sagen können, ob sich der Platz für eine Übernachtung eignet und ob er künftig gebührenpflichtig sein wird. Der Vollständigkeit halber hier die Koordinaten:

(118) WOMO-Stellplatz: Bojnice – Baumwipfelpfad

GPS: N 48°46'49" E 18°33'44" **Max. WOMOs**: 5.
Ausstattung: Keine.
Beschreibung: Großer, terrassierter und asphaltierter Besucherparkplatz für das Freizeitgelände beim Baumwipfelpfad Bojnice.
Zufahrt: Der Parkplatz liegt außerhalb im Wald rechts der Straße 1774.

Vom Parkplatz ist es noch ein etwa 10minütiger Fußmarsch durch den Wald bis zum Freizeitareal rund um den Baumwipfelpfad. Auf einer Höhe von rund 30 Metern lässt sich bei gutem Wetter ein wunderschöner Ausblick auf das Schloss Bojnice und die Hügel der Rajetzer Berge genießen. Nach dem Besuch der Aussichtsplattform können Wagemutige bei einer rasanten Fahrt durch eine Tunnel-Rutschbahn wieder zu Tal sausen.

***Öffnungszeiten**: Nur bei gutem Wetter täglich von 8 bis 20 Uhr. Eintritt: Erwachsene 8,00 Euro, Kinder 4,00 Euro, Familien 25,00 Euro. www.kupele-bojnice.sk (Stand: 2020).*

Nun hoffen wir, dass wir Ihnen für den Besuch in und um Bojnice herum nicht zu viel versprochen haben. Insbesondere für Familien mit Kindern ist die Region aus unserer Sicht ein sehr lohnendes Ziel.

Für uns geht es nun weiter in ein idyllisches Dörfchen, dem wir den Namen *Lebkuchendorf* gegeben haben. Gemeint ist der Ort **Čičmany** in den Rajetzer Bergen *Strážovské vrchy*. Für die Fahrt dorthin kehren wir zurück nach Prievidza, wo Sie gegebenenfalls in einem der großen Supermärkte ihre Vorräte auffüllen können. Nun geht es auf die Straße 64, der wir in Richtung Norden folgen. Sie führt uns bald bergauf und hinein in Mischwälder der **Rajetzer Berge**, deren höchste Erhebung mit 1.213 Metern der Gipfel *Strážov* ist. Auf unserer Route überqueren wir den knapp 800 Meter hohen Pass **Fačkovské Sedlo**, der zu einer Rast einlädt. Hier starten zahlreiche Wanderwege und im Winter locken mehrere Skilifte die Urlauber an. Einen ruhigen Stellplatz gibt es ebenfalls.

(119) WOMO-Wanderparkplatz: Passhöhe Fačkovské Sedlo

GPS: N 48°57'48" E 18°36'43" **Max. WOMOs**: 5.
Ausstattung: Mülleimer.
Beschreibung: Großer, asphaltierter und je nach Saison gebührenpflichtiger Parkplatz auf der Passhöhe bei einem Ski-/Wandergebiet. Stellfläche teilweise schräg. Auf der gegenüberliegenden Straßenseite liegt das Ausflugslokal *Salaš Kl'ak*, das wir jedoch nicht getestet haben.
Zufahrt: Der Parkplatz liegt auf der Passhöhe rechts der Straße 64.

Wenige Kilometer nach der Passhöhe zweigt links die Straße in ein Seitental nach **Čičmany** ab. Das Dorf ist bekannt für seine hübschen und aufwändig bemalten Holzhäuser. Auf den dunklen Balken sehen die weißen Ornamente aus, wie mit Zuckerguss bemalte Lebkuchenhäuser. Hier wollen wir uns ein wenig Zeit lassen und haben auch einen ruhigen Stellplatz für die Nacht gefunden. Biegen Sie dazu von der Straße nach links in die Ortsmitte ab und folgen Sie dort nach etwa 800 Metern der Parkplatzbeschilderung. Dieser liegt am Ende der Straße am Ortsrand bei einem Skilift am Hausberg *Javorinka* (973 Meter).

Heimatmuseum in Čičmany

(120) WOMO-Wanderparkplatz: Čičmany

GPS: N 48°57'12" E 18°31'11" **Max. WOMOs**: 5.

Ausstattung: Keine.

Beschreibung: Geschotterter Parkplatz in Ortsrandlage bei einem Skilift. Restaurants im Ort sind in wenigen Minuten zu Fuß erreichbar.

Zufahrt: In der Ortsmitte von Čičmany der Parkplatzbeschilderung folgen.

Das idyllische Dorf Čičmany erkunden wir nun bei einem kleinen Spaziergang. Nur so erschließen sich die malerischen Holzhäuser, die allesamt unter Denkmalschutz und auf der immateriellen Liste des UNESCO-Weltkulturerbes stehen. Fotomotive gibt es en masse. Wir mögen uns gar nicht sattsehen an diesen charmanten und liebevoll gepflegten Gebäuden. Vor rund 200 Jahren entwickelte sich hier der Brauch, die Außenfassaden der Holzhäuser mit großen, weißen Ornamenten zu bemalen. Die Kalkfarbe sollte die Holzbalken vor Feuchtigkeit und Sonneneinstrahlung schützen. Darüber hinaus erhofften sich manche Bewohner auch einen magischen Schutz vor den

Knusper, knusper, Knäuschen...

bösen Mächten zwischen Himmel und Erde. Die Motive aus geometrischen Figuren, Tieren und Pflanzen stammen aus der lokalen Stickkunst. **1921** zerstörte ein Brand einen Teil der Häuser, die man jedoch so originalgetreu wie möglich rekonstruierte. In einem der rund 140 bewohnten Holzhäuser wurde ein kleines **Heimatmuseum** mit Alltagsgegenständen und den für Čičmany typisch bestickten Kleidungsstücken eingerichtet.

***Öffnungszeiten**: Juni bis August von Montag bis Freitag 9 bis 12 und 12.30 bis 16 Uhr. Am Wochenende von 8 bis 12 und 12.30 bis 17 Uhr. Von September bis Mai montags geschlossen. Eintritt: Erwachsene 2,00 Euro, ermäßigt 1,30 Euro (Stand: 2020).*

Einkehrtipp: Nach dem Rundgang durch das Dorf lohnt eine Einkehr in der Pension/Restaurant *Javorina.* Auf der gemütlichen Außenterrasse haben wir die besten und größten Kartoffelpuffer der Slowakei genossen *www.penzionjavorina.sk*.

Eindrucksvolle Holzschnitzkunst in Rajecká Lesná

In Čičmany hat uns ein Hinweisschild zum **Slowakischen Bethlehem** *Slovenský betlehem* neugierig gemacht. Da es fast auf dem Weg liegt, lohnt sich der kurze Abstecher von der Straße 64, auf die wir nach unserem Besuch in Čičmany zurückkehren. Etwa fünf Kilometer hinter dem Ort **Fačkov** liegt rechts der Abzweig nach **Rajecká Lesná**. Ab hier ist das Slowakische Bethlehem ausgeschildert und einen Parkplatz finden Sie bei [N 49°02'42" E 18°38'05"] neben der Dorfkirche.

Mehr als 15 Jahre lang hat **Jozef Pekara (1920-2005)** an dieser monumentalen Weihnachtskrippe aus Lindenholz geschnitzt. Auf 25 Quadratmetern sind die Geburt Jesu, hunderte biblischer Figuren sowie alle Regionen der Slowakei mit ihren Sehenswürdigkeiten und Denkmälern dargestellt. Nach Umlegen eines Schalters geraten die Holzminiaturen in Bewegung und zeigen die traditionelle Lebensweise des slowakischen Volkes. Ein beeindruckendes, liebevoll gestaltetes Zeugnis traditioneller Holzschnitzkunst.

Öffnungszeiten: *Die Krippe ist ganzjährig gegen eine freiwillige Spende zugänglich. Wenn die Türen verschlossen sind, hilft ein Anruf bei einer der angegebenen Telefonnummern.*

Nach diesem Abstecher ist der Kurort **Rajecká Teplice** nicht mehr weit. Im **16. Jahrhundert** begann hier die **Adelsfamilie Thurzo** mit dem Bau eines ersten Badehauses. Doch den wirklichen Durchbruch als Kurort erreichte Rajecká Teplica erst Ende des **19. Jahrhunderts**, als durch den Bau von Kurhäusern auch die Zahl der prominenten Gäste wuchs. Die Zeit der Weltkriege verwandelte das Heilbad wieder in ein verschlafenes Nest. Mit der Sanierung der Parkanlagen sowie dem Neubau des 4-Sterne-Wellness- und Kurtempels *Aphrodite* erfolgte nun eine Wiederbelebung des Ortes. Der Kurpark bietet sich für einen kleinen Spaziergang an und Ihr Wohnmobil können Sie zentral auf dem gebührenpflichtigen Parkplatz bei [N 49°07'43" E 18°41'01"] abstellen.

Aphrodite-Tempel in Rajecká Teplice

Sollten Sie nun noch Bedarf an einem Campingplatz haben, dann liegt vier Kilometer nördlich an der Straße 64 der mehrfach zum *Camp des Jahres* gekürte *Kemping Slnečné skaly*. Leider war er bei unserer Reise bereits geschlossen, so dass wir ihn nicht persönlich in Augenschein nehmen konnten. Der Vollständigkeit halber möchten wir Ihnen den Platz aber nicht vorenthalten.

Kemping Slnečné skaly, geöffnet von Anfang Mai bis Ende September, www.camping-raj.sk, [**121**: N 49°08'31" E18°43'09"].

Nun sind nur noch rund zehn Kilometer bis zum Ende dieser Tour 14 in **Žilina**. Die Stadt ist Kreuzungspunkt mehrerer Touren und einen Stadtspaziergang finden Sie in der Beschreibung der **Tour 3**. Außerdem haben Sie hier wieder Anschluss an die Autobahn, um zügig weiter zu reisen.

Tour 15: Unterwegs im Donauhügelland 115 km

Hronský Beňadik – Vieska nad Žitavou – Topoľčianky Lovce – Nitra

Stellplätze:	in Vieska nad Žitavou, Lovce, Nitra
Besichtigen:	Benediktinerabtei Hronský Beňadik, Nationalgestüt und Schloss Topoľčianky, Nitra, Slowakisches Landwirtschafts museum
Wandern:	Hronský Beňadik, Arboretum Mlyňany, Wisent-Reservat
Essen:	Restaurant *The Irish Times Pub* Nitra

Wir verlassen in dieser Tour die bergigen Regionen der Slowakei durch das Hron-Tal und wenden uns dem Donauhügelland zu. Hier lässt sich die Nähe zum Nachbarland Ungarn bereits deutlich spüren. Sanft geschwungene Hügel, einsame Straßen, beschauliche Dörfer, riesige Sonnenblumenfelder und eher unbekannte Attraktionen erwarten uns entlang der Route. Entsprechend wenig Touristen verirren sich hierher. Aber es lohnt sich, auch diese Region des Landes zu entdecken. Wir besuchen eine alte Benediktinerabtei, wandern durch das größte Arboretum Mitteleuropas, erfreuen uns an edlen Pferden sowie einer urtümlichen Wisent-Herde und wir beenden diese Tour schließlich in der ältesten Stadt der Slowakei, in Nitra.

Diese Tour starten wir bei unserem Campingplatz Nr. 115 aus **Tour 13** in der Nähe der Stadt **Žarnovica** am Ufer des Flusses Hron. Wir wählen für die Weiterfahrt die gut ausgebaute Schnellstraße R1 nach Süden. Das mittlere Hron-Tal ist hier

Benediktinerabtei Hronský Beňadik

breit und gesäumt von Industrieansiedlungen. Durch die ehemaligen Bergbaustädte, wie etwa **Nová Baňa**, sind heute überwiegend Metallverarbeitungsbetriebe und Automobilzulieferer hier ansässig. Nach etwa 20 Kilometern verlassen wir die Schnellstraße und folgen der Hauptstraße 76 für zwei Kilometer in Richtung Süden bis nach **Hronský Beňadik**.

Kreuzgang der Benediktinerabtei

Hoch über dem Fluss Hron thront auf einer Felsterrasse die ehemalige **Benediktinerabtei** *Opátstvo Benediktínov*. Im **11. Jahrhundert** ließen sich hier Benediktinermönche nieder mit dem Ziel, das damals dünn bevölkerte Hron-Tal zu besiedeln und gleichzeitig das Christentum zu verbreiten. Einen Parkplatz für die Besichtigung der Anlage finden Sie in der Ortsmitte bei [N 48°20'44" E 18°33'34"]. Falls Markttag sein sollte, gibt es einen weiteren, kleinen und ausgeschilderten Parkplatz am Fuß der Abtei bei [N 48°20'46" E 18°33'21"] links der Straße 65 nach Čaradice.

Vom Zentrum führt ein kurzer, aber steiler Pfad hinauf zur dreischiffigen gotischen Basilika. Sie wurde in den Jahren **1346** bis **1375** auf den Fundamenten einer **1075** geweihten romanischen Kirche erbaut. Teile dieser alten Fundamente sind noch heute zu erkennen und die Abtei gehört damit zu den ältesten und bedeutendsten Sakralbauten der Slowakei. **König Géza II. (um 1130-1162)** war ein großer Förderer des Klosters und schenkte der Abtei zahlreiche Ländereien. Darunter auch ein gewinnbringendes Bergwerk, wodurch die Klosterkirche wertvoll ausgestattet werden konnte. Im **16. Jahrhundert** sicherte man das Kloster angesichts der Bedrohung durch die Osmanen mit mächtigen Mauern. Während des **18. und 19. Jahrhunderts** wechselten sich Phasen des Verfalls und der Rekonstruktion ab. Dabei wurden unter anderem mittelalterliche Wandmalereien der St. Georgs-Legende entdeckt. Während unserer Reise waren rund um das Kloster erneut umfangreiche Sanierungsarbeiten im Gang, so dass künftig wohl noch weitere Bereiche der Klosteranlage für die Öffentlichkeit zugänglich sein werden.

Kapelle Moravá kaplnka

Wanderung zur Kapelle *Moravá kaplnka*

Der Fluss Hron verlässt an dieser Stelle die gebirgigen Regionen der Slowakei und fließt nun durch eine Tiefebene der Donau zu. Dieser Gebirgsdurchbruch wird auch *Slowakisches Tor* genannt. Am Kloster ist ein Wanderweg (Wanderzeit etwa eine Stunde) zur **Kapelle** *Morová kaplnka* ausgeschildert, der auch zu zwei Aussichtspunkten mit Blick auf den Durchbruch des Hron führt.

Wir passieren diese Engstelle im Tal auf der Straße 76, der wir nun für wenige Kilometer in Richtung Süden folgen. Im Blick haben wir dabei die Kühltürme des Kernkraftwerks **Mochovce**, das in der Slowakei immer wieder für Schlagzeilen sorgt. Zuletzt im Jahr 2020, als im Zusammenhang mit der Erweiterung des Kraftwerks durch zwei Blöcke gegen mehrere Manager wegen schweren Betrugsverdachts ermittelt wurde.

In **Kosárovce** verlassen wir die Hauptstraße 76 und biegen bei [N 48°18'35" E 18°32'11"] rechts ab. In der Ortsmitte geht es wenig später nach links auf das Sträßchen 1582. Es führt uns auf den nun folgenden 15 Kilometern durch die kleinen, beschaulichen Dörfer **Nemčiňany** und **Malé Vozokany** bis nach **Vieska nad Žitavou**. Die Region ist landwirtschaftlich geprägt und je nach Jahreszeit können Sie nun durch blühende Sonnenblumenfelder oder riesige Getreidefelder fahren. Halten

Sie auch schon Ausschau nach braunen Touristikschildern, die den Weg zu unserem nächsten Ziel weisen – dem **Arboretum Mlyňany**. Dieser botanische Garten wird auch als *grüne, lebendige Karte der Welt* beworben und er gehört zu den schönsten Gärten der Slowakei. Zudem ist er mit 67 Hektar Fläche und mehr als 2.300 Gehölzen der größte seiner Art in Mitteleuropa. Grund genug, um uns hier ein wenig genauer umzusehen. Einen übernachtungstauglichen Parkplatz finden Sie am Ortsrand von Vieska nad Žitavou.

(122) WOMO-Stellplatz: Vieska nad Žitavou
Arboretum Mlyňany

GPS: N 48°19'08" E 18°21'50" **Max. WOMOs**: 1-2.
Ausstattung: Imbiss und öffentliche Toiletten in der Nähe.
Beschreibung: Asphaltierter, ebener Besucherparkplatz am Ortsrand. Tagsüber lebhaft, nachts ruhig.
Zufahrt: Der Parkplatz liegt am Eingang des botanischen Gartens am Ende einer Seitenstraße und ist im Ort ausgeschildert.

Wanderung im Arboretum Mlyňany

Wandern im botanischen Garten? Zurecht werden Sie sich vielleicht diese Frage stellen. Ein Park lädt doch eher zum Flanieren ein. Auch das können Sie hier selbstverständlich tun, doch Sie würden das Beste verpassen. Selbst wenn Sie nur einen kurzen Bummel unternehmen möchten, zwei Stunden Zeit sollten Sie schon mitbringen, um wenigstens einen kleinen Eindruck von dieser sehenswerten Anlage zu bekommen.

Zu verdanken ist dieses Arboretum dem Naturliebhaber **István Ambrózy-Migazzi (1869-1933)**. Der Graf war von der üppigen, mediterranen Vegetation Süditaliens fasziniert und brachte von seinen zahlreichen Reisen auch Pflanzen aus anderen Teilen der Welt mit nach Hause. **1914** überließ er den Park seinem Chefgärtner **Jozef Mišak**, der sich mit derselben Liebe und Hingabe der Pflege und dem weiteren Aufbau der Anlage widmete. Seit **1953** gehört der botanische Garten der Slowakischen Akademie der Wissenschaften, die hier dendrologische Forschungsarbeiten betreibt.

Die 67 Hektar große Anlage ist mit drei markierten Routen erschlossen (rot – lang, gelb – mittel, blau – kurz) und die Hauptbegehungsroute ist 4,5 Kilometer lang.

Botaniker Ambrózy-Migazzi

Herzstück ist ein kleines Landschlösschen aus dem Jahr **1894**. Der Weg hinauf führt durch einen üppig blühenden Rosengarten. Dominiert wird der Hügel von beeindruckenden Mammutbäumen. Der Riese unter ihnen misst stattliche 35 Meter. Die verschiedenen Parkbereiche sind nach den jeweiligen Herkunftsgebieten der Pflanzen aufgegliedert. So konnten sich etliche Arten aus Ostasien an die klimatischen Bedingungen der Region anpassen und gedeihen sonst an keiner anderen Stelle Europas.

Ein weiterer Schwerpunkt sind die immergrünen Gehölze, wie Kirschlorbeer und Stechpalme. Aber auch Winterblüher und seltene Schlinggehölze finden hier ein ideales Refugium. Die Wege führen vorbei an lauschigen Pavillons, romantischen Teichen und durch verwunschene, urwaldähnliche Pfade. Dazwischen gibt es immer wieder Sitzgelegenheiten, so dass man die Landschaftsbilder bei einer Pause auf sich wirken lassen kann. Erklärungen finden sich leider nur spärlich, doch es wird an einer Modernisierung gearbeitet. Vereinzelt gibt es bereits Infosäulen, an denen über einen QR-Code auch deutschsprachige Erläuterungen abgerufen werden können.

Der Park ist ganzjährig geöffnet und besonders schön ist ein Besuch im Mai/Juni zur Zeit der Rhododendren- und Azaleenblüte. Im Oktober bezaubert der Park mit seiner Farbenpracht, wenn das bunte Herbstlaub mit den immergrünen Gehölzen um die Wette leuchtet.

***Öffnungszeiten**: April bis Oktober von Montag bis Freitag von 7 bis 18 Uhr, Samstag, sonn- und feiertags von 8 bis 18 Uhr. November bis März von Montag bis Freitag von 8 bis 17 Uhr, Samstag, sonn- und feiertags von 9 bis 16 Uhr. Eintritt: Erwachsene 3,50 Euro, ermäßigt 2,50 Euro, Kinder 1,00 Euro. Hunde sind nicht erlaubt. (Stand: 2020).*

Unsere Reise geht weiter in das nur 16 Kilometer entfernte **Topoľčianky**, das wir über die Straße 511 und die Kleinstadt

Zlaté Moravce erreichen. **Topol'čianky** lockt vor allem die Liebhaber edler Rösser aus aller Welt an. Das **Slowakische Nationalgestüt** *Národný žrebčín* hat hier seinen Sitz und mit der Zucht von Lipizzanern, Araber-Pferden und slowakischen Warmblütern zählt das Gestüt zu den bedeutendsten Europas. Einen Parkplatz, um Schloss und Gestüt eingehend zu würdigen, finden Sie in der Ortsmitte bei [N 48°25'08" E 18°24'44"].

Vom Parkplatz sind es nur wenige Schritte zum Schlosspark und dem **Schloss Topol'čianky** *Zámok Topol'čianky*. Das Anwesen im Renaissancestil entstand im **15. Jahrhundert** auf den Fundamenten einer ehemaligen Wasserburg und diente im **19. Jahrhundert** den österreichischen Erzherzögen als Sommerresidenz. Später logierten hier mehrere Staatsoberhäupter und heute können Touristen in den ehemaligen Präsidentensuiten nächtigen. Werfen Sie einen Blick in den Innenhof, der mit Arkadengängen hübsch gestaltet ist. Schlossbesichtigungen sind auch für Nicht-Hotelgäste möglich. Dabei bekommt man neben kostbaren Möbeln, Gemälden und Waffen auch die Bibliothek zu sehen.

Schloss Topol'čianky

***Öffnungszeiten**: Führungen finden von Oktober bis April wochentags um 9, 10.30 und 14 Uhr, Samstag, sonn- und feiertags um 12, 13.30 und 15 Uhr statt. Von Mai bis September wochentags zwischen 9 und 15 Uhr zu jeder vollen Stunde, Samstag, sonn- und feiertags zwischen 12 und 16 Uhr. Eintritt: Erwachsene 6,80 Euro, ermäßigt 4,80 Euro, Kinder 3,40 Euro, Familien 18,00 Euro. www.zamok-topolcianky.sk (Stand: 2020).*

Rund um das Schloss lässt es sich in dem ausgedehnten **Schlosspark** zwischen Orangerie, Jagdschlösschen und Pavillons flanieren. Hier befindet sich auch das **Nationalgestüt**

Tor zur königlichen Reithalle

mit einem eigenen **Gestütsmuseum**. Neben der Stellmacherei und der Reithalle sind dort auch eine Schmiede, die Sattlerei und etliche historische Kutschen zu sehen. Zudem gibt das Museum Einblick in die Geschichte des Gestüts, die eng mit der Gründung der Tschechoslowakei **1918** verbunden ist. Als einer der Nachfolgestaaten der k.u.k. Monarchie erhielt das Land einen Teil des königlichen Erbes in Form von Pferden. Mit der Gründung des Gestüts im Jahr **1921** wurden auch die Reithalle und den Marstall aus dem Nachlass der Habsburger übernommen. Heute können die historische Reithalle und der Marstall im Rahmen einer Führung besichtigt werden. Mit etwas Glück, bekommen Sie die edlen Rösser auch zu Gesicht. Die meisten Stallungen befinden sich jedoch auf Höfen in der Umgebung.

Öffnungszeiten*: Von Mai bis Oktober finden die Führungen von Reithalle und Marstall zu jeder vollen Stunde von Dienstag bis Freitag zwischen 9 und 14 Uhr statt. Am Wochenende und an Feiertagen zwischen 14 und 16 Uhr, www.nztopolcianky.sk (Stand: 2020).*

Ein wenig Aufmerksamkeit erfordert nun die Weiterfahrt zum rund zehn Kilometer entfernten **Wisent-Reservat** *Zubria zvernica*. Das 140 Hektar umfassende Areal liegt am Südhang des **Tribetzgebirges** *Tríbeč* und die Route führt uns über kleine Dörfer und noch kleinere Sträßchen. Doch verirren können Sie sich trotz fehlenden Mobilfunk-Empfangs kaum – die Strecke ist mit kleinen Hinweistäfelchen ab der Ortsmitte von Topol'čianky ausgeschildert.

Am Ortsrand lohnt sich für Weinfreunde noch ein Stopp. Das renommierte **Château Topoľčianky** ist mit über sechs Millionen produzierten Flaschen pro Jahr einer der führenden Weinproduzenten des Landes. Der Weinbau in der Region reicht bis ins Jahr **1723** zurück und viele Familien haben hier noch alteingesessene Weingüter. Zu den typischen Sorten gehören der *Grüne Veltliner*, der *Blaufränkische* sowie die regionalen Spezialitäten *Palava, Devin* und *Alibernet*. Denken Sie aber bei der Weinprobe an die 0-Promille-Grenze.

Öffnungszeiten: *Montag bis Freitag von 7.30 bis 15.30 Uhr.*
www.chateautopolcianky.sk

Nach dem Weinkauf erreichen wir nach etwa sechs Kilometern das Dorf **Lovce**. Dort zweigt direkt hinter der Dorfkirche bei [N 48°26'33" E 18°21'44"] ein Sträßchen rechts ab, das nach 900 Metern nochmals rechts in den Wald führt. Nach weiteren drei Kilometern auf einem schmalen Waldweg erreichen wir den Parkplatz beim Wisent-Reservat.

(123) WOMO-Wanderparkplatz: Wisent-Reservat *Zubria zvernica*

GPS: N 48°27'33" E 18°20'37".
Max. WOMOs: 5.
Ausstattung: Keine.
Beschreibung: Geschotterter und teilweise leicht schräger Parkplatz außerorts am Waldrand. Nachts sehr einsam, kein Mobilfunkempfang.
Zufahrt: Wie im Text beschrieben.

Wanderung im Wisent-Reservat *Zubria zvernica*

Vom oben beschriebenen Parkplatz sind es nach der Schranke noch etwa 500 Meter bis zum Eingang des Wisent-Reservates.
Die mächtigen Tiere sind auch als *Europäischer Bison* bekannt und bevölkerten bis in das frühe Mittelalter hinein die Wälder der heutigen Slowakei. Auf die frühere Verbreitung des größten Säugetiers Europas deuten Ortsnamen wie *Zuberec, Zubrohlava* oder *Zubrá* (slowakisch: *zubor* – Wisent) hin.

Zu Beginn des **20. Jahrhunderts** war der Wisent-Bestand mit europaweit 30 Tieren vom Aussterben bedroht. Der letzte freilebende Wisent Europas wurde **1921** im Wald von Białowieża in Polen geschossen. Inzwischen hat sich die Population wieder ein wenig erholt, wozu Nachzuchtprogramme, wie dieses hier bei Lovce, beitragen. Seit **1958** tummeln sich hier die zotteligen Riesen, die eine Widerristhöhe von 200 Zentimetern erreichen und

Fütterungszeit im Wisent-Reservat

eine stattliche Tonne Gewicht auf die Waage bringen können. Im Jahr **2004** wurden die ersten elf Tiere im **Nationalpark Poloniny** (siehe Tour 7) ausgewildert. Dort ist die Zahl der freilebenden Wisente inzwischen auf zwei Herden mit mehr als 40 Tieren angewachsen.

Hier im Reservat leben gut zwei Dutzend Tiere, die wir bei der morgendlichen Fütterung beobachten können. Nach und nach kommen sie von ihren Schlafplätzen aus dem Wald angetrabt. Ein sehr beeindruckendes Bild, das sich uns bietet. Neben aufmüpfigen Jungtieren sind Muttertiere mit ihren Kälbern sowie mächtige und imposante Bullen an den Futtertrögen versammelt. Rund um das Gehege führt ein Lehrpfad mit mehreren Informationstafeln. Außerhalb der Fütterungszeit lassen sich die stattlichen Riesen dann von mehreren Aussichtsplattformen aus beobachten.

Öffnungszeiten*: Von April bis Oktober täglich von 9 bis 17 Uhr. Fütterungen um 9 und 15 Uhr. Eintritt: Erwachsene 2,00 Euro, ermäßigt 1,50 Euro, Kinder 1,00 Euro. (Stand: 2020).*

Lehrpfad durch das Wisent-Reservat

Wenn Sie, wie wir, eine außerordentlich ruhige Nacht in der Einsamkeit der slowakischen Wälder verbracht haben, kann es nun weitergehen zur letzten Station dieser Tour – in die Stadt **Nitra**. Die rund 40 Kilometer dorthin legen wir auf dem schnellsten Weg zurück und steuern dafür zunächst **Zlaté Moravce** und dort die Schnellstraße R1 nach Nitra an.

Für die Stadtbesichtigung steht ein großer, kostenloser Parkplatz am Fußballstadion zur Verfügung. Verlassen Sie dazu die Schnellstraße an der Ausfahrt Nitra und folgen Sie der Straße 51 in Richtung Zentrum. Am ersten großen Verkehrsknotenpunkt fahren Sie geradeaus weiter auf die Straße 64. Am nächsten großen Kreisverkehr nehmen Sie die dritte Ausfahrt, überqueren Sie die Nitra und biegen danach rechts zum Stadion ab. Hier ist auch die **Burg Nitra** *Nitriansky hrad* ausgeschildert.

(124) WOMO-Stellplatz: Nitra – Am Fußballstadion

GPS: N 48°19'09" E 18°05'13", Jasenského.
Max. WOMOs: 5.
Ausstattung: Mülleimer und öffentliche Toiletten in der Nähe.
Beschreibung: Großer, zentrumsnaher Parkplatz, teilweise schattig, asphaltiert. Restaurants und Sehenswürdigkeiten zu Fuß erreichbar. Bei Veranstaltungen und am Wochenende lebhafter Platz.
Zufahrt: Wie im Text beschrieben.

Ob Sie auf diesem Platz auch übernachten möchten, liegt in Ihrem Ermessensspielraum. Uns war es hier zu lebhaft und bei Veranstaltungen dürfte es erst recht turbulent zugehen. Der Platz liegt allerdings unschlagbar günstig für eine Stadtbesichtigung, die wir nun direkt hinter der Burg und damit an der Keimzelle Nitras beginnen.

Nitra

Die junge und aufstrebende Universitätsstadt Nitra, die sich zu beiden Seiten des gleichnamigen Flusses erstreckt, gilt auch als Wiege der slowakischen Kultur. Durch die strategisch günstige Lage war die Region schon früh besiedelt und der slawische **Fürst Pribina** ließ im Jahr **828** hier die erste christliche Kirche erbauen. Während der Zeit des **Großmährischen Reiches (833-907)** war Nitra Bischofssitz und Zentrum von Politik und Kultur. Der ungarische **König Belá IV. (1235-1270)** erhob Nitra **1248** zur freien Königsstadt. Die damit verbundenen Privilegien verhalfen der

Slawenfürst Pribina

Nitra – Eingang zum Burgviertel

Stadt zu multikultureller Blüte. Rückschläge brachten im Lauf der späteren Geschichte kriegerische Auseinandersetzungen mit den Osmanen, antihabsburgische Rebellen und kaiserliche Truppen, so dass Nitra in den folgenden Jahrhunderten an Bedeutung verlor. Erst nach dem Zweiten Weltkrieg erlebte die Stadt wieder einen Bevölkerungszuwachs und wirtschaftlichen Aufschwung. Heute ist Nitra ein Zentrum der Agrarwissenschaften und internationaler Messestandort.

Bischofskathedrale in Nitra

Unseren **Stadtspaziergang** beginnen wir im Burgviertel, zu dem uns ein Fußweg vom Parkplatz hinaufführt. Der mittelalterliche Komplex *Horné mesto* thront hoch über den neueren Stadtteilen und die Krönung der Anhöhe ist die **Bischofskathedrale des Hl. Emmeram** *Katedrála sv. Emerám*. Sie ist durch die Verbindung dreier Kirchen aus unterschiedlichen Epochen entstanden. Der älteste Teil ist eine romanische Kirche aus dem **11. Jahrhundert**, die auch Aufbewahrungsort der Reliquien des Slawenapostels *Kyrill* ist. Die ursprünglich gotische **Obere Kirche** stammt aus dem **14. Jahrhundert**, die **Untere Kirche** aus dem **17.**

Jahrhundert. Beide Teile wurden im **18. Jahrhundert** im barocken Stil umgestaltet und sind in ihrer Üppigkeit schlichtweg einzigartig. Um einen grandiosen Rundumblick zu genießen, empfiehlt sich auch der Aufstieg auf den Turm der Kathedrale, der während unserer Reise allerdings wegen Renovierungsarbeiten geschlossen war.

Hinter der Kathedrale sind noch die wehrhaften Mauern der Burgbefestigung erhalten geblieben. Von der Nordseite aus hat man einen schönen Blick auf den **Berg Zobor** (588 Meter), den Hausberg Nitras. Er wird von mehreren Wanderwegen erschlossen und gilt als wärmster und trockenster Kalksteingipfel der Slowakei, auf dem sich unter anderem Smaragdeidechsen wohlfühlen.

Die **Kasematten** neben der Treppe zur Kathedrale bieten einen Einblick in die archäologischen Entwicklungsstufen des Burgareals. Auf der Westseite befindet sich der **Bischofspalast**, der heute Sitz des Kardinals und für Touristen nicht zugänglich ist. Davor erinnert eine Statue von **Papst Johannes Paul II.** an dessen Besuch im Jahr **1995**. Außerdem bietet sich hier auch ein schöner Ausblick auf die **Untere Stadt** *Dolné mesto*. Vielleicht möchten Sie zum Schluss noch einen Blick ins **Diözesanmuseum** *Diecézne múzeum* werfen, in dessen Schatzkammer wertvolle liturgische Gefäße und antike Münzen zu sehen sind.

***Öffnungszeiten**: Das Burgareal ist ganzjährig von 7 bis 18 Uhr zugänglich, von November bis März nur bis 17 Uhr. Die Museumsräume sind montags geschlossen. Von April bis Oktober werden Eintrittsgelder erhoben. Dann finden auch Führungen in slowakischer Sprache statt. Das Kombiticket für alle Bereiche kostet für Erwachsene 4,00 Euro, ermäßigt 2,00 Euro.*

Von der Burg bummeln wir nun hinunter in die unteren Stadtviertel. Vorbei geht es an einem beliebten Fotomotiv, der barocken **Mariensäule** *Mariánsky stĺp*. **Bischof Esterházy** ließ

Nitra – Staatsgalerie

sie **1750** zum Gedenken an die fast 30 Jahre lang wütende Pestepidemie errichten. Nur wenige Schritte entfernt befindet sich das mächtige Denkmal für die **Slawenapostel Kyrill und Methodius.** Die Brüder, beide Priester und Gelehrte, stammten aus Thessaloniki und wurden im Jahr **863** im Auftrag des byzantinischen Kaisers nach Nitra entsandt, um dort die christliche Missionierung der Slawenvölker voranzutreiben.
Auf unserem Weg in die Unterstadt kommen wir noch am Bronzestandbild des **Fürsten Pribinas** vorbei, dem Regenten des ersten slawischen Reiches auf dem Gebiet der heutigen Slowakei.
Der Platz *Pribinovo námestie* wird gesäumt von barocken Palästen, die teilweise noch immer klerikalen Zwecken dienen. So befindet sich hier die kostbare **Diözesanbibliothek** *Diecéza knižnica* mit rund 65.000 Bänden, die theologische Fakultät im **Großen Seminar** *Vel'ky seminár* und der **Kluch-Palast** *Kluchov paláce*, auf den Sie einen Blick werfen sollten. Das Gebälk dieses Empiregebäudes wird von einer überdimensionalen, muskulösen Statue gestützt. Der Legende nach handelt es sich dabei um den Nitraer Schmied *Corgoň*, der die Oberstadt vor Angriffen der Osmanen beschützte. Wahrlich ein starker Kerl.
Wir schlendern die Straße *Samova* bis zum unteren Ende, vorbei am **Franziskanerkloster** *Františkánsky kláštor* und seiner Kirche, und erreichen durch einen Torbogen den Platz *Župné námestie*. Er wird von einem Jugendstilbau dominiert, der heute die **Nitraer Staatsgalerie** *Nitrianska štátna galéria* beherbergt. Zu sehen sind hier unter anderem Wechselausstellungen mit zeitgenössischer Kunst. Das Gebäude bildet zugleich die Grenze zwischen Oberer und Unterer Stadt.

Das moderne Zentrum Nitras kann leider nicht mit allzu vielen Sehenswürdigkeiten aufwarten. Zentraler Treffpunkt der Nitraer Bevölkerung ist der Platz *Svätoplukova námestie* mit dem **Andrej-Bagar-Theater** *Divadlo Andreja Bagara*. Hier beginnt auch die Fußgängerzone der *Štefánikova trieda.* An schönen Sommerabenden pulsiert hier das Leben. Straße und Platz sind gesäumt von Restaurants und Cafés. Da lassen auch wir uns nicht lange bitten und legen eine wohlverdiente Pause ein.

Einkehrtipp: Im *The Irish Times Pub* in der Kupecká 12, die am nördlichen Rand der Fußgängerzone vom Theaterplatz nach Westen abzweigt, werden sowohl angesagte Burger-Variationen als auch deftige, regionale Kost serviert. *www.irishtimespub.sk.*

Auf unserem Weg zurück zum Parkplatz halten wir uns an der Staatsgalerie links und umrunden den Burgberg entlang der Straße *Jesenského*. Sie führt uns auf weitgehend ebener Strecke und dem kürzesten Weg zurück zu unserem Wohnmobil.

Corgoň – der starke Mann in Nitra

Zum Abschluss unseres Nitra-Besuches erwartet uns am östlichen Stadtrand im Viertel Chrénova eines unserer persönlichen Top-Ten-Ziele: das **Slowakische Landwirtschaftsmuseum** *Slovenské poľnohospodárske múzeum*. Auch wenn Sie mit Kraut und Rüben eher nichts am Hut haben – dieses Juwel sollten Sie sich nicht entgehen lassen. Und mindestens vier Stunden Zeit sollten Sie auch noch mitbringen. Wir steuern deshalb einen ruhigen Parkplatz vor den Toren des Museums an, um uns frisch erholt am nächsten Morgen auf Besichtigungstour zu begeben. Die Anfahrt zum Museumseingang liegt etwas versteckt und die Zufahrt erfolgt über die Straße **Spišska**. Einheimische schicken die Besucher fälschlicherweise gerne zum Haupteingang des Messegeländes *Agrokomplex*.

Andrej-Bagar-Theater in Nitra

(125) WOMO-Stellplatz: Nitra – Slowakisches Landwirtschaftsmuseum

GPS: N 48°18'13" E 18°06'52", Spišska **Max. WOMOs**: 1-2.
Ausstattung: Keine.
Beschreibung: Geschotterte Parkfläche in einem Wohngebiet vor dem Museumseingang.
Zufahrt: Die Zufahrt liegt an der Straße Dlhá im Stadtviertel Chrenová.

Lassen Sie sich vom äußeren Eindruck nicht abschrecken. Der Museumseingang sowie die Hallen dahinter versprühen den leicht morbiden Charme längst vergangener Tage. Doch der äußere Schein trügt. Auf dem riesigen Areal lässt sich so einiges entdecken. Der Rundgang beginnt in den Hallen, in denen zunächst die Geschichte der Landwirtschaft von den frühen Anfängen der Steinzeitmenschen bis hin zur Gegenwart dokumentiert wird. Zwar ist dieser Bereich leicht angestaubt, aber trotzdem sehenswert. Weiter geht es zu den Handwerkern, die eng mit der Landwirtschaft und der Lebensmittelerzeugung verbunden sind. Bäcker, Metzger, Winzer, Weber – kaum ein Handwerk, das nicht dokumentiert ist. Die folgenden Hallen widmen sich historischen

Historische Landmaschinen und Feuerwehrspritzen im Museum

Auf Entdeckungsreise im Slowakischen Landwirtschaftsmuseum

Traktoren, Mähdreschern, Feuerwehrfahrzeugen und sogar Flugzeugen. Anschließend bummeln wir durch das Freilichtgelände, auf dem neben einer Mühle, einer Imkerei, einem Tante-Emma-Laden und anderen volkstümlichen Gebäuden auch eine Dorfschule zu sehen sind. Im Sommer verkehrt hier mit viel Getöse eine historische Feldbahn und es gibt Aktionstage, bei denen die Funktionstüchtigkeit der technischen Denkmale demonstriert wird.

***Öffnungszeiten**: Das Museum ist nur im Rahmen einer Führung zu besichtigen. Viele der Museumsmitarbeiter sprechen auch Deutsch. Von Mai bis September finden die Führungen Dienstag bis Donnerstag um 9, 11 und 13 Uhr statt. Von Oktober bis April nur um 9 und 11 Uhr.*
Eintritt: Erwachsene 5,00 Euro, ermäßigt 2,50 Euro. www.spmnitra.sk (Stand: 2020).

Mit unserem Besuch im Landwirtschaftsmuseum endet unsere Tour 15 hier in Nitra. Die anschließende Tour 16 führt uns nun ins Donautiefland und zurück zum Ausgangspunkt unserer Reise nach **Bratislava**.

TOUR 16
Bratislava
Lozorno
Modra
Častá
Pezinok
Malé Karpaty
Trnava
Senec
Galanta
Sereď
Čakajovce
Nitra
(siehe Tour 15)
Beladice
Zlaté Morvance
Hronský Beňadik
Hotianske Nemce
Levice
Dudince
Šahy
Vráble
Kalna nad Hronom
Šurany
Nové Zámky
Šarovce
Šaľa
Donau-Tiefebene
Schüttinsel
Šamorín
Čunovo
(siehe Tour 1)
Dunajská Streda
Gabčíkovo
Veľký Meder
Kolárovo
Komárno
Komárom
Iža
Győr
Bíňa
Štúrovo
Esztergom
Ungarn
Österreich
Morava
Váh
Hron
Dunaj
Duna
Malý Dunaj
10 km
N
WC

Tour 16: Das Donautiefland von Štúrovo bis Bratislava 276 km

Štúrovo – Iža – Komárno – Kolárovo – Vel'ky Meder Gabčikovo – Čunovo – Bratislava

Stellplätze:	in Štúrovo, Iža, Komárno, Vel'ky Meder, Gabčikovo
Campingplätze:	in Štúrovo, Komárno, Čunovo, Bratislava
Besichtigen:	Štúrovo, römische Ausgrabungen Kelemantia in Iža, Festungsanlage und Stadt Komárno, Wassermühle Kolárovo, Wasserkraftwerk Gabčikovo
Radfahren:	Donauradweg von Gabčikovo nach Čunovo
Baden:	Thermalparks in Štúrovo, Komárno und Vel'ky Meder
Essen:	*Kavý sveta* in Komárno, Restaurant *Hullám Csárda* bei Gabčikovo

Tour 16 führt uns zum Abschluss unserer Slowakei-Reise in das Donautiefland. Auf den 172 Kilometern, welche die Donau von Bratislava bis Štúrovo auf slowakischem Staatsgebiet zurücklegt, prägt der Fluss mit seinen zahlreichen Nebenarmen seit Urzeiten diesen südwestlichen Landesteil. Sümpfe, Teiche, Schilf und Pappelwälder blieben in den Schutzgürteln der Donauauen erhalten. Die Schüttinsel, wie die Region genannt wird, gilt als größtes Binnendelta Europas. Auf unserer Tour folgen wir der Donau flussaufwärts, wir entdecken geschichtsträchtige Städte, alte Wassermühlen, ein modernes Wasserkraftwerk und wir tauchen ab in den heißen Quellen der Thermalbäder, die hier ebenfalls zahlreich sprudeln. Begleiten Sie uns bis zum Ausgangspunkt unserer Reise nach Bratislava, wo sich der Kreis unserer Touren wieder schließt.

Vom Start dieser Tour in **Nitra** stehen uns zunächst 90 Kilometer Fahrstrecke bevor, die wir auf den Hauptstraßen 51 bis **Kalná nad Hronom** und 76 bis **Štúrovo** zurücklegen. Unterwegs gibt es nicht allzu viel zu entdecken und die stark vom Fernverkehr befahrene Route ist teilweise recht holprig. Die Region rund um Nitra ist zunächst noch von einer Hügellandschaft geprägt, doch im Hron-Tal ist es nun topfeben. Das Gebiet gehört zur **pannonischen Tiefebene** oder auch **Karpatenbecken** genannt. Die Dörfer muten zunehmend ungarisch an, die Beschilderungen sind zweisprachig und wir bekommen einen Vorgeschmack auf die Puszta-Ebene. Zudem scheinen wir übergangslos von einem Dorf ins nächste zu fahren. Hier ist es ratsam, auf die korrekte Geschwindigkeit zu achten. Radarkontrollen sind an der Tagesordnung. Die Landwirtschaft dominiert und wir sind nun in einer der fruchtbarsten Regionen des Landes angekommen. Obstplantagen, Kartoffeläcker und Getreidefelder wechseln sich ab und während der Erntezeit bieten die Landwirte am Straßenrand ihre frischen Produkte an. Durch das milde Klima gedeihen hier auch Aprikosen, Pfirsiche und Wassermelonen. Zugreifen lohnt sich.

Nach gut 90 Kilometern ist **Štúrovo** erreicht. In der kleinen Grenzstadt mündet der Fluss **Hron**, der uns auf den zurückliegenden Touren mehrfach begleitete, nach 298 Kilometern in die **Donau**. Die Donau wiederum verlässt hier nach 172 Kilometern slowakisches Staatsgebiet, um sich in einer landschaftlich reizvollen Kurve ihren weiteren Weg durch Ungarn zu suchen. Štúrovo wurde **1948** nach der bedeutendsten Persönlichkeit der slowakischen Nationalbewegung **L'udovit Štúr (1815-1856)** benannt, obwohl dieser keinen direkten Bezug zu dem Ort hatte. Zuvor trug die Stadt seit dem **16. Jahrhundert** den Namen *Parkan*.

Wo Sie nun Ihr Wohnmobil für einen Besuch in Štúrovo abstellen möchten, hängt von Ihrer persönlichen Interessenlage ab. Die erste Möglichkeit ist ein Campingplatz, auf dem Sie sich auch für einen Besuch im hiesigen Thermalpark etwas länger häuslich einrichten können. Der Platz konnte von uns in der Nachsaison nicht mehr besucht werden, anbei jedoch die entsprechenden Koordinaten:

Campingplatz Autokemping Vadaš, geöffnet von Mai bis September [**126**: N 47°48'09" E 18°43'07"].

Der Campingplatz liegt in unmittelbarer Nachbarschaft zum *Thermalpark Vadaš*, der 2004 in Betrieb genommen wurde und wegen seines großen Wellenbeckens auch *Slowakisches Meer* genannt wird. Außerhalb der Saison, oder auch nur für einen Tagesbesuch im Thermalbad, steht hier ein kostenloser Parkplatz zur Verfügung.

(127) WOMO-Badeplatz: Štúrovo – *Thermalpark Vadaš*

GPS: N 47°48'01" E 18°43'05", Pri Vadaši.

Max. WOMOs: 5.

Ausstattung: Keine.

Beschreibung: Asphaltierter, ebener Besucherparkplatz beim Thermalpark mit Restaurants und Einkaufsmöglichkeiten in der Nähe.

Zufahrt: In Štúrovo ist die Zufahrt zum Thermalpark ausgeschildert.

Und last-but-not-least können Sie auch direkt an der Donau parken und übernachten. Durch die Zentrumslage kann es hier jedoch ein wenig lauter sein. Zumal es einen Anleger für Ausflugs- und Kreuzfahrtschiffe gibt. Dort werden auch Fahrten auf der Donau ins ungarische **Visegrád** angeboten.

Basilika von Esztergom/Ungarn am Donau-Ufer

Die Maria-Valeria-Brücke führt über die Donau nach Ungarn

(128) WOMO-Stellplatz: Štúrovo – Donau-Ufer

GPS: N 47°47'54" E 18°43'33", Námestie slobody, **Max. WOMOs**: 5.
Ausstattung: Keine.
Beschreibung: Asphaltierte, ebene und gebührenpflichtige Parkplätze in Zentrumslage am Ufer der Donau. Restaurants, öffentliche Toiletten und Einkaufsmöglichkeiten in der Nähe.
Zufahrt: In Štúrovo sind die Parkplätze im Zentrum am Donau-Ufer ausgeschildert.

Bereits bei unserer Anfahrt nach Štúrovo zeichnet sich auf der gegenüberliegenden Seite der Donau mächtig die **Basilika von Esztergom** am Horizont ab. Sie gilt als Wiege des ungarischen Christentums, ist die größte Kirche des Nachbarlandes und zugleich Wahrzeichen der Stadt Esztergom. Für eine Stippvisite ist das eindrucksvolle Bauwerk über die **Maria-Valeria-Brücke** *Most Márie Valérie* zu erreichen und wir empfehlen Ihnen gerne den ***WOMO-Band 34 – Mit dem Wohnmobil nach Ungarn***, unserer Autorenkollegen *Peter Simm* und *Silvia Sussmann*. Wir genießen den Blick auf die Kathedrale bei einem Spaziergang entlang der Donau von slowakischer Seite aus und befinden, dass der Blick mit etwas Abstand eigentlich der Schönere ist.

Außer einer beschaulichen Fußgängerzone hat Štúrovo leider nicht mehr viel Bemerkenswertes zu bieten, so dass wir unser nächstes Ziel, die Stadt **Komárno** ansteuern. Gut 50 Kilometer legen wir dafür auf der Straße 63 zurück. Es geht nun durch die im Frühherbst gerne nebelverhangenen Donau-Niederungen. Während auf ungarischer Seite Industrie- und Hafenansiedlungen zu erkennen sind, ist es auf slowakischer Seite sehr ländlich. Typisch sind hier die Pappelhaine, die, zusammen mit Büschen und Weiden, als Feldbegrenzungen dienen. In der Gemeinde **Iža**, etwa 15 Kilometer östlich von Komárno, empfehlen wir Ihnen bei [N 47°44'59" E 18°13'17"] einen Abstecher zur römischen **Ausgrabungsstätte Kelemantia** *Kas-*

tellum Romanum Kelemantia. Zu Zeiten des Kaisers **Marc Aurel** befand sich hier ein römisches Soldatenlager. Es diente als Vorposten einer auf der rechten Donauseite liegenden Festung und hatte einen quadratischen Grundriss von etwa 175 Metern Seitenlänge sowie bis zu 20 Türme. Reste sind heute noch zu erkennen, es gibt einige Info-Tafeln und einen schönen Picknickplatz am Donauradweg.

Römische Ausgrabungsstätte Kelemantia

(129) WOMO-Picknickplatz: Donau-Ufer bei Iža

GPS: N 47°44'48" E 18°13'11" **Max. WOMOs**: 2-3.
Ausstattung: Mülleimer, Toiletten, Picknickbänke
Beschreibung: Wiesen- und befestigte Fläche auf Betonplatten, außerorts am Donau-Radweg.
Zufahrt: In Iža der Beschilderung zum *Kastellum Romanum Kelemantia* folgen. Am Zufahrtsweg den passenden Stellplatz aussuchen.

Wenig später ist auch schon **Komárno** erreicht und wir steuern einen zentralen und großzügigen Parkplatz bei der Festungsanlage an. Die etwas verwinkelte Zufahrt durch ein Wohngebiet mit Plattenbauten ist ab der Straße 63 nach Überqueren des Flusses Váh nach links ausgeschildert. Beim Sport- und Freizeitzentrum mit Thermalbad *www.termalkn.sk* haben Sie auch die Möglichkeit, einen einfachen Campingplatz aufzusuchen.

(130) WOMO-Campingplatz: Komárno
Autokemping Panorama

GPS: N 47°45'26" E 18°08'09", Športová, Tel. +421 3 577 787 19, www.panoramakn.sk, info@panoramakn.sk.
Öffnungszeit: Ganzjährig.
Ausstattung: Ver-/Entsorgungsmöglichkeit Chemietoiletten, Restaurant, Thermalbad.
Beschreibung: Einfacher Stellplatz auf Wiesengelände mit Stromversorgung. Sanitäranlagen veraltet, aber weitgehend sauber. Im Übernachtungspreis ist der Eintritt ins Thermalbad inbegriffen. Anmeldung über die Rezeption des *Hotels Panorama*.
Zufahrt: In Komárno der Beschilderung zur Festung und zum Thermalbad *Termálne kúpalisko* folgen. Die Einfahrt liegt hinter dem Sportstadion.

Noch eine Ecke weiter und der große Parkplatz an der Festungsanlage ist erreicht. Er eignet sich sowohl für einen Tagesbesuch in Komárno als auch für eine Übernachtung.

(131) WOMO-Stellplatz: Komárno – Festung

GPS: N 47°45'20" E 18°08'01", Hradná.
Max. WOMOs: 5.
Ausstattung: Keine.
Beschreibung: Große, asphaltierte Parkfläche in Stadtrandlage. Nachts beleuchtet. Kein Schatten. Restaurants und Einkaufsmöglichkeiten zu Fuß erreichbar.
Zufahrt: In Komárno der Beschilderung zur Festung *Stará pevnosť Komárno* folgen.

Stadtspaziergang Komárno

Komárno ist eine geteilte Stadt und hat auf der gegenüberliegenden Donau-Seite eine ungarische Schwester namens *Komárom*. Diese Verwandtschaft ist in der Stadt allgegenwärtig und zwischen den beiden Ländern herrscht ein reges Miteinander. Zweisprachigkeit gehört zur Tagesordnung, viele Slowaken sprechen ungarisch und umgekehrt viele Ungarn slowakisch. Die Stadt liegt am Zusammenfluss von Donau und Váh. Die Landzunge, die sich dabei gebildet hat, stellte schon in der Römerzeit eine gute Verteidigungsmöglichkeit dar. Um dic strategische Bedeutung der Stadt ermessen zu können, starten wir unsere Besichtigungsrunde mit einem Besuch der mächtigen **Festungsanlage**.

Mächtiges Bollwerk in Komárno

Sie wurde nach der Niederlage Ungarns in der Schlacht bei Mohács **1526** zur bedeutendsten Wehranlage gegen die vorrückenden Osmanen ausgebaut. Tatsächlich hielten die Verteidigungswälle die kampfeslustigen Türken fern. Ende des **17. Jahrhunderts** wurde der fünfeckige Festungsring um die Stadt fertiggestellt und auch danach kontinuierlich erweitert. So entstand die größte Verteidigungsanlage der Donaumonarchie, in der bis zu 200.000 Mann Besatzung Platz finden sollten. Mehr als sechs Kilometer umfasst das Bollwerk aus Bastionen und Toren.

Lohnender Blick in den Innenhof der Bezirksverwaltung Komárno

***Öffnungszeiten**: Die Festungsanlage ist nur im Rahmen einer Führung zu besichtigen. Diese finden Dienstag bis Freitag um 9, 11 und 14 Uhr statt. Im Juli und August auch um 16 Uhr sowie am Samstag und Sonntag. Von Oktober bis Mitte April nur nach vorheriger Anmeldung. Eintritt: Erwachsene 5,00 Euro, ermäßigt 3,00 Euro, Familien 11,00 Euro. Die Führungen beginnen in etwa 200 Metern Entfernung beim Büro neben der Stadtpolizei. Hier sind auch die Eintrittskarten erhältlich. www.pevnost.komarno.eu (Stand: 2020).*

Nach dem Festungsbesuch schlendern wir in Richtung Stadtmitte, die nur rund fünf Gehminuten entfernt liegt. Komárno wurde **1745** zur freien Königsstadt erhoben und entwickelte sich zur fünftgrößten Stadt des damaligen Ungarn. Doch mehrere Erdbeben zerstörten Ende des **18. Jahrhunderts** viele Gebäude und auch der Abzug der Garnisonen ließ Komárno an Bedeutung verlieren. Heute präsentiert sich die Stadt als eine Mischung aus moderner und historischer Architektur. Die Innenstadt hat Flair, was sich insbesondere in dem ambitionierten Städtebauprojekt **Europaplatz** *Nádvorie Európy* zeigt. Auf kleiner Fläche ist eine bunte Mischung von Gebäuden ent-

Bunter Europaplatz

standen, welche die typische Bauweise europäischer Länder und Regionen repräsentieren. In der Mitte plätschert der **Milleniumsbrunnen**, Bänke, Cafés und Restaurants laden zum Verweilen ein. Eine bauliche Hommage für ein gemeinsames Europa.

Wahrzeichen der Stadt ist jedoch das **Rathaus** *Radnica* mit seinem hoch aufragenden Uhrenturm aus dem 19. Jahrhundert. Die davorstehende Statue des *Generals Klapka* gab dem hübschen Platz *Nám. Gen. Juraj Klapku* seinen Namen. Wenn Sie weitere Informationen benötigen, finden Sie hier auch das Touristenbüro.

Wir bummeln entlang der **Palatinova-Straße**, die sehr angenehm als Fußgängerzone gestaltet ist. Hier reihen sich noch einige hübsche Bauwerke und Kirchen aneinander, wie etwa das **Donaulandmuseum** mit Exponaten zu Archäologie und Geschichte sowie einer Gemäldegalerie.

Rathaus Komárno mit dem Uhrenturm

***Öffnungszeiten**: Von Mitte April bis Ende September Dienstag bis Samstag von 9 bis 17 Uhr. Von Oktober bis Mitte April Montag bis Freitag von 9 bis 16 Uhr. Eintritt: Erwachsene 2,00 Euro, ermäßigt 1,00 Euro. www.muzeumkn.sk (Stand: 2020).*

Einkehrtipp: Auf dem Rückweg zu unserem Wohnmobil runden wir den Stadtbummel noch mit einer Einkehr im hübschen *Kavý Sveta* am Platz vor dem Rathaus ab. Kaffee- und Teeliebhaber finden hier aromatische Spezialitäten aus allen Regionen der Welt und können diese auch gleich für einen Vorrat im Wohnmobil einkaufen.

Unser nächster Etappenstopp ist die kleine Gemeinde **Kolárovo**. Sie liegt auf der sogenannten **Schüttinsel**, die mit 84

Schwimmende Wassermühle in Kolárovo

Kilometern Länge und 30 Kilometern Breite Europas größtes Binnendelta darstellt. Die Region zwischen Kleiner Donau, Váh und Donau ist eine urwüchsige Auenlandschaft, bestehend aus verzweigten Wasserarmen, dichten Wäldern und Inseln. Das Naturschutzgebiet zeichnet sich durch einen großen Artenreichtum seltener Tiere und Pflanzen aus. Wasserwanderer und Kanuten finden hier ein ideales Revier. Doch wer zu Wasser oder zu Lande unterwegs sein möchte, sollte gewappnet sein. Leise surrende Stechmücken können echte Plagegeister sein und den Genuss des Naturerlebnisses erheblich schmälern.

Doch zurück nach **Kolárovo**, wo wir uns ein weiteres Markenzeichen der Schüttinsel anschauen möchten: eine **historische Wassermühle** *Vodný mlyn Kolárovo.* Kolárovo liegt 25 Kilometer nördlich von Komárno am Zusammenfluss von Kleiner Donau und Váh. Wir erreichen die Gemeinde über die Straße 573, die streckenweise recht holprig ist. In der Ortsmitte zweigt am Kreisverkehr die *Mostová* rechts ab und Parkplätze finden Sie bei [N 47°55'13" E 18°00'01"].
Um zur Mühle zu gelangen, die an einem toten Flussarm der Donau ankert, müssen wir zunächst eine **überdachte Holzbrücke** überqueren. Mit 86 Metern gilt sie als längste Holzbrückenkonstruktion Europas und sie wurde in rekordverdächtigen neun Tagen gebaut. Bereits im vorigen Jahrhundert gab es an dieser Stelle eine Flussquerung.

Bei der Mühle handelt es sich um die einzige **schwimmende Wassermühle** des Landes und sie ist ein Nachbau aus dem Jahr **1982**. Ursprünglich befand sich diese Schiffsmühle, die auf zwei Booten steht, in *Radvaň nad Dunajom* und noch im **19. Jahrhundert** gab es im Donautiefland mehrere Hundert dieser Wassermühlen. Ein riesiges vom Wasser angetriebenes

Mühlrad hielt die Mühlsteine rund um die Uhr in Betrieb. Dieser Nachbau ist nicht funktionstüchtig, da er sich hier in einem stehenden Gewässer befindet. In der Ausstellung sind jedoch noch Komponenten der ursprünglichen Mühle zu sehen. Außerdem wird die Geschichte des Müllerhandwerks auf der Donau dokumentiert. Im Donautiefland sind noch weitere dieser ehemaligen Wassermühlen erhalten geblieben. Meist wurden sie zu feststehenden Rädermühlen am Ufer umgebaut. Heute sind sie bemerkenswerte, technische Denkmäler.

Öffnungszeiten*: Mai bis September täglich von 10 bis 17 Uhr, in der Wintersaison erst ab 13 Uhr. Eintritt: Erwachsene 2,00 Euro, ermäßigt 1,00 Euro. www.vodnymlyn.sk (Stand: 2020).*

Die längste überdachte Holzbrücke Europas

Für uns geht die Reise nun weiter durch das Donautiefland. Unser nächstes Ziel ist **Vel'ky Meder**. Da die Schüttinsel reich an Thermalquellen ist, können wir auch hier wieder ein Thermalbad ansteuern. Die besondere Architektur des Bades mit orientalischem Ambiente und Wassertemperaturen zwischen 25 und 37 Grad lockt Besucher auch aus dem nahen Ungarn an *www.thermalcorvinus.eu*. Das Städtchen ist mit seiner Infrastruktur voll und ganz auf Erholungssuchende eingestellt und es gibt zahlreiche Hotels, Pensionen und Restaurants.

Vel'ky Meder liegt rund 25 Kilometer südwestlich von Kolárovo und unseren Übernachtungsplatz beim Thermalbad finden wir hier:

(132) WOMO-Badeplatz: Vel'ky Meder – Thermalbad

GPS: N 47°50'44" E 17°45'40", Promenádna, **Max. WOMOs**: 5.
Ausstattung: Keine.
Beschreibung: Große, asphaltierte und gebührenpflichtige Parkfläche in Stadtrandlage. Teilweise Schatten. Restaurants und Einkaufsmöglichkeiten in der Nähe. Die Parkgebühr (Tagessatz) ist am Automaten zu bezahlen.
Zufahrt: In Vel'ky Meder am Kreisverkehr auf die *Pol'ovníka* in Richtung Billa-Supermarkt abbiegen und der Beschilderung zum Thermalbad *Termálne kúpalisko* folgen.

Besucherplattform an der Schleuse

Nach dem Entspannungsbad fahren wir frisch erholt weiter nach **Gabčikovo**. Wir verlassen dazu Vel'ky Meder auf der Straße 13 nach Süden in Richtung **Medved'ov** und biegen dort nach rechts auf die Straße 506 ab.

Unser Ziel bei Gabčikovo ist das dortige **Wasserkraftwerk** *Vodné dielo*. Das Kraftwerk verfügt über die beiden größten Schleusenkammern Europas und das Bauwerk aus Beton und Stahl lohnt eine kleine Besichtigung. Besucherparkplätze stehen auf und hinter der Staumauer bei [N 47°52'52" E 17°32'22"] und [N 47°52'46" E 17°32'10"] zur Verfügung.

Donau-Wasserkraftwerk Gabčikovo

Dass derartige Mammut-Projekte mit ihren ökologischen und politischen Auswirkungen nicht unumstritten sind, versteht sich beim Anblick dieses Bauwerks von selbst. Bereits **1947** wollte *Stalin* das seichte Schwemmland zwischen Győr und Bratislava ganzjährig schiffbar machen. Ein Kanal sollte es sowjetischen Kriegsschiffen ermöglichen, die Grenzen des damaligen Ostblocks zu erreichen. In den **1950er** Jahren wurden erste Pläne ausgearbeitet, schlummerten dann jedoch in den Schubladen der ungarischen und damals tschechoslowakischen Regierungen. Nach großen Überschwemmungen des Gebiets in den 1950er und 1960er Jahren kam es **1977** schließlich zur Vertragsunterzeichnung und der Bau des Wasserkraftwerks *Gabčikovo-Nagymaros* war beschlossene Sache. Die Baukosten sollten von beiden Staaten je zur Hälfte getragen werden. Damit wurden aber auch erste kritische Stimmen laut, die zerstörende Auswirkungen auf die Donauauen in Österreich, Ungarn und der Slowakei befürchteten. **1984** organisierte sich die erste ungarische Umweltbewegung und mobilisierte hundertausende Menschen, so dass Ungarn im Jahr **1989** unter dem Druck der

Bevölkerung den Bau ohne Absprache mit der tschechoslowakischen Regierung einstellte. Auf slowakischer Seite wurde indessen weitergebaut und **1992** ging das Wasserkraftwerk ans Netz.

Europas größte Schleusenkammer

Seit **1995** sind acht Turbinensätze mit einer Leistung von 80 Megawatt in Betrieb, die elf Prozent des nationalen Strombedarfs erzeugen. Rund 80 Prozent des Wassers der Donau werden dafür in einen Kanal umgeleitet, der parallel vom alten Donaustrom (Staatsgrenze) verläuft und bis zu 700 Meter breit ist. Die verbleibenden 20 Prozent fließen durch das eigentliche Flussbett mit der Folge, dass dort der Grundwasserspiegel sinkt. Der Vertragsbruch Ungarns sorgt bis heute für Konfliktpotenzial zwischen den beiden Ländern und ist nach wie vor juristisch nicht geklärt.

Einen Überblick über die Dimensionen des Bauwerks bekommt man von der Aussichtsplattform der Staumauer, die für Besucher zugänglich ist. Besonders beeindruckend sind die Schleusenanlagen, in denen die Schiffe einen Höhenunterschied von 20 Metern überwinden.

Nach dem Überqueren der Staumauer und einer Brücke zweigt eine kleine Straße nach links ab, die uns nun nach etwa einem Kilometer an das Ufer der Donau führt. Nach einer Rechtskurve endet das Sträßchen an einem Parkplatz und bei der Gaststätte *Hullám Csárda*.

(133) WOMO-Wanderparkplatz: Donau-Ufer bei Gabčikovo

GPS: N 47°51'43" E 17°32'04", Prístav.

Max. WOMOs: 1-2.

Ausstattung: Keine.

Beschreibung: Geschotterte Parkfläche am Donau-Ufer.

Zufahrt: Am Ende der Straße 1414 wie im Text beschrieben.

Wenn Sie mögen, können Sie sich nun auf Ihr Fahrrad schwingen und die Region per Rad erkunden. Über den ausgeschilderten Donau-Radweg sowie entlang des Gabčikovo-Kanals gelangt man bis nach Bratislava. Unterwegs gibt es immer wieder kleine Personen- und Radfähren, um die Ufer- oder auch Länderseiten zu wechseln.

Einkehrtipp: Wir bevorzugen zum Abschluss des Tages eine Einkehr in der urigen Kneipe *Hullám Csárda*. Der Innenhof ist mit Weinreben berankt, wir sitzen auf rustikalen Bänken am Ufer der Donau bei fangfrischem Fisch und lassen unsere Slowakei-Reise gedanklich noch einmal Revue passieren.

Nur 30 Kilometer sind es, die uns am nächsten Tag zurück zum Startpunkt unserer Reise, den **Campingplatz Nr. 003** *Areál Divoká Voda* in **Čunovo** vor den Toren der Stadt Bratislava bringen (siehe Tour 1). Die nahezu schnurgerade Straße 1421 verläuft zwischen dem Gabčikovo-Kanal auf der rechten Seite und der linksseitigen Donau. Zwischen dem Damm mit dem Radweg und der Rest-Donau existieren einige Dörfer. **Vojka nad Dunajom** und **Dobrohošt'** sind von der Slowakei durch den 400 Meter breiten Kanal getrennt. Eine Fähre sorgt dafür, dass die Dorfbewohner kostenlos übersetzen können. Auf der

Danubiana-Kunstmuseum bei Bratislava

anderen Seite des Dorfes ist die Rest-Donau und ihr Augebiet, durch das kein Weg hindurchführt. Diese Abgeschiedenheit führte dazu, dass die jungen Leute die Dörfer verlassen haben. Unsere Reise endet am oben genannten Campingplatz beim *Danubiana-Kunstmuseum*. Von dort ist es nicht mehr weit auf die Autobahn oder nach Bratislava. Die Stellplatzmöglichkeiten in der Hauptstadt haben wir Ihnen in Tour 1 beschrieben.

Die Einsamkeit unserer letzten Etappe und die fast schon ein wenig eintönige Fahrt lässt unsere Gedanken zurückschweifen. Mehr als zehn Wochen Slowakei und 3.400 Kilometer liegen hinter uns, 16 Touren haben wir für Sie recherchiert, wir durften Land und Leute kennen und lieben lernen. Die kleine Slowakei, die noch unentdeckte Perle im Herzen Europas, ist uns in dieser Zeit ans Herz gewachsen. Wir hoffen, dass wir Sie ebenfalls ein wenig für dieses kleine Land begeistern konnten. Nun aber sagen wir

Do skorého videnia na Slovensku!
Auf Wiedersehen und bis bald in der Slowakei!

Tipps und Infos

Die Slowakei, das kleine Land zwischen Tatra und Donau, das Land zwischen Tradition und Moderne, fasziniert durch eine überraschende Vielfalt. Als Reiseland ist die Slowakei hierzulande immer noch unterschätzt. Grund genug, sich vor der Reise ein wenig mit den landestypischen Gepflogenheiten vertraut zu machen. Unsere Tipps und Infos sollen Ihnen dabei helfen, Ihre Reise in die Slowakei vorzubereiten. Wie sind die Straßenverhältnisse? Wie sieht es mit der Sicherheit in der Slowakei aus? Was dürfen Sie von den Campingplätzen erwarten? Welches sind die typischen Spezialitäten? Was sollten Sie unbedingt in der Slowakei vermeiden? Was sollten Sie auf keinen Fall verpassen? Hier finden Sie Antworten auf die meistgestellten Fragen. Alle Angaben waren zum Zeitpunkt der Drucklegung dieses Reiseführers aktuell, können sich aber natürlich ändern.

Adressen

Deutsche Botschaft in Bratislava:
Hviezdoslavovo nám. 10, 81303 Bratislava
Telefon: +421 2 5920 4400
Telefax: +421 2 5441 9634
https://www.pressburg.diplo.de
Notruf in dringenden Fällen außerhalb der Dienstzeiten:
+421 9 03 44 46 33

Österreichische Botschaft in Bratislava:
Hodžovo námestie 1/A, 81106 Bratislava
Telefon: +421 2 5930 1500
Telefax: +421 2 5443 2486
E-Mail: pressburg-ob@bmeia.gv.at
https://www.bmeia.gv.at

Schweizer Botschaft in Bratislava:
Michalska 12, 81101 Bratislava
Telefon: +421 2 5930 1111
Telefax: +421 2 5930 1100
E-Mail: bratislava@eda.admin.ch
https://www.eda.admin.ch

Viele Hinweise zu Reise- und Sicherheitsfragen gibt es beim **Auswärtigen Amt:** https://www.auswaertiges-amt.de, Telefon: +49 30 1817-0.
Darüber hinaus hat das Auswärtige Amt die nötigen Informationen für eine sichere und möglichst reibungslose Auslandsreise in einer Reise-App für Android- und iOS-Geräte zusammengefasst. Die App ist kostenlos über die Internet-Seite des Auswärtigen Amtes erhältlich.

Touristische Informationen für Reisen in die Slowakei bietet die **Slowakische Zentrale für Tourismus** in Berlin.
Tourismus-Vertretung der Slowakischen Republik
Hildebrandstrasse 25
10785 Berlin
Telefon: +49 176 32 40 51 21
e-mail: office.de@slovakia.travel

Für **Österreich** hält die **Slowakische Zentrale für Tourismus in Wien** Informationen bereit.
Opernring 1
1010 Wien
Telefon: +43 1 513 9569
E-Mail: office.at@slovakia.travel

Im Internet finden Sie das gut aufgemachte, mehrsprachige Portal *www.slovakia.travel/de* mit vielen Informationen zum Land.

Ärztliche Versorgung

Die medizinische Versorgung in der Slowakei entspricht laut dem Auswärtigen Amt dem westeuropäischen Standard. In allen größeren Städten gibt es Krankenhäuser *Nemocnica*. In kleineren Städten und Fremdenverkehrsgebieten decken Ambulanzen *Sanitka* die medizinische Grundversorgung ab. In der Slowakei besteht für alle Personen, die in Deutschland gesetzlich versichert sind, ein Anspruch auf dringend erforderliche Behandlung bei Ärzten, Zahnärzten und in Krankenhäusern, die vom ausländischen gesetzlichen Krankenversicherungsträger zugelassen sind. Als Nachweis ist die europäische Krankenversicherungskarte (EHIC) vorzulegen. Wer in Deutschland gesetzlich versichert ist, muss die Europäische Krankenversicherungskarte nicht beantragen. Sie ist automatisch auf der Rückseite der Versichertenkarte aufgedruckt.

Der Abschluss einer **Auslandskrankenversicherung** für die Zeit Ihres Aufenthalts in der Slowakei ist dennoch anzuraten, da diese auch einen eventuell notwendigen Rücktransport nach Deutschland abdeckt. Ob und in welchem Umfang Sie während Ihrer Auslandsreise krankenversichert sind, sollten Sie vor Ihrer Abreise ins Ausland mit Ihrer Krankenversicherung klären.

Der **Rettungsdienst** heißt auf Slowakisch *Sanitná služba* und ist unter der Notrufnummer **155** zu erreichen.

Erste Anlaufstelle bei gesundheitlichen Problemen sind auch die **Apotheken** (*Lekáreň*). Die Abdeckung ist selbst im ländlichen Raum gut und man kennt dort die örtliche Infrastruktur. Geöffnet sind sie an Arbeitstagen in der Regel zwischen 8.00 bis 18.00 Uhr. An Sonn- und Feiertagen hat in Städten immer eine Apotheke durchgehend geöffnet.
Dennoch empfiehlt sich die Mitnahme einer eigens zusammengestellten Reiseapotheke mit den Medikamenten des persönlichen Bedarfs (siehe unter *Reiseapotheke*).

Die Apotheke hilft bei Wehwehchen

Ausrüstung

Die Reise in ein so abwechslungsreiches Land wie die Slowakei erfordert eine gewisse Grundausstattung. Je nach Reiseschwerpunkt gehören auch im Hochsommer eine warme Jacke und Regenschutz ins Reisegepäck. In den Bergregionen muss mit plötzlichen Wetterumschwüngen und kalten Nächten gerechnet werden. Ebenfalls nicht fehlen darf ein guter Sonnenschutz. Denken Sie an eine Sonnencreme mit hohem Lichtschutzfaktor, an geeigneten Mückenschutz, an eine passende Kopfbedeckung sowie eine Sonnenbrille mit UV-Schutz.

Sie planen eine Wanderung oder gar mehrtägige Trekkingtour? Dann gehören feste Wanderschuhe, ein Tagesrucksack, eine Wasserflasche und eventuell Wanderstöcke ins Gepäck. Für Übernachtungen in Berghütten leistet ein Schlafsack gute Dienste. Ansonsten sollten eine gute Taschenlampe und ein Fernglas für Natur- und Tierbeobachtungen auf der Packliste stehen.

Autofahren in der Slowakei

Das Reisen innerhalb des Landes ist weitgehend unkompliziert. Der Straßenzustand der Fern- und Hauptverkehrsverbindungen ist gut und das Autobahnnetz wird kontinuierlich weiter ausgebaut. Auf einigen Land- und Nebenstraßen kann es jedoch hin und wieder ein wenig holprig sein.

Die Nutzung Slowakischer Autobahnen und Schnellstraßen ist **vignettenpflichtig**. Mautfreie Abschnitte sind mit *Bez úhrady* beschriftet. Fahrzeuge bis 3,5 Tonnen sowie Wohnmobile, unabhängig vom zulässigen Gesamtgewicht, benötigen seit Januar 2016 eine **elektronische Vignette**. Sie ist online unter *www.eznamka.sk* sowie an fast allen Tankstellen und Selbstbedienungsautomaten an der Grenze erhältlich. Darüber hinaus kann sie über die App *eznamka* in der iOS- oder Android-Version erworben werden. Zweiräder sind von der Vignettenpflicht ausgenommen. Die 10-Tages-Vignette kostet 10 Euro, eine Monatsvignette 14 Euro und die Jahresvignette ist für 50 Euro erhältlich (Stand: 2020). Wir empfehlen Ihnen, einen Beleg über die bezahlte Mautgebühr mit sich zu führen, da Mautkontrollen recht häufig sind.

Verkehrskontrollen gibt es häufig

Die **Verkehrsregeln** in der Slowakei entsprechen den international üblichen. So herrschen Tagfahrlicht- und Anschnallpflicht sowie ein **absolutes Alkoholverbot**. Mobil telefonieren am Steuer sollten Sie bitte nur mit einer entsprechenden Freisprechanlage. Kinder unter 12 Jahren dürfen nicht vorne sitzen und nur im geeigneten Kindersitz befördert werden. Bei Autopannen außerhalb geschlossener Ortschaften muss eine Warnweste getragen werden.
Die zulässigen Höchstgeschwindigkeiten betragen innerhalb von Ortschaften 50 km/h, außerhalb 90 km/h. Auf Autobahnen darf 130 km/h gefahren werden, sofern nicht anders geregelt. Für Fahrzeuge über 3,5 Tonnen und Gespanne gilt außerhalb geschlossener Ortschaften ein generelles Tempolimit von 80 km/h, für Motorräder sind es 90 km/h.

Geschwindigkeits- und Verkehrskontrollen sind in der Slowakei sehr häufig, da rücksichtslose Drängler und Raser allgegenwärtig sind. Überholt wird auch an unübersichtlichen Stellen, was leider häufig zu schweren Unfällen führt. Als Tourist sollten Sie alle Vorschriften besonders penibel einhalten. Zwar haben wir die slowakische Polizei bei mehreren Kontrollen als sehr korrekt und freundlich erlebt, doch es soll schon vorgekommen sein, dass bei Verkehrsüberschreitungen die vermeintlich wohlhabenden Ausländer häufiger abkassiert werden und dass bei der eigenen Bevölkerung schon mal eher ein Auge zugedrückt wird. Bestätigen können wir das jedoch nicht.
Sollten Sie in die Verlegenheit kommen und von den Ordnungshütern zur Kasse gebeten werden, dann lassen Sie sich die Zahlung unbedingt quittieren und notieren Sie den Namen des Beamten.

Camping – Campingplätze und freies Campen

Die Slowaken gelten als leidenschaftliche Camper und über das ganze Land verteilt gibt es rund 120 Campingplätze (*Autokemping*). Der Standard ist unterschiedlich und reicht von einer einfachen, unparzellierten Zeltwiese bis hin zu einer Liste von 38 empfehlenswerten Campingplätzen. Erhältlich ist diese unter *www.slovakia.travel* .

Die Plätze sind überwiegend während der Saison zwischen Anfang Mai bis Ende Oktober in Betrieb. Es gibt jedoch auch einige ganzjährig geöffnete Campingplätze. Je nach Ausstattung variieren die Übernachtungspreise. In der Regel sind sie aber moderat.

Wohnmobilisten finden häufig auch bei Gaststätten und Restaurants einen Stellplatz, wenn im Gegenzug dort etwas konsumiert wird.

Wildcampen und frei stehen ist in der Slowakei offiziell verboten und das Übernachten im Fahrzeug sollte nur auf ausgewiesenen Rast- und Parkplätzen erfolgen. In der Regel wird sehr tolerant mit dem Thema umgegangen, sofern man sich an einige Regeln hält und niemanden stört. Wir wurden nirgends weggeschickt und auf allen von uns beschriebenen Plätzen konnten wir problemlos übernachten. Grundsätzlich verboten und nicht geduldet wird das freie Campen abseits der Straße in Naturschutzgebieten und Nationalparks. Zum Schutz der Natur sollten Sie in diesen Gebieten Camping und ausgewiesene Parkplätze aufsuchen. Lesen Sie zum Thema *Freies Campen* bitte auch die Hinweise in der Gebrauchsanleitung ganz am Anfang dieses Buches.

Dokumente und Versicherungen

Sehr hilfreich sind (digitale) Kopien von Pass und Dokumenten, um bei einem eventuellen Verlust jederzeit und überall Zugriff auf die entsprechenden Daten zu haben. Wir haben gute Erfahrungen mit dem Hinterlegen der digitalen Kopien in einer Cloud gemacht.
Werden Reisepass oder Personalausweis im Ausland gestohlen, muss dies umgehend der Polizei gemeldet werden.

Der Abschluss einer **privaten Auslandskrankenversicherung** ist empfehlenswert. Insbesondere für den Fall einer Rückholung in die Heimat. Zur Erstattung der Kosten benötigt man Quittungen mit Datum, Namen und Bericht über Art und Umfang der Behandlung und Medikamente.

Als Wohnmobilist mit dem eigenen Fahrzeug müssen Sie eine **gültige Fahrerlaubnis** und den **Fahrzeugschein** (Zulassungsbescheinigung Teil I.) mit sich führen. Der deutsche Führerschein ist ausreichend, jedoch wird Besitzern älterer Führerscheine empfohlen, einen internationalen Führerschein mitzuführen oder sich einen neuen EU-Führerschein ausstellen zu lassen. Fahrer, die nicht gleichzeitig Halter des Fahrzeugs sind, benötigen zusätzliche eine **Vollmacht** des Halters.

Als Nachweis für eine gültige Kfz-Haftpflichtversicherung reicht in der Regel das deutsche Autokennzeichen. Dennoch wird die Mitnahme der **Grünen Versicherungskarte** empfohlen, da mithilfe der Karte die Schadensabwicklung erleichtert wird. Mitglieder von Automobilclubs (z.B. ADAC) sollten prüfen, ob der Auslandsschutzbrief auch für die Slowakei gültig ist.

Einkaufen und Souvenirs

In den Städten der Slowakei sind die großen Supermarktketten vertreten. Spitzenreiter sind die britischen *TESCO-Märkte*, die teilweise rund um die Uhr geöffnet sind. Aber auch *BILLA-*, *KAUFLAND-* und *LIDL*-Filialen sind in jeder größeren Stadt zu finden. Kleine Tante-Emma-Läden und COOP-Märkte gibt es noch in fast jedem Dorf. Oftmals sind dort auch regionale Spezialitäten

erhältlich. Erkennbar sind die Läden an den Bezeichnungen *Supermarket* oder *Potraviny* (Lebensmittel).

Frisches Fleisch und Wurst gibt es beim Metzger (*Mäso*), Torten und Gebäck sind beim Konditor (*Cukráreň*) erhältlich. Anders als in Deutschland sind Bäckereien (*Pekáreň*) nicht an jeder Straßenecke zu finden. Meist gibt es frisches Brot und Brötchen nur in den Lebensmittelmärkten.

Ein besonderes Erlebnis auf Reisen ist für uns immer der Einkauf auf den regionalen Märkten. Unter freiem Himmel auf dem Wochenmarkt (*Trh*) oder in Markthallen (*Tržnika)* werden frisches Obst und Gemüse sowie andere regionale Lebensmittel deutlich preiswerter als zuhause angeboten. Das Angebot variiert je nach Jahreszeit und Selbstversorger finden alle Zutaten für die eigene WOMO-Küche. Zudem sind hier die regionalen Produkte, wie Honig, Käse, Pflaumen- und Wacholderschnaps sowie Kräuterliköre in bester Qualität erhältlich, die sich auch als Mitbringsel für Zuhause eignen.

Typische slowakische **Souvenirs** sind bestickte Trachten, geklöppelte Spitzendecken und Holzschnitzereien. Die Region um Modra ist bekannt für die buntbemalte Habanerkeramik. Typische sind auch die Maisstrohfiguren. In filigraner Handarbeit entstehen aus den getrockneten Schutzblättern des Maiskolbens geflochtene Tiere, Figuren und Körbe.

Ein-/Ausreise

Seit dem Beitritt der Slowakei zum Schengen-Raum sind die Personenkontrollen bei der Einreise aus Österreich, Polen, Tschechien und Ungarn entfallen. Stichprobenartige Überprüfungen sind möglich. Grenzkontrollen finden bei einer Ein-/Ausreise über die Ukraine statt. Warenbeschränkungen für Dinge des persönlichen Bedarfes gibt es nicht.

Beim Grenzübertritt ist ein **gültiges Reisedokument** (Reisepass oder Personalausweis) immer mitzuführen, Kinder benötigen einen eigenen Ausweis. Die Einreise in die Slowakei ist für EU-Bürger grundsätzlich visumfrei. Alle anderen müssen im Besitz eines Schengen-Visums und gültiger Ausweisdokumente sein. Mit dem Visum dürfen sich Nicht-EU-Bürger bis zu 90 Tage in der Slowakei aufhalten. Für EU-Staatsangehörige besteht ab 10 Tagen Aufenthalt in der Slowakei eine Meldepflicht bei den Polizeibehörden am Aufenthaltsort. Bei Unterkunft auf einem Campingplatz erfolgt die Anmeldung automatisch.

Elektrizität

Die Netzspannung beträgt im ganzen Land 230 Volt bei einer Frequenz von 50 Hz. Schuko- und andere europäische Stecker können in der Regel verwendet werden. Ein Adapter ist nicht notwendig.

Essen und Trinken

Zu einem der schönsten Erlebnisse auf Reisen gehört für uns ein Blick in die Töpfe des jeweiligen Urlaubslandes. Die slowakische Küche ist da sehr stark von den Einflüssen der Nachbarländer geprägt. Hier werden böhmische Knödel mit ungarischem Gulasch und österreichischer Kaffeehauskultur kombiniert. Die Gerichte sind herzhaft, deftig und die Hauptbestandteile sind Milchprodukte, Käse, Kartoffeln und Sauerkraut.
Das slowakische Nationalgericht sind die **Brimsennockerl** *Bryndzové halušky*. Eine Art schwäbische Kässpätzle auf Slowakisch. Die Spätzle werden aus einem

Deftige slowakische Küche

Kartoffelteig hergestellt und mit einem gesalzenen Frischkäse aus Schafsmilch, dem sogenannten *Brimsen,* vermischt. Obendrüber kommt der angebratene Speck zusammen mit dem ausgelassenen Fett. Dazu trinkt man Buttermilch oder saure Milch. Zwar keine kalorienreduzierte Mahlzeit, aber dafür extrem lecker!

Weitere Nationalgerichte sind **Kartoffelpuffer** *Zemiaková placka* und in der Südslowakei in der Nähe zu Ungarn die **Langoše**. Dies sind im schwimmenden Fett ausgebackene Teigfladen, die es als herzhafte Variante mit Käse, Knoblauch und saurer Sahne belegt gibt. Wer es lieber süß mag, dem sei die mit Zimt und Zucker servierte Version empfohlen.

Zu einem guten slowakischen Mittagessen gehört unbedingt auch eine **Suppe** *Polievka*. Die traditionelle Sauerkrautsuppe *Kapustnica* oder die Knoblauchsuppe *Česnačka* werden in manchen Restaurants auch in kleinen Brotlaiben serviert. Besonders die *Kapustnica* ist so reichhaltig, dass sie schon mal die Hauptmahlzeit ersetzen kann.

Aus dem Nachbarland Polen haben es die **gefüllten Teigtaschen** *Pirohy* in die Slowakei geschafft. Auch sie gibt es meist herzhaft mit Fleisch oder Käse gefüllt.

Ihren kulinarischen Einfluss haben auch die Österreicher hinterlassen. Insbesondere bei den **Mehlspeisen und Desserts**. Wiener Schnitzel, Apfel- und Mohnstrudel, Buchteln und Palatschinken *Palacinky* sind auf den meisten Speisekarten vertreten. Dazu gehört unbedingt eine Einkehr in einem der traditionellen Kaffeehäuser, wie sie unter anderem in Bratislava zu finden sind. Hier quellen die Vitrinen mit köstlichen Torten und anderen süßen Sünden über.

Ein idealer Pausensnack für unterwegs sind die köstlichen **Waffeln** *Oplátky,* welche es handlich abgepackt zu kaufen gibt. Frisch gebacken sind sie aber auch in den Kurorten erhältlich und mit den berühmten *Karlsbader Obladen* verwandt.

Trdelník – köstliche Leckerei

Unbedingt probieren sollten Sie die mit verschiedenen Cremes gefüllten Röllchen *Trubičky.* Auch der über dem offenen Feuer gebackene und mit Zucker, Zimt oder gehackten Nüssen bestreute Baumkuchen *Trdelník* ist eine Sünde wert.

Die Slowakei ist bekannt für ihre köstlichen **Käsespezialitäten**. Neben dem bereits erwähnten *Brimsen-Käse* gibt es den geräucherten Schafskäse *Oštiepok* sowie die geflochtenen Käsezöpfchen *Korbáčiky*.

Slowakische Räucherkäse-Spezialitäten

Zu jedem Essen werden reichlich Bier, Wein und Tafel- oder Mineralwasser getrunken. Bei den alkoholfreien **Getränken** konkurrieren in der Slowakei die inländischen Getränke *Vinea*, eine Traubensaftbrause, und die koffeinhaltige Limonade *Kofola* erfolgreich mit den weltbekannten westlichen Softdrink-Marken.

Die Slowakei ist zudem ein Land der Biertrinker. Slowakische Biere *Pivo* sind von hoher Qualität und die besten Marken, wie *Zlatý bažant*, *Šariš* oder *Topvar* stehen tschechischen Bieren um nichts nach.

Weniger bekannt sind dagegen die slowakischen Weine, die sich jedoch nicht zu verstecken brauchen. Die Tradition des Weinbaus geht bis in die Zeit der Römer zurück. Insgesamt sechs Weinbaugebiete verzeichnet die Slowakei, die sich von den Kleinen Karpaten über die Südslowakei bis in den Osten ins Tiefland der Theiß erstrecken. Dort entstehen prämierte Weine, wie der Blaufränkische *Frankovka modrá*, der Welschriesling *Rizling vlašský* oder der Grüne Veltliner *Veltlínské zelené*. Im Südosten liegt die berühmte *Tokajerregion* mit ihren Süßweinen. Die Weinanbauregionen werden von acht touristischen Weinstraßen erschlossen, entlang derer Sie die die slowakischen Weine direkt bei den Winzern kennenlernen können. Hierzu finden Sie Empfehlungen bei den jeweiligen Tourenbeschreibungen.

Kult-Getränk Kofola

Zum Schluss darf natürlich das **Hochprozentige** nicht fehlen, dem in der Slowakei nach einem deftigen Essen oder zur Begrüßung eines Gastes gerne zugesprochen wird. Das Nationalgetränk ist ein Wacholderschnaps, der *Borovička*. Beliebt sind auch der Pflaumenschnaps *Slivovica* und der Kräuterlikör *Demänovka,* welcher aus Heilkräutern und Waldfrüchten hergestellt wird. Auf Berghütten wird gerne der *Horec* ausgeschenkt. Das ist ein Brandwein mit eingelegten Enzianwurzeln.

Wenn Sie typisch slowakische Küche genießen möchten, halten Sie Ausschau nach einer **Koliba**. Die Gasthäuser sehen mehr oder weniger alle gleich aus, sind im rustikalen Blockhausstil gebaut und verbreiten urige Gemütlichkeit. In den bergigen Regionen empfehlen wir Ihnen eine Einkehr in einer **Salaš**. Dies sind Alm- oder Sennhütten, in denen die regional erzeugten Produkte auf den Tisch kommen.

Feiertage und Feste

1. Januar:	Neujahr und Tag der Gründung der Slowakischen Republik
6. Januar:	Dreikönigsfest
März/April:	Karfreitag und Ostermontag
1. Mai:	Tag der Arbeit
8. Mai:	Ende des Zweiten Weltkrieges
5. Juli:	Tag der Slawenapostel Kyrill und Method (Einführung des Christentums)
29. August:	Tag des Slowakischen Nationalaufstandes
1. September:	Tag der Verfassung der Slowakischen Republik
15. September:	Marientag
1. November:	Allerheiligen
17. November:	Tag des Kampfes für Freiheit und Demokratie
24. Dezember:	Heiligabend
25. Dezember:	Erster Weihnachtsfeiertag
26. Dezember:	Zweiter Weihnachtsfeiertag

Freizeit und Sport

Die Slowakei ist ein Land, in dem Freizeitsport- und Outdoorfans voll auf ihre Kosten kommen. Das Angebot ist schier unendlich und reicht von *A* wie Angeln bis hin zu *Z* wie Ziplining. Die Infrastruktur ist sehr gut und vielerorts kann auch die entsprechende Ausrüstung gemietet werden. Nachfolgend finden Sie einige Informationen, zu den beliebtesten Aktivitäten.

Angeln: Petrijünger benötigen dafür eine Angelkarte, die in den Tourismus- und Reisebüros verkauft wird.

Baden: Zwar ist die Slowakei ein Binnenland ohne Zugang zum Meer. Dennoch finden sich viele Badestellen im Land, wie beispielsweise an einem der zahlreichen Stauseen. Ganzjährig geöffnet sind die Thermalbäder, die manchmal sogar im Freien gratis nutzbar sind. In den zwei Dutzend Kurorten sprudeln die Heilquellen und es gibt entsprechende Einrichtungen für Kuren und Wellnessanwendungen.

Im Bereich des **Wassersports** herrschen im Land paradiesische Verhältnisse für Kajak- und Kanufahrer. Es gibt mehrere Reviere für Wildwassertouren. Wasserwandern ist im Gebiet der Kleinen Donau möglich. Entsprechendes Kartenmaterial (*Vodácka mapa*) für die verschiedenen Flüsse halten die jeweiligen Touristeninformationen bereit.

Nationalsport Wandern

Die Gebirgsregionen sind während der Sommermonate geradezu prädestiniert zum **Bergsteigen, Klettern und Wandern**. Insbesondere im Bereich der Hohen Tatra bieten erfahrene Bergführer ihre Dienste an (siehe unter *www.tatraguide.sk*), es gibt Kletterschulen und ein hervorragend markiertes Wanderwegenetz.

In der kalten Jahreszeit locken die Berge mit einer relativen Schneesicherheit zahlreiche **Wintersportler** an. Die Hohe und die Niedere Tatra sind mit Langlaufloipen, Abfahrtspisten, Seilbahnen und Liften sehr gut erschlossen.

Unsere Wanderungen, die wir in diesem Buch beschreiben, sind für normal ambitionierte Freizeitwanderer gedacht und ohne größere Ortskenntnis gut in Eigenregie durchzuführen.

Fahrradfahren: Freizeitradler finden in der Slowakei einige interessante Möglichkeiten. So können in größeren Städten Mieträder entliehen werden, mit denen sich die Region erkunden lässt. Ein Teil des Donauradweges verläuft durch die Slowakei und viele Routen auf Nebenstraßen sind mit einem „C" für *Cyklista* markiert. Auch für Mountainbiker gibt es entsprechende Strecken, die man sich teilweise mit Wanderern teilt. Gegenseitige Rücksichtnahme ist dort oberstes Gebot.

Wichtig zu wissen: in der Slowakei besteht für Radfahrer außerhalb geschlossener Ortschaften **Helmpflicht**, für Kinder bis 15 Jahren auch innerhalb von Ortschaften.

Nicht empfehlenswert ist das Radfahren auf Hauptstraßen. Hier kommt es immer wieder zu gefährlichen Situationen und es macht dort auch nicht wirklich Spaß. Die von uns beschriebenen Fahrradtouren verlaufen abseits vielbefahrener Straßen und sind entspannt nachzufahren.

Gasversorgung

Für einen durchschnittlichen Slowakei-Urlaub von zwei bis drei Wochen sollte in der Regel eine volle 11-Kilogramm-Gasflasche ausreichend sein. Wenn Sie dann noch eine volle Ersatzflasche mit sich führen, sind Sie auf der sicheren Seite. Wird das Gas dennoch knapp, können Sie sich auf einem Campingplatz nach der nächstgelegenen Auffüllstation erkundigen. Europäische Gasflaschen können mit Hilfe eines Euro-Füll-Sets (Adapter) an entsprechenden Füllstationen nachgefüllt werden.

Geld

Die Landeswährung in der Slowakei ist seit 2009 der Euro. Bankautomaten zum Ziehen von Bargeld finden sich in der Slowakei nahezu an jeder Ecke.

Die Bezahlung mit Kreditkarte ist in der Slowakei noch nicht überall, aber immer häufiger verbreitet. Akzeptiert werden an Tankstellen, in Restaurants und größeren Supermärkten die Euro- und Mastercard sowie die VISA-Card. In kleineren Läden hingegen gilt noch die Barzahlung.

Falls die Karte weg ist: der **zentrale Sperr-Notruf** +49 116 116 gilt für Deutschland. Man kann hier neben Kreditkarten und Online-Banking-Zugängen auch Handykarten und die elektronische Identitätsfunktion des neuen Personalausweises bei Verlust sperren lassen.

Für **Österreich** gilt die Nummer +43 1717 01 45 00.
Die wichtigsten Notfallnummern für die **Schweiz** sind +41 04 46 59 69 00 (Swisscard) oder +41 04 48 28 35 01 (UBS Card Center).

Geschichte und Gegenwart der Slowakei im Überblick

Die Geschichte der Slowakei ist lang und wechselvoll. Das Gebiet der heutigen Slowakei war bereits seit ältester Zeit besiedelt, wie Ausgrabungsfunde belegen. Später hinterließen Kelten, Germanen und Römer ihre Spuren. Die ersten Slawen kamen im 5. Jahrhundert über die Karpatenpässe und lange Zeit stand die Region unter der Herrschaft der Ungarn und der Habsburger. Es lohnt sich also, einen kurzen Blick auf die spannende Geschichte des Landes zu werfen.

5. Jahrhundert	Besiedelung der heutigen Slowakei durch die Slawen.
um 800	Entstehung der christlichen Fürstentümer Mähren und Nitra.
833	Der mährische *Fürst Mojmír II.* vertrieb den *Fürsten Pribina* aus Nitra und gründete durch die Verbindung der Fürstentümer von Mähren und Nitra das **Großmährische Reich**.
ab 906	Zerfall des Großmährischen Reiches und schrittweise Eroberung der Slowakei durch die Magyaren.
997 bis 1038	Entstehung des ungarischen Staates unter *König Stephan I.* Die Slowakei gehört von dieser Zeit an über 1000 Jahre als Provinz *Horné Uhorsko* zu Ungarn.
1150	Ankunft der ersten deutschen Siedler in der Region Zips.
1238	Trnava und Krupina erhalten als erste Städte der Slowakei die Stadtrechte.
13. Jahrhundert	Einfälle der Tataren. Nach dem hohen Verlust in der Bevölkerung beginnt die Zuwanderung deutscher und jüdischer Siedler.
1526	Nach der Niederlage des ungarischen Heeres bei **Mohács** gegen die Osmanen fällt die Slowakei durch Erbschaft an die Habsburger. Während der Zeit der türkischen Expansion blieb die Slowakei als Teil des Königlichen Ungarns lange Zeit der einzige, nicht türkische Teil Ungarns und gewann so an militärischer Bedeutung.

1536 Pressburg, das heutige Bratislava, wird Haupt- und Krönungsstadt und kann diesen Status bis 1848 wahren.

1763 Unter der *Kaiserin Maria Theresia* wird in Schemnitz *Banská Štiavnica* die weltweit erste Hochschule für Bergbau eröffnet.

1787 Der Priester und Philologe *Anton Bernolák* beschäftigt sich mit der Grammatik der slowakischen Schriftsprache und trägt zu deren Kodifizierung bei, um eine einheitliche slowakische Sprache zu schaffen. Diese wurde jedoch erst mit der Štúr-Generation im Jahr 1843 durchgesetzt.

1848 Die slowakische Nationalbewegung stellt ein politisches und staatsrechtliches Programm vor, das auch die Ab spaltung von Habsburg beinhaltet. Die Forderung nach einem autonomen, slowakischen Staat scheiterte am Eingreifen der ungarischen Armee.

1863 Gründung der *Matica slovenská*, der ersten nationale Institution zur Förderung der Bildung und Kultur der Slowaken.

1918 Die Slowakei wird Teil der Tschechoslowakischen Republik, die am 28. Oktober in Prag ausgerufen wird. Bratislava ist Hauptstadt der Slowakei.

1939 In der Slowakei wächst die Unzufriedenheit über die zugesicherte, aber nicht gewährte Autonomie. Mit der Slowakischen Volkspartei entsteht eine slowakische Autonomiebewegung und auf Druck des Deutschen Reichs wird das Land als Erste Slowakische Republik für unabhängig erklärt. Regierungschef wird der Führer der Autonomisten, *Jozef Tiso*.

1944 Der Slowakische Nationalaufstand in Banská Bystrica gegen den Nationalsozialismus wird durch die deutsche Armee niedergeschlagen.

1945 Besetzung Bratislavas durch die Sowjets und Wiederherstellung der Tschechoslowakischen Republik. Die deutsche Bevölkerung, darunter große Teile der Karpatendeutschen und der Zipser, werden vertrieben.

1948 Nach dem kommunistischen Umsturz im Februar 1948 *Februarrevolution* gerät auch die Slowakei in Abhängigkeit von Kommunisten und der Sowjetunion.

1960 Umbenennung des Staates in Tschechoslowakische Sozialistische Republik (CSSR).

1968 *Alexander Dubcek* wird erster Sekretär des Zentralkomitees der KP und Verfechter eines Sozialismus mit menschlichem Antlitz (Aufhebung der Zensur, Freilassung der

	politischen Gefangenen). Es kommt zum *Prager Frühling*, der mit dem Einmarsch der Truppen des Warschauer Paktes und der Festnahme Alexander Dubceks endet.
1989	Die *Sanfte Novemberrevolution* bringt grundlegende politische Veränderungen. Die Kommunisten werden der Macht enthoben und der Weg für Demokratie und Pluralität geöffnet.
1990	Erste freie Wahlen: *Vladimír Meciar* wird slowakischer Ministerpräsident.
1993	Ausrufung der souveränen Slowakischen Republik und Aufnahme in die UNO.
2004	Die Slowakei wird Mitglied der Europäischen Union.
2007	Beitritt zum Schengen-Raum. Damit Abschaffung der Grenzkontrollen.
2009	Einführung des Euro und Beitritt zur Europäischen Währungsunion.
2013	Košice, zweitgrößte Stadt des Landes, ist europäische Kulturhauptstadt.

Gesundheitsvorsorge und Impfungen

Neben den Standardimpfungen (Tetanus, Diphterie etc.) sind für Reisende keine speziellen Impfungen notwendig. Als Reiseimpfungen empfohlen werden Impfungen gegen Hepatitis A sowie bei Langzeitaufenthalten oder besonderer Exposition auch gegen Frühsommer-Meningoenzephalitis (FSME), Hepatitis B und Tollwut. Bei Kindern wird dringend ein ausreichender Schutz gegen Masern angeraten.

Wichtiger Hinweis zur Corona-Pandemie: *zum Zeitpunkt der Recherche dieses WOMO-Führers standen erste Impfstoffe gegen das SARS CoV2-Virus zur Verfügung. Bitte informieren Sie sich vor Ihrem Reiseantritt in die Slowakei, ob ein entsprechender Impfschutz gegen das Virus künftig eine Einreise-Voraussetzung sein wird.*

Hunde – eigene und fremde

Wie viele andere Wohnmobilisten schätzen wir es, den eigenen Hund mit auf Reisen nehmen zu können. Die Einfuhr eines Hundes in die Slowakei ist grundsätzlich unproblematisch. Tierhalter benötigen dafür den EU-Heimtierausweis, in den alle Impfungen eingetragen sind, inklusive einer gültigen Tollwutimpfung. Zudem muss das Tier durch einen Mikrochip gekennzeichnet sein. Eine Tätowierung ist nur dann zulässig, wenn sie vor dem Jahr 2011 durchgeführt wurde und deutlich lesbar ist.

In öffentlichen Verkehrsmitteln müssen Hunde einen **Maulkorb** tragen, in den Nationalparks und auf Campingplätzen herrscht **Leinenpflicht**.

Unser Tipp zum Schutz Ihres Vierbeiners gegen lästiges Ungeziefer: wir haben sehr gute Erfahrungen mit einem Halsband gegen Zecken und Läuse (zum Beispiel von *Scalibor*) gemacht.

Besondere Wachsamkeit ist bei Wanderungen in den Bergregionen angebracht. Die Berge sind die Kulturlandschaften der Hirten und ihrer Viehherden. Viele Schafherden, denen sie dort begegnen, werden von **Herdenschutzhunden** begleitet. Deren Aufgabe ist es nicht, die Herde zusammenzuhalten, sondern sie vor Raubtieren (Bären und Wölfen) und zweibeinigen Räubern zu schützen. Die Herdenschutzhunde betrachten Wanderer primär als potenzielle Bedrohung. Halten Sie deshalb ausreichend Distanz zu der Herde und den Hunden, bleiben Sie ruhig und vermeiden Sie hektische, überraschende Bewegungen. Wenden Sie sich von den Hunden ab und setzen Sie Ihren Weg in einer größeren Distanz zur Herde fort.

Internet und Telefonieren

Seit dem Wegfall der Roaminggebühren im Jahr 2017 kann innerhalb der EU zum Heimattarif telefoniert und gesurft werden. Das Mobilfunknetz in der Slowakei ist flächendeckend ausgebaut und in weiten Teilen sogar besser als in Deutschland. Regionen mit fehlender Netzabdeckung sind in unseren Tourenbeschreibungen vermerkt.

Für Telefonate aus der Slowakei gelten folgende **Vorwahl-Nummern**:
0049 nach Deutschland
0043 nach Österreich
0041 in die Schweiz
Für Anrufe in die Slowakei gilt die Vorwahlnummer 00421.

Mobilnetzbetreiber in der Slowakei sind *Orange, Slovak Telekom, Telefónica O2*. Die Länderkennung im Internet ist für die Slowakei .sk .

Kostenloses Surfen mittels WLAN (WiFi) ist auf vielen slowakischen Campingplätzen, in Restaurants und in öffentlichen Einrichtungen möglich. Größere Städte verfügen über WLAN-Hotspots in den Innenstadtbereichen.

Über Internet-Telefonie (z.B. *Skype, Whats-App, Facetime*) konnten wir problemlos mit zuhause telefonieren.

Kinder und Familien

Die Slowaken sind ein sehr kinderfreundliches Völkchen. Familien mit Kindern sind in der Regel überall willkommen und gerne gesehene Gäste. Hinsichtlich der Urlaubs- und Freizeitgestaltung ist die Slowakei einmal mehr ein Paradies. Etliche Spaß- und Freizeitbäder, spannende Freilichtmuseen, familienfreundliche Wanderrouten, Snowboarden und Schlittenfahren, Märchenschlösser und Ritterburgen, tiefe Höhlen und wilde Kanufahrten – all dies trägt zu einem abwechslungsreichen Familienurlaub bei.

In den Restaurants gibt es zwar selten eine spezielle Kinderkarte, aber auf Nachfrage werden gerne halbe Portionen serviert.

Noch wichtig zu wissen: für Kinder und Jugendliche bis 15 Jahre gilt beim Radfahren überall eine **Helmpflicht** (siehe auch unter *Fahrradfahren*).

Klima und beste Reisezeit

In der Slowakei herrscht weitgehend Kontinentalklima mit spürbaren Unterschieden zwischen den Bergregionen und den tiefergelegenen Landesteilen.

Die Sommer sind warm bis heiß und die Wintermonate kalt. Als regenreichster Monat gilt der Juni.

Die stabilsten Wetterlagen mit sehr guten Fernsichten bietet der Herbst. Wer im Winter in die Slowakei reist, sollte die Schneeketten mit im Gepäck haben. Wintersport ist oft bis in den April hinein möglich. Es kann aber insbesondere in den Gebirgsregionen auch im Mai oder September zu Schneefällen kommen. Blühende Bergwiesen lassen sich am besten im Sommer genießen und für Stadtbesichtigungen eignen sich das Frühjahr und der Herbst.

Eine Reise in die Slowakei ist also das ganze Jahr über empfehlenswert. Allerdings sollten Sie bei Ihrer Reiseplanung berücksichtigen, dass viele Freilichtmuseen, Höhlen und Burgen von November bis März geschlossen sind. Viele Wandertouren ins Hochgebirge sind nur von Juli bis Oktober möglich.

Im Internet liefern *www.wetteronline.de* und *www.meteo.sk* (nur auf Slowakisch) die aktuellen Wetterinformationen.

Kriminalität und Sicherheit

Die Slowakei ist – wie das Auswärtige Amt betont – ein politisch stabiler Staat. Die Lage im gesamten Land ist ruhig und eine Reise in die Slowakei ist nicht gefährlicher oder ungefährlicher als in andere Urlaubsziele Europas. Gewaltverbrechen sind äußerst selten. Trotzdem ist an der einen oder anderen Stelle ein wenig Vorsicht geboten.

Im Gedränge der Innenstädte und in den Touristenzentren kann es insbesondere während der Sommermonate zu Taschen- oder Trickdiebstählen und Autoeinbrüchen kommen. Auch an Raststätten und Tankstellen sollten Sie ein wachsames Auge haben. Hier soll es vorgekommen sein, dass Reisende unter einem Vorwand angesprochen und abgelenkt wurden, um sie zu bestehlen. Lassen Sie deshalb Wertsachen nicht offen liegen. Nehmen Sie nicht unnötig viel Bargeld mit und tragen Sie Schmuck und teure Elektronikgeräte nicht allzu offensichtlich zur Schau. Pass, Kreditkarte und größere Geldsummen sind in einem Brust- oder Hüftgürtel gut aufgehoben. Suchen Sie in Großstädten nach Möglichkeit bewachte Parkplätze auf und nutzen Sie die öffentlichen Verkehrsmittel.

Für uns persönlich gibt es auf Reisen sogenannte *No-Go-Areas*, um die wir einen großen Bogen machen. Dazu zählen Slums und Ghettos, dunkle und unbeleuchtete Stadtviertel, Parks mit herumlungernden Junkies. Solche No-Go-Areas gibt es natürlich auch in der Slowakei und diese vermeiden wir hier wie andernorts.

Wir haben die Slowakei als sehr sicheres und gastfreundliches Reiseland erlebt und hatten zu keiner Zeit etwas zu befürchten.

Landkarten und Orientierung / Navigation

Trotz aller technischen Finessen halten wir nach wie vor die klassische Landkarte im Papierformat zur Routenplanung und besseren Übersicht für unverzichtbar. Empfehlenswert sind aus unserer Sicht die Slowakei-Karten von **Marco Polo** (Maßstab 1:200 000) und aus dem **Reise Know-How Verlag** (Maßstab 1:280 000) jeweils in der Ausgabe von 2018.

Darüber hinaus haben wir mit einem **Tablet-PC** und diversen **Navigations-Apps** gearbeitet. Sehr gut finden wir folgende Anwendungen, die auch off-

line gut funktionieren. Die entsprechenden Slowakei-Karten muss man sich allerdings zuvor online herunterladen.
Maps Me, Pocket Earth Pro, Sygic GPS Navigation und *Google Maps*.
Bei der Suche nach Übernachtungsplätzen finden sich im Internet zahlreiche Angebote mit Stell- und Campingplatzführern. Ein zusätzliches Navigationsgerät hatten wir nicht in Gebrauch.

Literatur

Um sich vertiefend mit dem Land, den Menschen und der Kultur zu befassen, legen wir Ihnen folgende Bücher ans Herz:

111 Gründe, die Slowakei zu lieben – Eine Liebeserklärung an das schönste Land der Welt von Jörn Kaufhold
Erschienen bei Schwarzkopf & Schwarzkopf, ISBN 978-3-86265-788-9.

Slowakei von André Micklitza
Erschienen im Michael-Müller-Verlag, ISBN 978-3-9565-4614-3.
Das Handbuch für individuelles Reisen aus dem bewährten Michael-Müller-Verlag bietet eine Fülle an Informationen, Tipps und Wanderungen mit GPS-Daten.

Slowakei – Unterwegs zwischen Donau, Tatra und Beskiden von Frieder Monzer
Erschienen im Trescher-Verlag, ISBN 978-3-8979-4282-0.
Der Reiseführer bietet auf 396 Seiten fundierte Hintergrundinformationen zu allen Regionen der Slowakei sowie Extra-Kapitel zu den Sehenswürdigkeiten der Grenzregionen in Tschechien, Polen, Ungarn und der Ukraine.

Hohe Tatra – Die schönsten Tal- und Höhenwanderungen von Václav Klumpar
Erschienen im Rother-Verlag, ISBN 978-3-7633-4503-8
Dieses Büchlein beschreibt 50 Wandertouren unterschiedlicher Schwierigkeitsgrade in der Hohen Tatra sowohl auf slowakischer als auch auf polnischer Seite.

Niedere Tatra und Slowakisches Paradies von Martin Moder
Erschienen im Rother-Verlag, ISBN 978-3-7633-4556-4
Hier sind 62 Wandertouren unterschiedlicher Schwierigkeitsgrade mit GPS-Koordinaten beschrieben.
Beide Bände des Rother-Verlages sind nahezu unverzichtbar für alle, die unterwegs auch mal die Wanderstiefel schnüren möchten.

Kauderwelsch Slowakisch Wort für Wort von John Nolan
Erschienen im Verlag Reise Know-How, ISBN 978-3-8317-6486-0
Für alle, die sich vor ihrer Reise in die Slowakei ein paar Brocken der Landessprache aneignen möchten.

Wer sich mit erzählender Reiselektüre auf das Land einstimmen möchte, dem seien folgende Bücher empfohlen:

Tod auf der Donau von Michal Hvorecky
Anders als der Titel vermuten lässt, handelt es sich dabei nicht um einen Krimi, sondern vielmehr um eine etwas schräge Satire des slowakischen Schriftstellers und Journalisten Michal Hvorecky. Zugleich ist der Roman aber auch eine Liebeserklärung an die Donau.

Das letzte rote Jahr von Susanne Gregor
Die in Žilina geborene Schriftstellerin erzählt in ihrem Roman die Geschichte dreier Freundinnen in der Zeit, als die kommunistische Slowakei zu bröckeln beginnt und sich der Fall des Eisernen Vorhangs abzeichnet.

Literarischer Reiseführer Pressburg/Bratislava von Renata Sako Hoess
Sechs literarische Spaziergänge begleiten Sie durch die zu entdeckende Vielschichtigkeit der slowakischen Hauptstadt, die sowohl in der Vergangenheit als auch in der Gegenwart immer wieder Schriftsteller und Literaten fasziniert.

Nationalparks

Insgesamt neun Bergregionen der Slowakei sind Nationalparkgebiete und stehen unter besonderem Schutz. Teilweise sind sie auch bei der UNESCO als Naturdenkmäler und Biosphärengebiete gelistet. Daneben gibt es noch eine Vielzahl kleinerer Naturschutzgebiete so dass rund ein Viertel des Landes geschützt ist. Für die Nationalparks wird in der Slowakei erfreulicherweise kein Eintritt kassiert und die Wanderwege sind hervorragend markiert.
Bitte respektieren Sie die Regeln, die in den Nationalparks auch international Gültigkeit haben.

Notrufnummern in der Slowakei

Notruf Allgemein:	112
Erste Hilfe/Ambulanz:	155
Feuerwehr:	150
Staatspolizei *polícia*:	158
Stadtpolizei *Mestská polícia* zuständig für Diebstähle:	159
Bergrettung horská služba:	18300
ADAC Auslands-Notruf:	+49 89 22 22 22

Öffentliche Verkehrsmittel

Es gibt in der Slowakei ein gutes Netz mit Eisenbahn- und Busverbindungen. In Städten wie Bratislava verkehren auch Straßenbahnen.
Neben der staatlichen slowakischen Bahngesellschaft *ZSSK* werden einige Strecken auch von privaten Transportunternehmen wie *RegioJet* und *Leo Express* bedient. Für Wohnmobilisten sicherlich interessant ist eine Fahrt mit der Tatra-Bahn oder mit einigen historischen Ausflugsbahnen. Diese werden wir Ihnen in den jeweiligen Touren näher beschreiben.

Schüler, Studenten, Senioren und Behinderte, die Staatsbürger eines EU-Mitgliedsstaates sind, werden von der staatlichen Bahngesellschaft ZSSK übrigens kostenlos befördert. Sie müssen sich dazu an einem Kassenschalter einmalig registrieren. Weitere Informationen auch in deutscher und englischer Sprache gibt es unter *www.slovakrail.sk*.

Das Busnetz ist im ganzen Land hervorragend ausgebaut, denn bis vor wenigen Jahren war es eines der Hauptverkehrsmittel im Land. Somit sind auch entlegenere Orte gut mit dem Bus zu erreichen. Nützlich sind die Busverbindungen bei Streckenwanderungen, um wieder an den Ausgangspunkt zurückzukehren.

Taxifahrten in der Slowakei sind teuer und Touristen werden da gerne mal über den Tisch gezogen. In jedem Fall ist es preisgünstiger, ein Taxi telefonisch oder über eine Smartphone-App zu bestellen, als ein an der Straße wartendes Fahrzeug zu besteigen. Zur Vermeidung überhöhter Preise sollten Sie den Fahrpreis sowie die Fahrtstrecke im Voraus aushandeln und einen Fixpreis festlegen.

Öffnungszeiten – *Otváracie hodiny*

In der Slowakei gibt es keine festen Regelungen der Öffnungszeiten. Die großen Supermarktketten haben in der Regel auch am Wochenende bis 22 Uhr geöffnet, manche sogar 24 Stunden. In kleineren Dörfern haben die Läden oft eine Mittagspause von ein bis zwei Stunden.

Bei Museen und Sehenswürdigkeiten haben wir die jeweiligen Öffnungszeiten in den Tourenbeschreibungen genannt. Montags bleiben viele Museen generell geschlossen.

Reiseapotheke

Neben eventuell persönlich notwendigen Medikamenten sollten Sie auch an eine gut sortierte Reiseapotheke denken. Dazu gehören neben den klassischen Mitteln gegen Durchfall, Fieber und Schmerzen auch Wunddesinfektionsmittel und ein passender Sonnen- und Insektenschutz. Hilfreich sind Augentropfen gegen Reizungen (Sonne, starker Wind) als Einmalampullen sowie eine Augenspülflasche, mit der kleinere Fremdkörper (Staub, Sand) aus dem Auge entfernt werden können. Ein Fieberthermometer, eine Zeckenzange sowie Verbandsmaterial mit verschiedenen Pflastern sollten ebenfalls nicht fehlen. Lutschtabletten bei Halsschmerzen und eine Salbe gegen Hautreizungen – dann sind Sie für leichtere Erkrankungen und kleine Notfälle gerüstet.

Roma

Die Volksgruppe der Roma stellt, einigen Schätzungen zufolge, die zweitgrößte ethnische Minderheit in der Slowakei dar. Ursprünglich waren die Roma in Indien beheimatet und kamen in mehreren Einwanderungswellen seit dem 13. Jahrhundert über den Bosporus und die Straße von Gibraltar nach Europa. Schon im 14. Jahrhundert entstanden erste Gesetze zu ihrer Unterdrückung und bis heute sind die Roma der Diskriminierung ausgesetzt. Sozial ausgeschlossen, am Rande der Gesellschaft und stark von Armut und Arbeitslosigkeit betroffen. Jahrhundertelang arbeiteten die Roma traditionell als fahrende Handwerker, Musiker und Schausteller. Tätigkeiten, für die es in der Moderne kaum noch Nachfrage gibt. Ein Teil der Misere ist aber auch hausgemacht, denn Bildung genießt kein hohes Ansehen bei den Roma. Viele sind deshalb Analphabeten, besuchen die Schule nur selten oder überhaupt nicht. Ein Teufelskreis, aus dem es sich schwer entrinnen lässt und der zur Verelendung dieser Bevölkerungsgruppe beiträgt.

Seien Sie also gewappnet, wenn Sie insbesondere in den östlichen Landesteilen auf Roma-Siedlungen treffen, in denen fließend Wasser, Strom und Heizung eine Ausnahme darstellen. Allein in der Stadt Košice leben im Stadtteil *Lunik IX* schätzungsweise bis zu 8.000 Roma unter den unwürdigsten Bedingungen. Die Häuser sind teilweise einsturzgefährdet und jeden Winter erfrieren dort Menschen. Es ist der größte Slum Europas, der Staat hat die Siedlung abgeschrieben. Dieser Armut und dem Elend mitten in Europa so offen ins Gesicht zu blicken, ist hart und hat uns nicht unberührt gelassen.

SNP

Bei Ihrer Slowakei-Reise werden Sie allerorten der Abkürzung SNP begegnen. Damit ist der **Slowakische Nationalaufstand** *Slovenské národné povstanie* gemeint. Der bewaffnete Partisanenkampf im **Sommer 1944** gegen das

klerikal-faschistische Tiso-Regime, welches im Zweiten Weltkrieg ein Verbündeter Hitlers war. Die kämpfenden Einheiten wurden von einer Exilregierung in London geleitet und von den Alliierten, später auch von der Roten Armee, unterstützt. Als der damalige Staatspräsident **Jozef Tiso** deutsche Truppen gegen die Rebellen im eigenen Land zu Hilfe rief, eskalierte der lange vorbereitete Widerstand. Die Auseinandersetzungen begannen im August 1944, in deren Verlauf Tausende ihr Leben ließen. Zum Gedenken an die Partisanen und Widerstandskämpfer gibt es jedes Jahr am 29. August eine Gedenkfeier in Banská Bystrica. Während des sozialistischen Regimes wurde die Widerstandsbewegung einseitig heroisiert und erst nach 1989 begann die geschichtliche Aufarbeitung dieser düsteren Epoche, zu der auch die massenhafte Deportation slowakischer Juden durch die slowakischen Kollaborateure gehört.

Sprache

Grundsätzlich kommen Sie in der Slowakei mit Deutsch und Englisch gut zurecht. Mit digitalen Helferlein, wie der *Google-Translate-App*, lassen sich auch komplizierte Ausspracheregeln meistern. Ein paar Brocken der Landessprache zu beherrschen, öffnet Türen. Deshalb finden Sie anbei einen kleinen Grundwortschatz und Redewendungen für den täglichen Sprachgebrauch.

Redewendungen und ein wenig Grundwortschatz:

ja	áno
nein	nie
bitte	prosím
Danke	Ďakujem
Guten Morgen!	Dobré ráno!
Guten Tag!	Dobrý deň!
Guten Abend!	Dobrý večer!
Hallo!	Ciao! Dobrý! Ahoj!
Auf Wiedersehen!	Dovidenia!
Entschuldigen Sie bitte…	Prosím prepá…
Sprechen Sie Deutsch?	Havoríte nemecky?
gut	dobre
schlecht	zlý
Achtung/Vorsicht!	Pozor!
Eingang	vstup
Ausgang	východ
Guten Appetit!	Dobrú chuť!
Prost!	Na zdravie!
Die Rechnung, bitte!	Účet, prosím!

Wer noch ein wenig mehr Slowakisch lernen möchte, dem leistet das Büchlein *Slowakisch Wort für Wort* gute Dienste (siehe unter *Literatur*).

Tanken

Die Slowakei verfügt über ein dichtes Tankstellennetz. Erhältlich sind die Treibstoffsorten Diesel (*Nafta*), Bleifrei Super (*Natural 95*) und Super Plus (*Natural 98*). Darüber hinaus gibt es auch Tankstellen mit LPG-Gas. Eine Landkarte mit dem LPG-Netz gibt es unter *www.mylpg.eu*. Die Treibstoffpreise in der Slowakei befinden sich auf mitteleuropäischem Niveau. Selbst wenn für die Bezahlung das Kreditkartensymbol angezeigt wird, fragen Sie vorher nach, ob tatsächlich Kartenzahlung möglich ist. Nicht immer funktioniert das Abrechnungsgerät.

Trinkgeld

Haben Sie gut gegessen und waren Sie mit dem Service zufrieden? Angesichts der eher geringen Einkommensverhältnisse im Gastronomiebereich darf im Restaurant ein Aufschlag (*Kuvert*) von 5 bis 10 Prozent gegeben werden.

Trinkwasser

Das Leitungswasser in der Slowakei hat überall Trinkwasserqualität und ist in der Regel hygienisch unbedenklich. In den Bergen gibt es glasklares und sauberes Quellwasser. Gezapft werden kann frisches Wasser auf den Campingplätzen sowie ganz vereinzelt auch an Tankstellen. Dennoch sind eine Filteranlage bzw. der Zusatz eines Entkeimungsmittels im Wohnmobil empfehlenswert. Teilweise hat das mineralhaltige Wasser einen Eigengeschmack und es kann auch mal nach Schwefel riechen. Wer das nicht mag, kauft sich am besten das überall erhältliche Mineralwasser ohne Kohlensäure, mit dem auch der Frühstückskaffee gekocht werden kann.

Unfall, Autopanne und Werkstätten

Bei einem Unfall in der Slowakei ist die Unfallaufnahme durch die Polizei nur dann kostenlos, wenn ein hoher Sach- und/oder Personenschaden vorliegt. Andernfalls müssen Sie damit rechnen, dass der Unfallverursacher verpflichtet wird, für die Kosten des Polizeieinsatzes aufzukommen.

Bei Sachschäden ist die Verwendung des **Europäischen Unfallberichts** zu empfehlen, der in mehreren Sprachen als Download sowie in den Geschäftsstellen des *ADAC* erhältlich ist.

Bei einer Fahrzeugpanne kann durch den Automobilclub Hilfe organisiert werden. Schneller geht es jedoch meist, wenn Sie sich selbst um den Schaden kümmern und einen der zahlreich vorhandenen Pannendienste organisieren. Lassen Sie sich den Aufwand quittieren und rechnen Sie später mit Ihrer Versicherung ab. Abschleppdienste und Reparaturen sind in der Regel günstig. Die meisten Ersatzteile können auch kurzfristig beschafft werden.

Partnerorganisation der meisten europäischen Automobilclubs ist der **slowakische Automobilclub SATC**.

Slovenský autoturist klub (SATC)
Bosákova 3
85104 Bratislava
Telefon: +421 2 68 24 92 11
Telefax: +421 2 68 24 92 10
E-Mail: satc@satc.sk
Internet: www.satc.sk

Unter dem **ADAC-Auslandsnotruf** +49 89 22 22 22 können Sie weitere Hilfe erhalten.

Die Slowakei glänzt seit Jahren mit Rekordzahlen in der Autoproduktion. Vertreten sind unter anderem der Volkswagen-Konzern, PSA Peugeot-Citroën und Hyundai-Kia. Neu dabei ist Jaguar-Landrover. Auch Dometic, WOMO-Fahrern als Hersteller von Zubehör wohlbekannt, produziert bei Banská

Bystrica. Insofern ist auch das **Netz an Autowerkstätten** sehr gut. In fast jeder größeren Stadt gibt es Vertretungen, die sowohl einen Schnellservice als auch komplexe Reparaturen durchführen. Private Unternehmer bieten auch in kleineren Gemeinden Hilfe bei Autoreparaturen an.

Wildtiere

Die kleine Slowakei ist mit einer reichen Tierwelt von über 40.000 Tierarten gesegnet. Neben harmlosen Vertretern, wie der Tatra-Gämse oder dem Tatra-Murmeltier ist bei einigen Vertretern der slowakischen Tierwelt eine gewisse Vorsicht geboten. Bei Wanderungen in der Bergwelt der Slowakei kann es zu (seltenen) Begegnungen mit Bären und Wölfen kommen, die hier noch zahlreich beheimatet sind. Während die *Wölfe* eher scheue Tiere sind und die Begegnung mit Menschen scheuen, wurde Meister Petz schon häufiger gesichtet. Bei einer Begegnung rät der WWF zu folgendem Verhalten:

Bleiben Sie ruhig stehen und machen Sie den Bären durch lautes Reden und Bewegen der Arme auf sich aufmerksam. Nicht weglaufen! Verhalten Sie sich nicht ängstlich, aber vermeiden Sie alles, was der Bär als Bedrohung empfinden könnte. Werfen Sie nicht mit Steinen oder Stöcken, und versuchen Sie nicht, den Bären mit drohenden Gesten oder unkontrollierten Bewegungen zu verscheuchen. Verzichten Sie zugunsten Ihrer eigenen Sicherheit auf einen „Bärenschnappschuss". [Quelle: www.wwf.at/de/braunbaer_praxistipps/]

Bildnachweise

Autorenfoto: ©Dominik Schöbel & Florian Schmidt; Titelfoto: AdobeStock ©Miroslav; S. 4 oben: Adobe Stock ©photo 5000; S. 5 Mitte: Adobe Stock ©Richard; S. 92: AdobeStock ©Jaroslav Machacek; S. 94 unten: AdobeStock ©oscity; S. 138 unten: wikimedia commons ©Arkadiusz Markiewicz Besenova Aquapark Gino Paradise - panoramio.jpg; S. 168: wikimedia commons ©Jiří Komárek Vyšné Ružbachy (06).jpg; S. 194 oben: wikimedia commons ©Pierre Bona Dargov Mémorial 1944.jpg; S. 213 unten: AdobeStock ©yakub88; S. 222 oben: AdobeStock ©Jaroslav Moravcik; S. 222 unten: wikimedia commons ©Rudolphs no uno Slovensky raj Podlesok.jpg; S. 231 unten: wikimedia commons ©jojo Ochtina Aragonite Cave 31.jpg; S. 266 oben: wikimedia commons ©Ľuboš Repta Špania Dolina kostol 14.jpg; S. 282 oben: AdobeStock ©ventura; S. 282 unten: wikimedia commons ©Branik P. Banské múzeum v prírode - skanzen Banská Štiavnica 3 - panoramio.jpg; S. 292: Pixabay ©katkaZV; S. 300: Adobe Stock ©Stanislav; S. 303: wikimedia commons ©Patrik Kunec Hronský Beňadik - kaplnka Svätej krvi I.jpg; S. 315: wikimedia commons ©Lestat Nitra - Corgoň 01.jpg; S. 323: wikimedia commons ©agapito Kelemantia1.jpg; S. 330 oben: wikimedia commons ©Ing.Mgr.Jozef Kotulič Vodné dielo Gabčíkovo 17 Slovakia7.jpg; S. 331 oben: pixabay ©hpruesen; S. 339 unten: wikimedia commons ©Tamorlan Trdelník-Basket-20101; S. 340 oben: AdobeStock ©Moving Moment

Bei den vorstehenden Fotos wurde der Bildinhalt nicht verändert.
Alle anderen Fotos in diesem Buch ©Ulrike Staub

Stichwortverzeichnis

Unser WOMO-Online-Service

Passend zu unseren Reiseführern bieten wir in unserem Shop unter **www.womo.de** an:

- Die besten **Autokarten** von Michelin, Freytag & Berndt, Reise-know-how, die garantiert die komplette Reiseroute abdecken.
- Die Kauderwelsch-**Wörterbücher** für jede Sprache unserer Reiseländer.
- Von jedem Reiseland mindestens einen Rother-**Wanderführer** über die schönsten Wanderregionen.

WOMO-Verlag
An der Liethe 4
36452 Kaltennordheim
OT Mittelsdorf
verlag@womo.de
www.womo.de

Der WOMO-Knackerschreck

- ist die universelle und sofort sichtbare Einbruchssperre.
- Wird einfach in die beiden Türarmlehnen eingehängt, zusammengeschoben und abgeschlossen.
- Passend für Ducato, Peugeot, Renault Master, MB Sprinter bis 2018 und VW (alle Typen).
- Krallen aus 10 mm massivem, einbrennlackiertem Stahl, d. h. nahezu unverwüstlich.

Nur **59,90 €** – und nur bei **WOMO**!
Versand: Deutschland portofrei, EU 10 €, Schweiz 15 €

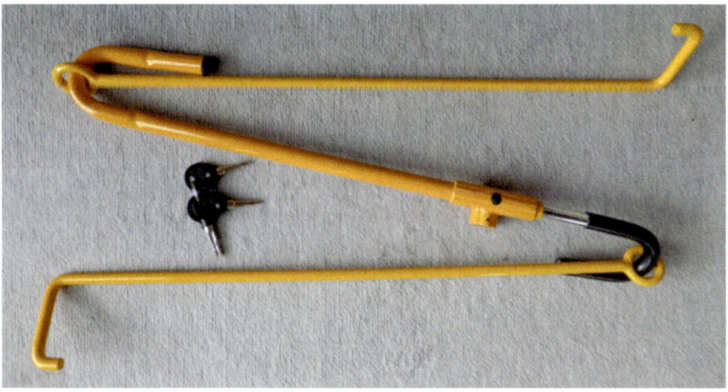

Alle WOMO-Reiseführer auf einen Blick

Albanien	Volker Grundmann
Allgäu	Thomas und Yvonne Seiter
Allgemeines Wohnmobil Handbuch	Reinhard Schulz
Allgemeines Wohnmobil Kochbuch	Waltraud Roth-Schulz
Andalusien	Christian und Christina Winkler
Auvergne	Esther Vergenz
Baden-Württemberg	Heiner Newe und Heiderose Thomsen-Newe
Baltikum	Stefanie Holtkamp und Andrea Bergmann
Bayern Nordosten	Heiner Newe und Heiderose Thomsen-Newe
Bayern Nordwesten	Heiner Newe und Heiderose Thomsen-Newe
Bayern Südosten	Christian und Christina Winkler
Belgien/Luxemburg	Esther Vergenz
Bretagne	Anette Scharla-Dey und Franz Peter Tschauner
Burgund	Ralf Gréus
Dänemark	Thomas und Yvonne Seiter
Elsass	Ralf Gréus
England Norden	Christian und Christina Winkler
England Süden	Christian und Christina Winkler
Finnland	Uwe und Annegret Rohland
Französische Alpen	Heiner Newe und Heiderose Thomsen-Newe
Französische Atlantikküste Nord	Esther Vergenz
Französischer Jura	Heiner Newe und Heiderose Thomsen-Newe
Griechenland	Reinhard Schulz und Waltraud Roth-Schulz
Harz	Heiner Newe und Heiderose Thomsen-Newe
Heitere Wohnmobil Geschichten	Peter Simm und Silvia Sussmann
Hessen Mitte/Süden	Anette Scharla-Dey und Franz Peter Tschauner
Hessen Norden/Osten	Anette Scharla-Dey und Franz Peter Tschauner
Hunsrück/Mosel/Eifel	Anette Scharla-Dey und Franz Peter Tschauner
Irland	Uwe und Annegret Rohland
Island	Alexander und Jutta Ramin
Korsika	Reinhard Schulz und Waltraud Roth-Schulz
Kroatien/Montenegro	Peter Simm und Silvia Sussmann
Languedoc/Roussillon	Ralf Gréus
Lothringen	Friedrich Riehl und Toshiko Riehl-Takada
Ligurien	Ralf Gréus
Loire/Paris	Hubert und Gudrun Kügler
Lüneburger Heide	Heiner Newe und Heiderose Thomsen-Newe
Marokko	Ulrike und Frank Staub
Mecklenburg-Vorpommern Teil 1	Stefanie Holtkamp und Andrea Bergmann
Mecklenburg-Vorpommern Teil 2	Stefanie Holtkamp und Andrea Bergmann
Mittelitalien	Friedrich Riehl und Toshiko Riehl-Takada, Klaus Huber
Namibia	Frank Linke und Ute Nast-Linke
Neuseeland Nordinsel	Dieter Giesen und Andrea Lossen
Neuseeland Südinsel	Dieter Giesen und Andrea Lossen

Weitere Informationen in unserem Buchshop unter www.womo.de

Niederlande	Friedrich Riehl
Nord-Frankreich	Esther Vergenz
Nord-Spanien	Reinhard Schulz und Waltraud Roth-Schulz
Normandie	Anette Scharla-Dey und Franz Peter Tschauner
Norwegen Norden	Reinhard Schulz und Waltraud Roth-Schulz
Norwegen Süden	Reinhard Schulz und Waltraud Roth-Schulz
Ostfriesland	Anja und Peter Schuberth
Ost-Spanien	Reinhard Schulz und Waltraud Roth-Schulz
Österreich Osten	Christian und Christina Winkler
Peloponnes	Reinhard Schulz und Waltraud Roth-Schulz
Pfalz	Ralf Gréus
Piemont/Aostatal	Ralf Gréus
Polen Norden	Nicola Kluftinger
Polen Süden	Helmut und Angelika Breidenbach
Portugal Norden	Stephanie Seufert
Portugal Süden	Stephanie Seufert
Provence/Côte d'Azur – Osten	Ralf Gréus
Provence/Côte d'Azur – Westen	Ralf Gréus
Pyrenäen	Andrea Bergmann und Stefanie Holtkamp
Rumänien	Christian und Christina Winkler,
Sachsen	Anette Scharla-Dey und Franz Peter Tschauner
Sardinien	Reinhard Schulz und Waltraud Roth-Schulz
Schleswig-Holstein	Heiner Newe und Heiderose Thomsen-Newe
Schottland	Uwe und Annegret Rohland
Schwarzwald/Bodensee	Ralf Gréus
Schweden Norden	Uwe und Annegret Rohland
Schweden Süden	Reinhard Schulz und Waltraud Roth-Schulz
Schweiz Osten	Andrea Bergmann und Stefanie Holtkamp
Schweiz Westen	Andrea Bergmann und Stefanie Holtkamp
Sizilien	Christian und Christina Winkler
Slowakei	Ulrike und Frank Staub
Slowenien	Peter Simm und Silvia Sussmann
Südafrika	Frank Linke und Ute Nast-Linke
Süditalien Osten	Reinhard Schulz und Waltraud Roth-Schulz
Süditalien Westen	Reinhard Schulz und Waltraud Roth-Schulz
Südtirol	Reinhard Schulz und Waltraud Roth-Schulz
Südwest-Frankreich	Stefanie Holtkamp und Andrea Bergmann
Thüringen	Reinhard Schulz und Waltraud Roth-Schulz
Toskana/Elba	Ralf Gréus
Trentino/Gardasee	Peter Simm und Silvia Sussmann
Tschechien	Steffen und Eva Peuker
Umbrien/Marken	Ralf Gréus
Ungarn	Peter Simm und Silvia Sussmann
Venetien/Friaul	Christian und Christina Winkler
Wales	Christian und Christina Winkler

Info-Blatt aus dem WOMO-Buch: Slowakei '21

Lokalität Seite Datum
(Stellplatz, Campingplatz, Wandertour, Gaststätte, usw.)
unverändert gesperrt/geschlossen folgende Änderungen:

Lokalität Seite Datum
(Stellplatz, Campingplatz, Wandertour, Gaststätte, usw.)
unverändert gesperrt/geschlossen folgende Änderungen:

Lokalität Seite Datum
(Stellplatz, Campingplatz, Wandertour, Gaststätte, usw.)
unverändert gesperrt/geschlossen folgende Änderungen:

Lokalität Seite Datum
(Stellplatz, Campingplatz, Wandertour, Gaststätte, usw.)
unverändert gesperrt/geschlossen folgende Änderungen:

Lokalität Seite Datum
(Stellplatz, Campingplatz, Wandertour, Gaststätte, usw.)
unverändert gesperrt/geschlossen folgende Änderungen:

Lokalität Seite Datum
(Stellplatz, Campingplatz, Wandertour, Gaststätte, usw.)
unverändert gesperrt/geschlossen folgende Änderungen:

Meine E-Mail:

Rückmeldung bitte an den Verlag per Post oder an die
Autoren-E-Mail: staub@womo.de